中国史学思想会通

主编 吴怀祺
副主编 汪高鑫 向燕南 周少川

国家出版基金项目
NATIONAL PUBLICATION FOUNDATION
“十三五”国家重点图书出版规划项目

清代史学思想卷

王记录 著

海峡出版发行集团
THE STRAITS PUBLISHING & DISTRIBUTING GROUP
福建人民出版社

图书在版编目(CIP)数据

中国史学思想会通．清代史学思想卷 / 王记录著．--福州：福建人民出版社，2018.9（2021.11 重印）

ISBN 978-7-211-07827-1

Ⅰ．①中…　Ⅱ．①王…　Ⅲ．①史学思想—中国 ②史学思想—中国—清代　Ⅳ．①K092

中国版本图书馆 CIP 数据核字（2017）第 245349 号

中国史学思想会通·清代史学思想卷

ZHONGGUO SHIXUE SIXIANG HUITONG · QINGDAI SHIXUE SIXIANG JUAN

作　　者：王记录
责任编辑：陈稚瑶
美术编辑：陈培亮　王　玮
出版发行：福建人民出版社　　**电　　话**：0591-87533169(发行部)
网　　址：http://www.fjpph.com　　**电子邮箱**：fjpph7211@126. com
地　　址：福州市东水路 76 号　　**邮政编码**：350001
印　　刷：深圳市彩美印刷有限公司
地　　址：深圳市龙岗区坪地街道高桥社区盛佳道 2 号
开　　本：700 毫米×1000 毫米　1/16
印　　张：25
字　　数：377 千字
版　　次：2018 年 9 月第 1 版　　2021 年 11 月第 2 次印刷
书　　号：ISBN 978-7-211-07827-1
定　　价：89.00 元

本书如有印装质量问题，影响阅读，请直接向承印厂调换。

版权所有，翻印必究。

出版说明

中国是个具有重史传统的国家，史学思想博大精深。纵观史学思想的内涵，主要包括两方面内容，一是对客观历史的认识，二是对史学本身的认识。对客观历史的认识是指历史观，其认识主体主要是史学家和思想家；对史学本身的认识是指史学观，其认识主体主要是史学家。对客观历史的认识主要考察历史的变易过程，以及历史变易的动因；对史学本身的认识则主要包括对于历史理论、历史教育、历史文献学、历史编纂学和历史文学观等的认识，以及对于史学价值论和史学社会功能的认识。

史学思想的发生与发展并不是孤立进行的，史学思想的研究也必须是多维度、多层次的。探讨史学思想，必须要与社会现实相联结，必须考察其与时代哲学思潮的关系，必须考察史学思想本身的渊源流变，必须考察史学思想各部分之间的辩证关系。从学术史的角度而言，史学与经学、玄学、理学、事功之学、经世之学、实学等有着密切的联系，需要具有四部思维意识去进行史学思想的研究，重视探讨经史、子史、文史之间的关系。研究近代史学时，我们还要努力把握近代史学思潮的发展与走向，关注马克思主义在中国的传播及其对近代史学与史学思想发展的影响。

中国史学思想最鲜明的特色是会通精神，这也是中华文化的重要特征。《周易》讲通变精神，所谓“《易》穷则变，变则通，通则久”；司马迁讲“通古今之变”，重视对于历史盛衰之理的探究；《通志·总序》说：“百川异趋，必会于海，然后九州无浸淫之患；万国殊途，必通诸夏，然后八荒无壅滞之忧，会通之义大矣哉！”突显了郑樵对历史与文化会通思考所具有的大视野。

近年来，以吴怀祺教授为代表的学术群体本着会通精神，对中国史学思想史展开了长时段的系统而深入的研究，发掘中华传统史学思想特性，思考传统史学思想的当代价值，展现中国史学优秀的民族精神，取得了一批学术成果，其中最具代表性的，是两套大型系列学术著作的问世：10卷本《中国史学思想通史》和6卷本《中国史学思想通论》，前者时间上跨越了从先秦时期到1949年的漫长历史，后者内容上涵盖了历史思维、经史关系、历史盛衰、历史文献学思想与历史编纂学思想等方面专题。

10卷本《中国史学思想通史》是从纵向对中国史学思想展开的研究，而6卷本《中国史学思想通论》则是从横向来专论中国史学思想的相关问题，这种多维研究恰恰体现了会通的思想与方法。从两套系列著作的整体布局来看，前者作为对史学思想史的贯通研究，主要体现“通”的意识；后者作为对史学思想各类专题的研究，则主要彰显了“会”的思想。然而，这种“会”与“通”又是相互包含的，“会”中有“通”，“通”中有“会”。10卷本《中国史学思想通史》关于每一阶段史学思想的论述，既是中国史学思想通史的重要一环，又有对这一阶段史学思想多维度的探究，体现了“会”的意识；同样，6卷本《中国史学思想通论》虽然是专题式的研究，而其中每一专题的研究，又都是采取贯通的方法，重视溯源探流，重视发展过程，体现了“通”的意识。

为了更好地体现《中国史学思想通史》与《中国史学思想通论》所蕴含的会通思想，我们将两套大型学术著作合编在一起，以“中国史学思想会通”为总书名，进行再版。

这样做首先是满足弘扬中国传统史学、回应西方学人扭曲中国传统史学的需要。中国史学源远流长，史学思想丰富深邃。然而很多西方史家以傲慢的态度鄙薄中国史学，否定中国传统史学的价值。如何回应？我们不能只是简单地去展示中国传统史学，而是要把历时性的研究和共时性的研究结合起来，从理论的高度上，概括出中国传统史学思想的特点与要义，并且结合时代的变化，从振兴中华文化的总目标出发，讨论传统史学如何走向世界，思考传统史学思想在当代的价值。

其次是把握中国史学优良传统与时代性的需要。传统史学有很多精华需要我们去总结，如历史运动的通变观、天人相关的思想、见盛观衰思想、民为邦本与民贵君轻思想、传统历史编纂理论与方法论等。史学的时代性同样不可忽视。当前我们正处在全球化的时代，全球化要求我们必须把中国史学与世界史学联系起来进行思考，讨论中国史学的进程，认识中国史学的发展大趋势，讨论历史学科建设问题。

当然，合编与再版不是简单的重印，而是有内容的提升与结构的整合。从内容来讲，各卷作者对原有内容普遍进行了一定程度的修订和补充，有些卷补充的内容较多，有些卷调整了篇章。从结构来讲，原来两套书各自的总论部分，被整合成一卷新的《总论卷》，起到了对全书的统领作用。

16 卷本《中国史学思想会通》大型学术著作的出版，既表达了学人们对于中国史学会通思想的继承，也充分体现了该书纵横论说中国史学思想的会通特点。传承历史文化，建设时代文化，是当今时代的主题和任务。我们希望这套著作的推出，有助于加强人们对于中国传统史学的认识，深入挖掘中华传统史学所蕴含的优秀思想观念、人文精神；有助于学界结合时代要求继承创新，推动当代具有中国特色的马克思主义史学的发展；有助于当前的文化传承与时代文化建设，树立文化自信，推动文化大发展。

2017 年 10 月

本卷作者简介

王记录，河南范县人，历史学博士。现为《河南师范大学学报》编辑部主任、主编，河南师范大学历史文化学院教授、史学理论与史学史专业硕士研究生导师，北京师范大学史学理论与史学史研究中心兼职研究员，河南省教育厅学术技术带头人。主要研究领域为中国史学史、历史文献学和清代学术史。发表学术论文百余篇，出版《中国史学思想通史·清代卷》《钱大昕的史学思想》《清代史馆与清代政治》《中国史学思想通论·历史文献学思想卷》等多部学术专著。主持和参与多项国家级、省部级研究项目。

目　　录

题　　记

吴怀祺

《四库全书总目·经部总叙》评价清代经学曰：

> 国初诸家，其学征实不诬，及其弊也琐，要其归宿，则不过汉学宋学两家互为胜负。夫汉学具有根柢，讲学者以浅陋轻之，不足服汉儒也；宋学具有精微，读书者以空疏薄之，亦不足服宋儒也。消融门户之见而各取所长，则私心祛而公理出，公理出而经义明矣。

而史学思想发展与经学变化联系紧密。《四库全书》论经学，实则也从一个方面说出了史学思想的内涵。历来学人对包括史学在内的清代学术有三大争议[1]：一，清代学术变化可否归结为汉宋之学的起伏；二，乾嘉

[1] 参见梁启超的《清代学术概论》(《饮冰室合集》第八册，中华书局1989年版)、《中国近三百年学术史》(《饮冰室合集》第十册)，侯外庐的《中国思想通史》第五卷(人民出版社1956年版)、《中国近代启蒙思想史》(人民出版社1993年版)，钱穆的《中国近三百年学术史》(中华书局1986年版)等。另外刘师培有论述，王国维《宋代金文著录表序》、陈寅恪《重刻西域人华化考序》等篇中也论及汉宋之学，白寿彝在《中国史学史》第一册(上海人民出版社1986年版)中提出自己的看法。陈祖武《清儒学术拾零》(湖南人民出版社2002年版)对包括杨向奎在内的学人见解做出评议。王茂、蒋国保等的《清代哲学》(安徽人民出版社1992年版)绪论部分也注意讨论了相关的问题。杜维运的《清代史学与史家》(中华书局1988年版)开篇亦对此进行了分析。

时期的史学可否归结为考证之学，怎样看待吴、皖两派的相关问题；三，清代学术可否看成是文艺复兴或古学复兴。有一点可以讨论，不说汉宋之学，即如章学诚，也是“在复古学的旗帜下，力求史学创新，求史学变革之道”[1]。可知，复古学并没有演变为类似西方的文艺复兴。而且闭关锁国局限了学术的视野，自然科学也没有发育起来。虽然戴震把人文学的典章制度、小学知识与自然方面的天文、数学、地理研究结合，使汉学具有了人文精神，他的社会哲学“理”论“颇有人文主义的思想色彩”，[2] 但终究也只能是带有人文主义色彩而已。

梁启超在《中国近三百年学术史》的最后一部分，检讨历算学一类科学不能发育起来，对中国学术发展造成的负面影响时，沉重地说：

> 呜呼！此非一门学术兴废之小问题，实全部学风盛衰之大问题也。厌繁重而怠探索，功课为机械的授受，不复刻入以求心得，惟喜摭拾时趋的游谈以自欺欺世。如此，则凡百学术皆不能唤起真挚之兴味，岂惟算学！结果非将学问向上之路全付榛芜焉不止也。呜呼！今之青年，有闻乾、嘉、道间诸先辈之学风而知奋者耶？

清儒能用科学精神治学，但精力十之八九用在考证古典上，这离开人文科学已经是太远了，而以科学作清谈，更是让人生忧。梁启超说：“夫科学而至于为清谈之具，则中国乃真自绝于科学矣！此余之所以悁悁而悲也。”科学发展不起来有时代的原因，轻视自然科学，把人文科学、史学与科学打成两截，真是使人痛，使人悲。从梁启超到侯外庐，先辈的总结是深刻的，应当深长思之。

以鸦片战争为下限的清前期的史学凡三变。由清初到康乾之际（整齐一点，算到乾隆），是一变。梁启超在《中国近三百年学术史》的《清代学术变迁与政治的影响（上）》一节中给我们描述清初学术的变化历程，他说：“从顺治元年到康熙二十年约三四十年间，完全是前明遗老支配学界。他们所努力者，对于王学实行革命（内中也有对于王学加以修

[1] 吴怀祺：《中国史学思想史》，安徽人民出版社 1996 年版，第 294 页。
[2] 侯外庐：《中国思想通史》第五卷，第 452 页。

正者)。他们所要建设的新学派方面颇多，而目的总在‘经世致用’。他们元气极旺盛，像用大刀阔斧打开局面，但条理不免疏阔。康熙二十年以后，形势渐渐变了。遗老大师，凋谢略尽。后起之秀，多半在新朝生长，对于新朝的仇恨，自然减轻。”梁启超归纳出康熙朝学术有四派。而经学中《御纂》《折中》之类的作品，“名为折中，实持两可。以较明之《大全》，诚为过之，尚未能望唐之《正义》也，所谓经学复兴，当不在是。清世经学之盛，盖在私学”，北有孙奇逢、李颙、颜元等，南则顾炎武、王夫之、黄宗羲，“惟黄顾王三氏，始合经学理学为一，而启汉宋兼采之派”。[1] 在这一阶段，清廷用又打又拉两手策略，达到稳定政权、控制思想的目的，史学成为最受关注的领域之一，兴文字狱、开明史馆成为一时之重。

二变于乾隆到嘉庆中期，通常说的乾嘉史学主要是指这一时期的史学。乾嘉时期学术的成就不专在史学，此其一。其二，乾嘉史学相当丰富，有考证史学、考信史学、经世史学。章学诚成为有清一代史学新发展的标志，“清代史学开拓于黄梨洲、万季野，而昌明于章实斋”[2]。值得提出的是，除王鸣盛、赵翼、钱大昕对正史的系统考、评以外，章学诚对纪传体史书做出批判性的总结，《文史通义·书教下》谓：

> 纪传行之千有余年，学者相承，殆如夏葛冬裘，渴饮饥食，无更易矣。然无别识心裁，可以传世行远之具，而斤斤如守科举之程式，不敢稍变；如治胥吏之簿书，繁不可删。……纪传实为三代以后之良法，而演习既久，先王之大经大法，转为末世拘守之纪传所蒙，曷可不思所以变通之道欤？

古代史学的正宗是纪传体的正史，而纪传体史书最后成了没有灵魂的程式，史学失去了创新精神。章学诚未对历代正史进行具体的考与评，但他的总结显示出思想上的深刻性。可惜的是，实斋的呐喊，没有收到

---

[1] 马宗霍：《中国经学史》第十二篇《清之经学》，上海书店出版社 1984 年版。

[2] 梁启超：《中国近三百年学术史》十五《清代学者整理旧学之总成绩（三）》。见《饮冰室合集》第十册。

应有的反响。

三变于嘉道之际，时局变动与经学变动，带来了一股史学新风，这就是富有生气的边疆史地学。但它最终并未将史学开拓至更深远的境域。究其原因，时势也，学术也。此后，中国史学只能挣扎着踽踽而行。

史之为德也大矣！“史学向何处去”成为史学界乃至整个学术界关注和思考的话题，本书即回应这一问题的一次尝试。述往思来，能无益乎？

导　　言

第一节　清代史学的地位与史学思想的特点

清代是中国封建社会最后一个朝代，清代史学也进入了中国传统史学发展的最后一个阶段。

明清时期，中国封建社会呈现出衰老的景象。一方面，旧的生产关系的力量依然非常强大，且占据主导地位；另一方面，新的社会因素开始滋生和微弱地发展，虽然还远远不能突破封建生产关系的桎梏，但也为新的思想因素的产生创造了条件。就史学发展来讲，传统史学在经历了两千多年来的变化和发展以后，到清代，史学思想和文献的积累已相当丰厚。学随势变，传统史学在自身的发展过程中，也在不断调整和探索。到了清代，为与封建社会的发展状况相适应，传统史学中的种种现象也亟待进一步审视、评判。从总体上看，清代史学具有总结和嬗变的特点。诚如吴怀祺先生所言："有清一代史家，一方面是沿着传统史学的路径继续行进；另一方面，是有识的史学家，力求开拓，他们不满意史学的现状，提出史学变革的主张。”[1] 清代史家开始从历史和史学两个层面上审视、评判过去，提出了很多影响深远的史学见解。在这种批判总结的过程中，一批有远见卓识的史学家提出了变革史学的要求，传统史学中开始孕育着新的史学倾向。就整个中国史学发展史来看，清代史学处在传统史学向近代史学转变的关节点上。对上而言，它具有批判总结的特性；对下而言，正是在这种批判总结中孕育出了诸多启迪后人的新的史学见解。清代史学的诸多方面，都直接影响了近代史学的形成与发展。

侯外庐先生曾说：“中国思想史有一个优良传统。每到社会发展的一定阶段，随着社会历史的变化和发展，思潮也就有了转向和进步，这个阶段的中国哲人便做出他们自己时代所能做出的总结。”[2] 就清代史学思想发展来看，也是如此。随着清代社会及时代思潮的不断变化，清代史学思想也表现出阶段性特点，具体可划分为四个阶段：

第一阶段：从 1644 年清开国到雍正去世。顺、康、雍三朝是清初史学思想发展阶段，大约 90 余年时间。

第二阶段：从乾隆到嘉庆中期。人们习惯上将这一时期的史学称为乾嘉史学，大约 70 余年时间。

第三阶段：嘉道之际。即从嘉庆后期到道光二十年（1840 年），大约 30 余年时间。

第四阶段：道光二十年（1840 年）以后，直到清帝逊位。由于这一阶段已进入近代，西方各种思潮蜂拥而入，史学思想又有小的阶段性发展。这一阶段大约有 70 余年。

每一个时代史学思想的发展都会呈现相当复杂的面貌，清代史学思想的发展也不例外。但同时，每一时代史学思想也都有它相对稳定的因素，即有它的主流，使得这一时代史学思想在总体上表现出与其他时代不同的特点。就清代史学思想而言，在整个封建时代史学发展的后期，表现出与宋明史学思想极不相同的特点。

---

[1] 吴怀祺：《中国史学思想史》，第 288 页。

[2] 侯外庐：《论明清之际的社会阶级关系与启蒙思潮的特点》，见《侯外庐史学论文选集》（下），人民出版社 1988 年版，第 65 页。

征实求真是清代史学思想的一大特征。清初，鉴于宋明理学空谈性理的流弊，注重实事、事功的实学思想高涨，诸大家汉宋兼采，重义理又重征实。乾嘉汉学鼎盛，更重求真求实。嘉道以后，汉宋合流，征实与义理又统一起来。征实求真始终是清代学术的主流。这一主流影响到治史，从顾炎武、黄宗羲、王夫之始，中经胡渭、阎若璩，再到乾嘉诸大家，再到龚自珍、魏源以及西北边疆史地研究者如徐松、张穆、何秋涛诸人，他们的学术渊源、治史水平、思想特点颇不相同，但征实求真，不尚空言，反对无谓褒贬则是他们共同的思想特征。史学思想上易主观玄想为客观考察，改空谈为实证，是清代史学思想不同于宋明史学的一大特点，也是清代史学贯彻始终的思想。清代史学思想征实求真，强调历史研究的客观性，在历史评价标准上，由推崇道德主义转而崇尚“实事求是”，这种思想体现在历史研究的方方面面。

追求“独得”也是清代史学思想的重要方面。有清一代，众多史家在治史时宣称“自得”“独得”“空无倚傍”“别识心裁”等。浙东史家，自黄宗羲到章学诚，均重独得与专家之学，宣扬治史贵自得，贵创新。戴震、钱大昕、阮元等以“实事求是”相砥砺，不专主一家，不依门傍户，为学必求其是，从另外一面为“独得”之学做了诠释。清代史学思想中重“独得”倾向的出现，是对长期以来受制《春秋》笔法、正统之论的治史思想的反动，是史学思想的一种进步。

经史关系之辨贯穿清代史学思想发展的始终。关于经史关系的论述，是清代史学思想中较为引人注目的内容。钱谦益、顾炎武、黄宗羲、钱大昕、王鸣盛、崔述、袁枚、章学诚、龚自珍、张采田、章太炎，等等，均从不同角度论述了“六经皆史”的观点。这些论述内涵不尽相同，但打破经、史之间的壁垒，以经为史则是其共同点。清代重视经史关系的辨析，实际上是封建时代后期史学酝酿自我变革的一种表现，在史学思想史上很值得重视。

和前代相比，清代史学思想还具有某种启蒙特色。清初及晚清史家对封建君主专制制度的批判，在历史思想的层面上，产生了早期民主观念。黄宗羲、顾炎武、唐甄、吕留良、陈确、颜元、戴震、焦循、凌廷堪、阮元、汪中、俞正燮、龚自珍等人张扬人的个性，重视人的自然权利，肯定人的“私欲”及“为利”的合理性，认为它们是人类活动的原动力，提出“达情遂欲”的为治之道，其历史观中注入了对人自身的关注。乾嘉考据学，既非科举考试的敲门砖，亦与官方意识形态相异，实有一种超越现实利害的纯粹求知务实的精神。这种史学研究中知性精神的发展，也是清代史学思想具有启蒙意识的表现之一。

正是因为清代史学思想中的这些因素，晚清以后，在中西文化冲击的大背景下，传统史学开始向近代史学跨越。清代史学思想中批判专制的见解、反思制度之得失的观念、重视人之个性在历史发展中的作用的看法以及历史研究中严于考订的治史方法，都被后人吸收，成为建构新史学理论体系的思想资源。

第二节 汉学、宋学与清代史学思想

作为一种思想潮流，史学思想的演变总是与当时的社会状况、文化走向、学术思潮紧密相连的。就清代史学思想而言，它的每一步发展，每一个转变，都与社会历史的发展转变及汉学、宋学的相互争斗分不开。因此，我们考察清代史学思想的特点，既要注意清代社会对清代史学的影响，又要研究清代史学与宋学、汉学的相互作用，以便更准确地揭示清代史学思想发展演化的规律。

在中国学术史上，所谓汉学、宋学之分，始自清代。刘师培曾说：

> 古无汉学之名，汉学之名始于近代，或以笃信好古该汉学之范围。然治汉学者未必尽用汉儒之说，即用汉儒之说，亦未必用以治汉儒所治之书。是则所谓汉学者，不过用汉儒之训故以说经，及用汉儒注书之条例以治群书耳。[1]

“汉学”一词是清人的发明，又称朴学、考证学、考据学等。因为乾嘉时期最为兴盛，故又称乾嘉学术。清人崇尚汉儒重小学训诂与名物考订的

---

[1] 刘师培：《左盦外集》卷九《近代汉学变迁论》，见《刘申叔遗书》（下），江苏古籍出版社 1997 年版。

治学风格，故而用“汉学”命名自己所从事的经学研究，[1] 其学术特点是注重训诂文字，考订名物制度，务实求真，不尚空谈。与汉学相对的是宋学，所谓宋学，即宋明理学，其学旨在阐发儒家经典所蕴含的义理，褒贬议论，重视发挥。汉学和宋学走着两种不同的治经路径，贯穿整个清代学术史，成为研究清代文化无法回避的一个问题。

探讨清代史学思想的状况，不能不探讨史学与汉学、宋学的关系。这个问题相当复杂。因为有清一代，汉学、宋学时而斗争，时而合流，斗争之中有合流，合流之中又有斗争，一直处在变动不居的状态。它对史学的影响，也就表现为时而重考据，时而又重义理。但从总体上看，清代毕竟是汉学占学术上风的时代，因此，我们还须专门探讨汉学与史学的相互作用。

清初，顾炎武首揭经学大旗，展开对空谈心性的宋明理学的批判，指出“古之所谓理学，经学也”，“今之所谓理学，禅学也”。[2] 他认为古之理学就是经学，舍经学便无理学。因此，学者应“鄙俗学而求六经，舍春华而食秋实”，“尤务本原之学”。[3] 而今之理学“不取之五经”，只凭借“语录”“帖括”之文，不是经学的本真，是禅学。顾炎武治经以汉学为起点，主张从文字音韵入手以求义理，开始了汉学与宋学的分化。但顾氏反对的是宋学空疏之风，对宋明经注他还是兼采的。

继顾氏而起的阎若璩、胡渭，通过辨伪证明宋学错谬百出。阎氏撰《古文尚书疏证》，证明《古文尚书》为伪，使宋儒所推崇的《古文尚书·大禹谟》关于尧、舜、禹个人修养和治国原则的“人心惟危，道心惟微，惟精惟一，允执厥中”这“十六字心传”失去了存在的客观基础。胡氏撰《易图明辨》，指出宋儒推崇的《易图》不过是五代道士所伪造。这些，都使宋儒借以发挥义理的理论依据遭到破坏，客观上让人看到了宋学的空疏与无据。与此同时，毛奇龄、万斯同等均对宋明理学的空谈性理进行了批评，并主张治经尊汉，用回归原始经典的方式剥去宋学的

[1] 刘师培：《左盦文集》卷九《清儒得失论》。

[2] 顾炎武：《亭林文集》卷三《与施愚山书》，见《顾亭林诗文集》，中华书局 1983 年版。

[3] 顾炎武：《亭林文集》卷四《与周籀书书》。

虚妄。

清初诸儒批判理学，并未完全脱离宋学的影响，而是兼采汉宋，所谓“国初，汉学方萌芽，皆以宋学为根柢，不分门户，各取所长，是为汉、宋兼采之学”[1]。在清初诸儒批判理学，倡导经学的过程中，汉学与宋学开始分化，但未形成鲜明对立，汉、宋二学交互影响当时的学术风貌。

这一阶段的史学，受汉、宋二学共同影响，一方面表现为重史料考订，言必有据，理必切实，开始将文字、音韵、训诂等治经的方法移而治史。另一方面又重视理论阐发，夷夏之防的正统观念强烈，经世致用思想高扬。清初史学研究给人的感觉是功力扎实，思想深邃，极少主观臆断，这正是考据与义理结合的产物。顾炎武、王夫之、黄宗羲的史学研究都有这一特点。

及至乾隆朝，汉学鼎盛，朝野无不知许慎、郑玄、贾逵、马融者，人们治学“皆以考博为事，无复有潜心理学者。至有称诵宋、元、明以来儒者，则相与诽笑”[2]。与汉学的兴盛相比，宋学归于沉寂。这一时期，多数学者尊汉泥古，迷信汉儒训诂之学、解经之说。他们普遍认为，汉儒去古未远，说经要比宋儒可靠，且汉儒治学，家法师承，不易走样，异于宋儒以臆说经者。在此风潮下，人们纷纷批判宋学的空疏无当，出现了吴派和皖派两大汉学营垒。他们高扬汉帜，识字审音，由字以通词，由词以通意，由文字训诂以求经书义理，认为训诂明义理自明。这一时期，有些学者在坚持汉学立场的同时，也能看到宋学的优长，钱大昕、纪昀、戴震、焦循、阮元、翁方纲等都认为汉、宋之学各有所短，也各有所长，应有持平看法，不能囿于门户，横加排斥。但他们毕竟是站在汉学立场上看待这些问题的，在他们的学术研究上，宋学的影子极淡。

这一阶段的史学，其特点也主要是受汉学影响而形成的。当时，运用文字、音训这些治经方法以治史已成时尚，人们运用治经的方法董理史籍，纠谬补阙，注重史料之真与历史之真，实事求是，主张以史实说话，反对驰骋议论，史学研究中“博古”倾向明显。

---

[1] 皮锡瑞：《经学历史》十《经学复盛时代》，中华书局 1959 年版。

[2] 姚莹：《东溟文外集》卷一《复黄又园书》，见《东溟文集》，《续修四库全书》本。

嘉庆中后期以后，汉学脱离实际、琐屑拘执、崇古复古的弊端暴露出来，宋学营垒中人开始攻击汉学。方东树等人均极力攻击汉学，汉宋之争又起，作为乾嘉学术主流的汉学开始衰落，宋学再次抬头。但由于道咸时期，时局危急，各种思想开始复活，今文经学、陆王心学、诸子学均又走上历史舞台，为变法改革提供思想武器，因此更多的人认识到无谓的汉宋门户之争于事无补，于是开始调和汉宋，汉宋合流又成趋势。

这一时期的史学，面目庞杂，今文经学为史学研究提供了新的历史变易进化观，注重史料考订的治史风格也依然延续。由于宋学的抬头，史著中重名节、重笔法义例的情况再次出现，严密考证与经世致用相结合的治史思想被重新提倡。

总之，由于时代变迁，学术分合，清代史学与汉学、宋学的关系变得扑朔迷离。但如仔细探讨，它们的相互作用还是可以看出来的。

宋学，也即理学对史学的影响，吴怀祺先生在《宋代史学思想史》一书中已有精详的分析。[1] 其各种表现形式，在清代是以一种萎缩了的方式存在着的。尤其是以“天理”谈历史盛衰，以《春秋》褒贬笔法著史，以正统论解释王朝更迭等史学观念，虽在清代官修史书及正统史学中有所表现，但在汉学及汉宋合流思潮的巨大压力下，影响不大，不是清代史学思想的主流。可以这样讲，宋明时期那种占主导地位的讲褒贬、重史法的理学化史学，在清代已走上绝路。清代史学思想的主流是在汉学影响下形成的，具有与宋明理学化史学迥异的风貌。

清代汉学对史学的影响，可以归纳为以下几个方面：

其一，汉学对宋明理学空疏学风的批评，导致了史学领域重考证、轻议论的治史风格的形成。顾炎武对宋明理学空疏学风进行批评，提倡健实学风，乾嘉汉学由此推衍，进一步批评宋儒“舍故训而凭胸臆”。他们指出，宋儒释经，连经书中的文字句读、名物典制都没有搞清楚，甚至连经书的真伪都没有考察，就猜度臆说，以言心言性之空言取代圣经之本意，空发议论而于事无补，学风虚浮而没有根柢，所谓“自晋代尚空虚，宋贤喜顿悟，笑问学为支离，弃注疏为糟粕，谈经之家，师心自

---

[1] 参见吴怀祺《宋代史学思想史》（黄山书社 1992 年版）第一章第二节。

用，乃以俚俗之言诠说经典”[1]，“学者空谈名理，不复从事训诂，制度象数，张口茫如”[2]。于是人们纷纷舍义理而沉迷于名物训诂，主张以考文知音之功夫治经，以治经之功夫明道，“故训明则古经明，古经明则贤人圣人之理义明”[3]，要下一番切实的考证功夫，将字、词、句的本意搞清楚，才有可能正确理解经义。汉学这种反对空发义理，重视文字名物之训诂的思想，直接导致了史学思想上的反对任情褒贬、驰骋议论，主张考证求实。经学上反对空言义理，主张训诂明而义理明，与史学上反对横生议论，主张史实真而是非见，在思维模式上是一样的，遵循的是相同的法则。对此，王鸣盛的一段话颇有说服力：

> 经以明道，而求道者不必空执义理以求之也，但当正文字，辨音读，释训诂，通传注，则义理自见而道在其中矣。……读史者不必以议论求法戒，而但当考其典制之实；不必以褒贬为与夺，而但当考其事迹之实，亦犹是也。[4]

义理不可凭虚而得，必须经考据实证而得，影响到史学，那就是注重考典制事迹之实，反对未考史实便驰骋议论、任情褒贬。在此之下，清代史家对受理学影响的宋明史学注重发挥义理而不甚关注史实的做法进行了批评，认为他们褒贬议论是“颠倒是非，颇亦荧听”，并反其道而行之，张扬重考证、轻议论的史学观念：

> 大抵史家所记典制有得有失，读史者不必横生意见，驰骋议论，以明法戒也。但当考其典制之实，俾数千百年建置沿革，了如指掌，而或宜法，或宜戒，待人之自择焉可矣。其事迹则有美有恶，读史者亦不必强立文法，擅加与夺，以为褒贬也，但当考其事迹之实，

[1] 钱大昕：《潜研堂文集》卷二十四《经籍纂诂序》，见《嘉定钱大昕全集》第九册，江苏古籍出版社 1997 年版。

[2] 钱大昕：《潜研堂文集》卷二十六《重刻孙明复小集序》。

[3] 戴震：《戴氏杂录·题惠定宇先生授经图》，见《戴震全书》第六册，黄山书社 1995 年版。

[4] 王鸣盛：《十七史商榷·序》，上海书店出版社 2005 年版。

俾年经事纬，部居州次，纪载之异同，见闻之离合，一一条析无疑，而若者可褒，若者可贬，听诸天下之公论焉可矣。书生匈（胸）臆每患迂愚，即使考之已详，而议论褒贬犹恐未当，况其考之未确者哉？盖学问之道，求于虚不如求于实，议论褒贬皆虚文耳。作史者之所记录，读史者之所考核，总期于能得其实焉而已矣，外此又何多求邪！[1]

这样的治史观念在乾嘉时期被学界认可，史家治史不轻发宏论，而醉心于古史之考订辨证，在考史的基础上论史，言必有据，无征不信，学风敦实。

其二，贯通经史的治学方法。考据作为治史的一种基本方法，并非始自清代，但很明显的是，清代考史方法的缜密完备和丰富多彩，并非仅仅依靠史学方法自身的积累，它主要源于汉学治经的方法。清初，经顾炎武、阎若璩、胡渭等人的提倡和实践，考证方法日趋完备，尤其是顾炎武“博学于文”，阎若璩“一物不知，以为深耻”等观念的提出，使人们开始将治经的一套方法扩展到各个学科领域，史学便是一重要阵地。乾嘉学者，多数兼通经史，以治经方法治史，事属必然。张之洞曾说：“由小学入经学者，其经学可信，由经学入史学者，其史学可信。”[2]就点出了清代史家取得成绩的途径和方法。经学家治经着重文字训诂，反对主观武断发明经义，以小学为工具，进行校勘，以究典制名物。从小学入手以治经，是清代汉学的首要法门。这种正文字、辨音读、释训诂、通传注的方法运用到史学上，就是究版本、校文字、阐释字句、洞察事迹，考证天文、地理、职官、名物等问题，在专门和精深上做文章，形成了一套可以操作的，涉及文字、音韵、训诂、版本、校勘、辨伪等众多学科的庞大的方法体系，具有一定的可靠性和有效性。他们运用这些方法考证文献，克服了以往史家依靠个人的学识和“事理”推测、鉴别史料的局限，构建了一套行之有效的操作程序，对于史学研究的科学化、

[1] 王鸣盛：《十七史商榷·序》。

[2] 张之洞：《书目答问补正》附二《国朝著述诸家姓名略总目》，上海古籍出版社2001年版。

客观化起了推动作用。

另外，汉学研究中常用的通例归纳法也被运用到史学研究上。清人治经，特别认识到读书必明其例的重要性，将其视为治学的重要方法之一，“读古人书，先须寻其义例，乃能辨其句读，非可妄议”[1]。戴震对《水经注》通例之归纳，卢文弨对古书行款版式通例之归纳，段玉裁对汉儒旧注通例之归纳，凌廷堪对《仪礼》通例之归纳，王念孙、王引之对发疑致误之归纳，等等，都是当时以通例归纳治经的显例。这种方法移至史学，钱大昕、王鸣盛、赵翼等人均不同程度地在治史过程中运用义例归纳法，并取得了显著成就。

其三，在历史编纂学上，史家反对《春秋》笔法，反对以正统论著史，也是受了汉学的影响。《春秋》笔法是对传统史学影响很深的一种观念。宋代理学家对《春秋》研究、解说，形成《春秋》学。这种研究又渗透到史学中，在治史中形成了重《春秋》褒贬、重正统论、重《春秋》义例的现象。[2] 清代汉学家一反宋儒重心性义理，好阐发议论的作风，变而为重文字训诂，好考证求实，张扬“实事求是”的学术个性。在史学上，则是轻史义，重史实，反对只重褒贬大义，而于史实却不甚理会的作史态度。尤其反对在历史编纂上运用《春秋》笔法，辨正统、闰统。钱大昕通过归纳、剖析《春秋》义例，指出《春秋》从不在文字上搞褒贬，而是“直书其事，使人之善恶无所隐而已矣”[3]。他批评欧阳修编纂《新唐书》、朱熹编纂《通鉴纲目》使用《春秋》笔法的做法，认为二人之书既掩盖了历史的真实，又褒贬不当，给读史者造成极大困扰，他提出：“史家纪事唯在不虚美，不隐恶，据事直书，是非自见。各若出新意，掉弄一两字以为褒贬，是治丝而棼之也。”[4] 与钱大昕一样，王鸣盛也反对治史模仿《春秋》笔法，认为“《春秋》书法，去圣久远，难以揣测，学者但当阙疑，不必强解，唯考其事实可耳。……究之是非千载

---

[1] 钱大昕：《潜研堂文集》卷十一《答问八》。

[2] 吴怀祺：《宋代史学思想史》，第 19 页。

[3] 钱大昕：《潜研堂文集》卷二《春秋论》。

[4] 钱大昕：《十驾斋养新录》卷十三《唐书直笔新例》，见《嘉定钱大昕全集》第七册。

炳著，原无须书生笔底予夺，若因弄笔，反令事实不明，岂不两失之”[1]。他同样批评《新唐书》和《通鉴纲目》意主褒贬的著史宗旨，认为记载事实乃史之天职，妄加予夺，实不可取。《四库全书总目》批评欧阳修以《春秋》笔法著史，于“事实则不甚经意”，“传闻多谬”。[2]总之，以《春秋》褒贬大义治史的观念受到了批判。宋人由重义理而重《春秋》笔法，清人由重考实而反对《春秋》笔法，反映了宋清间史学由重阐发向重事实的转变。

与《春秋》笔法相联系的是正统观念。宋人著史重正统、闰位之辨，清人这一观念比较淡漠。尽管在清代史学史上，由于宋学的起伏，正统观念也时隐时显，但总的趋向是受到批评。清初，王夫之即对正统论做了反思，认为以正统解说历史，真伪混淆，无法自圆其说，故而他评论历史，“不言正统”[3]。乾嘉时期，钱大昕更对朱熹在《通鉴纲目》中虚引中宗年号以记载武氏事迹，以明正统归李唐的写史方法表示不满，指出“史者，纪实之书也。当时称之，吾从而夺之，非实也；当时无之，吾强而名之，亦非实也”，从史以纪实的角度否定正闰之争。从中均可看出汉学求实精神的渗透。

其四，由于受汉学的影响，乾嘉时期的史家在解释历史的发展时，很少使用“天理”“心性”这些宋儒惯常使用的概念。他们多数已不再执着以“天理”这种封建纲常名分的标准来评价历史事物，讨论历史盛衰，而是就事论事，冲破先验的“理”来评说历史。如王鸣盛对王伾、王叔文“永贞革新”的评价，赵翼对武则天的评论等，都能冲破成规，得出新颖的结论。在思考历史盛衰变动时，乾嘉学者在哲理上发明不多。赵翼用“地气说”解释历史兴盛衰亡的变动，认为政治兴衰的原因是“地气”转移，这样的解释带有神秘的色彩，但又是一种宏观的历史运动观。崔述对社会历史的变化也有自己的看法，且能贯通古今思考问题，以“势”解释历史变动。这些都是乾嘉时期较有价值的思想。但整体来看，

[1] 王鸣盛：《十七史商榷》卷七十一《李昭德来俊臣书法》。

[2] 《四库全书总目》卷四十六“新五代史记”条，中华书局1965年版。

[3] 王夫之：《读通鉴论》卷末《叙论一》见《船山全书》第十册，岳麓书社1988年版。

由于受汉学名物训诂、重文献考实之风的影响，这一时期的史家在历史哲学上没有大的建树，论史而蔽于理。倒是受今文公羊学影响的一批人，在历史哲学上有一套宏通的系统看法。

总之，汉学对史学的影响，有积极的一面，也有消极的一面。从积极的一面看，它培养了中国史学的求实精神和理性精神，创造了一套行之有效的考证辨析史料的方法，扭转了长期以来史学著作资料选择的主观性和论点的直觉性。从消极的一面讲，由于汉学过分强调考证辨伪为“实”，分析评论为“虚”，从而严重限制了史家宏观把握历史的能力。他们缺乏自己的哲学体系，对历史的盛衰运动、历史运动的支配力量等历史哲学问题思考甚少。又由于汉学崇古，有愈往前古愈得其真的儒学求本化思想，影响到史学，“博古”现象严重。我们不能说乾嘉学者都博古而不通今，但史学上的“博古”限制了他们上下贯穿的通识眼光，也是事实。

由于汉学对史学的影响主要表现在治史态度、研究方法以及历史编纂等史学客观性这一层面上，无法对历史进程、历史运动等历史客观性问题做出系统解释。因此，当外部社会发生动荡，需要人们预见历史发展趋势时，汉学就无能为力了，而注重哲理思辨的宋学就有可能抬头，站出来论证历史之发展变化。但宋学的过分虚妄也使人生厌，于是有人就试图将汉学的求真务实与宋学的思辨议论结合起来，在史学上做到事实真和义理明，以便更好地经世致用。

关于汉学对史学的影响，有三个问题还需要说明：

其一，有清一代，经学和史学都很发达，乾嘉学者在治学上打通经史之间的间隔，从经史结合的角度思考问题，这一方面使当时兴盛一时的汉学对史学起作用，另一方面史学对汉学也同样有影响。汉学所研究的许多东西，与上古史密不可分，汉学家为了解决经书中的典制名物，常常要借助史学，史学为汉学研究提供背景知识和印证材料。再加上汉学本身推重史实，不虚言说经，许多汉学家治经实际上也是考史。如三礼方面的考证，像江永的《仪礼释例》、张惠言的《仪礼图》、戴震的《考工记图》、沈彤的《周官禄田考》、程瑶田的《通艺录》等，都从不同的方面对古代礼仪进行考证，广泛引证史实以助经说。在宋儒那里，史学思想是理学家构建体系的必不可少的“半壁江山”，天理体现在纲常礼制上，离开历史，无法证明这一点。在清儒这里，史学又是汉学考据的重要方面，离开了历史事件、人物、典制等历史的说明，经学考证只能是个空壳。

其二，清儒的汉学研究，在客观上破除了经书的神圣性，为“六经皆史”理论的发展提供了依据。乾嘉学者所考经书，多为两千年封建社会奉为圭臬的经典，具有思想上的绝对的权威性，但一一被考出谬误。虽然乾嘉学者一直宣称他们是考辨宋明儒学之非，寻求圣人经书本旨，但仍然或多或少动摇了人们对这些经典的信任。面对这些错谬百出甚至是伪书的“经典”，人们不能不对由此阐发出的义理产生怀疑。而这种怀疑，恰恰是思想解放的先声。

明清时期，“六经皆史”的理论不断发展，乾嘉汉学家的经史考证，又将其推上新的层面。他们在将经典还原为历史文献方面起了至关重要的作用。经书和史书一样，在他们手里都变成了必须“考信”的内容，经书所蕴含的史料价值，所具有的解经方法，在清儒的考证之下，都转化为史学的内容。经与史之间不可逾越的畛域，在经史考证之下已不复存在。尽管阐发“六经皆史”最为系统的章学诚对汉学烦琐学风和宋学虚浮学风都有所批评，试图通过“六经皆史”赋予其经世致用的主张以现实意义，带有超越汉宋二学的意味。但不容置疑的是，“六经皆史”的命题中确实包含有六经是史料之意。汉学家通过考证将儒家经典的史料价值揭示出来，客观上为章学诚“六经皆史”的理论提供了佐证。

其三，汉学对史学的影响，情况极其复杂。有清一代，汉学、宋学、今文经学，各派经说此其彼伏，它们之间既相互斗争又相互吸收，与史学的发展过程相互作用。汉学内部，吴派、皖派、扬州学派等不同学术派别，治学风格也有很大差异，反映在史学上也就有所不同。因此，清代史学思想是极其复杂的，各种经学思潮都在史学思想上有折光。而同时，传统史学思想所固有的信史原则、直书精神、经世观念等内涵又对各种学术思潮的偏差起着扭转作用。宋学的空谈性理与史学求真相矛盾，汉学的考证求实又与历史哲学的思辨相凿枘，今文经学的微言大义与秉笔直书也不尽一致。这样，史学在当中起作用，用通古今、察盛衰、求史实、研治乱等史学眼光看待一切，也把史学的精神渗透到各家经说之中，将理学的蔽真、汉学的蔽理、今文经学的蔽实等弊端扭转过来，将所有学说与对历史盛衰兴亡的思考结合起来，推动其向近代学术发展。

第一编

1644年，清军大举入关，摇摇欲坠的朱明王朝最终被颠覆。明清易代，天崩地解，社会处于剧烈变动之中，民族矛盾极其尖锐。一方面，清王朝在统一全国的过程中，采用了野蛮的杀掳政策，强迫中原汉民族剃发易服，圈地易牧，出现了“扬州十日”“嘉定三屠”等血案。另一方面，明朝士民有感于亡国之耻，无法忍受民族压迫，于是奋起反抗，各地抗清斗争风起云涌。这样，经过近20年的冲突，直到康熙三年（1664年），抗清斗争才全面平息下去。

紧接着，清政府又在康熙二十年（1681年）平定了三藩之乱，二十二年收复了台湾，巩固了对全国的统治。在民族冲突和政治斗争的过程中，清廷逐渐采取了缓和民族矛盾的措施，努力使社会进入有序状态。在政治方面，康熙、雍正两朝通过抑制朋党、惩治贪污、建立制度，逐步巩固内政，加强皇权。在经济方面，改革赋役制度，治理黄河，大力垦荒，恢复经济，发展生产，使遭到战争破坏的农业得以逐步恢复，经济贸易再度活跃。同时，清政府在国家统一方面也极尽努力。康熙帝三征漠北，打败噶尔丹，为解决准噶尔问题奠定了基础。康熙、雍正朝还进行了驱准保藏的斗争，平息了青海罗卜藏丹津的叛乱，并设驻藏大臣，有效地实行了对西藏及西北地区的管理。在中俄边界问题上，签订了《中俄尼布楚条约》和《中俄恰克图条约》，对抵御外来侵略势力、维护国家主权和领土完整起了重要作用。

总之，清初社会是一个由乱而治的社会。清王朝由最初的民族矛盾激烈向民族矛盾逐步缓和发展，由最初的政局不稳向逐步稳定发展，由最初的局部稳固向统一多民族的大一统发展。

在这样的社会背景下，学术研究出现了新气象，学术思潮出现了转折。“神州荡覆，宗社丘墟”的易代改姓之民族危机使得深明《春秋》大义的知识分子遭受巨大刺激，他们开始由反思政治得失而推原学术精神，由历史的批判总结而进行学术的批判总结，在政治与学术两个层面上进行了深刻省察。清初学人在总结明亡历史教训时，除认识到有明一代吏治败坏、宦官当道、奸佞擅权、盘剥百姓等是明代致亡的因素外，同时深深感到理学末流长于空谈、寡于治道亦不能辞其咎。经义不明之害政，被当作易代之际的痛切教训而屡屡提起。由此，人们开始对宋明以来占统治地位的程朱理学和陆王心学在学理上的种种失误进行批判总结。陆王心学之“游谈无根”，程朱理学之“封己守残”，成为众矢之的。理学末流空谈性理，不言世事，不问时务的学风遭人鄙弃。人们开始冲破理学和心学的樊篱，倡导明体达用、经国济民的经世实学。这种经世实学因明清易代而感发，又因易代而迅速高涨，被人们广泛接受。一时风会所趋，学术崇尚“渊综”与“会通”，学而经世，学而事功，学而待后王之论充斥于这一时期各家经说史论之中。一大批进步的思想家，如黄宗羲、顾炎武、王夫之、陈确、费密、唐甄、方以智、李颙、傅山、颜元、李塨等，批判理学空谈性命，脱离实际的空疏学风，重新阐释儒学经世致用的学术宗旨，辨析、修正道学诸命题，批判封建君主专制制度，斥责“天崩地解，落然无与吾事”的恶劣学风等。他们为改变道学专务心性的学术路线，或扬经学，或辟史学，或开子学，或创“质测之学”，努力拓宽研究领域。学术研究出现了百舸争流的局面。

清初学者把对理学的反思和总结明亡的经验教训结合起来，提倡尊经重史，主张经史经世。顾炎武对理学末流“不习六艺之文，不考百王之典，不综当代之务”的学风进行严厉批判，指出这些人一不读经，二不治史，三不关心国计民生，故而空谈误国。由此，他提出“理学，经学也”的命题，把经学视为儒学正统，试图以经学济理学之穷，穷经观史，再振儒学。黄宗羲更是认为“学必原本于经术而后不为蹈虚；必证明于史籍，而后足以应务”[1]，指出“经术”为学问之“本”，“史籍”乃应务之“用”。挽救理学袭空蹈虚的流弊，必须求助于史学，因为史学是经世之大端，可以为经世寻找历史依据。王国维在论及清初学术时曾说，清初学者“离丧乱之后，志在经世，故多为致用之学。求之经史，得其本原，一扫明代苟且破碎之习”[2]。“经世之学”不能凭空臆造，而必须有所依据，也就是要有本原，这个本原就是六经和史。离开史学的经世，只能是空谈，史学研究不讲经世，只能为古而古，空发思古之幽情。清初的历史研究就是在这种史学思想的支配下而展开的。

清初史家治史，领域广阔，在历史地理、历史评论、学术史以及明史的私修和官撰诸方面都取得了很大成就。他们的史学研究，富有批判性，多有创新。经世和考实的史学思想与政治和学术的治史内容交织在一起，绚丽多彩。

清理有明一代的历史，探讨明亡之历史教训，是清初史学的热点。清初，私家明史撰述硕果累累。当时学人，特别是明朝遗民，几乎无人无明史与明季史之作。这显然是因为明亡的巨大刺激而引起的，而实际上也是对抗官方政治的一种形式。与此同时，清统治者也认识到明史私撰之风的泛滥对自身统治的威胁，于是利用官方力量，兴文字狱，开明史馆，打击私家明史修撰，统一记载，明史的私修与官撰几成势不两立，而最后的结果则是随着清朝统治的稳固以及乾隆初年官修明史的刊成，明史私撰归于沉寂。

鉴于对明亡的反思以及整个封建时代之历史的省察之兴盛，清初历史评论之作也相当发达。顾炎武的《郡县论》，黄宗羲的《明夷待访录》，唐甄的《潜书》，王夫之的《读通鉴论》《宋论》《春秋世论》等，思想深刻而犀利。他们由总结历史经验而进入制度思考

---

[1] 全祖望：《鲒埼亭集外编》卷十六《甬上证人书院记》，见《全祖望集汇校集注》，上海古籍出版社 2000 年版。

[2] 王国维：《观堂集林》卷二十三《沈乙庵先生七十寿序》，河北教育出版社 2001 年版。

的层面，对“封建”“井田”“府兵”“学校”“公私”“君臣”等问题进行深刻阐说，直言“自秦以来，凡为帝王者皆贼也”[1]，构想了改革封建政体的方案。他们察盛衰、辨兴亡、重致用，论史亦论政，将时代精神灌注进史学研究，对后世产生了很大影响。

明之亡，学风空疏难辞其咎。明清易代让人看到传统学术，特别是理学的种种弊端，需要进行清理和总结，于是学术史编修兴盛起来。熊赐履的《学统》、张夏的《雒闽源流录》、窦克勤的《理学正宗》、耿介的《中州道学编》、孙奇逢的《理学宗传》、汤斌的《洛学编》、魏一鳌的《北学编》、万斯同的《儒林宗派》、陈遇夫的《正学续》以及黄宗羲的《明儒学案》，黄宗羲、全祖望等合撰的《宋元学案》，都引人注目。这些著作，或尊程朱而辟陆王，或折中程朱陆王，或重经学轻理学，或为宋明学术辨源流、清学脉，虽旨趣各异，却都是针对这一时期批判、总结理学的时代要求做出的回应，表现出清理学术史，救正宋明学术之病的同一意向。

清初经世实学之高涨所导致的史学研究的另一趋向就是历史地理之学的长足发展。顾炎武的《肇域志》《天下郡国利病书》、顾祖禹的《读史方舆纪要》、杨丕复的《历代舆地沿革表》、段长基的《历代疆域表》、梁份的《西陲今略》（后改为《秦边纪略》），都是这方面代表之作。这些著作关注河流水道、农田灌溉、工矿资源、交通运输、户口田赋、物候资源、军事形胜、疆域变迁、地理沿革等问题，贯穿着经世致用、济国利民、求实求真的史学思想和注重实地调查的治学方法，成为后世历史地理研究之先导。

总之，清初史学，内容丰富，气势博大，诸史家各守其学，各有所长，史学思想各有特点，治学路数及所注重的领域也各不相同，有着各自独具的特色和成就，这是我们在研究这段史学时要充分注意的。同时，我们也要看到，尽管清初史学多彩多姿，但诸史家在各具特色的基础上，又有着共同的思想趋向和特征，贯穿着一

[1] 唐甄：《潜书》下篇《室语》，中华书局1963年版。

种基本的史学思想，从而凸显出当时的时代思潮，体现出清初史学的主流和总体特征。

概括起来，清初史学的基本思想主要体现在以下几个方面：

其一，立足当世之务，注重以史经世。清初学人，对明代士人束书不观、高谈心性，以致面临社会动荡、政治危机而无所措手的情状痛心疾首。有感于这种空疏学风的不切世用，他们大力提倡经世致用，号召学术关心社会，明道救世。当时的学者，如黄宗羲、顾炎武、王夫之、朱舜水、唐甄、傅山、方以智、颜元、李塨、万斯同、顾祖禹等，都是经世致用学风的提倡者和实践者，“凡文之不关于六经之指、当世之务者，一切不为”[1]，成为当时学人的共识。

史学作为当时与理学空谈相对立的学科，其经世作用备受人们重视，被看作“明道救世”“经纬天地”的重点。王夫之说：“所贵乎史者，述往以为来者师也。为史者，记载徒繁，而经世之大略不著，后人欲得其得失之枢机以效法之无由也，则恶用史为?”[2] 顾炎武说：“夫史书之作，鉴往所以训今”[3]，“引古筹今，亦吾儒经世之用”[4]。黄宗羲则指出：“学者必先穷经，然拘执经术，不适于用。欲免迂儒之诮，必兼读史。”[5] 主张打通经史，极力彰扬史学的经世作用。戴名世也说：“夫史者，所以纪政治典章因革损益之故，与夫事之成败得失，人之邪正，用以彰善瘅恶，而为法戒于万世。是故圣人之经纶天下，而不患其或敝者，惟有史以维之也。”[6] 顾祖禹撰《读史方舆纪要》，同样强调该书的经世价值：“世乱则由此而佐折冲，锄强暴；时平则以此而经邦国，理人

[1] 顾炎武：《亭林文集》卷四《与人书三》。

[2] 王夫子：《读通鉴论》卷六《后汉光武帝》之一〇。

[3] 顾炎武：《亭林文集》卷六《答徐甥公肃书》。

[4] 顾炎武：《亭林文集》卷四《与人书八》。

[5] 《清史列传》卷六十八《黄宗羲》，中华书局 1987 年版。

[6] 戴名世：《南山集》卷一《史论》，清光绪二十六年刻本。

民。”[1] 诸如此类。

在这些有影响力的思想家的倡导下，清初史学领域经世思想高涨，凡治史者，人人皆言经世。分析当时经世史学的特征，主要有：

（一）以探索国家治乱之源及生民根本之计为研究重点。清初史家，遭逢明清易代，眼见生灵涂炭、民不聊生，故而特别关注兴亡治乱和国计民生这样的历史课题，反对目光短浅的烦琐学问，倡导为学“明道救世”[2]。顾炎武、王夫之、黄宗羲、顾祖禹等人的著作，都将目光放在历史兴亡、国家治乱、古今因革、民生利病等重大历史问题上，引古筹今，眼界开阔，气势不凡。

（二）以治明史和南明史为主要内容。在清初史家看来，明史和南明史即为当代史。清初史家治明史，一方面有“修故国之史以报故国”的主观想法，另一方面则着力探索明代的衰亡过程，揭露明代腐朽统治，批判君主专制。

（三）以“建万世之长策”为经世目标，主张“立言不为一时”。清初史家多为明代遗民，他们提倡史学经世，但又不与清廷合作，拒绝学术为清廷服务，而是主张史学要为天下、为万民、为后世服务。如顾炎武曾说：“引古筹今，亦吾儒经世之用，然此等故事，不欲令在位之人知之。”[3] 他作《日知录》，则是期望“有王者起，将以见诸行事，以跻斯世于治古之隆，而未敢为今人道也”[4]，明确提出自己治史非为当前统治者提供资鉴。对此，顾炎武的弟子潘耒更有明确说明，说《日知录》“立言不为一时”，“异日有整顿民物之责者，读是书而憬然觉悟，采用其说，见诸施行，于世道人心实非小补”。[5] 全祖望在评价刘献廷的史学研究时，也指出刘氏治西北水利史，“欲取二十一史关于水利、农田、战守者，

---

[1] 顾祖禹：《读史方舆纪要·总叙三》，中华书局 2005 年版。
[2] 顾炎武：《亭林文集》卷四《与人书二十五》。
[3] 顾炎武：《亭林文集》卷四《与人书八》。
[4] 顾炎武：《亭林文集》卷四《与人书二十五》。
[5] 潘耒：《日知录序》，见顾炎武《日知录》，黄汝成集释，岳麓书社 1994 年版。

各详考其所以，附以诸家之说，以为之疏，以为异日施行者之考证”[1]。万斯同继承黄宗羲经世致用的思想，认为史学为经世之大端，通过考察历史上的治乱兴衰所取得的经验教训，绝非一时的“因时补救”所能比，而是有“可用而行”“为后世法”的“建万世之长策”的长久价值。[2] 清初史家立言不在一时而在万世的经世思想，一方面是由当时时代条件所造成的，另一方面也反映了清初史家经世思想的开阔眼光和恢宏气势。他们已开始超出了关心一家一姓之王朝兴亡的局限，把目光放在了探讨历史之变、关心整个民族、国家的命运这一点上。正因为此，其经世思想备受后人注意。

其二，注重夷夏之防，坚持以史明统。由于清初史家刚刚经历了明清陵谷变迁，目睹了清廷实行的民族高压政策，不少人还亲身参与了抗清斗争。这些，都培养了他们强烈的民族意识，并通过自己的历史著述表现出来。

顾炎武为“华夷之防”作历史论证，他在自己的历史著作中援引汉和帝时侍御史鲁恭的疏言，认为夷狄乃四方之异气，“若杂居中国，则错乱天气，污辱善人”。在他看来，“君臣之分所关者在一身，华夷之防所系者在天下”，“夫以君臣之分犹不敌华夷之防”。[3] 他痛斥那种奉夷狄之命行夷狄之俗，甚至引导夷狄为虐于中原的行径，表示对清廷强制推行剃发易服的不满。

王夫之更是强调“华夷之别”和“夷夏之防”。他认为：“天下之大防二：中国、夷狄也，君子、小人也。……中国之与夷狄，所生异地，其地异，其气异矣；气异而习异，习异而所知所行蔑不异焉。乃于其中亦自有其贵贱焉，特地界分，天气殊，而不可乱；乱则人极毁，中国之生民亦受其吞噬而憔悴。防之于早，所以定人极而保人之生，因乎天也。”[4] 指出中国与夷狄、君子与小人是天下

---

[1] 全祖望：《鲒埼亭集内编》卷二十八《刘继庄传》。
[2] 万斯同：《石园文集》卷七《与从子贞一书》，《四明丛书》本。
[3] 顾炎武：《日知录》卷七《管仲不死子纠》。
[4] 王夫子：《读通鉴论》卷十四《东晋哀帝》三。

必须划分的两种最大的界线。他还说："天有殊气，地有殊理，人有殊质，物有殊产，各生其所生，养其所养，君长其君长，部落其部落，彼无我侵，我无彼虞，各安其纪而不相渎耳。"[1] 显然，他认为，在长期的历史发展中，不同的民族形成了不同的文化、生活和特质，各民族要"各安其纪"，不要危害其他民族，要和平相处，互不侵犯。

与顾炎武、王夫之一样，黄宗羲的史学思想中也有着强烈的民族意识，并坚持在编纂史书时"严夷夏之防"。他说："中国之与夷狄，内外之辨也。以中国治中国，以夷狄治夷狄，犹人不可杂之于兽，兽不可杂之于人也。"由此，他严厉批评了前代诸多史书在处理华夷历史时的做法，如《晋书》，他认为："《晋书》变例载记，同一四夷也，守其疆土者则传之，入乱中国者则纪之，后之夷狄，其谁不欲入乱中国乎?"《晋书》设立载记，记载十六国的历史，不强调"华夷"，在黄氏看来是鼓励夷狄乱华，应该受到谴责。明朝建立，为元修了一部《元史》，在黄氏看来这简直是认贼作父、为虎作伥，他认为应该"改撰《宋史》，置辽、金、元于《四夷列传》，以正中国之统"。[2]

清初私家明史修撰运动高涨，其中也蕴含着强烈的民族意识。宋元以来，汉族士人"国可灭，史不可灭"的观念很浓。明代江山落入异族之手，汉族士大夫最关心的就是保全故国之史，记载故人行迹。如计六奇在《明季北略》《明季南略》中保存了大量抗清斗争的史料，在书法上以"敌""虏"言清，揭露清兵对汉族士民的残酷杀戮。在揭露清兵暴行的同时，他对那些忠于明朝，坚持抗清斗争而又至死不屈的人物，则大力表彰。其他明史著作，也都存在类似的情况。可以这样说，民族意识是清初史学的一大特点，同时也是清初史学的基本精神之一。

---

[1] 王夫之：《宋论》卷六《神宗》八，见《船山全书》第十一册，岳麓书社 1992 年版。

[2] 黄宗羲：《留书·史》，见《黄宗羲全集》第十一册，浙江古籍出版社 1993 年版。

其三，以史论政，批判封建专制集权。清初史学，不仅有对兴亡的探讨，而且还从更深刻的层面上对封建专制的弊端及危害进行了研究，透露出早期启蒙思想的光辉。黄宗羲、顾炎武、王夫之、唐甄、刘继庄、吕留良等人都在自己的历史研究中发表了看法，使之成为清初史学最有价值和影响力的一部分。

黄宗羲从历史发展入手，指出上古没有君主，“人各得自私，人各得自利”。专制制度出现以后，君主以天下为一己之私，剥夺民众利益，扼杀平民天性，因此必须以“天下之法”代“一家之法”，改变君臣观念，君与臣的关系应是一种平等关系，“君与臣，共曳木之人也”。要以学校为议政机关，“公是非于学校”，使平民也能“渐摩濡染”，激发他们的政治意识。顾炎武也从历史研究中得出结论，指出“古之圣人，以公心待天下之人，胙之土而分之国；今之君人者，尽四海之内为我郡县犹不足也，人人而疑之，事事而制之”[1]，把批判的矛头指向封建君主专制。他反对君主“肆于民上以自尊”，“厚取于民以自奉”，指出皇帝并不是至高无上、绝对尊贵的，按爵禄而言，只不过比公侯高一级而已。[2]他明确反对君主独裁，提倡“众治”而反对“独治”，要求实行分权，削弱君主的绝对权力。唐甄在研究了专制集权的历史后，不仅直斥“乱天下惟君”，而且提出“抑尊”，即抑制君主的至高无上的地位。王夫之也主张“不以天下私一人”。吕留良亦激烈抨击君主专制之私，歌颂三代以上之公。刘献廷则提出政治运作要“开诚布公”，与专制政治对抗。

总之，清初一批有识之士都对君主专制进行了抨击，对后世产生了重大影响。不仅如此，清初史家还将对君主政治的研究与王朝盛衰、历史兴亡的探讨结合起来，从封建政体本身的弊端来认识王朝的兴亡，深刻而有卓见。如王夫之在总结宋亡于元、明亡于清的历史教训时，认为封建帝王将天下之权收之一己是导致汉民族不能

---

[1] 顾炎武：《亭林文集》卷一《郡县论一》。

[2] 顾炎武：《日知录》卷七《周室颁爵禄》。

自固其族类的重要原因之一。封建帝王视天下为一己之私产，“以一人疑天下”，使得地方政府没有任何实权，加以上上下下关节横生，互相掣肘，造成“形隔势碍，推委以积其坏”，[1] 一旦外族入侵，根本不能进行有效的抵抗。唐甄也认为，君主专制致使君主有无限权力，没有任何东西可以限制君主的这种权力，“治天下者惟君，乱天下者惟君”[2]，王朝治乱完全取决于帝王本人的素质。人们无法通过行政手段将昏君暗主赶下皇位，只能听其将国家引向灭亡。黄宗羲在总结明亡原因时，也是着重从明代专制制度的种种弊端上看问题，他剖析了明朝的官制、兵制、赋税制和科举制的弊病，指出其对明朝覆亡的影响。清初史家注重从专制制度上分析历史治乱，可谓击中了要害，远远超过了一般的论述。这也是清初史学让人感到思想深刻的重要原因。

其四，倡导博求征实，主张治史求实求真。明末清初，学术界对明代空疏学风极为反感，进行了猛烈抨击。笼统地说明代学风是空疏的，并不确切，但不可否认，明代学术中的一个衰败征兆就是“束书不观，游谈无根”，“自明中叶以后，讲学之风已为极敝，高谈性命，直入禅障，束书不观，其稍平者则为学究，皆无根之徒耳”。[3] 在抨击明代学风空疏的同时，清初的思想家、史学家开始以自己的治学实践扭转这种空疏学风。他们提倡博求实证，以与空疏游谈的学风对抗。特别是在史学领域，博求实证俨然与经世致用、民族意识、反对专制一起，成为清初史学基本精神之一。

在清初，顾炎武是史学博求实证的最有力的提倡者，他高举“博学于文”“行己有耻”的大旗，广涉各个领域，将其融会贯通，形成了自身的“通儒”之学。由博而归实，在治史过程中，重视史料的可靠性，倡导“采铜于山”，主张博古通今的考订辨伪，“有一疑义，反复参考，必归于至当。有一独见，援古证今，必畅其说而

[1] 王夫之：《黄书·宰制》，见《船山全书》第十二册，岳麓书社 1992 年版。

[2] 唐甄：《潜书》上篇《鲜君》。

[3] 全祖望：《鲒埼亭集外编》卷十六《甬上证人书院记》。

后止”[1]。其作《日知录》，凡与前人暗合者，一律削去。他还重视实地调查和见闻资料，彰显“多闻阙疑”的精神，要求治史要归于真实。黄宗羲在历史研究上，同样勇于辨析各种史料的价值，将考证寓于治史之中，并注意运用自然科学知识与实地考察进行考证。清初，王夫之虽以哲学思辨著称，但他同样强调“言必征实，义必切理”，并做了大量疏证考异工作。可以说，王夫之的哲学思想和史学见解，都是建立在这种坚实的考证基础之上的。阎若璩、胡渭、毛奇龄、万斯大、万斯同等人继之而起，以“一物不知，以为深耻”相标榜，在史学研究中提倡考据，强调读书。各大家提倡博求实证并用之于研究，清初明史撰述中也贯穿了这一精神。人们提倡信史，博稽群书，举凡实录、志乘、文集、墓铭、家传、小说等等，凡有史料价值者，均在采获之列。吴炎、潘柽章作《明史记》便是“博访有明一代之书，以实录为纲领，若志乘，若文集，若墓铭家传，凡有关史事者，一切钞撮荟萃，以类相从，稽其异同，核其虚实”[2]。他们重视博求史实，强调考订辨伪，故而写出了具有较高史料价值的明史著作。

清初史家倡导治史博求征实，把史学的经世意识建立在客观实证性的历史研究的基础之上，重视考辨证据，重视由证据而得结论，反对先有结论而后寻找证据，这与宋明以来重论轻史的理学化的治史路子是截然相反的，具有扭转治史风尚的意义。当然，清初这种经史研究的实证化倾向，随着清廷统治的不断稳固，越来越向考据一路发展。清初诸大家，博求实证是手段，目的是“经世致用”，“正人心、救风俗”。到胡渭、阎若璩，虽然经世思想依然存在，但已开始将其淹没在晦涩的考据之中。但不管怎样，这种实证化的治史思想与方法，影响相当深远，乾嘉治史方法，在很大程度上就是继承了这一路向。

[1] 潘耒：《日知录序》。

[2] 潘耒：《遂初堂文集》卷六《国史考异序》，清刻本。

第一章　黄宗羲的史学思想

黄宗羲，字太冲，号南雷，曾自署梨洲老人，学者称梨洲先生，浙江余姚黄竹浦人。生于明万历三十八年（1610年），卒于清康熙三十四年（1695年）。

黄宗羲生当明清易代的动荡之际，遭遇坎坷，历经磨难，一生曲折不宁。清军攻入北京以前，他秉承父志，拜刘宗周为师，博览经史，发愤为学，并联合复社志士，积极从事反抗“阉党”的斗争，与黑暗政治相抗争。清军入关，他毁家纾难，组成“世忠营”，结寨四明山，抵抗清军，并从亡海上，辗转苦斗，九死一生，历经八年，最终失败。抗清斗争失败后，他深怀亡国之痛，讲学浙东，力倡经世致用之学，总结明亡教训，清理传统学术，潜心研究，撰成多部学术著作，成为中国思想史上最伟大的思想家之一。

黄宗羲不仅是明清之际伟大的思想家，而且是一位杰出的史学家，他编著了大量史学著作，提出了一系列颇有理论价值的史学观点，开创了清代浙东史学一派，在中国史学思想史上也占有极为重要的地位。

第一节　黄宗羲史学思想的学术渊源

黄宗羲的史学思想是当时社会巨变和学术渊源两者相互激荡的结果，

从学术渊源上看，黄宗羲的史学思想主要来源于阳明蕺山之学、朱子之学和浙东先贤。

从师承关系上看，黄宗羲师从明末大儒刘宗周，刘宗周上接王阳明，而王阳明之学与陆九渊又有密切联系。对此，章学诚曾说：

> 浙东之学，虽出婺源，然自三袁之流，多宗江西陆氏，而通经服古，绝不空言德性，故不悖于朱子之教。至阳明王子，揭孟子之良知，复与朱子抵牾。蕺山刘氏，本良知而发明慎独，与朱子不合，亦不相诋也。梨洲黄氏，出蕺山刘氏之门，而开万氏弟兄经史之学，以至全氏祖望辈尚存其意，宗陆而不悖于朱者也。[1]

很清楚地指出了黄宗羲远宗阳明、近承蕺山，从而开启万斯同、万斯大及全祖望经史之学的事实，并且指出了刘宗周、黄宗羲对王学的改造以及与朱学的关系，所言颇得其要。

王阳明是明代兼有哲学家和政治家身份的人物。在他的思想体系中，有心学唯心主义的玄虚的一面，又有重视实事、实功的一面。其为学的显著特点是“虚”与“实”、“学术”与“事功”的统一。黄宗羲为心学传人，但因时势巨变，他对阳明心学中“实”的一面更加关注，他用“行”字解释王阳明“致良知”的“致”字，指出：“先生致之于事物，致字即是行字，以救空空穷理。”[2] 又说：

> 良知为知，见知不囿于闻见；致良知为行，见行不滞于方隅。即知即行，即心即物，即动即静，即体即用，即工夫即本体，即下即上，无之不一，以救学者支离眩骛，务华而绝根之病，可谓震霆启寐，烈耀破迷，自孔、孟以来，未有若此之深切著明者也。[3]

[1] 章学诚：《文史通义》内篇二《浙东学术》，仓修良编注，浙江古籍出版社 2005 年版。
[2] 黄宗羲：《明儒学案》卷十《姚江学案》，中华书局 1985 年版。
[3] 黄宗羲：《明儒学案》卷首《师说·王阳明守仁》。

在这里，黄宗羲不仅充分肯定了王阳明学说的历史地位，而且将其重视践履、强调事功的一面突出出来。梁启超说黄宗羲“不是王学的革命家，也不是王学的承继人，他是王学的修正者”[1]，是符合实际的。黄宗羲继承阳明心学中学问与事功统一的“实”的一面，并加以改造、发展，抛弃空谈，朝着经世致用的道路走下去。

更为重要的是，在王阳明的心学体系中，史学占有重要地位。王阳明从虚与实、学问与事功统一的理论基础出发，延及经史，打通“事”与“道”、“史”与“经”的严格界限。他指出：“以事言，谓之史；以道言，谓之经。事即道，道即事。《春秋》亦经，五经亦史。《易》是包牺氏之史，《书》是尧舜以下史。《礼》《乐》是三代史，其事同，其道同，安有所谓异?”又说：“五经亦只是史，史以明善恶，示训戒。”[2] 王阳明如此倡言“五经皆史”，足见王氏之学与史学是相通的。他把史学当作“心学”的注脚，将其纳入到自己的学说体系中。黄宗羲受此影响，“言性命者必究于史”[3]，倡导学道与事功、经学与史学的统一，指出“学者必先穷经，然拘执经术，不适于用。欲免迂儒之诮，必兼读史”[4]，“学必原本于经术而后不为蹈虚；必证明于史籍，而后足以应务”[5]。认为“六经皆载道之书”[6]，而“二十一史所载，凡经世之业，亦无不备矣”[7]。就是说，六经载道，史籍纪事，道不离事，事中寓道，六经之道，皆寓于史籍。融通经史，以求致用，是黄宗羲的根本观点。可以说，黄宗羲尊经重史的思想，正是受了王阳明“经亦史”“史亦经”思想的启发，并根据时代变化发挥的结果。

黄宗羲的老师刘宗周，不是一个史学家，也未在史学方面提出具体见解，但他多读书，善怀疑，所阐发的“慎独诚意”的学说，却富有史

[1] 梁启超：《中国近三百年学术史》五《阳明学派之余波及其修正》。
[2] 王阳明：《王文成公全书》卷一《传习录上》，《四部丛刊》本。
[3] 章学诚：《文史通义》内篇二《浙东学术》。
[4] 《清史列传》卷六十八《黄宗羲》。
[5] 全祖望：《鲒埼亭集外编》卷十六《甬上证人书院记》。
[6] 黄宗羲：《学礼质疑序》，见《黄宗羲全集》第十册。
[7] 黄宗羲：《补历代史表序》，见《黄宗羲全集》第十册。

学精神。黄宗羲受此影响，强调多读书，“于书无所不窥”[1]。强调善于怀疑，独立思考，“深求其故，取证于心”[2]，并将其用于史学，取得了很大成就。可以说，黄宗羲之史学，继承了阳明、蕺山的精神与传统，提倡经史之学，并将研究重点归于史学。

黄宗羲的史学思想还颇受朱熹影响。黄氏学承阳明心学，有明确宗旨但不囿于师说，能在独立思考中熔冶诸家于一心。他对朱子理学某些命题多有批评，但又能打破门户，不菲薄朱子，认为“朱子之教，欲人深思而自得之也”[3]。指出自己所发表的种种见解，“证之朱子而合也，证之数百年来之儒者而亦合也。嗟乎！但不合于此世之庸妄者耳”[4]。可见，黄宗羲对待朱熹学说，能够弃短取长，表现了兼容各家的治学风格。

朱熹史学思想的最大特点就是“先经后史”，先读经，后读史，经是本，史是末，经为体，史为用。他指出：“凡读书，先读《语》《孟》，然后观史，则如明鉴在此，而妍丑不可逃。若未读彻《语》《孟》《中庸》《大学》，便去看史，胸中无一个权衡，多为所惑。”[5] 先读经是为了求得“义理之要”，使心中有一个权衡史事的标准，然后以此去评判历史上的善恶事件，不被史事所迷惑。他认为先经后史然后九流百家是读书不可逾越的次序，“必先观《论》《孟》《大学》《中庸》，以考圣贤之意；读史，以考存亡治乱之迹；读诸子百家，以见其驳杂之病。其节目自有次序，不可逾越”[6]。黄宗羲为学，博大通达，遍涉群经子史，饱读古今著述，在经史关系上，他同样提倡以经为本，兼令读史，坚持“学问必以六经为根柢”[7]。他在谈到读书的程序时也说：“读书当从六经，而后

[1] 全祖望：《鲒埼亭集内编》卷十一《梨洲先生神道碑文》。
[2] 黄宗羲：《恽仲升文集序》，见《黄宗羲全集》第十册。
[3] 黄宗羲：《恽仲升文集序》。
[4] 黄宗羲：《恽仲升文集序》。
[5] 黎靖德编：《朱子语类》卷十一，中华书局 1986 年版。
[6] 黎靖德编：《朱子语类》卷十一。
[7] 黄炳垕：《黄梨洲先生年谱》“（康熙）七年戊申”，见《黄宗羲全集》第十二册，浙江古籍出版社 1994 年版。

《史》《汉》，而后韩、欧诸大家。”[1] 又谓学者“必先穷经，经术所以经世，必兼读史，史学明而后不为迂儒”[2]。他本人读书，也遵循这样的原则，“自明十三朝实录上溯二十一史，靡不究心，而归宿于诸经。既治经，则旁求之九流百家，于书无所不窥者”[3]。黄宗羲这种先穷经、后读史，然后旁及九流百家的思想，都可在朱熹那里找到源头，体现的都是“考之于经，验之于史，而会之于心，以应当世无穷之变”[4] 的思想。

尽管黄宗羲的史学思想受朱熹影响很大，但二人史学思想的基本精神却有很大差异。朱熹提倡“先经后史”，“经本史末”，“经体史用”，实际上是要把史学纳入到他的理学体系中，把史学理学化。他认为六经所讲，全是天理，读经是为了穷理，掌握了天理这个先验的标准，然后再用这样的标准考察古今治乱，理会典章制度。因此，朱熹的穷经观史，“不过是以历史验证先验的义理”，“史学不过是说明天理、纲常、名分等级礼制的永恒性”[5]。

黄宗羲所讲的“先经后史”“经体史用”的史学观点，虽在很多方面吸收了朱熹的东西，但它们是在17世纪中叶社会剧变的历史语境下提出的，具有新的内涵。黄宗羲重视读经，提倡“以六经为根柢”，主要是针对明人束书不观、专事游谈、学无根柢的状况而发的。但重经尊经并非黄宗羲学术的归宿，其学术的归宿在经世致用。他要将学问与事功统一起来，培养一种“慎密切实”，“有体有用，多见多闻”的学风。[6] 正是在这种思想支配下，黄宗羲提出“治经必兼读史”，只有通知古今治乱之故，才能在国家民族危机时，不致“蒙然张口，如坐云雾”。[7] 在黄宗羲看来，通经而不通史，则不能经世，通史而不通经，则没有根柢。可见，其提倡治经必兼读史，并不是要用历史证明经书义理的正确，而是

[1] 黄宗羲：《高旦中墓志铭》，见《黄宗羲全集》第十册。
[2] 钱林：《文献征存录》卷三《黄宗羲传》，清咸丰八年刻本。
[3] 全祖望：《鲒埼亭集内编》卷十一《梨洲先生神道碑文》。
[4] 朱熹：《朱熹集》卷十三《癸未垂拱奏札一》，四川教育出版社1996年版。
[5] 吴怀祺：《宋代史学思想史》，第169页。
[6] 徐秉义：《南雷文定四集序》，见《黄宗羲全集》第十一册。
[7] 黄宗羲：《赠编修弁玉吴君墓志铭》，见《黄宗羲全集》第十册。

要转变学风，经世致用。

黄宗羲经世致用的史学思想，与宋代浙东先贤也有密切的学术联系。宋代浙东学者，几乎都提倡事功，主张经义与政事、义理和事功相结合。吕祖谦、陈傅良、薛季宣、叶适、陈亮等都强调为学要切于务实，要学以致用。对此，黄宗羲大为赞赏，认为这是“教人就事上理会，步步著实，言之必使可行，足以开物成务”[1]。黄宗羲对宋代浙东学者的学术思想进行过深入研究，给予极高评价，认为“东莱之文献，艮斋、止斋之经制，水心之文章，莫不旁推交通，连珠合璧，自来儒林所未有也”[2]。

宋代浙东先贤“言性命者必究于史”，表现了对史学的极大兴趣。金华学派的吕祖谦、永嘉学派的叶适、永康学派的陈亮，都兼通经史，且特别强调读史。他们反对理学家空谈心性，割裂义理与事功，认为“经，理也；史，事也。《春秋》名经而实史也。专于经则理虚而无证，专于史则事碍而不通”[3]。在他们看来，离史而谈经，会导致义理脱离史实，变成空言；离经而谈史，则会导致“事碍而不通”。而且，他们治史的目的都是为了经世，为国家前途谋划。这些，都被黄宗羲吸纳过来，并根据世事巨变，进一步发挥，致力于经史研究，将浙东学者“言性命者必究于史”的传统更加发扬光大。

宋代浙东先贤在治学上有很多共同之处，但又各有特点。黄宗羲以自己的眼光，融会贯通，吸纳了其中很多优良的东西，形成了自己的风格。如叶适、陈亮强调道义与事功统一，黄宗羲继承这一点，指出要达事功之成，“取征存亡”，就离不开史学，明确将史学看作事功的一部分。再如吕祖谦治史，特别重视对历史文献的征存和整理，有“中原文献之传”。黄宗羲继承这一点，明亡以后，以保存故国文献为己任，记录、编纂了大量明代文献，如《明文海》《弘光实录钞》《行朝录》《海外恸哭记》《思旧录》，以及大量的碑版墓志、家状行略、诗词歌赋等，为研究

[1] 黄宗羲：《宋元学案》卷五十二《艮斋学案》，见《黄宗羲全集》第五册，浙江古籍出版社 1992 年版。

[2] 全祖望：《鲒埼亭集内编》卷十一《梨洲先生神道碑文》。

[3] 叶适：《水心集》卷十二《徐德操〈春秋解〉序》，《四库全书》本。

明史保存了极为珍贵的历史资料。

总之，黄宗羲的史学不仅是17世纪中国社会变动的必然产物，而且承受了前人多方面的史学遗产。他的史学发轫于王阳明、刘宗周的心学，但他走出了阳明心学的樊篱，并对阳明心学进行改造。在经史关系上，黄氏史学带有朱熹学说的特点，又与南宋浙东先贤相通。在经世致用这一点上，黄宗羲更是融会诸家，加以自得之学，表现出鲜明的时代特征。黄宗羲以“一本万殊”之宇宙观、认识论，穿穴经史，泛滥群书，关注现实，学问博大精深，思维方式具有开放性特点，能广泛吸收诸家史学思想之长，陶铸成了自身通达明识的史学体系。

第二节 “国可灭，史不可灭”

明清之际，天崩地解，历史巨变。这场变化，不只是改朝换代，而且是“以夷变夏”。黄宗羲亲历其间，深受刺激。明亡后，他便将自身史学研究的重点放在了明史研究上。一方面，他痛感明王朝专制集权的腐朽和残忍，对之进行了猛烈的抨击，努力总结明亡的历史教训；另一方面，他又深深地惋惜、怀念已经灭亡了的故国，保存故国文献，为后世之人认识这段历史提供基本资料，成为他的一种历史责任。基于这种心态，黄宗羲提出了“国可灭，史不可灭”的见解。他说：

> 尝读《宋史》所载二王之事，何其略也！夫其立国亦且三年，文、陆、陈、谢之外，岂遂无人物？顾闻陆君实有日记，邓中甫有《填海录》，吴立夫有《桑海遗录》。当时与文、陆、陈、谢同事之人，必有见其中者，今亦不闻存于人间矣。国可灭，史不可灭，后之君子能无遗憾耶？[1]
>
> 虽然，国可灭，史不可灭，后之君子，而推寻桑海余事，知横

[1] 黄宗羲：《户部贵州清吏司主事兼经筵日讲官次公董公墓志铭》，见《黄宗羲全集》第十册。

流在辰，犹以风教为急务也。[1]

“国可灭，史不可灭”体现了黄宗羲对史学社会价值的认识，王朝灭亡了，但历史不应随之湮没无闻。征存故国文献，保存历史巨变时期的史实，期望后来者不忘往事，从中得到启示，并有所感愤而奋起，是史学家的重要职责。

黄宗羲征存故国文献主要体现在：其一，纂辑《明文海》；其二，记录、搜集南明史事，编写《弘光实录钞》《行朝录》《海外恸哭记》《思旧录》等，“次一时流离愁苦之事”[2]；其三，以诗文征存故国人物、事迹，如《南雷文约》《南雷文案》《南雷文定》《南雷诗历》等，以“有裨于史氏之缺文”[3]；其四，关注官修明史，“史局大案，总裁必咨于公”[4]。他所做的这种“以史存史”的工作，意义重大，“一代典章人物俱藉以考见大凡”[5]，“可以补前史之缺略，胜国人品，前朝遗事，以及天官历数之家，皆可考正”[6]。

黄宗羲虽然穷一生之精力保存故国文献，但他并不是一位史料纂辑家和史料汇编者，他汇辑故国文献是为了寄托襟抱、黾勉来者，“家国之恨，集于笔端……后之览者，亦将有感于斯文”[7]，“使来者知亡国之日未尝无人也”[8]，“有天下者，以兹亡国之惨，图之殿壁，可以得师矣”[9]。章学诚说：“记注欲往事之不忘，撰述欲来者之兴起。”[10] 黄宗羲纂辑故国文献，是“记注”而兼有“撰述”之意的，其中凝聚着他的家国之恨，贯穿着他的历史眼光，渗透着他的经世史学思想。

---

[1] 黄宗羲：《旌表节孝冯母郑太安人墓志铭》，见《黄宗羲全集》第十册。

[2] 黄宗羲：《海外恸哭记·前记》，见《黄宗羲全集》第二册，浙江古籍出版社 1986 年版。

[3] 黄宗羲：《南雷文补遗·南雷文定凡例四则》，见《黄宗羲全集》第十一册。

[4] 黄嗣艾：《南雷公本传》，见《黄宗羲全集》第十二册。

[5] 《四库全书总目》卷一九〇“明文海”条。

[6] 徐秉义：《南雷文定四集序》。

[7] 黄宗羲：《明司马澹若张公传》，见《黄宗羲全集》第十册。

[8] 黄宗羲：《巡抚天津右佥都御史留仙冯公神道碑铭》，见《黄宗羲全集》第十册。

[9] 黄宗羲：《行朝录》卷四《鲁王监国下》，见《黄宗羲全集》第二册。

[10] 章学诚：《文史通义》内篇一《书教下》。

其一，揭露明朝黑暗统治，总结明亡历史教训。

统治中国近三百年之久的明王朝，在短短的时间内就被农民起义的洪流倾覆，并最终被“异族”所取代。如此陵谷变迁，深深刺痛着黄宗羲。明何以亡，也就成了黄宗羲在征存故国文献时经常思考的问题。由此，他搜集了大量探讨明朝政治得失的资料，以图借此使后来者吸取教训。

如《明文海》的卷四十七到卷六十五，选录了97篇奏疏，这些奏疏是黄宗羲从众多明人文集中筛选出来的，基本上反映了有明一代的主要弊政。其中如叶居升的《上万言书疏》，批评朱元璋实行分封制的弊害。商辂的《请革西厂疏》，直斥厂卫制度乃明朝一大弊政，揭露了西厂滥杀无辜对明朝政治的危害。杨爵的《慰人心以隆治道疏》，批评了明世宗时期阿谀奉迎的官场风气。海瑞的《治安疏》则揭露了明世宗“二十余年不视朝”的荒殆统治。杨继盛的《乞诛奸险巧佞贼臣疏》，揭露了严嵩专权乱政的罪行。吕坤的《疏危疏》、赵世卿的《国用匮乏有由疏》则揭露了万历年间政治腐败、财政匮乏、皇室靡费、矿监税使侵渔的情况。杨涟的《劾逆阉魏忠贤疏》，则全面系统地揭露了天启年间魏忠贤擅权的种种罪恶。除“奏疏”类外，《明文海》在“议”“书”“论”“说”等类目中也收录了不少直接涉及当时政治经济、探讨政治举措之得失的文章，如袁黄的《苏州府赋役议》、钱薇的《均粮议》、徐凤来的《一条鞭法议》、叶向高的《保甲议》、高克正的《疏通钱法议》、万恭的《屯田盐法议》、何洛文的《治漕河议》等。

黄宗羲在《明文海》中大量收录这类关于明代政治经济兴衰的文章，目的就是要后人真正认清明代政治的得失，以资借鉴。

在征存故国文献时，黄宗羲还提出了自己对明亡的看法。清初，无论是私修明史还是官修明史，都对明亡的原因进行过分析。他们或将明亡原因归之于崇祯皇帝的措置无方，或归之于明季大臣的贪污贿赂、玩忽职守，或归之于朋党之争，或归之于阉宦乱政，或归之于学风空疏，或归之于农民起义，等等。对此，黄宗羲也有论述。但更为重要的是，黄宗羲在反思明亡原因时，不仅指出明代政治中的弊端，而且超出了就事论事、就人论事的局限，将视野扩大到对明代制度的研究上，将制度作为考察明亡问题的重点。他认真剖析了明代官制、兵制、科举制、赋税制等，指出它们对明亡的影响。如宰相制度，在明初被废置，结果导致弊端丛生。黄宗羲指出，历朝都是天子传子，宰相不传子。如果天子之子非贤才，还可仰赖选择贤相来补救，保障君主不致昏昧。而明代废除宰相制，就失去了对君主的监督限制机制，所以“有明之无善治，自高皇帝罢丞相始也”[1]。他还指出，明代以内阁办事制度取代宰相制，但大学士“事位既轻”，并无宰相之实，而宦官却乘机代行了许多原属宰相的权力，“有宰相之实者，今之宫奴也”[2]，揭示了明代宦官擅权的根本原因在于罢除宰相以及明代皇权强化的现实。这就不是那些大讲宦官误国，却又看不到宦官得以擅政之原因的人所能比的了。再如取士制度，明代取士，“止有科举之一途”，严于取而宽于用，结果致使豪杰之士老死丘壑，而在位者则“多不得其人”，“庸妄之辈充塞天下”，[3] 国何以不亡？这是从用人制度上探讨明亡的深层原因。总之，在黄宗羲看来，明代政治体制才是导致明亡的根本原因。在这种体制下，无论任用何人，都难以逃脱最终的灭亡。这种认识是相当深刻的。

其二，表彰忠烈，高扬气节。

黄宗羲在纂辑故国文献时，对明末仗节死义之士、清初守节不仕之民，给予大力表彰。《弘光实录钞》记录“北变死节诸臣”较详者30余人。《海外恸哭记》记载了鲁王监国时坚持海上抗战的数十名忠义之士的事迹。《行朝录·四明山寨》详尽记载了抗清义士王翊慷慨赴死的英勇事迹。黄宗羲还在自己所写的大量墓志铭、人物传记中，表彰抗节死义之士和孤忠守节之民。如他用史家之笔，大书特书张煌言一生的事迹和抗清活动，将其与文天祥并提，“宋明之亡，古今一大厄会也。其传之忠义与不得而传者，非他代可比。就中险阻艰难，百挫千折，有进而无退者，则文文山、张苍水两公为最烈”，认为他们皆可“与日月争光”。[4]《思旧录》则追记师友凡117位，多为忠烈名节之士，如刘宗周、方以智、万泰、瞿式耜、孙奇逢、顾炎武、陈确等人。《南雷诗历》中的一些诗

[1] 黄宗羲：《明夷待访录·置相》，见《黄宗羲全集》第一册，浙江古籍出版社1985年版。

[2] 黄宗羲：《明夷待访录·置相》。

[3] 黄宗羲：《明夷待访录·取士下》。

[4] 黄宗羲：《兵部左侍郎苍水张公墓志铭》，见《黄宗羲全集》第十册。

歌，也大量歌颂遗民之气节高义，与《思旧录》互相发明。总之，观黄宗羲之所作，表彰忠烈、高扬气节、口诛失义、笔伐权奸之意历历可见。

需要说明的是，黄宗羲所表彰的气节与忠烈，是国家民族处于生死存亡之际的一种不屈不挠的民族精神，而不是臣子对君主的所谓“尽忠”。黄宗羲对“朝代兴亡”“天下治乱”和“臣道”、君臣关系有自己独特的看法。他认为“天下之治乱，不在一姓之兴亡，而在万民之忧乐”[1]，将“天下”与“朝代”区分开，指出王朝兴亡与天下治乱并不是一回事，王朝兴亡是易代改姓，而天下治乱则关乎万民利益。这与顾炎武所论“亡国”与“亡天下”之别有相似之处。在黄宗羲看来，王朝利益与国家民族利益判然有别。他说：“是故桀、纣之亡，乃所以为治也；秦政、蒙古之兴，乃所以为乱也。”[2] 夏桀、商纣这些残暴君主统治的王朝灭亡了，乃是天下百姓的幸事，秦朝、元朝这样以严刑峻法治国的王朝兴起了，乃是天下百姓的悲哀。具体到“臣道”，黄宗羲认为“杀其身以事其君”，并非“臣道”，“我之出而仕也，为天下，非为君也；为万民，非为一姓也”。在他看来，“臣道”乃是为天下、为万民之道，而非为一家一姓之君主之道，“为臣者轻视斯民之水火，即能辅君而兴，从君而亡，其于臣道固未尝不背也”。[3] 黄宗羲还认为，君臣关系应具有一定的平等性，他们同为拉巨木的人，“夫治天下犹曳大木然……君与臣，共曳木之人也”[4]，君臣都应共同为天下之民负责，这可说是中国两千年封建政治观念的一大奇变。由此，黄宗羲所讲的“忠烈”“忠义”，也就超越了封建伦理道德的范畴。明清易代，万民涂炭，忠义之士奋力抗清，这种抗争实际上已超脱于一家一姓易姓改号之上，而变成为民族利益、万众利益而斗争的一种爱国主义正气了。黄宗羲说：

> 盖忠义者天地之元气，当无事之日，则韬为道术，发为事功，漠然不可见。及事变之来，则郁勃迫隘，流动而四出。贤士大夫欻

[1] 黄宗羲：《明夷待访录·原臣》。
[2] 黄宗羲：《明夷待访录·原臣》。
[3] 黄宗羲：《明夷待访录·原臣》。
[4] 黄宗羲：《明夷待访录·原臣》。

起收之，甚之为碧血穷燐，次之为土室牛车，皆此气之所凭依也。[1]

“忠义”乃“天地之元气”，和平年代，“韬为道术，发为事功”，矻矻为民；历史巨变时期，或表现为忠烈，或表现为气节。这种“元气”实际上就是一种民族精神。他在《兵部左侍郎苍水张公墓志铭》中还说：

语曰：“慷慨赴死易，从容就义难。”所谓慷慨、从容者，非以一身较迟速也。扶危定倾之心，吾身一日可以未死，吾力一丝有所未尽，不容但已。古今成败利钝有尽，而此不容已者，长留于天地之间。

事业有成败，抗争有胜负，这些都会成为过去，但延绵不断、长留天地之间的却是通过这种抗争所体现的“元气”——民族精神。正是这种民族精神，铸就了中华民族的脊梁和灵魂。

第三节　学要有宗旨，但不可有门户

黄宗羲最富代表性的史学著作是《明儒学案》，该书透过宋明理学的流变，总结明代的理学，展现出理学发展的趋向，是“一部开风气的学术史著作”[2]。黄宗羲的学术思想和治学精神在该书中得到充分体现。

黄宗羲总结明代学术，其基本思想是“学要有宗旨，但不可有门户”，反对学术定于一尊，反对学术“必欲出于一途”。他说：

盈天地皆心也，人与天地万物为一体，故穷天地万物之理，即在吾心之中。后之学者，错会前贤之意，以为此理悬空于天地万物之间，吾从而穷之，不几于义外乎？此处一差，则万殊不能归一。

[1] 黄宗羲：《纪九峰墓志铭》，见《黄宗羲全集》第十册。
[2] 吴怀祺：《〈明儒学案〉：一部开风气的学术史著作》，《史学史研究》1990年第4期。

夫苟工夫著到，不离此心，则万殊总为一致。学术之不同，正以见道体之无尽……奈何今之君子，必欲出于一途，剿其成说，以衡量古今，稍有异同，即诋之为离经畔道，时风众势，不免为黄茅白苇之归耳。夫道犹海也，江、淮、河、汉，以至泾、渭、蹄跻，莫不昼夜曲折以趋之，其各自为水者，至于海而为一水矣。[1]

这段文字强调各种学术、学派的存在都是合理的，主张百家并存，反对标榜门户、互不相容，反对把不同的学派、学术说成是“离经叛道”。这实际上是一种学术平等的思想。虽然黄宗羲的学术归属是王学，但他并未把自己的学术当作一种绝对正确的“道”，而是认为“道非一家之私，圣贤之血路，散殊于百家”[2]，各家均有“致道”之权力，不可以一种学术压制其他学术。在封建社会后期，他要求突破学术门户的阻隔，对学术文化的发展具有重要的意义。这也是在“天崩地解”历史大变动中学术思想上出现的新情况。

对于学术的宗旨，黄宗羲这样认识：

大凡学有宗旨，是其人之得力处，亦是学者之入门处。天下之义理无穷，苟非定以一二字，如何约之，使其在我？故讲学而无宗旨，即有嘉言，是无头绪之乱丝也。学者而不能得其人之宗旨，即读其书，亦犹张骞初至大夏，不能得月氏要领也。[3]

学术宗旨是学术精神的体现，是学术自得之处，学派学脉也由此而分。由此，黄宗羲特别重视学术上的“一偏之见”“相反之论”，认为这些不同之处，正是要认真“着眼理会”的。而那些没有宗旨，“倚门傍户，依样葫芦者”，则不值一提。[4] 无门户和有宗旨是相辅相成的，在黄宗羲看来，这既是学术发展的良好途径，又是研究学术史必须关注的焦点。

---

[1] 黄宗羲：《明儒学案序》，见《明儒学案》。

[2] 黄宗羲：《清溪钱先生墓志铭》，见《黄宗羲全集》第十册。

[3] 黄宗羲：《明儒学案发凡》，见《明儒学案》。

[4] 黄宗羲：《明儒学案发凡》。

自宋元以降学术史性质的著作，发展很快，成为史学大宗。这些著作和理学的兴起密切相关。宋代李心传《道命录》、朱熹《伊洛渊源录》开其端，及至明代，学术史著作数量大增。从《明史·艺文志》的著录来看，尊程朱和尊陆王的学术史著作均有不少。如谢铎的《伊洛渊源续录》、薛应旂的《考亭渊源录》、朱衡的《道南源委录》，等等。而周汝登（海门）的《圣学宗传》、孙奇逢（钟元）的《理学宗传》则带有对理学做总结的性质。这些书存在许多不足和缺点，黄宗羲在评论周、孙的著作时就指出：

> 从来理学之书，前有周海门《圣学宗传》，近有孙钟元《理学宗传》，诸儒之说颇备。……且各家自有宗旨，而海门主张禅学，扰金银铜铁为一器，是海门一人之宗旨，非各家之宗旨也。钟元杂收，不复甄别，其批注所及，未必得其要领，而其闻见亦犹之海门也。[1]

杂收诸家，不加甄别，不明学术宗旨，不达学术要领，这是黄宗羲所极力反对的。相比之下，《明儒学案》的学术总结则是另外一番气象，所谓“寻源溯委，别统分支，秩乎有条而不紊，于叙传之后，备载语录，各记其所得力，绝不执己意为去取，盖以俟后世之公论焉尔”[2]。

《明儒学案》的编纂体现出黄宗羲的思想。

其一，戒门户之见。黄宗羲学出刘宗周，其学术渊源为王学，但他尊王而不贬朱。《明儒学案》首列“师说”，一是示师承，二是揭示编纂主旨，所谓“间有发明，一本之先生”，全书大纲节目一以贯之地体现师门的宗旨。他特别推崇王阳明，说：“向无姚江，则学脉中绝；向无蕺山，则流弊充塞。凡海内之知学者，要皆东浙之所衣被也。”[3] 甚至把北宋五子和王阳明、刘宗周联系起来，看作是天意的学统。

《明儒学案》在尊王学的同时，又给朱学以重要的地位，如书中首列

[1] 黄宗羲：《明儒学案发凡》。
[2] 《明儒学案·仇兆鳌序》，见《明儒学案》。
[3] 黄宗羲：《移史馆论不宜立理学传书》，见《黄宗羲全集》第十册。

《崇仁学案》以述吴与弼学术，把明代前期的朱学人物吴与弼看作是有明一代学术的开山者，指出由吴与弼、陈献章到王阳明的过程，[1] 从学术发展的过程肯定吴与弼的重要地位。

在评价明代学人的思想时，《明儒学案》还体现出和会朱学王学的特点。黄宗羲从不把“格物”与“致良知”看作互相排斥的两种学问。他尊阳明而不回护，客观地指出王阳明死后“及门之士，概多矛盾”的式微情形。[2] 他论考亭之学有求是之意，对发明朱学的罗钦顺评价很高。在黄宗羲那里，和会朱学与陆王之学，不是折中，不是无所甄别，而是力戒门户，实事求是。

其二，明学术宗旨，求学术精神。作为学术史著作，《明儒学案》的一个重要特点就是明学术宗旨。这有两方面的含义，一是全书贯穿黄氏对明代学术变迁的总体认识和对心、性及气的一以贯之的认识，体现了黄氏的学术精神。二是在每一篇中，抓住案主的学问精神，评说学理，叙述行事，辑录材料。

《明儒学案》的每一学案基本上都有三部分组成。第一，序。序文或述学术变迁，师承演变；或述案主的学术要点、学术地位或影响。所主皆为考镜源流，理清学脉。第二，传记。记载案主的经历行事和学术要点，尤其注重抓出案主的学术宗旨，理出其治学思路。第三，案主的论著、语录等资料选辑。这一部分同样要体现案主的学术宗旨。黄宗羲认为，要揭示一个学者的精神和学术思想，必须了解其全部著作，然后纂要钩玄、撷英采华，辑录出最能代表其宗旨和精神的材料。他说：“每见钞先儒语录者，荟撮数条，不知去取之意谓何。其人一生之精神未尝透露，如何见其学术？是编皆从全集纂要钩玄，未尝袭前人之旧本也。”[3] 即便是资料辑录，也力图从中透露学人一生的学术精神。

《明儒学案》中属王学以及和王学有紧密联系的学案，占总数一半以上。无疑，黄氏对王学的评析，还有偏袒处，但总体而言，还是较为客观地理出了明代数百年的学脉及其发展变化。

---

[1] 黄宗羲：《明儒学案》卷一《崇仁学案》。

[2] 黄宗羲：《明儒学案》卷十八《江右王门学案三》。

[3] 黄宗羲：《明儒学案发凡》。

其三，穷原竟委，博采兼收。辨章学术、考镜源流是我国学者治学的优良传统。《庄子·天下篇》《荀子·非十二子》《韩非子·显学》以及司马谈的《论六家要旨》《汉书·艺文志》等，都在不同程度上较为集中地体现出这种治学的优良传统。黄宗羲写《明儒学案》，更将这一传统发扬光大。他在各种学术的相互联系、相互作用中讨论学术的源流，把各个学派当作一个发生、发展、衰变的过程来把握，从而揭示思潮变动的趋向。清人冯全垓用“穷源竟委，博采兼收”概括《明儒学案》的特点，[1] 大体是贴切的。

首先，明各家学术源流，并在总体上反映出一代学术变化的大势。从《明儒学案》中我们可以看出，明初的学术和朱学分不开，吴与弼与薛瑄师承朱学，到陈献章，明代的理学发生变化，这是一大关节点。由陈献章而王阳明，王学兴起，并很快形成浙中王门、江右王门及南中王门、楚中王门、北方王门、粤闽王门，和王学相联系的则是止修之学。王学盛中有衰，六派王门中，传王学的只有江右王门，“姚江之学，惟江右为得其传，东廓、念庵、两峰、双江其选也。再传而为塘南、思默，皆能推原阳明未尽之旨。……盖阳明一生精神，俱在江右”[2]。其他诸门得其师说精神的不多。刘宗周以“慎独”说救王学后期之弊，也反映了王学的衰变。黄宗羲把明代学术当作一个发生、兴盛至衰变的过程，同时又注意到每一个学派兴起，是有条件的，而在兴盛中又孕育着分化、衰变的因素。各种学派、学术在相互联系中发展，明代的王学不是脱离朱学突然出现的。其次，黄氏除表明了一个大时代的学术变化有一个过程外，还揭示出一个学派、一位思想家的变化都经历了不同的阶段。如黄宗羲指出，王阳明学术经历过两次“三变”。他说：

先生之学，始泛滥于词章，继而遍读考亭之书，循序格物，顾物理吾心终判为二，无所得入。于是出入于佛、老者久之。及至居夷处困，动心忍性，因念圣人处此更有何道，忽悟格物致知之旨，

[1] 《明儒学案·冯全垓跋》。

[2] 黄宗羲：《明儒学案》卷十六《江右王门学案一》。

圣人之道，吾性自足，不假外求。其学凡三变而始得其门。[1]

这是由“滥”“杂”至“入门”的三变。此后又有三变，“自此以后，尽去枝叶，一意本原，以默坐澄心为学的”，这是一变；“江右以后，专提‘致良知’三字，默不假坐，心不待澄，不习不虑，出之自有天则”，这是第二变；“居越以后，所操益熟，所得益化，时时知是知非，时时无是无非，开口即得本心，更无假借凑泊，如赤日当空而万象毕照”，[2] 这是第三变，阳明之学在此之后，才日臻于纯粹的境地。着力研究理学家思想的转变，是《明儒学案》的特点。

再次，注重辨析不同学派之间和同一学派内的差异，细微入理。如吴与弼与薛瑄同守朱学家法但又各有特点。吴与弼重“涵养”，薛瑄重“践履”。同为江右王门诸先生，在守师门之旨上各有发挥，邹守益的“戒惧”说，罗洪先的“主静”观点，聂豹的“归寂”说，均各有不同。陈献章的一些论点似禅，但又不是禅，“其所以异者，在‘握其枢机，端其衔绥’而已”[3]。黄宗羲如此重视细微辨析，明其异同，目的仍是为了明确学术宗旨。察其源流，辨其异同，析其分合，黄宗羲分析学派的方法具有辩证色彩。

复次，《学案》指出时代思潮有主潮，也有其他潮流，这两者又是相互联结、相互作用的。黄宗羲以崇仁朱学为明代学术的开启者，以姚江王学为明代学术的主潮，以刘宗周为后劲，写出了时代思潮的主流趋向。同时，他又以联系的眼光，兼综百家，所谓“以有所授受者，分为各案；其特起者，后之学者，不甚著者，总列诸儒之案”[4]，写出了主流之外的各种支流。黄宗羲突破强调学术统一的局限，能够兼综百家，平等地看待各家学术，强调的是“圣贤之路，散殊于百家，其得之有至，有不至，要不可谓无与道也”。不同的学术、学派，都有真理的成分，区别只是获得真理的程度上的差别，不能说“无与道”，更不能把不同的学说视

[1] 黄宗羲：《明儒学案》卷十《姚江学案》。
[2] 黄宗羲：《明儒学案》卷十《姚江学案》。
[3] 黄宗羲：《明儒学案》卷六《白沙学案下》。
[4] 黄宗羲：《明儒学案发凡》。

为“离经叛道”。

黄宗羲对学术的总结批判，既不是守理学门户，也不是守心学教条，而是有一个平等的学术眼光，把不师一门与倡导学有宗旨两者相结合，这是前所未有的，反映的是时代的精神。

第四节　黄宗羲的历史变革论

黄宗羲身处动荡不安的明末清初，对社会历史的变化发展有切身感受和深刻认识。他在自己撰写的《留书》《明夷待访录》《易学象数论》《孟子师说》《破邪论》等著作中，较为完整地表达了自己的历史哲学。而他关于历史变革的思考，更是深刻而有特色。

黄宗羲历史变革论的理论基础是《周易》的变通思想和他对历算学的研究，其根本之道是仁义，其中心是万民，其方法则是变革制度。这是一个严密的理论体系。黄宗羲在论述历史问题时，强调变革的重要性。他的这种求变的思想，与他对《周易》的深湛研究分不开。他潜心研究《周易》，晚年著成《易学象数论》一书，站在义理派立场上，一一辨正象数派附会在《周易》上的种种谬说，以求恢复《周易》之本意，体现出求实明理的精神。与此同时，黄宗羲对《周易》的变通思想多有阐发，他说：

> 盖《易》非空言也，圣人以之救天下万世者也。……二百八十四爻皆一治一乱之脉络，阴阳倚伏，可以摹捉，而后圣人得施其苞桑拔茅之术以差等百王。故象数之变迁为经，人事之从违为纬，义理即在其中。一部二十一史，是三百八十四爻流行之迹也。[1]
>
> 消长得失，治乱存亡，生乎天下之动，极乎天下之变。[2]

[1] 黄宗羲：《画川先生易俟序》，见《黄宗羲全集》第十册。

[2] 黄宗羲：《易学象数论》卷六《胡仲子翰衡运论》，见《黄宗羲全集》第九册，浙江古籍出版社1992年版。

《易经》讲变化，含有深刻的辩证法因素，阴阳二爻的不同排列方式，即演化出世界万物包括人类社会的变化发展。黄宗羲在解释革卦时就曾说：“器敝改铸之之为革，天下亦大器也，礼乐制度，人心风俗，一切变衰，圣人起而革之，使就我范围以成器。后世以力取天下，仍袭亡国之政，恶乎革?”[1] 很明显地阐发了“承敝易变”的思想。

除《周易》外，黄宗羲的历史变革思想还来源于他对自然科学的研究。他是“通天地人之儒”[2]，在中西天文历法、算法、地理学方面有极高的造诣，作有《历学假如》《授时历故》《回历假如》等历算学著作，以及《今水经》等地理学著作多部。他不是一个专门的自然科学家，但他能够将自然科学与社会科学打通，“太冲于史学而注意历法地理，盖犹顾宁人之治经学而特注意于音韵，均于学术界最有发明者也”[3]。一方面，他用自然科学知识揭露宗教神学和世俗迷信的虚妄和危害，进一步破除先儒在“天人之际”问题上的模糊认识。另一方面，他从宇宙、天象的往复变化，万物的此消彼长中受到启迪，并将其与明清易代的历史巨变结合起来，认识整个人类社会的变化发展。

黄宗羲有“气本论”的宇宙观。认为“盈天地间皆气也”[4]。气是一切运动变化的主体。这与张载、王夫之的“气一元论”是一致的。以“气本论”为前提，他又提出“理气是一”的命题，指出气是理的基础，理是从属于气的，但理气又是不相离的，是统一的，否定了程朱“理在气先”的客观唯心主义，[5] 使自己的历史变革论建立在了唯物主义思想之上，能够按社会历史变化发展的实际来描述历史。

黄宗羲还指出，事物变化之中又有不变。他说：

> 盖大化流行，不舍昼夜，无有止息。此自其变者而观之，气也；消息盈虚，春之后必夏，秋之后必冬，人不转而为物，物不转而为人，草不移而为木，木不移而为草，万古如斯，此自其不变者而观

[1] 黄宗羲：《易学象数论》卷三《原象》。
[2] 姜希辙：《历学假如序》，见《黄宗羲全集》第九册。
[3] 谢国桢：《黄梨洲学谱》二《学术述略》，商务印书馆 1932 年版。
[4] 黄宗羲：《明儒学案》卷六十二《蕺山学案》。
[5] 参见李明友《一本万殊》（人民出版社 1994 年版）第二章。

之，理也。[1]

流行之中，必有主宰。主宰不在流行之外，即流行之有条理者。自其变者而观之谓之流行，自其不变者而观之谓之主宰。[2]

从上面这些话，结合他的"理气是一"观，我们可以看出，黄氏的"不变"是寓于"变化"之中的。所谓"变"者，就是"流行"、气；所谓"不变"者，就是"主宰"、理。但主宰在流行之中，理在气之中，故而不变寓于变化之中。不变只是相对变化而言的，是万物流行中的规则、条理、秩序，是事物运动中的相对静止，并非变化之外又有绝对静止的本体，也不是"太极、道、理本质不变"。[3] 黄宗羲意在指出，所有的变化都是有规则的，不是乱变。

黄宗羲的历史变革论还注意到历史条件，即"时"与"势"的重要性。他认为，只有在一定的历史条件下，变革才会成功。他在论述胡翰《衡运论》时就说："天生仲尼，当五伯之衰，而不能为太和之春者，何也？时未臻乎革也。"历史变革的条件不成熟，变革便不会出现。如果历史出现必然灭亡的趋势，人力也无法挽救。他在论述南明小朝廷的灭亡时就说："故帝之亡，天也，势也。"他在《明夷待访录》的《建都》中也提到"因时乘势"，进行变革。他主张建都金陵，但有人不同意，认为关中形胜至上，应建都关中。黄氏指出，时代与条件变化了，建都地点自然随之变化，所谓"时不同也"。秦汉时期，关中田野开辟，人物殷盛，而吴楚之地则处蛮荒，经济落后，不能与关中相比。如今关中屡遭寇乱，十室不存一二，经济衰敝，人才凋零，一切仰食东南，而东南地区粟帛灌输天下，"天下之有吴、会，犹富室之有仓库匮箧也"，在此建都，有利于王朝安定。

黄宗羲的历史变革论有历史循环论的迹象，也包含有一定的进化论的因素。他在《孟子师说》中谈及社会历史的治乱盛衰时，认为社会历史的变化发展与自然界的变化一样，都是盈与虚、治与乱、盛与衰循环

---

[1] 黄宗羲：《明儒学案》卷二《崇仁学案二》。

[2] 黄宗羲：《孟子师说》卷二，见《黄宗羲全集》第一册。

[3] 孙叔平：《中国哲学史稿》下册，上海人民出版社 1981 年版，第 304 页。

不已的运动，所谓“治乱盈虚，消息盛衰，循环而不已”。在《明夷待访录·题辞》中，黄宗羲也谈及社会历史治乱问题，说：“余尝疑孟子一治一乱之言，何三代而下之有乱无治也?”并依十二运治乱循环观推算，从周敬王甲子（前477年）到康熙二年（1663年）黄氏作《待访录》时，皆在一乱之运，二十年后始交“大壮”，由乱而进于治。黄宗羲晚年著《破邪论》，其题辞中又谈及治乱循环问题，由于他所期望的“大壮”之运没有出现，故而他对十二运治乱循环说深致不满。可以看出，有关社会历史治乱循环的问题，一直是黄宗羲潜心玩味的历史哲学问题。对于一治一乱的循环论，他有所怀疑，但又没能走出这个圈子。

黄宗羲论述过人类社会文明进步的总趋向，《留书·文质篇》就从传统的“忠”“质”“文”的变化中论述了由忠而质而文的社会进步。他指出周代最强盛时，“中国之人”在文学、礼制、分工、伦理、衣食住行诸方面都远远超过“要荒之人”，这些都是一代又一代圣人“相续而治”的结果。如果“要荒之人而后圣有作，亦未必不如鲁卫之士也”，照样能达到“中国之人”的文明程度。在这里，黄宗羲论述了人类由“野”到“文”，又从文之不备到文之大备，其总趋势是向前的观点。这显然高出于循环观，是一种进化论的观点。可惜黄宗羲并未把这一观点贯彻到全部认识当中，在论述社会历史变动时，他用得最多的概念依然是“一治一乱”“盈虚消长”等。当然，我们也应看到，黄氏指出社会治乱盛衰的变动，其根本目的不仅仅是要表达一种运动观，更重要的是要探寻历史变化的原因。在导致历史运动的诸因素中，黄宗羲特别强调人的力量，他在谈到孟子的“天时不如地利，地利不如人和”时说：

> 后世之所谓天时，当群雄竞起大乱之时是也；所谓地利，如唐失河北而亡，宋都临安而弱是也；至于人和，则万古不易……而天时地利皆失，不能不累及人和也。[1]

天时、地利等因素会对人类历史的发展变化产生影响，但人却是“万古不易”的最关键的因素。在人这一推动历史变革的关键因素中，人之

[1] 黄宗羲：《孟子师说》卷二。

"心"又是最为重要的，甚或是根本性的动力。黄宗羲所谓"心"，不是指人的思维能力，而是人的道德伦理意识。黄宗羲将人作为社会历史变革的主体，并由此导出：主体的人是不是遵循儒家的伦理道德原则，是造成社会治乱的动因和关键，而在这些道德规范中，"仁义"又是关键中的关键。从黄宗羲的论述中，我们明显地看到他带有阳明心学的影子。他说：

> 天地以生物为心，仁也。其流行次序万变而不紊者，义也。仁是乾元，义是坤元，乾坤毁则无以为天地矣。故国之所以治，天下之所以平，舍仁义更无他道。[1]
>
> 天地之生万物，仁也。帝王之养万民，仁也。宇宙一团生气，聚于一人，故天下归之，此是常理。自三代以后，往往有以不仁得天下者，乃是气化运行，当其过不及处，如日食地震，而不仁者应之，久之而天运复常，不仁者自遭陨灭。[2]

仁义之道乃治乱根本，以仁治天下，是社会运动的"常理"，以不仁治天下，则是反常，反常现象不会久存。社会运动符合"常理"即为"治"，出现"反常"即为"乱"。仁与不仁，是决定社会治乱的根本。

黄宗羲强调"仁义之心"在历史变革中的重要，他的仁义不是只求于自身修养的"内圣"，而且还发为事功，是与事功相统一的。仁义是根本，事功是仁义之道的表现，事功中体现仁义。由此，他区别了王道和霸道，"工霸之分，不在事功而在心术：事功本之心术者，所谓'由仁义行'，王道也；只从迹上模仿，虽件件是王者之事，所谓'行仁义'者，霸也"[3]。就是说，王、霸之分不在事功，而在仁义之心，王道根于仁义之心，霸道无仁义之心而只追求利欲。由仁义之心而发为事功者，为王道，否则为霸道。

从仁义之心对历史变革的重要性出发，黄宗羲考察了人的主观动机

---

[1] 黄宗羲：《孟子师说》卷一。

[2] 黄宗羲：《孟子师说》卷四。

[3] 黄宗羲：《孟子师说》卷一。

对历史事件的重要作用，“人心无不仁，一念之差，惟欲独乐，故白起发一疑心，坑四十万人如虮虱；石崇发一快心，截娥眉如刍俑；李斯发一饕心，横尸四海；杨国忠发一疾心，激祸百年。战国之君，杀人盈城盈野，只是欲独乐耳”[1]。历史事件的发生有极其复杂的原因，历史人物的主观动机、道德意识，即所谓“一念之差”，当然也起很大作用。黄宗羲能够看到人的思想动机在历史活动中的作用，实属难得。由此出发，他特别重视君主的自我修养，并从心学的角度将儒家传统的修身、齐家、治国、平天下的思想加以发挥，要君主自觉地端正思想动机。黄宗羲在论述历史变革时，一方面能够认识到历史变化有一定的客观趋势及必然性，人们必须因时而变，顺势而治。另一方面又能看到人在历史变革中的主导作用，注意到人的主观动机对历史事件的影响，确乎达到了历史哲学的高水平。

黄宗羲历史变革论的中心是万民。在他看来，所有的变革都必须围绕万民的利益进行，都必须有利于民生，要从民众之需要出发。这是孟子“民贵君轻”思想在明清之际的重新发挥，是黄宗羲用以区别仁义之心与非仁义之心的标准，更是黄宗羲历史变革论的立足点。从黄氏的著作中，我们无数次地看到这样的言论，诸如“志仁者从民生起见”[2]，“天下之治乱，不在一姓之兴亡，而在万民之忧乐”[3]，等等。从关注生民休戚这一中心出发，黄宗羲指出了封建君主专制愈来愈强，人民遭受政治压迫、经济剥削愈来愈严重的现实。他认为，中国历史有两大变局，秦汉为一变，元为一变，愈变对老百姓的盘剥愈严重，所谓“夫古今之变，至秦而一尽，至元而又一尽。经此二尽之后，古圣王之所恻隐爱人而经营者荡然无具，苟非为之远思深览，一一通变，以复井田、封建、学校、卒乘之旧，虽小小更革，生民之戚戚终无已时也”[4]。他认为，历史经此两变，积弊日久，百姓灾难日深，小的变革已不能从根本上解决问题，必须“远思深览，一一通变”，进行较大的变革。只有这样，才

[1] 黄宗羲：《孟子师说》卷一。
[2] 黄宗羲：《孟子师说》卷六。
[3] 黄宗羲：《明夷待访录·原臣》。
[4] 黄宗羲：《明夷待访录·原法》。

能结束生民戚戚惨惨的生活。他还具体分析了一些制度的变更对百姓日深一日的盘剥。比如税法，从古代井田制到秦废井田，为一变；自秦而至于唐，行两税法，由征粟帛改为征钱，又一变；自明以来，废钱而征银，此又一变，“经此三变，民生无几矣”。[1] 制度的变化，关键是看其病民还是利民，利民之变为善，害民之变为不善。

从万民利益出发，黄宗羲在《明夷待访录》中对封建君主专制进行了猛烈抨击。他把三代以下与三代以上进行了对比，认为三代以上之君，为万民而设，为万民谋利；三代以下之君则为个人谋利，将天下变为个人之私产，胡作非为，“屠毒天下之肝脑，离散天下之子女，以博我一人之产业”，“敲剥天下之骨髓，离散天下之子女，以奉我一人之淫乐”，“为天下之大害者，君而已矣”。[2] 三代以上之臣，为天下万民，非为君主一人，三代以下之臣，只为君主谋利。三代以上之法是万民之法，三代以下之法则是一人之法。赋税由古至今，愈来愈重；取士制度由古至今，弊端愈来愈多。总之，三代以来，各种制度都变成与民众利益相对立的了。

黄宗羲在批判封建君主专制、变革社会体制时，数言三代，盛赞三代制度良善，而后世弊端丛生，其目的并不是要复古，而是借儒家所崇尚、向往的三代制度来批判后世愈来愈严酷的封建君主专制。黄宗羲生活的时代，虽然已有资本主义萌芽，也出现了带有市民气息的种种思想，但成熟的市民思想并未形成，还不可能为人们批判君主专制提供新的锐利武器，黄宗羲只能从积淀深厚的传统儒家思想武库中取来武器，对君主制进行批判，此乃时代条件使然，不能过分苛求。况且，黄宗羲在《明夷待访录》中提出变革封建专制体制的种种方法，富有时代气息，将儒家民本思想与明中叶以来生长的“人各得自私，人各得自利”的个体平等观念相结合，为人们设想了一幅未来社会的蓝图。

在政治体制上，其一，君臣平等，共同理事。君臣和父子不能相提并论。父子关系是血缘关系，千古不变，君臣关系不是血缘关系，是因“天下之责”而联结在一起，可以“累变”。这就打破了封建时代家、国

[1] 黄宗羲：《孟子师说》卷三。
[2] 黄宗羲：《明夷待访录·原君》。

同构的观念，有了近代资本主义思想的萌芽。其二，提高宰相地位，限制君权。其三，以学校作为监督君主的议论机关。在法律上，要求“立天下大法”，“废一家之法”，主张法治重于人治；在经济上，提出恢复井田制以抑制土地兼并；在文化上，主张兴办学校，提倡绝学，等等。这些，就是黄宗羲所向往的历史变革的最终结果。

黄宗羲对封建君主专制的批判以及对未来社会的构想，在近代中国产生过很大影响。戊戌维新运动高涨时，梁启超、谭嗣同等人节钞《明夷待访录》，印行数万册，广泛散布，并说该书是当时“刺激青年最有力之兴奋剂”，是“宣传民主主义的工具”。[1] 辛亥革命先驱陈天华在《狮子吼》一书中将《明夷待访录》与卢梭《民约论》相提并论，足见《明夷待访录》本身具有民主启蒙思想。

第五节　黄宗羲的历史编纂学思想和史料学观点

在历史编纂学方面，黄宗羲首先揭橥著史的目的。其一，惩恶劝善。史书应有惩恶扬善，警醒世人的作用，“为史而使乱臣贼子得志于天下，其不如无史之为愈也”[2]。其二，严夷夏之防。这是时代所铸成的民族意识在黄氏历史编纂学思想上的反映。他对《晋书》设载记记四夷之事，明代编修《元史》深致不满，认为混淆华夷，罪不容诛。[3] 其三，明治乱之故。其四，保存文献，征存人物。可以看出，黄宗羲关于史书编纂目的的论述，深深地打上了他所生活的那个时代的印痕。

在历史编纂的一些具体细节问题上，黄宗羲也有自己的看法。首先，他特别重视志、表在纪传体史书中的作用，认为表可概见历史发展大势，志可囊括历代典章制度，均是史书中最难撰写，而又不可缺少的部分。他特别推崇弟子万斯同所作的《补历代史表》，认为是“不朽之盛

---

[1] 梁启超：《中国近三百年学术史》五《阳明学派之余波及其修正》。

[2] 黄宗羲：《留书·史》。

[3] 黄宗羲：《留书·史》。

事”[1]。他作《今水经》，首列《今水经表》，删定《明史·历志》，将“作表之法，载于志中”[2]，均体现出重视表志的思想。其次，广泛占有材料。他说：“夫作者无乘传之求，州郡鲜上计之集，不通知一代盛衰之始终，徒据残书数本，谀墓单辞，便思抑扬人物，是犹两造不备而定爰书也。”[3] 博收资料，将一代盛衰之迹了然于胸，然后才可下笔，否则就写不出像样的作品。再次，求实征信，叙事生动。他认为，史书叙事要生动形象，要能写出历史人物的风采，“叙事须有丰韵，不可担板”，“使其人之精神生动”，如果史书缺乏文采，没有可读性，便不会得到广泛流传，所谓“言之不文，不能行远”。[4] 但叙事生动又是以求实征信为基础的，如果史书不能做到征信求实，而只是炫耀文采，是不可取的。

黄宗羲对中国历史编纂的最大贡献就是完善了学案体史书，《明儒学案》便是代表。该书体现了古代学术史的较高发展形式，在历史编纂学上有不可忽视的地位。全书由序、传记、案主的论著和语录等资料选辑三部分组成。黄宗羲用平等的学术眼光，以结构严整、首尾一贯的三段式的编纂体例，阐说有明一代各派学术思想的渊源、宗旨、流派、演变，脉络井然，显示出深厚的历史编纂学素养，也正因为此，黄氏所厘定的学案体规制，对后来中国学术史的整理和编纂有重大借鉴意义，诚如梁启超所说：“《明儒学案》这部书我认为是极有价值的创作，将来做哲学史、科学史、文学史的人，对于他的组织虽有许多应改良之处，对于他的方法和精神是永远应采用的。”[5]

黄宗羲对各种史料的价值也进行过辨析，在史料学上有很多卓见。

关于实录。黄宗羲对明代实录极为谙熟，认为是撰写明史的首选参考资料。但实录“有所隐避，有所偏党”[6]，而且是只见其“表”，而不见其“里”，缺陷明显，故而需要慎重对待。

关于文集。黄宗羲认为，文集能够弥补、参正史籍记载之不足，可

[1] 黄宗羲：《补历代史表序》。
[2] 黄宗羲：《答万贞一论明史历志书》，见《黄宗羲全集》第十册。
[3] 黄宗羲：《谈孺木墓表》，见《黄宗羲全集》第十册。
[4] 黄宗羲：《金石要例》附《论文管见》，见《黄宗羲全集》第二册。
[5] 梁启超：《中国近三百年学术史》五《阳明学派之余波及其修正》。
[6] 黄宗羲：《陆石溪先生文集序》，见《黄宗羲全集》第十册。

以提供更为具体的材料。他读姚牧庵、元明善的集子，认为“宋元之兴废，有史书所未详者，于此可考见”。他编《南雷文定》，自认为“所载多亡国之大夫，地位不同耳，其有裨于史氏之缺文者一也”[1]。他的这一思想一直影响到章学诚。章氏指出：“文集者，一人之史也。家史、国史与一代之史，亦将取以证焉。”[2]

关于诗歌。黄宗羲认为，“诗之与史，相为表里”[3]，诗歌可以反映某些现象和史事，其中有很多是史书所无，所谓“夫诗之道甚大，一人之性情，天下之治乱，皆所藏纳”[4]。善于利用这些材料，可以补充史书缺漏，纠正史书讹错，所谓“以诗补史之阙”。他对宋元易代及明清易代之际很多文人的诗歌给予极高评价，盖因其可补史之缺漏，所谓“真诗史也，孔子之所不删者也”[5]。

关于方志、族谱。黄宗羲认为这是最不可信的记载。他说：“天下之书，最不可信者有二：郡县之志也，氏族之谱也。”[6]郡县之志之不可信，主要原因是操笔者非其人，出于众手，体例呆板，见闻固陋，且有乡邦恩怨。[7]家谱之不可信，一是“掇拾讹传，不知考究，抵牾正史”[8]；二是伪谱流行，“祖孙倒置，蛇首人身”[9]。黄宗羲对方志与族谱的史料价值评价不高，但并未全盘否定其价值，仍指出“家传足补史氏之阙文”[10]。

关于碑铭。黄宗羲肯定它们的史料价值，认为“败刹残碑，逸人坠简……可证讹舛”[11]。提出“夫铭者，史之类也”，将碑铭看成史的一

---

[1] 黄宗羲：《南雷文补遗·南雷文定凡例四则》。
[2] 章学诚：《文史通义》外篇二《韩柳二先生年谱书后》。
[3] 黄宗羲：《姚江逸诗序》，见《黄宗羲全集》第十册。
[4] 黄宗羲：《南雷诗历·题辞》，见《黄宗羲全集》第十一册。
[5] 黄宗羲：《万履安先生诗序》，见《黄宗羲全集》第十册。
[6] 黄宗羲：《淮安戴氏家谱序》，见《黄宗羲全集》第十册。
[7] 黄宗羲：《再辞张郡侯修志书》，见《黄宗羲全集》第十册。
[8] 黄宗羲：《淮安戴氏家谱序》。
[9] 黄宗羲：《唐氏家谱序》，见《黄宗羲全集》第十册。
[10] 黄宗羲：《钱退山诗文序》，见《黄宗羲全集》第十册。
[11] 黄宗羲：《四明山志·自序》，见《黄宗羲全集》第二册。

种。[1] 同时又指出碑铭所载，多为升迁履历，史料价值也很有限。

关于野史。黄宗羲认为野史有珍贵的史料价值，可与国史相表里。特别是在朝代更替之际，国史缺落，野史就成了保存史迹的重要载体，“国史既亡，则野史即国史也。陈寿之《蜀志》，元好问之《南冠录》，亦谁命之？而不谓之国史，可乎？”[2] 但是，由于野史记载多道听途说，爱憎由己，记载失实之处甚多。黄宗羲曾举明清之际的许多野史来说明这一点，希望人们严加甄别。[3]

在长期的治史实践中，黄宗羲还总结出一套史料取舍的标准，“年月依国史，官爵世系取家传，参详是非兼用稗官杂说”[4]。这对我们今天科学地运用史料，都是有参考价值的。

总之，黄宗羲在历史编纂学上有重大贡献，在史料学上有辩证思考，他的一些看法，理应引起我们注意。

[1] 黄宗羲：《与李杲堂陈介眉书》，见《黄宗羲全集》第十册。
[2] 黄宗羲：《弘光实录钞·序》，见《黄宗羲全集》第二册。
[3] 详参《明名臣言行录序》《桐城方烈妇墓志铭》，见《黄宗羲全集》第十册。
[4] 钱林：《文献征存录》卷三《黄宗羲传》。

第二章　顾炎武的历史盛衰论[1]

顾炎武，字宁人，号亭林，学者称亭林先生，江苏昆山人。生于明万历四十一年（1613 年），卒于清康熙二十一年（1682 年）。他是明末清初著名史学家、思想家，与黄宗羲、王夫之并称明末清初三大家。

顾炎武一生，“行奇学博”。早年在嗣祖顾绍芾影响下，攻读经史，究心兵家著述，逐渐确立学以致用的经世志向。27 岁时，愤然退出科场，专注于对国计民生之学的探究。明亡后，他家破人亡，辗转于太湖沿岸，组织、参与抗清斗争。抗清斗争失败后，特别是看到南明永历政权灭亡，复明无望，他决定只身北上，边游历边著述，行万里路，读万卷书，足迹踏遍山东、河南、河北、山西、陕西等地，为其经世之学进行了大量艰苦细致的实地考察工作，一直到染疾而逝。

顾炎武一生，学术造诣广博深湛，在经学、史学、方志舆地、音韵文字、金石考古以及诗文等众多领域都取得了卓越成就。他著述繁富，其中最重要的有《天下郡国利病书》《肇域志》《音学五书》《亭林文集》《日知录》等。

《天下郡国利病书》《肇域志》是他早年退出科场后致力于经世济用之学的读书辑录，内容包括赋役、屯垦、水利、漕运、兵防、马政、盐

[1] 本章由周文玖教授撰写。

政、少数民族、农民起义以及方志、舆地等。《音学五书》是他为恢复经学面目而做的基础工作。《亭林文集》则收集了他的文章杂著，比较集中地反映了他的政治主张和学术思想。《日知录》是他最重要的著作，一生为学所得，大都荟萃其中，所谓“平生之志与业皆在其中”[1]，是清代学术史上一部开风气的力作。

第一节　顾炎武的史学批评和经学见解

顾炎武的学术批评针砭时弊，开一代学术新风气。他在经学上的见解，与他的史学主张紧密相连，是他经世致用史学思想的反映。

（一）鉴往训今的史学价值论

顾炎武治学，重“器识”，求“实学”，认为做学问要以天下为己任，对社会有益处。他说：“君子之为学，以明道也，以救世也。”[2] 他不做空虚无用之文，“凡文之不关于六经之指、当世之务者，一切不为”[3]。他以“博学于文”“行己有耻”概括自己的行为准则，正学风，讲气节，诚如侯外庐先生所言：

> 炎武所提出的这两个节目，所谓“博学于文，行己有耻”，看来好像不相关联，但仔细地加以研究，就知道他是针对了明末的士风来讲的。“知耻”是在消极方面有所不为，在积极方面对于天下国家的人类事业，耻躬之不逮。[4]

顾炎武治学，实事求是，虚怀若谷，严谨不苟。他探究学问，不存门户之见，指出圣人之道，仁者见仁，智者见智，不能只存一家之论，“排斥众说，以申一家之论，而通经之路狭矣”[5]。他善于吸收别人的长处，

[1] 顾炎武：《亭林文集》卷三《与友人论门人书》。
[2] 顾炎武：《亭林文集》卷四《与人书二十五》。
[3] 顾炎武：《亭林文集》卷四《与人书三》。
[4] 侯外庐：《中国思想通史》第五卷，第 219 页。
[5] 顾炎武：《亭林文集》卷三《与友人论易书》。

且重视游历和实地调查，不主张闭门读书。他中年弃家北游，直到逝世，同现实密切结合。时人评价顾炎武云："先生之学博矣，而无考据家傅会穿凿、蔓引琐碎之病；先生之行修矣，而无讲学家分门别户、党同伐异之习；先生之才识优矣，而无纵横家矜才逞智、剑拔弩张之态。"[1]

史学为经世之大端，顾炎武重视学以致用，故而非常重视史学，"五十以后，笃志经史"。关于史学的价值，他有很精辟的论述。他说："夫史书之作，鉴往所以训今。"[2] 又说：

> 子曰："述而不作，信而好古。"又曰："好古敏以求之。"又曰："君子以多识前言往行，以畜其德。"先圣后圣，其揆一也。不学古而欲稽天，岂非不耕而求获乎！[3]

这里的意思是，史书的编著，是为了让后人了解历史，以史为鉴，人们要从"训今"的角度来"鉴往"。撰写史书，要有时代感，要为现实服务。历史与现实密切联系，处理好现实问题，离不开对历史的总结。可见，顾炎武是着重从经世的角度来认识史学的价值的。

他批评轻视史学的人，认为科举选拔人才，不仅要通经，还要通史。通经、通史又懂当世之务的人才可能成为国家的有用之才：

> 必选夫五经兼通者而后充之，又课之以二十一史与当世之务而后升之。……如此而国有实用之人，邑有通经之士，其人材必盛于今日也。[4]

基于这些认识，他对明末的空疏学风进行了批评："偶有所窥，则欲尽废先儒之说而出其上，不学则借一贯之言以文其陋；无行则逃之性命之乡，以使人不可诘。"[5] 认为当时空谈心性完全抛弃了学术的经世传统，离

---

[1] 凌扬藻：《蠡勺编》卷三十七《国初名儒之最》，《续修四库全书》本。
[2] 顾炎武：《亭林文集》卷六《答徐甥公肃书》。
[3] 顾炎武：《日知录》卷二《其稽我古人之德》。
[4] 顾炎武：《亭林文集》卷一《生员论上》。
[5] 顾炎武：《日知录》卷十八《朱子晚年定论》。

开了圣人之道，是“禅学”。他认为，孔子的学说不外乎是“出处、去就、辞受、取与之辨”，没有离开日常生活准则而空谈什么心、性之类的东西。故而他对明代的学术，基本上持否定的态度：“若有明一代之人，其所著书，无非窃盗而已。”[1]

与此相对照，他对宋元史学很推崇，他说：“宋人书如司马温公《资治通鉴》、马贵与《文献通考》，皆以一生精力成之，遂为后世不可无之书”[2]，“今以天下之大，而未有可与适道之人。如炎武者，使在宋、元之间，盖卑卑不足数，而当今之世，友今之人，则已似我者多，而过我者少”[3]。他引用孟子的话感叹道：“‘天下之生久矣，一治一乱’，拨乱世反之正，岂不在于后贤乎！”[4] 在他看来，宋元的学风是“正”，明代的学风是“乱”，拨乱反正，就是要反对束书不观、空谈无根的学风，力倡扎实的学问。他把治学比作采铜于山，说：

> 尝谓今人纂辑之书，正如今人之铸钱，古人采铜于山，今人则买旧钱，名之曰废铜，以充铸而已。所铸之钱既已粗恶，而又将古人传世之宝，舂剉碎散，不存于后，岂不两失之乎？[5]

《日知录》便是他“采铜于山”的力作。与王应麟的《困学纪闻》、钱大昕的《十驾斋养新录》相比，《日知录》虽然也具有强烈的考据色彩，但重点并不在此，而在论证。该书由“经术”“治道”“博闻”三部分组成，书中各条皆“博赡而能通贯”，“每一事必详其始末，参以证佐，而后笔之于书”，[6] 具有“通”的特点，如他说的“引古筹今，亦吾儒经世之用”[7]。考据是手段，目的还是探索和论证他的经世思想。《日知录》是他力反空疏学风，倡导经世致用的史学在实践上做出的表率。

---

[1] 顾炎武：《日知录》卷十八《窃书》。
[2] 顾炎武：《日知录》卷十九《著书之难》。
[3] 顾炎武：《亭林余集·与潘次耕札五首》，见《顾亭林诗文集》。
[4] 顾炎武：《日知录》卷十八《朱子晚年定论》。
[5] 顾炎武：《亭林文集》卷四《与人书十》。
[6]《四库全书总目》卷一一九“日知录”条。
[7] 顾炎武：《亭林文集》卷四《与人书八》。

（二）从“抑理扬经”到“六经皆史”

顾炎武对明末理学末流进行了批判。他对理学的态度，可以用四个字来概括，那就是“抑理扬经”。他提出的“理学，经学也”的论断，既是对明末陆王心学的否定，也包含对程朱理学的不满，他要抬高经学的地位。“理学，经学也”是他在一封信中谈到的。他说：

> 然愚独以为理学之名，自宋人始有之。古之所谓理学，经学也，非数十年不能通也。故曰：“君子之于《春秋》，没身而已矣。”今之所谓理学，禅学也，不取之五经而但资之语录，校诸帖括之文而尤易也。又曰：“《论语》，圣人之语录也。”舍圣人之语录，而从事于后儒，此之谓不知本矣。[1]

全祖望在重述顾炎武的这一观点时说：“谓古今安得别有所谓理学者，经学即理学也。自有舍经学以言理学者，而邪说以起，不知舍经学则其所谓理学者，禅学也。”[2]全祖望的复述，是符合顾炎武的原意的。顾炎武认为理学的内容是指经学，舍经学，理学就流于禅学。全祖望的表述，不过是更突出了顾炎武的这一思想。

顾炎武的“理学，经学也”，意在纠正空疏之学的流弊，使理学回到经学的轨道上。他树立经学，提高经的地位，而抑制理学，说舍经学而言理学就流入禅学。他的这一论断对理学的打击是沉重的。他在理学盛行，特别是在陆王心学大行其道的情况下提出这一命题，具有解放思想的作用。梁启超评论说：

> 有清一代学术，确在此旗帜下而获一新生命。昔有非笑六朝经师者，谓“宁说周、孔误，不言郑、服非”，宋元明以来之谈理学者亦然，宁得罪孔、孟，不敢议周、程、张、邵、朱、陆、王。有议之者，几如在专制君主治下犯大不敬律也。而所谓理学家者，盖俨然成一最尊贵之学阀而奴视群学。自炎武此说出，而此学阀之神圣，

[1] 顾炎武：《亭林文集》卷三《与施愚山书》。

[2] 全祖望：《鲒埼亭集内编》卷十二《亭林先生神道表》。

忽为革命军所粉碎。此实四五百年来思想界之一大解放也。[1]

“理学，经学也”是顾炎武提倡实学的依据。由于他强调经学，抑制理学，使得他的实学不仅与陆王心学誓不两立，与程朱理学也多有抵牾。

顾炎武对陆王心学进行抨击。首先，他认为心学空谈误国。明朝的灭亡，陆王心学要负主要责任。其次，他认为陆王心学实为禅学。为了进一步说明这一点，他把孔子学说与心学做了对比，认为圣人之道没有专用心于内的：

> 古之圣人所以教人之说，其行在孝弟、忠信，其职在洒扫、应对、进退，其文在《诗》《书》《礼》《易》《春秋》，其用之身，在出处、去就、交际，其施之天下在政令、教化、刑罚。虽其和顺积中，而英华发外，亦有体用之分，然并无用心于内之说。[2]

他还借黄震的话指出心学“盖陷于禅学而不自知，其去尧、舜、禹授受天下之本旨远矣”[3]，把陆王心学彻底排斥在孔门之外，没有给它留一点地位。

对程朱理学，顾炎武没有正面批评，而且还维护程朱在儒学道统上的地位。由此，清代许多学者都认为顾炎武学宗程朱，从章学诚、全祖望、江藩直到梁启超，都是如此。他们正确地指出了顾炎武的学术倾向，但没有揭示顾炎武与程朱理学的分歧。对于相同之处，也没有解释其相同的原因。

关于顾炎武与程朱的分歧，从本质上来讲还是对经学和理学的认识问题，特别是对“下学”与“上达”以及“道”与“器”的关系的认识。顾炎武认为理学本质是经学，经学的本质在于实学，即通经致用。在他看来，“下学”与“上达”是不可分割的，所谓“形而上者谓之道，形而

[1] 梁启超：《清代学术概论》四，见《饮冰室合集》第八册。
[2] 顾炎武：《日知录》卷十八《内典》。
[3] 顾炎武：《日知录》卷十八《心学》。

下者谓之器。非器则道无所寓”。[1] 但他更注重“下学”，更注重“器”。“道”存在于“器”中，离开“器”，就谈不上什么“道”。程朱也讲“下学”，这是顾炎武赞赏程朱的地方。他对程朱以传注的形式阐发儒家经典也给予了很高的评价，认为他们“不徒羽翼圣功，亦乃发挥王道，启百世之先觉，集诸儒之大成”[2]。但在很多情况下，程朱是离开“下学”而谈“上达”的。如他们认为“道”和“理”是独立存在的，并支配自然和社会。程颐说“道则自然生万物”[3]，朱熹说“未有天地之先，毕竟是先有此理”[4]，对社会和自然的运动，程朱都有自己抽象的思考。

顾炎武对朱熹学说，有赞同，有批评。如他对朱熹的《周易本义》给予了很高的评价，对《周易本义》遭到后儒的支裂而甚感惋惜。[5] 但如果仔细分析顾炎武关于《易》的思想，我们不难发现他并不完全赞同朱熹的观点。朱熹在《周易本义》中用了北宋刘牧、邵雍的河图、洛书所谓的象数之说，并列有九图。顾炎武《日知录》卷一《朱子周易本义》，对此一字未提，而在其他条目中，对图象进行了猛烈的批评：“希夷之图，康节之书，道家之《易》也。自二子之学兴，而空疏之人、迂怪之士举窜迹于其中以为《易》。而其《易》为方术之书，于圣人寡过反身之学去之远矣。”[6] 杨名宁批注道：“此论与朱子异。”显然，杨名宁看出了顾炎武的批评是把朱子也包括在内的。

顾炎武倡导经学，不是为经学而经学，其目的是“通经致用”。他讲求六经，与思考“当世之务”紧密相连。“凡文之不关于六经之指、当世之务者，一切不为”[7]，“国家之所以取生员而考之以经义、论、策、表、判者，欲其明六经之旨，通当世之务也”[8]。他对百余年来孔子儒学遭到歪曲以致流于禅学和空谈痛心疾首，他把心学与清谈并提，认为

---

[1] 顾炎武：《日知录》卷一《形而下者谓之器》。
[2] 顾炎武：《亭林文集》卷五《华阴县朱子祠堂上梁文》。
[3] 程颢、程颐：《河南程氏遗书》卷十五，见《二程集》，中华书局1981年版。
[4] 黎靖德编：《朱子语类》卷一。
[5] 顾炎武：《日知录》卷一《朱子周易本义》。
[6] 顾炎武：《日知录》卷一《孔子论易》。
[7] 顾炎武：《亭林文集》卷四《与人书三》。
[8] 顾炎武：《亭林文集》卷一《生员论中》。

其罪“深于桀、纣”[1]。在这种形势下，拨乱反正、通经致用自然是当务之急。顾炎武用大量的篇幅研究经旨，积一生之力写成《音学五书》和《日知录》，就是欲通过自己的著述，来扭转这种世风。顾炎武对孔子删订的六经，给予了很高的评价，但并没有将之神秘化。他认为六经也是史，他说：“孟子曰：其文则史。不独《春秋》也，虽六经皆然。今人以为圣人作书，必有惊世绝俗之见，此是以私心待圣人。”[2] 对《易》《诗》《春秋》等，他做了十分平易的解释。如他说：“圣人之所以学《易》者，不过庸言、庸行之间，而不在乎图书象数也”，“夫子平日不言《易》而其言诗、书、执礼者，皆言《易》也”。[3] 他认为孔子删《诗》，在于存列国之风，使人听之，知其国之兴衰。也就是说，《诗》不过是史书的特殊表现形式。他对后儒将《诗》神秘化提出了批评：“后之拘儒不达此旨，乃谓淫奔之作，不当录于圣人之经。”[4]《春秋》是孔子编订的史书，并且是一部阙疑之书，“多闻阙疑，慎言其余，岂特告子张乎？修《春秋》之法亦不过此”[5]。对它的作用，顾炎武说：“夫《春秋》之作，言焉而已，而谓之行事者，天下后世用以治人之书，将欲谓之空言而不可也。”[6] 后人章学诚提出“六经皆史也”，“六经皆先王之政典也”。[7] 其实，顾炎武已发其先声。

顾炎武抑制理学，宣扬经学，进而萌生“六经皆史”的思想，是他经世致用的史学思想在经学认识上的反映，表明他对经学价值的认识比前人深入了一步。

---

[1] 顾炎武：《日知录》卷十八《朱子晚年定论》。
[2] 顾炎武：《日知录》卷三《鲁颂商颂》。
[3] 顾炎武：《日知录》卷一《孔子论易》。
[4] 顾炎武：《日知录》卷三《孔子删诗》。
[5] 顾炎武：《日知录》卷四《春秋阙疑之书》。
[6] 顾炎武：《亭林文集》卷四《与人书三》。
[7] 章学诚：《文史通义》内篇一《易教上》。

第二节 顾炎武的历史盛衰论

顾炎武论史表现出高度自觉的历史总结意识。其中关于历史盛衰的思考，是他进行历史总结的核心内容。黄汝成评论说：

> 其言经史之微文大义、良法善政，务推礼乐德刑之本，以达质文否泰之迁嬗，错综其理，会通其旨。至于赋税、田亩、职官、选举、钱币、权量、水利、河渠、漕运、盐铁、人材、军旅，凡关家国之制，皆洞悉其所由盛衰利弊，而慨然著其化裁通变之道，词尤切至明白。[1]

这些话准确地抓住了顾炎武的著述要旨。顾炎武的历史盛衰之论，是他因明亡而进行的历史反思，具有强烈的时代感而又蕴含着深刻的社会历史发展观。

（一）“治乱之关，必在人心风俗”

顾炎武论历史盛衰的原因，说：“目击世趋，方知治乱之关必在人心风俗，而所以转移人心，整顿风俗，则教化纪纲为不可阙矣。”[2] 这是他的历史盛衰思想的一个基本观点，即社会风气的好坏，关系着国家、社会的兴衰。他说：“《小雅》废而中国微，风俗衰而叛乱作矣。”[3] 又说：

> 戎王听女乐而牛马半死。楚铁剑利而倡优拙，秦王畏之。成帝宠黄门名倡丙强、景武之属，而汉业以衰。玄宗造《霓裳羽衣》之曲，而唐室遂乱。今日士大夫才任一官，即以教戏唱曲为事，官方

[1] 黄汝成：《日知录集释叙》，《日知录集释》卷首。
[2] 顾炎武：《亭林文集》卷四《与人书九》。
[3] 顾炎武：《日知录》卷十三《清议》。

民隐置之不讲，国安得不亡？身安得无败？[1]

顾炎武认为侈靡浮华的社会风习是导致国家衰亡的根源。因此，他指出评价君主的功绩着重要看社会风气，“论世而不考其风俗，无以明人主之功”[2]。

与此相对，“厚俗”则是国家太平繁盛的基础。他引用陆游的诗说：“倘筑太平基，请自厚俗始。”[3] 对王安石变法，他颇多微词，认为王安石变法败坏了社会风气，说：“后之人但言其农田、水利、青苗、保甲诸法为百姓害，而不知其移人心、变士习为朝廷之害。其害于百姓者，可以一旦而更；而其害于朝廷者，历数十百年，滔滔之势，一往而不可反矣。”[4] 这个议论固然有失公允，但从中却反映了他对风俗的重视。

顾炎武还进一步指出“亡国”与“亡天下”的区别，他在《正始》中说：

> 有亡国，有亡天下，亡国与亡天下奚辨？曰：易姓改号谓之亡国。仁义充塞，而至于率兽食人，人将相食，谓之亡天下。……是故知保天下，然后知保其国。保国者，其君其臣，肉食者谋之；保天下者，匹夫之贱与有责焉耳矣。[5]

也就是说，“亡国”指的是一姓之政权亡，“亡天下”是指以“名教”为中心的“风俗”亡，二者有区别又有联系：“知保天下，然后知保其国。”如果连“保天下”这样“匹夫有责”的事情都不知，怎么能谈得上“保其国”呢？所以，要保国，首先要“保天下”。这是就明末的世风而论人心风俗对治乱兴衰的重要性。

对于“厚俗”，顾炎武在《日知录》卷十三的《流品》《重厚》《贵

[1] 顾炎武：《日知录》卷十三《家事》。
[2] 顾炎武：《日知录》卷十三《周末风俗》。
[3] 顾炎武：《日知录》卷十三《宋世风俗》。
[4] 顾炎武：《日知录》卷十三《宋世风俗》。
[5] 顾炎武：《日知录》卷十三《正始》。

廉》《耿介》《俭约》等篇中多次言及，主张重流品、重厚抑浮、贵廉、倡耿介、倡俭约、倡爱国、讲气节，只要注重培养人们这方面的风气的养成，社会风气必定由“衰”转“兴”。

由上述观点出发，顾炎武认为朝廷要带头行教化，所谓“朝廷有教化，则士人有廉耻，士人有廉耻，则天下有风俗”，“教化者，朝廷之先务；廉耻者，士人之美节；风俗者，天下之大事”。[1] 他要求统治者提倡“清议”和“名教”，说：“天下风俗最坏之地，清议尚存，犹足以维持一二。至于清议亡，而干戈至矣”，“设乡校存清议于州里，以佐刑罚之穷”。[2] 而“名教”的作用虽然“不能使天下之人以义为利，而犹使之以名为利，虽非纯王之风，亦可以救积洿之俗矣”，“故名胜于利，则小人之道消；利胜于名，则贪暴之风扇”。[3]《管子·牧民》言：“礼义廉耻，国之四维，四维不张，国乃灭亡。”欧阳修发挥道：“礼义，治人之大法；廉耻，立人之大节。盖不廉，则无所不取，不耻，则无所不为。人而如此，则祸乱败亡，亦无所不至，况为大臣而无所不取不为，则天下其有不乱，国家其有不亡者乎？”[4] 而顾炎武则认为四者之中，“耻尤为要”，“士大夫之无耻，是谓国耻”。[5] 他在这里情绪激愤，显然有所特指。明代的士大夫，摇身一变而为清朝的臣僚，在他看来就是没有廉耻。所以，他一再引用孔子“行己有耻”之语，作为他匡世救俗的一面旗帜。

顾炎武认为，要使风俗变好，必须让百姓有安居乐业的物质条件：“今将静百姓之心而改其行，必在制民之产，使之甘其食，美其服，而后教化可行，风俗可善乎！”[6]“非任土以成赋，重穑以帅民，而欲望教化之行，风俗之美，无是理矣。”[7] 他对明代徭役重、赋役不均的状况进行了揭露，《日知录》中的不少篇章都列举了大量的事实说明这种情况，

---

[1] 顾炎武：《日知录》卷十三《廉耻》。
[2] 顾炎武：《日知录》卷十三《清议》。
[3] 顾炎武：《日知录》卷十三《名教》。
[4] 欧阳修：《新五代史》卷五十四。
[5] 顾炎武：《日知录》卷十三《廉耻》。
[6] 顾炎武：《日知录》卷十二《人聚》。
[7] 顾炎武：《日知录》卷十一《以钱为赋》。

《天下郡国利病书》中很多内容也反映地主怎样把沉重的国家赋税转移到农民头上，从而使农民破产，迫使他们流亡或起义。顾炎武并没有停留于一般性地抨击风俗衰败的现象，而是更进一步揭示出影响社会风俗衰败的深层原因，反映了卓越的历史见识。

对于官吏的贪污之风，顾炎武除了提出严惩贪官的措施外，还提出重禄养廉的建议。他认为“吏不廉平则治道衰”，“今日贪取之风，所以胶固于人心而不可去者，以俸给之簿而无以赡其家也”，“今小吏皆勤事而俸禄薄，欲其毋侵渔百姓，难矣”。因而他主张“重禄”，“禄重则吏多勉而为廉”。[1] 从解决官吏面临的实际困难入手，解决廉政问题，反映了他思考问题的务实特点。

可见，顾炎武提出“人心风俗”的问题，不仅要求人们从社会意识上充分认识到这是一个关系到历史盛衰的问题，还包含着更为深刻的思想，即解决影响人心风俗的一系列经济问题，从而使社会风俗得到改良。

“治乱之关必在人心风俗”的历史盛衰思想，是顾炎武目睹明亡而得出的结论。这一认识，固然有其局限性，但我们应该看到顾炎武提出这一命题的历史背景。明末，专制政权进一步加强，宦官势力膨胀，苛刑峻法繁多，学者空讲性理，造成社会风气的败坏。在这种情况下，提出重礼治、教化，转移人心风俗，无疑是顺乎时代需要的。因此，对于它的进步性，应当给予充分的肯定。

（二）“天道”、人事与历史盛衰

在自然观上，顾炎武有唯物主义的思想倾向，但又给精神的独立存在留有余地。他对“鬼神”的存在与“轮回之说”进行了批驳，但又认为鬼神的情状，圣人能体察得到。[2] 与自然观相联系，顾炎武在“天人关系”的认识上也有矛盾。有时，他不相信“天道”，对“天道”表示怀疑，认为天道不可信，有时对“天人感应”说又有所保留乃至宣扬。

基于此，他在论说历史盛衰时，一方面不相信天道影响人事；但另一方面，他又认为天道与历史盛衰还是有联系的。如在《日知录》卷三十《日食》中，顾炎武把春秋、东汉末、明末的天象与当时的乱世联系

---

[1] 顾炎武：《日知录》卷十二《俸禄》。
[2] 顾炎武：《日知录》卷一《游魂为变》。

起来，认为天象影响历史的盛衰，对于持“日食为一定之数，无关人事”观点的人进行了批评，说他们“溺于畴人之术，而不觉其自蹈于邪臣之说”，从而把自己归到“天人相应”的行列中去。顾炎武接触过西洋天文学，了解西洋天文学关于日食、月食的解释：“日食，月掩日也；月食，地掩月也。今西洋天文说如此。”[1] 但西方的天文理论并没有改变他对“天人关系”的看法，他认为西方天文学传入中国之前，中国就有此论。所以，尽管他能将西方关于日食、月食的理论讲得头头是道，但并不完全相信，依然被正统的“天人感应”说所束缚，并结合亲身经历，愈加证实“天人感应”的可信性。在《日知录》卷三十《岁星》《五星聚》《黄河清》《人事感天》等条目中，顾炎武都谈到天人相感的事例。所有这些，都表明顾炎武受天人感应思想的影响颇深，对天道观的否定是不彻底、不坚决的。但从总体上看，顾炎武着重从人事作用上论历史兴衰。

顾炎武重视人才，认为人才对国家治乱有至关重要的作用。他认为“国家之所以长治而不乱者，人材也”[2]，“夫有天下而为子孙之虑者，则必在于人材矣”[3]。他提出改革生员制，目的就是使国家得到有真才实学的人才。他抨击八股取士，认为八股败坏人才，“愚以为八股之害，等于焚书，而败坏人材，有甚于咸阳之郊所坑者但四百六十余人也”[4]。而国家缺乏人才，就预示着国家的衰亡，对此，他曾有很深的感叹：

> 嗟乎！八股盛而六经微，十八房兴而廿一史废。昔闵子马以原伯鲁之不说学，而卜周之衰。余少时见有一二好学者，欲通旁经而涉古书，则父师交相谯呵，以为必不得颛业于帖括，而将为坎轲不利之人，岂非所谓大人患失而惑者与？若乃国之盛衰，时之治乱，则亦可知也已。[5]

因此他反对言心、言性、言天道的“清谈”，而主张以经史之学培养人

[1] 顾炎武：《日知录》卷三十《月食》。
[2] 顾炎武：《亭林文集》卷二《朱子斗诗序》。
[3] 顾炎武：《日知录》卷九《宦官》。
[4] 顾炎武：《日知录》卷十六《拟题》。
[5] 顾炎武：《日知录》卷十六《十八房》。

才，使人人修己治人，经世致用。

（三）历史盛衰之势与社会变革

对历史盛衰，顾炎武还注重从社会机制上进行考察。他没有把历史的盛衰系在君主一人身上，而是侧重从历史发展的“势”上探求原因。

首先，他看到了历史发展中“势”的作用。

所谓“势”，顾炎武认为就是事物发展的必然，即客观形势使事情必将发生。如《生员论上》说明人之私情和私利是“其势然也”：“人之情孰不为身家者？故日夜求之，或至行关节，触法抵罪而不止者，其势然也。”[1]《钱粮论下》说明当时官吏多贪，也是由其社会历史条件造成的，不能仅从官吏个人品质上寻找原因：“非唐、宋之吏多廉，今之吏贪也，势使之然也。”[2] 顾炎武说明事物的出现、事件的发生，能够从客观形势出发，分析原因，探讨其中的必然性。

顾炎武认为封建变为郡县，是历史发展的必然，虽有圣人，也不能改变这个趋势：“盖自汉以下之人，莫不谓秦以孤立而亡。不知秦之亡，不封建亡，封建亦亡；而封建之废，固自周衰之日而不自于秦也。封建之废，非一日之故也，虽圣人起，亦将变而为郡县。”[3] 在《日知录》卷二十二《郡县》中，顾炎武又用了近四十条资料论证这一观点。历代儒生说秦之所以亡，是由于不封建而导致的，顾炎武驳斥了这种观点，认为这是“不通古今之见”。

其次，他主张要顺势进行历史变革，“物来而顺应”。

顾炎武有承敝易变的思想，他认为，事物发展到极弊，就必须变革。他关于事物通变的许多论述，是通过阐述《周易》而体现出来的。《周易》的变化观给他提供了丰富的思想资料。《日知录》第一卷专门论述了《周易》，论述了事物变化的属性及人们对变化应有的态度。他认为，变化是一种自然属性，就像日夜、寒暑交替一样，人们只有因时而变，按事物变化的规律办事，才是遵循了《易》的原则。[4] 他认为，任何事物

---

[1] 顾炎武：《亭林文集》卷一《生员论上》。

[2] 顾炎武：《亭林文集》卷一《钱粮论下》。

[3] 顾炎武：《亭林文集》卷一《郡县论一》。

[4] 顾炎武：《日知录》卷一《通乎昼夜之道而知》。

都要“过中而变”，“将变之时”即主动变革，就会顺应时势发展，获得人心。[1] 他还继承司马迁“承敝易变，使民不倦”的思想，提出“通变宜民”之论，[2] 反映了他通变观中的民本思想。

顺势而变则盛，逆势而变则衰，是顾炎武关于历史盛衰的重要观点。他的社会改革方案——“寓封建于郡县之中”及改革生员制度的设想，就是因势的要求提出的。他承认人的自私、私情的合理性，认为这是人之常情，无须掩饰，是“势使之然也”。他说：“天下之人各怀其家，各私其子，其常情也。为天子、为百姓之心，必不如其自为，此在三代以上已然矣”[3]，“有公而无私，此后代之美言，非先王之至训矣”，“自天下为家，各亲其亲，各子其子，而人之有私，固情之所不能免矣。故先王弗为之禁，非惟弗禁，且从而恤之”。[4] 就是说，人的这些私情不但不能禁止，而且还应受到尊重。“寓封建于郡县之中”及对生员制度的改革设想就是以这一点作为立论基础的。他提出的理论是：“合天下之私，以成天子之公”，认为这样做，才能把天子的统治与天下人的私情统一起来，才能达到天下之大治。他说：

> 圣人者因而用之，用天下之私，以成一人之公而天下治。夫使县令得私其百里之地，则县之人民皆其子姓，县之土地皆其田畴，县之城郭皆其藩垣，县之仓廪皆其囷窌。为子姓，则必爱之而勿伤；为田畴，则必治之而勿弃；为藩垣囷窌，则必缮之而勿损。自令言之，私也，自天子言之，所求乎治天下者，如是焉止矣。一旦有不虞之变，必不如刘渊、石勒、王仙芝、黄巢之辈，横行千里，如入无人之境也。于是有效死勿去之守，于是有合纵缔交之拒，非为天子也，为其私也。为其私，所以为天子也。故天下之私，天子之公也。[5]

---

[1] 顾炎武：《日知录》卷一《已日》。
[2] 顾炎武：《日知录》卷一《垂衣裳而天下治》。
[3] 顾炎武：《亭林文集》卷一《郡县论五》。
[4] 顾炎武：《日知录》卷三《言私其豵》。
[5] 顾炎武：《亭林文集》卷一《郡县论五》。

郡县制之弊，在于皇帝的权力太大，郡县没有太多的自主权，处处受制于中央，故郡守、县令积极性不高。如果权力下移，使郡县具有较大的自主权力，“寓封建之意于郡县之中”，郡守、县令爱郡爱县如爱己爱家，尽力治理，则各郡县人民安定，财足兵强，人人誓死保卫郡县，县得以治矣。县治理得好，天下就能大治，“二千年以来之敝可以复振”。也就是说，要把郡县的治理同郡守、县令的个人利益联系起来。

改革生员制度也是这样。国家之所以设立生员，目的是“收天下之才俊子弟，养之于庠序之中，使之成德达材，明先王之道，通当世之务，出为公卿大夫，与天子分猷共治者也”。而现实的生员制作用恰与之相反，有真才实学的生员很少，而生员数量又极多，天下之人趋之若鹜，其原因是“今之愿为生员者，非必其慕功名也，保身家而已”。“保身家”是人之常情，“其势然也”，难以禁止。针对这种情形，顾炎武设想了两全其美的办法：一方面改革考试内容，废除过去以钱鬻生员的做法，以保证生员的质量：“必选夫五经兼通者而后充之，又课之以二十一史与当世之务而后升之。仍分为秀才、明经二科，而养之于学者，不得过二十人之数，无则阙之。……如此而国有实用之人，邑有通经之士，其人材必盛于今日也。”[1] 另一方面又要照顾大、中地主阶层切身的利益。但照顾这些人，不能以破坏生员制为代价，应仿秦、汉赐爵之法，给予一些特权。这样做就可以杜绝生员制的不良风气，保证生员的质量。

改革郡县制和生员制，顾炎武都是以人的私情为出发点的，是他顺势而变则盛的历史盛衰思想的具体反映。承认人的一定程度自私的合理性，反映了顾炎武尊重人性的进步思想。以此为理论基础而提出的改革封建制度的方案，反映了他变革思想的务实性。能够从解决人的利益冲突出发来解决社会问题，改革社会弊端，这是他变革思想的深刻之处。

顾炎武改革郡县制的主张，还有削弱君主专制的意味。他说：“天下之治始于里胥，终于天子，其灼然者矣。故自古及今，小官多者，其世盛；大官多者，其世衰，兴亡之途罔不由此。”[2] 他还明确地反对独治，

[1] 顾炎武：《亭林文集》卷一《生员论上》。

[2] 顾炎武：《日知录》卷八《乡亭之职》。

说："人君之于天下，不能以独治也。独治之而刑繁矣，众治之而刑措矣。"[1] 对于君主的地位、君主与臣下的关系，顾炎武也做了新的解释，从中透露出他的民主启蒙思想。他说："享天下之大福者，必先天下之大劳；宅天下之至贵者，必执天下之至贱。"[2] 这样就剥掉了几千年来环绕在君主身上的圣光，认为他们不过是比一般人更能吃苦耐劳的人。

顾炎武生当明末清初，十分了解明代中央集权的危害。他提出的"寓封建于郡县之中"，削弱集权，加强地方权力的政治改革，就是针对明代的社会弊端而发的，是建立在对现实和历史的深切考察基础之上的。这种改革设想在当时来讲，具有重大的现实意义。

当然，由于顾炎武特别重视宗室在一代兴亡中的重要作用，故而他的郡县改革设想也就有了浓厚的宗法色彩。再者，顾炎武后半生生活在北方，其对历史盛衰的思考，也主要是以传统的北方社会为基础的，因此，他理想中的"治"，没有突破传统的以农业为主的封建太平盛世的模式，如他说：

> 人聚于乡而治，聚于城而乱。聚于乡则土地辟、田野治，欲民之无恒心，不可得也。聚于城则徭役繁、狱讼多，欲民之有恒心，不可得也。[3]

他评价县令是否称职的标准是："土地辟，田野治，树木蕃，沟洫修，城郭固，仓廪实，学校兴，盗贼屏，戎器完，而其大者则人民乐业而已。"[4] 可见，顾炎武所倡导的改革，是有局限性的。

第三节　顾炎武的考史方法和历史编纂学思想

(一) 顾炎武的考史方法

顾炎武考史，具有实事求是的精神。"采铜于山"就是他这种精神的

---

[1] 顾炎武：《日知录》卷六《爱百姓故刑罚中》。

[2] 顾炎武：《日知录》卷七《饭糗茹草》。

[3] 顾炎武：《日知录》卷十二《人聚》。

[4] 顾炎武：《亭林文集》卷一《郡县论三》。

生动写照。他不轻信古书，在他“行万里路，读万卷书”的学术生涯中，始终重视辨伪、校勘及史实考证。他考证史实所运用的资料范围很广，经、史、子、集、金石资料无不涉猎。《四库总目》称赞他“引据浩繁而抵牾者少”。除此之外，他还重视实地考察，重视见闻资料。他的这种求实精神及在考史中所运用的多种方法，为后人系统地总结考据学理论打下了基础。梁启超认为“论清学开山之祖，舍亭林没有第二人”。洵非虚语。

顾炎武读书，注重校勘，对书中文字的衍缺倒错从不放过，指出过许多错误。他校勘古籍的方法和整理文献的建议对后世影响很大。陈垣先生在《元典章校补》中所列的“校勘四法”，顾炎武几乎都运用过。顾炎武反对校勘时臆改原书，“遵守本文，不敢辄改”[1]。他对明世改书之病尤为痛恨，“万历间，人多好改窜古书，人心之邪，风气之变，自此而始”[2]。

在考据方面，顾炎武注重两点：一是注重源流考辨，二是注重求佐证。这二者，对以后乾嘉考据学有很大的影响。

他治经，主张辨源流：“经学自有源流，自汉而六朝而唐而宋，必一一考究，而后及于近儒之所著，然后可以知其异同离合之指。”[3] 由于他认为“读九经自考文始，考文自知音始”，所以他对音韵的研究也是注重它的流变。他在《音学五书序》中指出古音两变：沈约作《四声谱》是一变；宋代理宗末年，宋韵行，唐韵亡，为音学之再变。顾炎武作《音学五书》，用意在于据唐人以正宋人之失，据古经以正沈氏、唐人之失，使“三代以上之音，部分秩如，至赜而不可乱”，“自是而六经之文乃可读”。对于经的变化，他也做了分析，认为历史上经书有两次大的变化：天宝初，诏集贤学士卫包改为今文，而古文之传遂泯，此经之一变也。及朱子正《大学》《系传》，此经之又一变。所以他要“一一考究”经的变化，以“知其异同离合之指”。顾炎武考音之流变，经之流变，二者是相互联系的，目的都是恢复经学本来面目。

---

[1] 顾炎武：《日知录》卷十八《勘书》。

[2] 顾炎武：《日知录》卷十八《改书》。

[3] 顾炎武：《亭林文集》卷四《与人书四》。

顾炎武每考辨一物，都要收集尽可能多的资料以求佐证。《音学五书》为论证一个字的读音，有时列举证据达几百条。如他为了证明“行”古读若“杭”，列举了 364 条证据。为了证明“下”古读作“户”，他列举了 219 条材料。在《日知录》里，为证明一个论点，也常列举几十条。这方面的例子不胜枚举。下面，仅就他考证的基本方法做一归纳：

第一，重金石文字。顾炎武认为，金石文字，不容易篡改，一般比较可信，“多与史书相证明，可以阐幽表微，补阙正误，不但词翰之工而已”[1]。他周游北方二十多年，收集金石资料，编成《求古录》《金石文字记》二书。他认为二书的价值，就在于有助于考史。他还著有《石经考》，是用石刻考订经文的专著。

第二，用更早的史料，纠正史书记载的错误。运用更为原始的材料以证明后出史书的错误，也是顾炎武考史时常用的方法。如他提到《史记》对“共和”的解释是：“《史记·周本纪》：厉王出奔于彘，厉王太子静匿召公之家。周公、召公二相行政，号曰共和。共和十四年，厉王死于彘，二相乃共立太子静为王。”顾炎武说：“以二相为共和，非也。”他引用《汲冢纪年》《左传》《吕氏春秋》中的资料，认为“共和”是厉王出奔后，共伯和摄行天子事，号曰“共和”。[2] 不管结论如何，用最原始的资料证史，则全然是历史学家的态度。

第三，从用字特征上辨别作品的时代。如他说：

> 《论语》之言“斯”者七十，而不言“此”；《檀弓》之言“斯”者五十有三，而言“此”者一而已。《大学》成于曾氏之门人，而一卷之中言“此”者十有九。语音轻重之间，而世代之别从可知已。[3]

由此，他认为《论语》《檀弓》成书较早，而《大学》成书较晚。

第四，重亲身经历之证据。《人聚》：“予少时，见田野之氓有白首不

[1] 顾炎武：《亭林文集》卷二《金石文字记序》。
[2] 顾炎武：《日知录》卷二十五《共和》。
[3] 顾炎武：《日知录》卷六《檀弓》。

见官长，安于畎亩，不至城中者。”《黄金》：“今以目所睹记，及《会典》所载国初金价推之，亦大略可考。”《钱法之变》：“予幼时见市钱多南宋年号，后至北方，见多汴宋年号，真、行、草字体皆备，间有一二唐钱。”其他如《裴村纪》《钱量论下》等都曾运用自己的所见所闻，作为论证的根据。

顾炎武运用证据的范围很广，除经史互证外，他还把子书、诗文作为考史的证据，反映了他学问的渊博和治学上的严谨。

（二）顾炎武的历史编纂学主张

其一，直书的原则。史书对现实有巨大影响，忠实于历史记载的史书能使人正确地了解历史，从历史中得到有益的经验教训。反之，歪曲历史的秽史对现实乃至后世产生恶劣的影响。褒扬信史，鞭挞秽史，这是中国史学的优良传统。顾炎武继承这一传统，大力倡导直书，认为它是作史的根本原则。他说：“崇祯帝批讲官李明睿之疏曰：‘纂修《实录》之法，惟在据事直书，则是非互见。’大哉王言，其万世作史之准绳乎！”[1]

中国史学上隐恶虚美的现象很多，致使史料记载真假难辨。对此，顾炎武主张“两造之论，一切存之”，让后人论断。他说：“门户之人，其立言之指，各有所借。章奏之文，互有是非，作史者两收并存之，则后之君子如执镜以照物，无所逃其形矣。”对史实任意裁断，以己之憎爱，筛取资料，就不会有信史，“褊心之辈，谬加笔削，于此之党，则存其是者去其非者；于彼之党，则存其非者去其是者。于是言者之情隐，而单辞得以胜之”，“此国论之所以未平，而百世之下难乎其信史也”。[2]顾炎武对明代的社会风气深有体察，曾目睹过妄改史书的现象，所以，他要求作史者务必注意史料真伪，要详察慎辨，广集材料，两收并存。对于清代官修《明史》，顾炎武也主张“两造异同之论，一切存之，无轻删抹，而微其论断之辞，以待后人之自定，斯得之矣”[3]。

顾炎武治史，力主让史实说话。他曾编过《明季实录》，记录了起义

[1] 顾炎武：《日知录》卷十八《三朝要典》。

[2] 顾炎武：《日知录》卷十八《三朝要典》。

[3] 顾炎武：《亭林文集》卷四《与次耕书》。

军攻入北京，明王朝倾覆的经过，所采资料都是当时人见闻的记录。顾炎武对这些记录没有删削，而是根据时间的先后，编辑在一起。《明季实录》虽然是一个资料汇编，却也是顾炎武历史编纂思想的体现。20世纪初，傅斯年先生倡导“史料即史学”，提出写“纯客观的历史”，他在《历史语言研究所工作旨趣》中宣布：“我们宗旨第一条是保持亭林、百诗的遗训。”当然，傅斯年受到德国兰克学派的影响，但不可否认，顾炎武史学思想对他的影响也是相当大的。

顾炎武把史家的职责看得很神圣，对史家也有很高的要求。如他认为“列传之名，始于太史公，盖史体也。不当作史之职，无为人立传者，故有碑、有志、有状而无传”，“自宋以后，乃有为人立传者，侵史官之职矣”。[1] 就是说，为人立传，并不是任何人都能够做的，须史官来完成，否则，是侵犯史家的职责。同时，他又认为志状不可妄作，为人作志状，需要掌握全面的史料及相关的知识，否则，就会出现史书失真的情况。

其二，史文繁简论。在语言表述上，顾炎武认为史书编纂的根本原则是表述明确、清楚，而不在于繁简。他说：

> 辞主乎达，不论其繁与简也。繁简之论兴，而文亡矣。《史记》之繁处必胜于《汉书》之简处。《新唐书》之简也，不简于事而简于文，其所以病也。[2]

刘知幾《史通》有《尚简》篇，提倡文要简约，“文约而事丰”。但如果写史一味求简，以至于在叙事时因用词简练而表达不明确，就失当了。顾炎武提出的作史语言要“主乎达”，可以说抓住了历史文学的根本。顾炎武认为语言的繁简，不能刻意追求，要顺其自然，该简即简，该繁即繁，最关键的是要“达”。他引刘器之的话说：“《新唐书》叙事好简略其辞，故其事多郁而不明，此作史之病也。且文章岂有繁简邪？昔人之论谓如风行水上，自然成文；若不出于自然，而有意于繁简，则失之矣。当日《进〈新唐书〉表》云：‘其事则增于前，其文则省于旧。’《新唐

[1] 顾炎武：《日知录》卷十九《古人不为人立传》。

[2] 顾炎武：《日知录》卷十九《文章繁简》。

书》所以不及古人者，其病正在此两句也。”[1] 他把《新唐书》与《旧唐书》比较，说《旧唐书》“虽颇涉繁芜，然事迹明白，首尾该赡，亦自可观”，而《新唐书》“文虽简而事不核矣”。[2] 如《旧唐书·太宗长孙后传》：“安业之罪，万死无赦，然不慈于妾，天下知之。”《新唐书》改曰：“安业罪死无赦，然向遇妾不以慈，户知之。”意思没有变，但“户知之”让人费解。类似的例子，顾炎武举了很多。

顾炎武反对刻意讲究文章繁简，但并不反对详略之分。他说：“史家之文，例无重出，若不得已而重出，则当斟酌彼此，有详有略，斯谓之简。”[3] 就是说，史书中不宜有重复之文，但迫不得已必须重复时，那也要从整体出发，相互照应，详略得当。

其三，重视表志。顾炎武研究历史，注意观察历史盛衰。而最能反映历史盛衰的，莫过于纪传体史书中的表和志，“表以纪治乱兴亡之大略，书以纪制度沿革之大端”[4]。因此，他对表、志尤其重视。关于表的作用，历代史家都有比较精辟的论述，如刘知幾反对史书立表，但同时又认为，史之有表，可以“使读书者阅文便睹，举目可详，此其所以为快也”[5]。与前人相比，顾炎武对表、志重视的原因，主要是由于它们对表现历史治乱兴衰有特殊价值：“纪、传，一人之始末；表、志，一代之始末。”再者，撰写表、志，也最能体现史家的识力和功力，“非闳览博物者不能为。其考订之功，亦非积以岁月不能遍”。有没有表、志，是评价一部史书优劣的重要标尺，“夫无志不得为完史，有志而不淹贯，不得为良史矣”。[6]

另外，顾炎武还讨论了史书体例的问题，如关于称谓、记时、征引、标目、断限等，他的论述都很详尽，并且提出了一些有益的建议。顾炎武在史书编纂上的不少主张，在今天看来依然非常可贵，值得我们继承。

---

[1] 顾炎武：《日知录》卷十九《文章繁简》。

[2] 顾炎武：《日知录》卷二十六《旧唐书》《新唐书》。

[3] 顾炎武：《日知录》卷二十六《新唐书》。

[4] 顾炎武：《日知录》卷二十六《作史不立表志》。

[5] 刘知幾：《史通》卷十六《杂说上》，浦起龙通释，上海古籍出版社 2009 年版。

[6] 《日知录集释》卷二十六《作史不立表志》，黄汝成引沈彤语。

第三章 王夫之的史论

王夫之，字而农，号姜斋。据王之春《船山公年谱》载，他还有别名20余个。湖南衡阳府（今衡阳）人。晚年隐居湘西蒸左石船山，自称“船山遗老”，逝世前半年撰《船山记》，以顽石自况，以示至死不仕清朝。生于明万历四十七年（1619年），卒于清康熙三十一年（1692年）。

王夫之与顾炎武、黄宗羲一道，被后世称为明清之际最有影响力的思想家。在史学方面，三人有共同之处，又有不同特点。就王夫之来讲，他在史论方面成就最大。他一生著作宏富，其中历史评论著作占了很大比重，如《尚书引义》《春秋家说》《春秋世论》《续春秋左氏传博议》《诗广传》《读通鉴论》《宋论》等，并撰有《永历实录》《莲峰志》等。其他一些著作，虽名为说经，而实际上却以论史为主。他的史论，上起先秦，下迄明末，对中国历史进行了系统的分析和评论，不仅跨度大，而且内容丰富，见识深刻。他的史论通常是观点和史料相结合，评史和论政相结合，借对历史现象的分析来阐述自己的哲学思想。可以说，在王夫之的史论中，历史评论、政治主张、哲学思想三者是融为一体的。他评史、论史，对于“上下古今兴亡得失之故，制作轻重之原”，[1] 对于历史上王朝的“合离之势、盛衰之迹”以及“变革之会”等，都力图

[1] 王敔：《姜斋公行述》，见《船山遗书》卷首，清同治四年曾氏刊本。

“推本得失之原”，概括出具有一般意义的历史理论。

第一节 王夫之的历史盛衰变易观

王夫之一生，深究于《易》而出入于史，易学研究和史学研究成为他学术生涯中不可分割的两部分。王夫之自青年时起就有志于易学研究，并终生孜孜以求，老而弥笃，先后写出《周易考异》《周易稗疏》《周易外传》《周易大象解》《周易内传》《周易内传发例》等多种易学著作，并以《易》说理、评史、论政、言志，精义迭出，启人深思。同样，王夫之也以毕生精力从事于史学研究，他“自少喜从人间问四方事，至于江山险要，士马食货，典制沿革，皆极意研究”[1]。尤其关注历史盛衰、王朝兴亡，先后写成《春秋家说》《春秋世论》《续春秋左氏博议》《诗广传》《永历实录》《读通鉴论》《宋论》等作，评史论史，发人深省。

王夫之的易学研究和史学研究是密切相关的。他以史证易，征引历史上的史实以验证易理，同时又以易论史，以《周易》的变通观、矛盾观来解说历史，阐发自己对历史盛衰的看法。可以这样说，《周易》是王夫之历史思想的哲学基础，《周易》的通变思想、古史观念以及关心国家民族前途命运的忧患意识和历史变革理论对他的史学产生了深远的影响。

王夫之注重援史入易和以易说史，花费巨大精力从事易学和史学研究，有着深层的社会原因。他身处明清易代、“天崩地解”的时代，一生出入险阻，充满了对民族命运的深重忧虑和对社会变动的深刻思索。他有感于《周易》的忧患之情、通变之思以及“立于易简而知险阻”的精神，将其作为自己思考历史盛衰治乱变动的理论依据之一。他认为《易》之所作，乃“体三才之道，推性命之原，极物理人事之变，以明得吉失凶之故”[2]，研究《周易》则要“明于忧患之故，而为通志成务之

[1] 王敔：《姜斋公行述》。

[2] 王夫之：《周易内传》卷一上《上经乾坤》，见《船山全书》第一册，岳麓书社1988年版。

道”[1]。可以说，明清易代之际国破家亡、政治变革的社会现实在王夫之心中激起的忧患意识与通变思想，是促使王夫之致力于易学和史学研究的重要原因。

王夫之以易论史，主要吸纳了《周易》的“变”的思想。“变”是《周易》作者认识自然、社会、历史时最富特色的观点。在《周易》看来，变化是世界万物的普遍法则，“一阖一辟谓之变”，“刚柔相推而生变化”，“在天成象，在地成形，变化见矣”。[2] 世界万物都由变化生成，“天地变化，草木蕃”[3]，“日月得天而能久照，四时变化而能久成”[4]，“《易》穷则变，变则通，通则久”[5]，世界万物在变化中取得永恒。对此，王夫之有深刻认识。他在解释“易”时说：“象蜥易之形。以蜥易能变，故为阴阳变化之义，而《周易》以之立名。”[6] 张载在释《周易》的“变”与“化”时指出：“变，言其著；化，言其渐。”[7] 王夫之据以阐述：“变者，阴变为阳；化者，阳化为阴。”[8] 指出研究《易》必须“从其变而观之，以审进退升降于几微，穷人情物理之致，《易》之所为屡迁而忧其介也”[9]。可见，抓住《易》之变通思想来研究《周易》，是王夫之易学研究的重要方面。

从《周易》的变通思想出发，王夫之认为世界万物都处在不断的运动变化之中，他用“变必通，穷必变”来概括世界万物变化的形态。所谓“变必通”乃是指事物在同一形态的量变过程，特点是“内成，通而自成”。所谓“穷必变”，则是指一事物转化为他事物的质变过程，特点是“外生，变而生彼”。[10] 王夫之认为，世界上的一切事物无时无处不在发生变化，变化是物质存在的普遍现象。而且，他由《周易》的变通

---

[1] 王夫之：《周易内传发例》十五。

[2] 《周易·系辞上》。

[3] 《周易·坤·文言》。

[4] 《周易·恒·彖》。

[5] 《周易·系辞下》。

[6] 王夫之：《说文广义》卷三《易》，见《船山全书》第九册，岳麓书社 1989 年版。

[7] 张载：《横渠易说》卷一《上经·乾》，见《张载集》，中华书局 1978 年版。

[8] 王夫之：《张子正蒙注》卷七《大易篇》，见《船山全书》第十二册。

[9] 王夫之：《周易内传发例》十。

[10] 王夫之：《周易外传》卷五《系辞上传第六章》，见《船山全书》第一册。

观念出发，提出了“变化日新”的主张。他说：“天地之德不易，而天地之化日新。今日之风雷非昨日之风雷，是以知今日之日月非昨日之日月也。”[1] 事物运动变化并非旧东西不断循环往复，而是“推故而别致其新”[2]。他在解释革卦之义时说：革，“其义为改也，变也。……质虽存而文异，物之不用其已然而以改革为用者也。故曰‘革故’也”。若“商、周之革命也，非但易位而已，文质之损益俱不相沿，天之正朔、人之典礼、物之声色臭味，皆惩其敝而易其用”，“一代之必废，而后一代以兴，前王之法已敝，而后更为制作”。[3] 显然，承敝易变，革故鼎新，事物在变化中不断前进，是王夫之变通思想的重要内容。

由《周易》的变通思想出发，王夫之用变化的眼光来看待人类社会的历史，认为古往今来，人类社会发生过许许多多的大小变化。“盖天之大命，有千百年之大化，有数十年之时化，有一时之偶化；有六合之大化，有中土之时化，有一人一事之偶化”[4]。这种变化表现为治乱、离合、损益的变化，“天下之势，一离一合，一治一乱而已”[5]。“合极而乱，乱极而离，离极又合，……自然之节，不得已之数也，天且弗能违，而况于人乎?”[6] 在他看来，国家的统一就是治，分裂就是乱，任何朝代和社会都不可能永远维持统一、稳定的局面，相对稳定中蕴含着动乱的因素，积累到一定程度就必然会打破稳定，破坏原有的平衡。同样，任何动乱也不可能永无止息，否则人类必将灭绝。经过一定的动乱之后，社会又将重建其秩序，出现新的统一与稳定。所谓“乱极而治，非一旦之治也，治极而乱，非一旦之乱也，方乱之终，治之几动而响随之……方治之盛，乱之几动而响随之”[7]。历史就是在一治一乱的更替中不断向前演进的。

---

[1] 王夫之：《思问录·外篇》，见《船山全书》第十二册。
[2] 王夫之：《周易外传》卷二《无妄》。
[3] 王夫之：《周易内传》卷四上《革》。
[4] 王夫之：《周易内传》卷二下《无妄》。
[5] 王夫之：《读通鉴论》卷十六《齐武帝》七。
[6] 王夫之：《黄书·离合》。
[7] 王夫之：《诗广传》卷四《论瞻印一》，见《船山全书》第三册，岳麓书社 1992 年版。

在研究王夫之历史思想的过程中，有学者认为王夫之的治乱更替的历史观陷入了循环论，认为王夫之把历史的变化看作是一治一乱、一离一合的往返循环。这实际上是只注意到王夫之的一些文句而没有注意分析这些文句背后的深刻内涵。王夫之受《周易》变化思想的影响很深，但他对《周易》“物极必反”“盛极必衰”的命题有自己的看法。他认为不可将此作为一个具有普遍意义的命题随意使用。他曾批评程颐《伊川易传》说：

> 其尤异者，于《泰》则曰“泰极且否”，于《否》则曰“否极而泰”，于《畜》则曰“畜极而通”。然则《明夷》之终夷极而必无伤，《解》之终解极而复悖乎？以天下治乱、夫人进退而言之，“泰极而否”，则尧舜之后当继之以桀纣，而禹何以嗣兴？“否极而泰”，则永嘉、靖康之余，何以南北瓜分、人民离散、昏暴相踵、华夷相持，百余年而后宁？“畜极而通”，则苟怀才抱德者，愤起一旦，不必问时之宜否，可以唯所欲为，而志无不快。以天化言之，则盛夏炎风酷暑之明日，当即报以冰雪？[1]

在他看来，人类社会绝非乱而治、治而乱的简单的往复循环。他认为，世间确有这种治乱往复的简单循环，但这绝不是普遍现象，由人的活动构成的人类社会的复杂运动更是不在其列。“两间之化，人事之几，往来吉凶，生杀善败，固有极其至而后反者，而岂皆极其至而后反哉？”[2]人事变化、社会运动，绝非一治一乱简单的更替、承继。他说：“治乱循环，一阴阳动静之几也。今云乱极而治，犹可言也。借曰治极而乱，其可乎？乱若生于治极，则尧、舜、禹之相承，治已极矣，胡弗即报以永嘉、靖康之祸乎？”[3]又说：“离而合之，合者不继离也；乱而治之，治者不继乱也。明于治乱合离之各有时，则奚有于五德之相禅，而取必于

[1] 王夫之：《周易内传发例》十二。
[2] 王夫之：《思问录外篇》。
[3] 王夫之：《思问录外篇》。

一统之相承哉。”[1] 治乱离合是历史以断续形式表现出来的发展状况，它们之间不存在简单的继承关系，更非机械的重复与循环，所谓“承治者因之，承乱者革之，一定之论也”[2]。由此，王夫之把中国历史发展的治乱更替划分为三个阶段，即所谓“上推数千年中国之治乱以迄于今，凡三变矣”。第一阶段是唐虞至三代，统一的国家政权得以建立发展。第二阶段是春秋至宋以前，社会处于经常的治乱更替，其特点是治时有共主，乱时天下分裂。第三阶段是宋以后，社会处于长期的统一局面。但有些统治王朝是乱而不是治。王夫之之所以把这一时期的某些统一也称为乱，是因为其中有非汉族政权的建立。在他看来，汉族受异族统治，天下无论如何统一，都是乱而非治，这反映了王夫之的某些民族偏见。[3] 但这种“偏见”实源于时代的局限性，远非王夫之一人所独有。王夫之关于中国历史治乱更替的三段论，第一阶段为人类社会秩序的初步建立阶段；第二阶段治乱不断更替，治表现为天下统一、稳定，乱表现为天下分裂、动乱；第三阶段的治乱区别不在统一与分裂，而在于天下共主是汉族还是异族。显然，这里的治乱不具有同一性、重复性，它们随着时代的发展而变化。历史既非万世一统的直线发展，亦非治乱循环的简单重复，而是有着极其复杂的治乱离合的运动发展过程。

从“气化日新”的思想出发，王夫之还指出人类社会的变化表现为一种进化。他认为，阴阳细缊，气化流行，生生不息，人日受其气以生，故日以新其性命。个人的生命不断变化发展，人类的历史也不断向前进化。他批判邵雍的元会运世说和朱熹的三代天理流行、后世人欲横流说，指斥他们“泥古过高而菲薄方今”[4]，提出了“世益降、物益备”的命题，[5] 认为随着时代的发展，物质进步，精神提高，后世胜于往古。王夫之还认识到，人类自身是由动物进化发展而来的，文明社会是由野蛮社会发展而来的。他说：

---

[1] 王夫之：《读通鉴论》卷十六《齐武帝》七。

[2] 王夫之：《尚书引义》卷五《酒诰梓材》，见《船山全书》第二册，岳麓书社 1988 年版。

[3] 王夫之：《读通鉴论》卷末《叙论一》。

[4] 王夫之：《读通鉴论》卷二十《唐太宗》八。

[5] 王夫之：《读通鉴论》卷十九《隋文帝》二。

故吾所知者，中国之天下，轩辕以前，其犹夷狄乎！太昊以上，其犹禽兽乎！禽兽不能全其质，夷狄不能备其文。文之不备，渐至于无文，则前无与识，后无与传，是非无恒，取舍无据，所谓饥则响呴，饱则弃余者，亦植立之兽而已矣。[1]

今天文明的人类是由古时的“夷狄”发展而来的，“夷狄”又是由“植立之兽”即两足直立的动物发展而来的。这显然包含着一种辩证的进化观点，尽管这种观点还缺乏科学的论证。在对历史进程问题的论述中，王夫之更详尽指出，人类社会初期，人们处在一种野蛮蒙昧的状态，当时“衣裳未正，五品未清，婚姻未别，丧祭未修，狉狉獉獉，人之异于禽兽者无几也”。到三代春秋时期，虽然文明程度还不高，但社会进步已非前世可比，“当纣之世，朝歌之沈酗，南国之淫奔，亦孔丑矣。……春秋之民，无以异于三代之始，帝王经理之余，孔子垂训之后，民固不乏败类，而视唐、虞、三代帝王初兴，政教未孚之日，其愈也多矣”[2]。王夫之通过对中国社会历史的研究，指明中国历史发展的总趋向是由野蛮而日趋文明，由万国分立而日趋于统一，随着历史的每一个进步，“风教日趋于画一，而生民之困亦以少衰”[3]。在这一发展过程中，逐渐形成了以“华夏”为中心的政治传统——治统和文化传统——道统。王夫之还在《读通鉴论》中对一些具体的社会制度，诸如封建、学校、乡里选举、土地制度、兵农合一乃至肉刑、职田、什一之税等进行了分析，认定政治制度随时代条件的变化必然发生变化，“事随势迁，而法必变”，“汉以后之天下”，只能“以汉以后之法治之”。[4] 根据“无其器则无其道”的原则，他深刻指出：“洪荒无揖让之道，唐、虞无吊伐之道，汉、唐无今日之道，则今日无他年之道者多矣。”[5] 历史在发展，“器”在变化，依存于“器”的“道”也必然随之而变，“道之所行者时也……时之所乘者变

[1] 王夫之：《思问录外篇》。
[2] 王夫之：《读通鉴论》卷二十《唐太宗》八。
[3] 王夫之：《读通鉴论》卷二十《唐太宗》二。
[4] 王夫之：《读通鉴论》卷五《汉成帝》八。
[5] 王夫之：《周易外传》卷五《系辞上传第十二章》。

也……道因时而万殊也”[1]。因此，从事任何活动，都必须“就事论法，因其时而酌其宜”[2]。历史就是在“趋时更新”[3]“革命改制”[4]中前进的。

王夫之注重考察历史的治乱盛衰，提出过很多极有理论价值的见解。但同时，王夫之又在“变”的概念之外提出“常”的观点，使自己历史观的常变论中又有了一个特殊的矛盾，那就是“《易》兼常变，礼惟贞常”。他说：

> 《易》全用而无择，礼慎用而有则。礼合天经地纬以备人事之吉凶，而于《易》则不敢泰然尽用之……《易》兼常变，礼惟贞常，易道大而无惭，礼数约而守正。故《易》极变，而礼惟居常。[5]

这里的《易》是他坚持的历史治乱变易的哲学基础，可以普遍应用于一切对象，而“礼”则是封建政治伦理原则，只能“慎守”。他不敢把《周易》的“极变”思想全面运用于“礼”的原则，《易》之“极变”，也只能在礼的原则制约下讲变，所谓“天下亦变矣，变而非能改其常”[6]，“变而不失其常，而后大常贞”[7]，“圣人反变以尽常，常立而变不出其范围”[8]。这里的“常”“大常”即封建的礼法制度。王夫之历史思想中治乱变易的辩证法的思辨锋芒，终于被局限在“礼惟贞常”的范围内，承认了社会历史的变动性，而不敢否认封建制度的永恒性，这是王夫之社会历史观不可能摆脱的历史局限。

对于社会历史治乱变易的原因，王夫之也有论述。他特别重视君主在历史变化中的作用，“夫人主立臣民之上，生杀在己，取与在己，兴革

[1] 王夫之：《周易外传》卷七《杂卦传》。
[2] 王夫之：《读通鉴论》卷末《叙论四》。
[3] 王夫之：《思问录外篇》。
[4] 王夫之：《宋论》卷七《哲宗》一。
[5] 王夫之：《周易外传》卷六《系辞下传第七章》。
[6] 王夫之：《周易外传》卷四《震》。
[7] 王夫之：《周易外传》卷七《杂卦传》。
[8] 王夫之：《周易外传》卷六《系辞下传第七章》。

在己”[1]。君主是国家治乱兴亡的关键。除君主之外，王夫之还看到了人民群众在历史发展中的作用，认为民心向背同样关涉国家的治乱兴亡。在对待民众的态度上，王夫之是矛盾的，一方面，他认为要重民，“民之重，重以天也”[2]，反复强调重民以天，用民尤慎，察民以情。另一方面，他又把民众称之为“禽兽”，对农民起义痛加指责，提出要防民、控民。总之，由于民心向背关涉国家兴亡，所以对民众既要同情，兴利除弊，又要控制，以防不测。

第二节　历史发展的理和势

王夫之生当明清易代之际，他通过对中国几千年历史的考察，深刻地总结了历史上的经验教训，得出了人类社会是在治乱的不断更替中逐渐进化、发展的结论。在考察人类社会历史的治乱变易这一重大问题时，王夫之引入了“理”和“势”的概念，并以此来揭示人类历史变动的奥秘。

把“势”引入历史研究领域，古已有之。先秦时期，商鞅“贵势”，慎到“重势”，孙武“任势”，“势”成为学术探讨中的一个重要术语。柳宗元在《封建论》中则以“势”论说封建制的产生，较早用“势”系统论述历史。把“理”引进历史研究领域则要晚得多。元代刘因曾从伦理角度并论理势，认为封建纲常是“理势之必然，亘万古而不可易”[3]。刘因之后，王廷相以理势论政治之治乱，提出“理势必至”。王夫之则正式用“理势合一”论历史发展。

王夫之对理和势做了自己的解释。他论理说：“理者，物之固然，事之所以然也。”[4] 理就是事物运动变化的必然规律，即气之运行不得不

[1] 王夫之：《读通鉴论》卷二十九《五代中》一一。
[2] 王夫之：《尚书引义》卷四《泰誓中》。
[3] 刘因：《静修集》卷七《与政府书》，《四库全书》本。
[4] 王夫之：《张子正蒙注》卷五《至当篇》。

然的“条绪节文”[1]，在历史领域，则指历史发展的规律。他论势说：“一动而不可止者，势也。”[2] 又说：“凡言势者，皆顺而不逆之谓也，从高趋卑，从大包小，不容违阻之谓也。”[3] 势是事物所具有的一种不可逆转的、不可阻挡的动向，在历史领域，则是指社会历史发展的必然趋势。

王夫之以理势说明历史发展，把历史看作是理与势相互依存、相互作用的结果。在他看来，势中有理，理中有势，得理成势，顺势成理。他说：“势者事之所因，事者势之所就，故离事无理，离理无势”[4]，“以其顺成其可，以其逆成其否，理成势者也。循其可则顺，用其否则逆，势成理者也”[5]。理势的统一是建立在气的运动变化基础之上的，王夫之说：

> 言理势者，犹言理之势也，犹凡言理气者，谓理之气也。理本非一成可执之物，不可得而见；气之条绪节文，乃理之可见者也。故其始之有理，即于气上见理；迨已得理，则自然成势，又只在势之必然处见理。[6]

在王夫之看来，理势密不可分且相互作用，一方面，历史发展的趋势决定于它的内在规律，所谓“势之难易，理之顺逆为之也。理顺斯势顺矣，理逆斯势逆矣”[7]。符合其固有的内在规律，历史的发展就顺利；否则，其发展就受阻。另一方面，历史发展的趋势中又表现出事物的必然性，“势之当然者，又岂非理哉”，“势既然而不得不然，则即此为理矣”。[8]

---

[1] 王夫之：《读四书大全说》卷九《孟子·离娄上篇》八，见《船山全书》第六册，岳麓书社 1991 年版。

[2] 王夫之：《读通鉴论》卷十五《宋孝武帝》五。

[3] 王夫之：《读四书大全说》卷九《孟子·离娄上篇》七。

[4] 王夫之：《尚书引义》卷四《武成》。

[5] 王夫之：《诗广传》卷三《论大东》。

[6] 王夫之：《读四书大全说》卷九《孟子·离娄上篇》八。

[7] 王夫之：《尚书引义》卷四《武成》。

[8] 王夫之：《读四书大全说》卷九《孟子·离娄上篇》七。

理是势中表现出来的必然规律。

王夫之运用理势合一的理论对中国历史上分封制和郡县制的产生和消亡进行了深入研究，分析颇为精彩。他指出，三代实行分封，使社会由无合无治达到有合有治，符合历史进化之理，但到了战国末期，情形变了，世官世禄制，人才“无择”，已是“势所必滥”，分封制已不再适应历史的发展。秦统一全国后，废除分封，推行郡县制，建立巩固了中央集权制和促进了国家和社会的统一。“郡县之制，垂二千年而弗能改矣，合古今上下皆安之，势之所趋，岂非理而然哉?”[1] 分封制实行世袭，不利于社会的进步，新兴的社会力量必然起而打破这种局面，争得自身的权利，使“封建毁而选举行”，这是历史发展的必然。分封制在其产生时虽然顺乎势而合于理，但随着社会的发展，它已成为历史的阻力，变得背势而违理。郡县制代替分封制，则又顺势成理，成为历史发展的必然。这就说明，人类历史上不存在一成不变之理，历史之“势”变化了，历史之“理”也要随之发生变化。

由势理合一的历史观出发，王夫之指出历史发展的规律必须从历史事件本身去探寻，并没有所谓“天理”“天命”来驾驭历史发展。他说：

> 天之命，有理而无心者也。……生有生之理，死有死之理，治有治之理，乱有乱之理，存有存之理，亡有亡之理。天者，理也，其命，理之流行者也。……违生之理，浅者以病，深者以死，人不自知，而自取之，而自昧之……自然其不可移矣，天何心哉！夫国家之治乱存亡，亦如此而已矣。[2]

人的生死寿夭，社会的治乱存亡，绝不是天有目的的安排，而是“不可移”的必然性在支配，人们如果违反了自然和社会规律，就会受到惩罚，反之，就会推动社会进步。王夫之将历史进化的思想上升到历史发展必然规律的高度，这是他在历史观上的卓越贡献。

王夫之在肯定历史发展是合乎规律的前进运动的同时，还特别重视

---

[1] 王夫之：《读通鉴论》卷一《秦始皇》一。

[2] 王夫之：《读通鉴论》卷二十四《唐德宗》三〇。

偶然性的存在及作用。他颇为明确地指出历史发展的客观必然性，往往通过个别历史人物的主观活动这个偶然因素来实现。如“秦以私天下之心而罢侯置守，而天假其私以行其大公，存乎神者之不测，有如是夫!”[1] 秦始皇变封建为郡县，本来是从“私天下”的动机出发的，然而这一变革在客观上却推动了社会历史的进步。他还说，汉武帝派张骞出使西域，本是出于寻求良马的私欲，结果没有料到由此沟通了东西方的交流，使中原发达文化惠及边远地区，“以一时之利害言之，则病天下；通古今而计之，则利大而圣道以弘”[2]。这说明历史发展的必然总是通过偶然表现出来，但历史进程却不是个人的主观愿望所能左右的，对于历史人物的功罪得失，必须放到全部历史发展进程中去衡量，才能做出正确的评价。王夫之的这些论述，无疑蕴藏着深刻的历史辩证法。

王夫之还将理势合一的历史观与变革观放在一起论述。他认为，“势因乎时，理因乎势”[3]，时势会不断发生变化，人们也要不断适应变化了的形势，随着变化了的形势不断改变、调整措施。古今异势，井田制不能复行于后世，肉刑也不能死灰复燃，“事随势迁，而法必变”[4]，历史上的兴废因革，都要看理势之当否。他就此论述说：

> 顺必然之势者，理也；理之自然者，天也。君子顺乎理而善因乎天，人固不可与天争，久矣。天未然而争之，其害易见；天将然而犹与之争，其害难知。争天以求盈，虽理之所可，而必过乎其数。[5]

然与未然，争与不争，关键是要审埋度势，把握事物发展的规律、动向和时机。为了更清楚地说明问题，王夫之又引进了“时”和“几”的概念。时多与势相联系，主要指历史发展过程中转折变动的时机、时势；几多与理相联系，主要指历史发展规律中屈伸消长的契机、征兆、矛盾

[1] 王夫之：《读通鉴论》卷一《秦始皇》一。
[2] 王夫之：《读通鉴论》卷三《汉武帝》一五。
[3] 王夫之：《读通鉴论》卷十二《晋愍帝》一。
[4] 王夫之：《读通鉴论》卷五《汉成帝》八。
[5] 王夫之：《宋论》卷七《哲宗》一。

转化的关节点。在王夫之看来，时与势一样，具有客观性，因此人们既不能“先时而动”，又不能“时进犹执”，而应当“更新而趋时”，要善于“乘时”，“时将然而导之”，“时然而不得不然”，[1] 只有这样，才可能完成历史功业。“乘时”还必须“见几”，“天下不可易者，理也；因乎时而为一动一静之势者，几也”[2]。“知天者，知天之几也。夫天有贞一之理焉，有相乘之几焉”[3]。人们要想实现社会变革，成就历史大业，既须考察历史发展大势，又要考察历史转化之契机，唯有如此，才能不断在变革历史中取得成功，从而推动历史不断前进。

从理势相成的角度出发，王夫之还对王朝更替进行了研究。由于统治者急于“取民”，“鸷吏以其繁刑驱民而之死，民死亡而国入益困”，造成“理势交违”的局面，故而“张角起而汉裂，黄巢起而唐倾……如火之燎原，不可扑矣”。[4] 在整个封建时代，农民起义风起云涌。“民非本嚣，上使之嚣；既嚣，孰能反之荡平哉？裘甫方平，庞勋旋起，皆自然不可中止之势也”[5]。这种“上狠下怨，成乎交逆”所引起的燎原之“势”，消亡了一个又一个王朝。虽然“亡汉者黄巾，而黄巾不能有汉；亡隋者‘群盗’，而‘群盗’不能有隋；亡唐者黄巢，而黄巢不能有唐”[6]，但是“陈涉、吴广败死而后胡亥亡；刘崇、翟义、刘快败死而后王莽亡；杨玄感败死而后杨广亡；徐寿辉、韩山童败死而后蒙古亡”。他们“犯天下之险以首事……不恤其死亡”的活动，正好是“暴君篡主相灭之先征”，这些“狂起而犯上”的人物的出现，也正是“天将亡秦、隋、蒙古而适承其动机也”。[7] 在这里，王夫之已朦胧看到了封建社会中王朝更迭的基本规律，已经认识到，这些现象的出现，乃是势理共同作用的结果。

---

[1] 王夫之：《春秋世论》卷五《昭公》十一，见《船山全书》第五册，岳麓书社 1993 年版。

[2] 王夫子：《读通鉴论》卷十四《东晋安帝》七。

[3] 王夫之：《读通鉴论》卷二《汉文帝》二三。

[4] 王夫之：《读通鉴论》卷二十六《唐宣宗》六。

[5] 王夫之：《读通鉴论》卷二十七《唐懿宗》二。

[6] 王夫之：《读通鉴论》卷二十七《唐僖宗》三。

[7] 王夫之：《读通鉴论》卷五《汉平帝》四。

王夫之以理、势论历史发展，形成了理势合一、理势相成的历史观，和“天命史观”“天理史观”相对立，在中国史学思想史上应有其特殊地位。

第三节 王夫之的史学观

和顾炎武、黄宗羲一样，王夫之认为史学的宗旨应该是“述往事以为来者师”，经世致用，为现实社会提供借鉴。他说：

> 所贵乎史者，述往以为来者师也。为史者，记载徒繁，而经世之大略不著，后人欲得其得失之枢机以效法之无由也。[1]

在他看来，史书并非要连篇累牍、巨细无遗地记载史事，而是要重点记载“经世之大略”“得失之枢机”，使后人能借鉴效法。对于史书“垂于来今以作则”的资鉴作用，王夫之有非常清醒的认识，他曾这样讲：

> 史之为书，见诸行事之征也。则必推之而可行，战而克，守而固，行法而民以为便，进谏而君听以从，无取于似仁似义之浮谈，只以致悔吝而无成者也。则智有所尚，谋有所详，人情有所必近，时势有所必因，以成与得为期，而败与失为戒，所固然矣。[2]

也就是说，史家著书，应记载具体可行的各种例证让人们能从中得到切实有用的帮助。也正是从此出发，他对司马光的《资治通鉴》极力称扬，认为它“非知治乱而已也，所以为力行求治之资也。……鉴之者明，通之也广，资之也深，人自取之，而治身治世，肆应而不穷”。[3] 对于那些读史书只会“发思古之幽情”，徒有丰富的历史知识，但面临现实仍不

---

[1] 王夫之：《读通鉴论》卷六《后汉光武帝》一〇。
[2] 王夫之：《读通鉴论》卷末《叙论三》。
[3] 王夫之：《读通鉴论》卷末《叙论四》。

知其用的人，王夫之给予严厉批评，认为他们是“玩物丧志”：

览往代之治而快然，览往代之乱而愀然，知其有以致治而治，则称说其美；知其有以召乱而乱，则诟厉其恶。言已终，卷已掩，好恶之情已竭，颓然若忘，临事而仍用其故心，闻见虽多，辩证虽详，亦程子所谓“玩物丧志”也。[1]

在这里，王夫之从著史者与读史者两个角度来谈论史书的作用。一方面，著史者要有经世之心，以经世之目的写史；另一方面，读史者要能将史书中看到的经验教训用之于现实，解决现实问题，二者结合，历史经验的巨大威力才能发挥出来。这可以说是对我国史学经世致用思想的一个新阐释。

对于如何以史为鉴，王夫之也有自己深刻而独到的看法。

首先，他认为，以史为鉴必须做到设身处地，使自己能进入到历史场域之中，进行换位思考，思考自己处在该情境下会如何应对。同时，又能跳出历史，比照历史思考当今国家的治理，这样就会找出解决现实问题的方法。他说：

设身于古之时势，为己之所躬逢；研虑于古之谋为，为己之所身任。取古人宗社之安危，代为之忧患，而己之去危以即安者在矣；取古昔民情之利病，代为之斟酌，而今之兴利以除害者在矣。[2]

从这一角度出发，王夫之认为，以史为鉴不仅仅是要知道历史上的治乱盛衰，而是要把历史上的治乱盛衰当作力行求治的凭借，所谓“曰资治者，非知治知乱而已也，所以为力行求治之资也”。正因为如此，历史上得失成败的经验教训都可以借鉴，“得可资，失亦可资也；同可资，异亦可资也”。[3]

[1] 王夫之：《读通鉴论》卷末《叙论四》。
[2] 王夫之：《读通鉴论》卷末《叙论四》。
[3] 王夫之：《读通鉴论》卷末《叙论四》。

其次，他认为，以史为鉴绝不能脱离现实条件，要充分注意到历史环境的差异，不能照搬照抄历史经验，一切应因时因地而转移。他的这一思想的基础仍然是《周易》的通变思想。他曾说："《易》无定变，《春秋》无定征，《乾》之初，亦《屯》之初，《坤》之上，亦《需》之上，时异而德异，无定矣。"[1] 他认为，"天下有定理而无定法，定理者，知人而已矣，安民而已矣，进贤远奸而已矣。无定法者，一兴一废一繁一简之间，因乎时而不可执也"[2]。知人善任，安抚民众，亲贤人，远小人等，是王朝治理中理应遵循的原则，即"定理"。但它们并非抽象的教条，必须与具体的历史条件相结合才能真正发挥作用。因时立法，才是善师古者。在这些方面，王夫之有较为系统的阐述，他说："善于彼者，未必其善于此也。"[3] 又说："故论鉴者，于其得也，而必推其所以得；于其失也，而必推其所以失。其得也，必思易其迹而何以亦得；其失也，必思就其偏而何以救失；乃可为治之资，而不仅如鉴之徒悬于室，无与照之者也。"[4] 历史上的得与失，均有其特定历史条件，在考察认识它们时，要注意到彼此的不同、古今的差异。王夫之通过对历史的研究，反复向人们说明"因其时而酌其宜"的道理。他认为，古今时势不同，事物千差万别，绝不可泥古不化。盲目效法历史，只能导致失败。由此，王夫之指出："善取资者，变通以成乎可久"[5]，"善师古者，旁通而善用之"[6]。总之，在王夫之看来，借鉴历史的经验教训，不能脱离现实条件，要趋时立本。

求直笔，传信史，是王夫之史学观的又一重要内容。他说：

人之可信者，不贪不可居之名；言之可信者，不传不可为之事。微生之直，仲子之廉，君子察其不堪。室远之《诗》，漂杵之《书》，君子辨其不实。人恶其饰言饰行以乱德也，言恶其溢美溢恶以乱道

[1] 王夫之：《春秋家说》卷上《桓公》十三，见《船山全书》第五册。
[2] 王夫之：《读通鉴论》卷六《后汉光武帝》一九。
[3] 王夫之：《读通鉴论》卷末《叙论四》。
[4] 王夫之：《读通鉴论》卷末《叙论四》。
[5] 王夫之：《读通鉴论》卷末《叙论四》。
[6] 王夫之：《读通鉴论》卷二《汉高帝》八。

也。君子之以敦实行、传信史、正人心、厚风俗者，诚而已矣。[1]

王夫之将传信史与敦实行、正人心、厚风俗相提并论，并提出以“诚”写史，足见他对直书实录的重视。他数次批判“增饰虚美以惑人”的历史记载，指出如果“俶诡之行，矜夸之说，荧惑天下，饰大美以鬻名利，天性受诬而人纪以亡，读史者又何艳焉”。[2]

从直笔实录的角度出发，王夫之发现历代史书曲笔者甚多，“孟子曰：‘尽信书，则不如无书。’《尚书》删自仲尼，且不可尽信，况后世之史哉”[3]。他指出，历代史书在史实记载上主要存在两个问题，一是溢美，二是增恶。关于溢美，他说：“史有溢词，流俗羡焉，君子之所不取。”[4]《资治通鉴》记载东汉明帝之世，称“百姓殷富”，王夫之经过分析，指出时情绝非如此，而是“民且有馁死之忧”，史书所载“明帝之世，不闻民有馁死之害，是以知史之为溢词也”。[5] 关于增恶，王夫之指出，史书对那些贪残之人，往往恶上加恶，有意加重其罪名，亦非信史。齐郁林王固然腐化贪残，然而《通鉴》称“世祖积钱及金帛不可胜计，未期岁而用尽”，则是恶上加恶，有“极乎丑诋”之嫌。[6] 这些，都不符合直笔实录的著史原则。

王夫之极力抨击曲笔修史，大力赞扬秉笔直书。孙盛作《晋阳秋》，“徇流俗而矜直笔，幸灾乐祸，亦恶足道哉”[7]，不值得称道。宋濂修《元史》，“隐其恶，扬其善”，所修史书“使后王无所惩以厚其防，后人无所愧以洁其身”，更是“天下之直道永绝于人心”之举。而崔浩修北魏国史，“存直笔于天壤”，则被王夫之称为“浩之为功于人极者亦伟矣”。[8] 王夫之提倡直笔，要求传信史于后世，不仅在《读通鉴论》《宋

[1] 王夫之：《宋论》卷二《太宗》七。
[2] 王夫之：《宋论》卷二《太宗》七。
[3] 王夫之：《读通鉴论》卷十六《齐郁林王》一。
[4] 王夫之：《读通鉴论》卷七《后汉明帝》七。
[5] 王夫之：《读通鉴论》卷七《后汉明帝》七。
[6] 王夫之：《读通鉴论》卷十六《齐郁林王》一。
[7] 王夫之：《读通鉴论》卷十四《东晋帝奕》二。
[8] 王夫之：《读通鉴论》卷十五《宋文帝》一九。

论》中对曲笔不实之处予以揭露和批评，[1] 还在自己的修史实践中尽力贯彻这一思想。如他以当代人写当代史，撰《永历实录》，系统地记载了南明永历史事。尽管由于王夫之本人颠沛流离，很多记载是据传闻录之，但由于他勤于搜讨，故“全编仍足以传信而于史学有功”[2]。

王夫之很推崇《春秋》，他认为《春秋》是天下之“公史”，王道之“大纲”。他说：

> 《春秋》，天下之公史，王道之大纲也。以事而存人，不以人而存事。事系于人，以事为刑赏，而使人因事；人系于事，不以人为进退，而使事因人。人之臧否也微，事之治乱也大。故天下之公史，王道之大纲，不以人为进退。[3]

在他看来，《春秋》以事存人，目的是为了通过史事探讨治乱盛衰之故，而不是臧否人物。臧否人物是小事，治乱盛衰为大端，这就是《春秋》为“公史”、为“大纲”的原因。他还认为，《春秋》是“事”“义”“言”密切结合的典范，“《春秋》有大义，有微言。义也者，以治事也；言也者，以显义也。非事无义，非义无显，斯以文成数万而无余辞。若夫言可立义，而义非事有，则以意生言而附之以事”[4]。王夫之强调“《春秋》之义，不比事不足以达微言”[5]，“学《春秋》者，比其事，观其所由，而得失之故显矣”[6]。王夫之将《春秋》“事”“义”“言”的关系进行如此透辟的分析，其目的是主张在史书编纂中要做到史论结合，因事论史，通过论史，使史事彰明，以为后世借鉴。

王夫之还反对史书记载虚妄迷信的内容。他曾对五德三统说提出批评，谓之为邪说妖妄。对于汉代以符瑞谶纬附会王道的史实，他也予以揭露。对于邵雍所言天开于子时、地辟于丑时、人生于寅时等虚妄之论，

---

[1] 杜维运：《清代史学与史家》，第 79—91 页。

[2] 刘毓崧：《永历实录跋》，见《船山全书》第十一册。

[3] 王夫之：《春秋家说》卷下《襄公》二三。

[4] 王夫之：《春秋家说》卷上《隐公》一。

[5] 王夫之：《春秋家说》卷下《襄公》十八。

[6] 王夫之：《春秋家说》卷下《襄公》十四。

他也从征实的角度进行了批驳。总之，王夫之反对在史书编纂中载入虚妄的内容，这可说是对刘知幾、郑樵等人反虚妄思想的延续。

第四节　王夫之的历史评论

宋明时期，评史论史之风盛于前代。然而，由于受理学的影响，这一时期的史学著作多纵横捭阖有余，史论结合不足，空泛而缺乏高明见解。[1] 王夫之生当明清易代之际，力矫前代论史之弊，用如椽巨笔对上下几千年的史事进行了条分缕析，提出了许多富有启发意义的见解，影响深远。

在历史评论的理论方面，王夫之主要有以下观点：

首先，他认为评论史事要“因其时，度其势；察其心，穷其效”[2]，做到因时度势，察心穷效。王夫之的这一看法，可以说是对我国传统历史评论理论的一大发展。

“因其时，度其势”，就是要求评论者进入历史，将所要评论的对象置于一定的历史环境中来认识。“察其心，穷其效”，就是要求历史评论者既要体察评论对象的主观动机，又要考究其行为带来的实际效果。王夫之已经认识到，人类社会的历史由人来创造，而人的主观动机之良否，所导致的客观后果可能恰恰相反，因此，考察任何历史事物，均须考察主客观两方面的因素，只有这样，历史评论才能达到客观公正，才能得出真正有价值的认识。

王夫之的这一观点，在乾嘉时期继续发展，章学诚提出“论古必恕”，钱大昕提出“度时势”“察苦心”，赵翼提出“所值之时不同”等，均是我国的传统史学批评理论的宝贵财富。

其次，评论历史人物要具体分析，区别对待，不可笼统而言。如他曾区分“正义”为“一人之正义”“一时之正义”和“古今之通义”，区分“罪人”为“一时之罪人”“一代之罪人”和“万世之罪人”等。所谓

[1] 参见尹达《中国史学发展史》（中州古籍出版社 1985 年版）第五章。

[2] 王夫之：《读通鉴论》卷末《叙论二》。

“祸在一时之天下，则一时之罪人，卢杞是也；祸及一代，则一代之罪人，李林甫是也；祸及万世，则万世之罪人，自生民以来，唯桑维翰当之”[1]。历史人物千差万别，同是功臣，功之大小，所在自有不同，同是罪人，罪之大小，所在也会不同。评论历史人物自然必须注意到这些。

第三，评论历史切忌标准不一，用心不良。王夫之认为：

> 论史者有二弊焉：放于道而非道之中，依于法而非法之审，褒其所不待褒，而君子不以为荣，贬其所不胜贬，而奸邪顾以为笑，此即浅中无当之失矣，乃其为弊，尚无伤于教、无贼于民也。抑有纤曲嵬琐之说出焉，谋尚其诈，谏尚其谲，徼功而行险，干誉而违道，奖诡随为中庸，夸偷生为明哲，以挑达摇人之精爽而使浮，以机巧裂人之名义而使枉，此其于世教与民生也，灾愈于洪水，恶烈于猛兽矣。[2]

王夫之反感两种史论，一种是于道于法不合，价值标准混乱，褒贬失当，起不到彰扬君子、贬抑奸邪的作用的史论。另一种则是奸险诡诈、用心不良的史论。它们推崇诡诈的谋略和谏言，容易误导人，对世风和民生危害极大。王夫之的这些观点，对于明确史论的价值标准和目的，使史学更好地为社会服务，从而避免不良学风对社会造成的危害，都是有启发意义的。

第四，“不论大恶大美”。王夫之认为，评论历史必须评出新意，不能拾人牙慧，抓住那种妇孺皆知的问题不放。在他看来，大美大恶、大忠大奸的人物，世间已有定论，人人熟而能详，历史评论者就没有必要再“曼衍长言”，因为无论怎样褒贬，都不会起到激发人心的借鉴作用。他说：“若王莽、曹操、朱温辈之为大恶也，昭然见于史策，匹夫匹妇得以诟厉之于千载之下，而又何俟论史者之喋喋哉！”又说：“汉高之兴，项羽之亡，八王之乱，李、郭之功，史已详纪之，匹夫匹妇闻而与知之。极词以赞而不为加益，闻者不足以兴；极词以贬而不为加损，闻者不足

[1] 王夫之：《读通鉴论》卷二十九《五代中》一六。
[2] 王夫之：《读通鉴论》卷末《叙论三》。

以戒。”[1]

当然，就今天看来，王夫之“不论大美大恶”的看法未必恰当，对于人们耳熟能详的史事，甚至已有成论的史事，从不同的角度及价值标准来评论恐怕仍会有不同的结果。但有一点，王夫之阐说这一问题的本意是要说明，历史评论不能因袭成说，对于已有定论，而自己又谈不出新意的问题，就不必再妄加评论，这正反映出他力求创新的史学精神。

第五，评论历史不可将个人私意强加于历史，不能用一时之议论代替千秋之通义。在王夫之看来，个人的一时一地的看法，是不能代表天下万世之公理的。历史事件、历史人物都是千变万化的，他们一直处在变化发展之中，因此不可硬是将个人看法加之于历史之上，而应“宁为无定之言，不敢执一以贼道，有自相蹠盭者矣，无强天下以必从其独见者也”[2]。否则，“执其一义以求伸，其义虽伸，而非万世不易之公理。是非愈严，而义愈病”[3]。历史评论只是史学家个人的见解，并非普遍真理。

第六，评论历史要“求安于心，求顺于理，求适于用”[4]。这实际上是提出了一个历史评论的总原则问题，主观动机、客观标准、评论目的，三位一体。从史评家主观上讲，心术要正，要对历史负责，对今人负责。从客观上讲，要符合历史发展之理。从评论目的上讲，历史评论绝非博古炫奇，而是要有益于历史研究和社会发展。这些，都是我国史学批评史上极富理论价值的见解。

除了对历史评论有深刻的理论上的认识之外，王夫之在对具体史事进行评论时，还运用了相当丰富的方法。他运用这些方法，将自己对历史评论的理论认识付诸实践，得出了很多深刻的见解。

其一，综合归纳的方法。历史发展是许多因素“相激相荡”的结果，而历史研究也就势必要对这些因素加以综合、分析、归纳，以得出符合历史实际的结论。王夫之论史，总是以众多史实为基础，归纳这些史实

[1] 王夫之：《读通鉴论》卷末《叙论二》。
[2] 王夫之：《读通鉴论》卷末《叙论四》。
[3] 王夫之：《读通鉴论》卷十四《东晋安帝》一四。
[4] 王夫之：《读通鉴论》卷末《叙论三》。

以得出富有启发性的结论。如他论述唐朝灭亡的原因时，指出“唐之亡，亡于人之散”，也就是人心思散，各自为政，中央缺乏向心力。他是这样论述这一问题的：

> 自天宝兵兴以后，迄于宋初，天下浮薄之士，置身私门，背公死党，以逆命谋篡、割据分争者谁邪？……激安禄山以反者，幽、燕部曲也；党刘展以反者，江、淮亲旧也；劝李宝臣以抗命者，王武俊也；导李惟岳以自立者，毕华也；说朱滔以首乱者，王侑也；奉四叛以称王者，李子千也。自非端士，必怀禄以为恩。足不涉天子之都，目不睹朝廷之法，知我用我，生死以之，而遑问忠孝哉？故自田承嗣、薛嵩、李正己、李希烈以洎乎李克用、朱温、王建、杨行密，皆有尽心推戴之士以相煽而起，朝廷孤立，无与为谋，唐之亡，亡于人之散，明矣。[1]

显然，这是将一个个孤立的事件综合归纳在一起而得出的可靠结论。在《读通鉴论》《宋论》两书中，类似这样用归纳法论史的例子，俯拾即是。王夫之这种胪列众多史实以立论的方法，与宋儒从理学观念出发以论史有很大不同。宋儒评论历史，往往从“理”这一先验的东西出发，运用演绎的方法，高谈阔论，却缺乏有力的史实作为立论的根据，结果往往让人感到虚浮无当。王夫之则不同，他的历史结论从史实中来，故而更能真正揭示历史变革的奥秘，以启示后人。

其二，辩证比较的方法。王夫之还善于运用辩证比较的方法把握、评论历史。他运用这一方法，纵论古今历史变迁、人物沉浮，由表及里，去伪存真，得出了许多富有新意的结论。如秦、隋同为短命王朝，且在它们灭亡以后，均兴起了一个长命王朝：汉、唐。而且，秦、隋均亡于农民起义。由此，魏徵得出这样的结论：“其隋之得失存亡，大较与秦相类”，“原始要终，若合符契矣”。[2] 王夫之通过进一步比较，指出秦、隋亡国“有异焉”，他说：“秦与隋虐民已亟，怨深盗起，天下鼎沸而以

---

[1] 王夫之：《读通鉴论》卷二十四《唐德宗》二。

[2] 《隋书》卷七十“史臣曰”。

亡国，同也。”秦、隋都实行残暴统治，均为农民起义所推翻，这是共同的结果。“然而有异焉者”，对于起义的农民来说，“为寇于秦也易，而于隋也难”，而且，胡亥与杨广有极大不同，“胡亥高居逸乐于咸阳，销兵孤处”，而杨广“非胡亥匹也，少长兵间，小有才而战屡克，使与群雄角逐于中原，未必其劣于群雄也”。可见，无论从哪方面看，对于统治者来说，隋末的历史形势都优于秦末，但隋炀帝等“上察察以自聋，下师师以自容，所急在远而舍其近，睨盗贼为疥癣，而自倚其强”，对历史形势没有清醒的认识，结果只能是“听其自起自灭，旋灭旋起，以自毙于江都”。[1] 王夫之运用比较方法，揭开掩在历史表面下的形式上的相似之处，而注意到更深层的内容，向人们说明，不同的政治原因可能导致相同的政治结果，统治者应时时注意政治清明，认清形势。王夫之利用辩证比较方法论史，会通古今，纵横各代，探究治乱兴衰之源，阐述治国安邦之策，达到了中国古代史论的新高度。

其三，历史主义的方法。王夫之论史，虽上下千余年，无所不论，但从不自出胸臆、任意评说，而是能执历史主义的态度，将所论对象置于一定的历史背景和环境中论述，从所论对象与周围事物的联系中确定它的价值与意义。时异而论亦异，事殊而论亦殊，不执一概之论。如论西域在汉、唐时的不同地位，王夫之即从当时的历史背景出发，指出在汉代，西域各国“各有君长，聚徒无几，仅保城郭”，在汉与匈奴之间，“贪赂畏威，两袒胡汉”，汉政府无法全面依靠和控制他们，故而“西域在汉为赘疣也”。唐代则大不相同，“至唐，为安西，为北庭，则已入中国之版；置重兵，修守御，营田牧，屹为重镇”，唐政府全面控制了西域地区，可以用其来对付来自吐蕃的势力，故而“西域于唐为护臂也”。[2] 类似这样的论述，在《读通鉴论》《宋论》中尚有许多。王夫之以历史主义的方法论史，结合实际，分析周密，说理透辟，得出的结论启人深思，可供借鉴。

其四，原始察终的方法。王夫之在进行历史评论时，还特别注重探源溯流。他往往截取一点，上探其源，下溯其流，举凡典章制度之始末，

[1] 王夫之：《读通鉴论》卷十九《隋炀帝》四。

[2] 王夫之：《读通鉴论》卷二十四《唐德宗》二一。

治乱兴衰之源流，莫不备言终始。如他论东汉衰亡的原因，认为“东汉之衰，自章帝始”，原因是章帝对宦官、外戚势力不抵制，大臣劝谏而不听，埋下了东汉灭亡的祸种。[1] 又如他论府兵制，追溯了府兵制产生的渊源、原因、背景以及变迁、影响等，[2] 原始察终，见盛观衰，将这一典制的兴废全部呈现在人们面前，使人们通过对这一过程的了解，吸取教训，以为“永鉴”。

总之，王夫之的历史评论达到了相当自觉的高度，他不仅对历史评论进行了理论阐述，而且自觉地运用各种方法评论历史，追溯渊源，分析背景，阐述原因，缕述变迁，探究影响，已经达到史家评论历史的相当高度。西方一些学者认为中国古代历史编纂发达而历史思想匮乏的观点是没有根据的，王夫之的历史评论，就是很好的说明，它不仅在中国史学史上占有重要地位，在世界史学史上也应占有极为重要的地位。

[1] 王夫之：《读通鉴论》卷七《后汉章帝》八。
[2] 王夫之：《读通鉴论》卷十七《梁简文帝》二。

第四章　顾祖禹的史学思想

清初，实学思想和经世思潮高扬，一大批有识之士从不同的角度审视历史巨变，总结历史盛衰，对国家、民族前途命运给予极大关注，涌现出许多史学著作。其中，顾祖禹所撰《读史方舆纪要》尤具特点。明清之际，陵谷变迁，促使当时史家对历史变化进行反思，他们反对空言心性，提倡致用实学。顾祖禹生此之际，面对“泯焉沦没”的“十五国之幅员，三百年之图籍”，深感“今之学者，语以封疆形势，惘惘莫知”，[1] 于是继承父志，潜心于历史地理研究，穷年累月，矻矻不休，“夜眠人静后，早起乌啼先”[2]，数十年如一日，以毕生心血撰成《读史方舆纪要》，希冀以此来实现自己经世致用的理想。

《读史方舆纪要》共 130 卷，附《舆图要览》4 卷。前 9 卷总论历代州域形势，以朝代为经，地理为纬，疆域分合，建置沿革，厘然在目；中 114 卷，依明代行政区划，述南北直隶及 13 司地理；后 7 卷专言山川原委、天文分野；而以经世致用的红线贯穿始终。顾祖禹及其书在当时就极受人推崇，顾氏被称为“东南第一人”[3]，《读史方舆纪要》被誉为

[1] 顾祖禹：《读史方舆纪要・总叙一》。
[2] 黄印：《锡金识小录》卷七《顾宛溪祖禹》，清光绪二十二年刊本。
[3] 王源：《居业堂文集》卷六《复陆紫宸书》，《续修四库全书》本。

"千古绝作"[1]，其人其书一同被载入史册，为我国古代历史地理学的发展做出了极大贡献。

第一节 顾祖禹的治学宗旨和方法

顾祖禹，字景范，因故居面对宛溪，学者又称其为宛溪先生。江苏无锡人。因顾祖禹之父顾柔谦早年入赘常熟谭氏，所以顾祖禹亦自称常熟人。生于明崇祯四年（1631 年），卒于清康熙三十一年（1692 年）。

顾祖禹撰述《读史方舆纪要》，有着浓厚的家学渊源。顾祖禹的父亲顾柔谦学博识远，精研史学，尤擅舆地，认为科举制度"不足裨益当世"，常常以讲画经济、指陈形势为务，并立志著述，以成就名山事业。顾祖禹少承庭训，熟读经史，对历史地理之学产生了浓厚的兴趣。明亡后，顾祖禹随父隐居常熟虞山，不仕清朝。稍长，便随父从事历史地理之学的研究，29 岁时，即着手编纂《读史方舆纪要》一书。由于贫困交加，顾柔谦于康熙四年（1665 年）病逝，临终前给顾祖禹留下遗训，其言曰：

> 吾家自两汉以来，称为吴中文献。先代所著述，小子可考而知也。士君子遭时不幸，无可表见于世，亦惟有掇拾遗言，网罗旧典，发舒志意，昭示来兹耳。尝怪我明《一统志》，先达推为善本，然于古今战守攻取之要，类皆不详，于山川条列，又复割裂失伦，源流不备。夫以一代之全力，聚诸名臣为之讨论，而所存仅仅若此，何怪今之学者，语以封疆形势，惘惘莫知，一旦出而从政，举关河天险委而去之，曾不若藩篱之限，门庭之阻哉！先光禄在世庙时傍徨京邑，岌岌乎有肩背之虑，图论九边，以风示谋国者。……及余之身，而四海陆沉，九州腾沸，仅获保首领，具衣冠，以从祖父于地下耳。嗟乎！园陵宫阙，城郭山河，俨然在望，而十五国之幅员，

[1] 刘献廷：《广阳杂记》卷二，中华书局 1957 年版。

三百年之图籍，泯焉沦没，文献莫征，能无悼叹乎！余死，汝其志之矣。[1]

这段感人肺腑的遗言，不仅与司马迁所记司马谈临终遗言极其相似，而且还多了一层国破家亡之痛。这段遗言至少有三层意蕴：第一，顾氏家族代有著述，号称“吴中文献”，这一以著述昭示来者的家风必须保持；第二，研究学问，尤其是研究历史地理学，必须以经世致用为宗旨；第三，深感亡国之痛，希冀顾祖禹保存故国三百年之图籍，将亡国之耻铭记在心。顾柔谦临终的这番话，成为顾祖禹继续从事历史地理研究的原动力。其所述三点对顾祖禹为人治学影响极为深刻。

顾祖禹在撰《读史方舆纪要》的过程中，曾得到昆山徐乾学的帮助。徐乾学建有传是楼，藏书极富。顾祖禹得徐氏延请，整日浸淫于图籍，专意于著述。康熙二十五年（1686 年），徐乾学奉诏修《大清一统志》，“知祖禹精地理学，因延之，三聘乃往”[2]，与阎若璩、胡渭、黄仪、刘献廷等共事相识。他们都是学有专长的学者，且都长于历史地理之学，“晨夕群处，所谓奇文共欣赏，疑义相与析者，受益弘多，不可胜道”[3]。顾祖禹富有民族气节，虽在志局，然不接受清王朝的一官半职。《大清一统志》书成，“将列其名上之，祖禹不可，至于投死阶石，始已”[4]。其所撰《读史方舆纪要》一书，从草创到成书，都在清代，但书中仍用明代旧制，无一字涉及当代之事，也反映出顾氏对故国的忠贞与眷恋。

与顾炎武、黄宗羲、王夫之等人一样，顾祖禹以经世致用为治学宗旨。他在《读史方舆纪要》总序中说，这部书除了军事方面可供参考之外：

天子内抚万国，外莅四夷，枝干强弱之分，边腹重轻之势，不

[1] 顾祖禹：《读史方舆纪要·总叙一》。
[2] 姚椿：《通艺阁文集》卷五《顾处士祖禹传略》，清道光二十年刻本。
[3] 胡渭：《禹贡锥指例略》，见《禹贡锥指》，上海古籍出版社 2006 年版。
[4] 姚椿：《通艺阁文集》卷五《顾处士祖禹传略》。

可以不知也。宰相佐天子以经邦，凡边方利病之处，兵戎措置之宜，皆不可以不知也。百司庶府，为天子综理民物，则财赋之所出，军国之所资，皆不可以不知也。监司守令，受天子民社之寄，则疆域之盘错，山泽之薮慝，与夫耕桑水泉之利，民情风俗之理，皆不可以不知也。四民行役往来，凡水陆之所经，险夷趋避之实，皆不可以不知也。世乱则由此而佐折冲，锄强暴；时平则以此而经邦国，理人民，皆将于吾书有取焉耳。[1]

可见，顾氏编写此书的目的是非常明确的，即上能为国家军事、政治、经济、民生等作施政参考，下可为士农工商作行旅指南，战乱时用以御敌平乱，安定时用于经国治民。从这种经世思想出发，《读史方舆纪要》一书概不著录那些“景物游览之胜”的内容，[2] 而专注于山川险易、用兵战守攻取之宜、兴亡成败得失之迹。

顾祖禹提倡打通古今，要求人们“知古而知今”，他认为，“古不参之以今，则古实难用；今不考之于古，则今且安恃?”只有古今互参，才能解决现实问题。黄河决溢不常，边塞险警无时，倭寇时有侵犯，以致造成城堡、亭障、村落的消亡变化，这些问题是关心国事的人不能不了解的，只有研究前人处理这些问题的策略，审度其要害，才能“因时而发，择利而行，弥灾消患，不虞无术耳”。[3]

从《读史方舆纪要》的编纂看，顾祖禹有意把地理环境与历史事变相结合，将经世致用的史学思想贯穿始终。历史事变与地理环境的关系，是历史地理学需要深入探究的课题。对此，顾祖禹有相当明确的认识，他有意识地“以古今之方舆，衷之于史；即以古今之史，质之于方舆”[4]，“远追《禹贡》《职方》之纪，近考《春秋》历代之文，旁及稗官野乘之说，参订百家之志”[5]，“出入二十一史，纵横千八百国”[6]。

[1] 顾祖禹：《读史方舆纪要·总叙三》。
[2] 魏禧：《读史方舆纪要叙》，见《读史方舆纪要》。
[3] 顾祖禹：《读史方舆纪要·凡例》。
[4] 顾祖禹：《读史方舆纪要·凡例》。
[5] 顾祖禹：《读史方舆纪要·总叙一》。
[6] 熊开元：《读史方舆纪要序》，见《读史方舆纪要》。

一方面把历史事变作为了解地理环境的向导，另一方面又把地理环境看作是认识历史事变的参考。由于顾氏对历史地理学有这样一层“史舆结合”的深度理解，因此该书做到了“以一代之方舆，发四千余年之形势，治乱兴亡，于此判焉。其间大经大猷，创守之规，再造之绩，孰合孰分，谁强谁弱，帝王卿相之谟谋，奸雄权术之拟议，以迄师儒韦布之所论列，无不备载”[1]。

从经世致用的角度出发，《读史方舆纪要》一书在发凡起例上别具一格，顾祖禹说：

> 天下之形势，视乎山川；山川之绝络，关乎都邑。然不考古今，无以见因革之变；不综源委，无以识形势之全。是书首以列代州域形势，先考镜也；次之以北直、南直，尊王畿也；次以山东、山西，为京室之夹辅也；次以河南、陕西，重形胜也；次之以四川、湖广，急上游也；次以江西、浙江，东南财赋所聚也；次以福建、广东、广西、云南、贵州，自北而南，声教所为远暨也；又次以川渎异同，昭九州之脉络也；终之以分野，庶几俯察仰观之义与。[2]

考古今，见因革，综源委，识形势，是发凡起例的总纲。然后首列历代州域形势，接着便是以北直隶为龙头展开叙述，以示“尊王畿”。依次从西到东，自北而南，以军事形胜为主，兼顾经济因素。各省卷首冠以总叙，综论其历史地位，形势优劣。每府亦仿此例，而所论及分析更加具体细密，于郡县变迁，山川险要，战守攻取，尤为用力，载之最详。各卷所记，借鉴朱熹《通鉴纲目》体裁，纲如经，目如传，先以正文为纲要，再详为细目作注释，自书自注，编织了一张严密的网络。历代州域，以朝代为经，地理为纬。省府形势，以地理为经，朝代为纬。经纬互持，纵横并立，眉目清晰，体例新颖。

由于顾祖禹在撰写《读史方舆纪要》时自始至终贯彻经世实学的思想，故而该书在当时就引起了很多学者的共鸣。魏禧称：“祖禹贯穿诸

---

[1] 顾祖禹：《读史方舆纪要·凡例》。
[2] 顾祖禹：《读史方舆纪要·凡例》。

史，出以己所独见，其深思远识，有在于言语文字之外，非方舆可得纪者。”又称《读史方舆纪要》为“数千百年所绝无而仅有之书也”。[1] 此后，刘献廷、彭士望、王源、熊开元、吴兴祚等南北学者，皆给予该书很高评价。熊开元称“宛溪不征奇，不探异，网罗放失，于古今成败利钝之际，三致意焉”[2]。吴兴祚则说：

> 宛溪顾子，博洽人也。叹史学之蓁芜，闵经生之固陋，于是《方舆纪要》作焉。昭时代则稽历史之言，备文学则集百家之说，详建设则志邑里之新旧，辨星土则列山川之源流，至于明形势以示控制之机宜，纪盛衰以表政事之得失，其词简，其事核，其文著，其旨长，藏之约而用之博，鉴远洞微，忧深虑广，诚古今之龟鉴，治平之药石也。有志于用世者，皆不可以无此篇。[3]

《读史方舆纪要》以其稽历史、详建设、辨星土、明形势、纪盛衰、表得失的经世致用的治史思想，在清初史坛大放异彩，为人所推崇。

顾祖禹不仅提倡经世致用的史学思想，而且注重实事求是、严密考订的治学方法。

首先，顾祖禹从致用求实的角度对历代重要的地理著作进行检讨。在他看来，郦道元的《水经注》价值很高，但“郦氏之病，在立意修辞……文采有余，本旨转晦”；《元和郡县志》“善其敷陈时事，条列兵戎，然考古无乃太疏”；《太平寰宇记》“引据不经，指陈多误”；《舆地纪胜》“山川稍备，求其攻守利害则已迂”；《舆地广记》“考核有余，而于形势险夷，则未尽晰也”；至于后来的一些历史地理著作，则“偏于词章之学”，“浮杂相仍，鲜裨实用”，[4] 等等。可以看出，顾氏评论以前的史地著作，主要从两个方面入手，一是看考核是否严密，引据是否精确；二是看是否有裨于实用。这样的评价标准，实际上反映了顾祖禹的学术

[1] 魏禧：《读史方舆纪要叙》。

[2] 熊开元：《读史方舆纪要序》。

[3] 吴兴祚：《读史方舆纪要序》，见《读史方舆纪要》。

[4] 顾祖禹：《读史方舆纪要·凡例》。

精神，一是经世，二是求实。

其次，广取材料。顾祖禹曾辑《古今方舆书目》二卷，收集千余家历史地理方面的著作，以备参考。在编纂《读史方舆纪要》一书时，更是广为搜讨，二十一史、稗官野乘、百家之志，甚至“古人散逸之书，见于古人援引者”，也“悉为搜讨”，[1] 反映了博征的学风。

第三，取材慎重。顾祖禹坚持史学研究取材要博，但不嗜博。他继承古人著述慎于取材的优良传统，认为“寡陋之过小，缪戾之罪大”，指出“近世言方舆者，依据失伦，是非莫主。或一事而彼此相悬，一说而前后互异，称名偶同，漫为附会”，结果，“虽欲矜博洽之名，转滋缪戾之罪”。对于这些，他均“不敢妄为附和”。对于那些错误较多的史书，他更是慎于选择，“不欲以可据之方舆，乱以无稽之记载也”。对于那种两说互异，而又无法判定孰是孰非的记载，他采用两说并录的方法，“疑以从疑”。[2] 这些，都反映出顾氏严谨求实的治学风格。

第四，严于考订。由于王朝变迁，疆域改换，州郡易名等原因，历史地理学著作很易出现错误。顾祖禹编纂《读史方舆纪要》，对此极为关注，“力为考订……千里毫厘，未尝敢忽也”。对于古人记载的错误，他本着“误则正之，甚者削之”的态度，进行了严密考订，保证了记载的正确性。顾氏困厄于生计，未能像司马迁、徐霞客等人那样游历名山大川，他撰写《读史方舆纪要》，主要依据的还是文献资料。但是他却以严谨的治学态度，订伪规过，纠谬改错。如汉代长安昆明池系据昆明国叶榆泽（即洱海）开凿而成，但自晋代臣瓒《汉书音义》误将滇池当作洱海以来，后人均误认为昆明池即为仿滇池而制。顾祖禹经过细致分析纠正了这一错误说法。又如，辽朝立国二百余年，前期九十年的都城在上京临潢府（今内蒙古巴林左旗南波罗城），后期则于辽圣宗统和二十五年（1007年）迁都于中京大定府（今内蒙古宁城县西大名城），这个问题，向来无人关注，而顾祖禹则在《读史方舆纪要·历代州域形势》中说得清清楚楚。[3] 总之，该书“凡形势之险阨，道里之近遥，山水之源委，

[1] 顾祖禹：《读史方舆纪要·凡例》。

[2] 顾祖禹：《读史方舆纪要·凡例》。

[3] 谭其骧：《辽后期迁都中京考实》，《中华文史论丛》1980年第2期。

称名之舛错，正其讹，核其实，芟其蔓，振其纲”[1]，谨严缜密。

顾祖禹撰《读史方舆纪要》一书，以致用求实为宗旨，取材丰富，体例完备，记载翔实，考订严密，在清初史学发展史上占有重要地位。

第二节 《读史方舆纪要》的经世特征

《读史方舆纪要》是一本讲究经世致用的书，它讲致用，有自身的特点，那就是特别重视军事地理、经济地理和水利河道的因革变迁。

顾祖禹对军事地理有浓厚的兴趣。他身遭明亡之变，对“古今用兵战守攻取之宜”尤为留心，希望通过对历代形胜的研究，为军事行动提供资鉴。他在《读史方舆纪要》中，不仅围绕地理形势，简要地择举历代战例和兵家言论，而且对全国地理形势做了较详细的分析和考证，提出了自己关于国防的见解，特别强调了地理形势在军事上的战略价值。

顾祖禹认为，战守攻取均应以地理形势为基本条件之一，无论什么样的军事行动，都必须“审天下之大势”，并据以提出战略决策才能成功。《读史方舆纪要》一书，大至京畿府城，关隘重镇，小至一山一水，一镇一市，无不详列其位置，而尤重其形胜，以便用兵时措置。在这中间，顾祖禹又特别重视建都与国防的关系。历史上都把丢失京都视为亡国，“天下之形势，视乎建都”。顾祖禹认为，拱卫京师是军事首选。他痛感明亡之憾，以明都北京为例，提出了对于京师进行多层设防的主张，要求前有屏障，后有纵深，以加大防御的稳固性，指出明王朝对后金疏于防范，是导致亡国的一个重要原因。顾祖禹还结合历史上的战争，综合地论述了历代州郡位置、形势及其用兵进退之策和成败的关系，提出了不少精辟的见解。如真定府，“控太行之险，绝河北之要，西顾则太原动摇，北出则范阳震慑，若夫历清河，下平原，逾白马，道梁宋，如建瓴水于高屋，骋驷马于中逵也。盖其地表带山河，控压雄远”，地理位置极为重要，如果“列重兵于真定，远可以张折冲，近可以固门户，无事

[1] 熊开元：《读史方舆纪要序》。

则为唇齿之形，有急即为根本之备也”。[1]

顾祖禹在研究军事地理时，重视“地利”的作用，甚至提出“地利”为“行军之本”，“地利之于兵，如养生者必藉于饮食，远行者必资于舟车”[2]，“先知地利，而后可以行军。以地利行军，而复取资于向导，夫然后可以动无不胜”[3]。但同时，他又不单纯地看重地利，而重视发挥人的主观能动性。他认为，“设险以得人为本，保险以智计为先”[4]。因此，地利并不能决定战争的胜败，只有把人、计、险相结合，加以灵活运用，才能取得胜利。对于地理形势的利弊，顾祖禹认为应从两方面来看，“险易无常处”[5]，任何地形都存在利弊两方面，具有两重性和可变性，在一种情况下为利，在另一种情况下就变为弊。这些思想都闪烁着朴素辩证法的光辉。

经济地理也是顾祖禹相当重视的内容。他认为，经济关乎国计民生，是立国的根本，“自来未有不事民生而可以立国者”[6]。顾祖禹论各地区经济状况，有两个基本特点：

一是重视对区域经济状况的揭示，并能从历史上，从全国范围内进行论述，从而确定该地区在全国经济发展中所处的地位。

顾祖禹论江南经济，说：

> 江、淮之间，五方之所聚也，百货之所集也。田畴沃衍之利，山川薮泽之富，远近不能及也。……况扬州富庶常甲天下，自唐及五季称为“扬一益二”。今鱼盐谷粟布帛丝絮之饶，商贾百工技艺之众，及陂塘堤堰耕屯种植之宜，于古未有改也。用以聚糗粮，厚资储，则奔走天下，不患无具矣，岂褊浅瘠弱，仅固一隅者可以同日语哉。[7]

---

[1] 顾祖禹：《读史方舆纪要》卷十四《北直五》。
[2] 顾祖禹：《读史方舆纪要·凡例》。
[3] 顾祖禹：《读史方舆纪要·总叙三》。
[4] 顾祖禹：《读史方舆纪要》卷十九《南直一》。
[5] 顾祖禹：《读史方舆纪要·总叙二》。
[6] 顾祖禹：《读史方舆纪要·南直方舆纪要序》。
[7] 顾祖禹：《读史方舆纪要·南直方舆纪要序》。

精辟地分析了江南地区的物产、经济状况及在全国经济中所处的地位。

在江南地区中，顾氏专论苏州府说：

> 府枕江而倚湖，食海王之饶，拥土膏之利，民殷物繁，田赋所出吴郡常书上上。说者曰：吴郡之于天下，如家之有府库，人之有胸腹也。门户多虞，而府库无患，不可谓之穷；四肢多病，而胸腹犹充，未可谓之困。盖三代以后，东南之财力，西北之甲兵，并能争雄于天下。[1]

其他论四川、湖广、河南、山东、陕西、广东、广西、福建、贵州、云南等地区以及各州、府等，均从其土地、物产等方面入手，以确定该区域的经济特点及重要性。顾祖禹胸中有一天下大势，横向，他能从全国经济发展中确定某一区域的经济地位；纵向，他能从某一区域历史的发展中认识这种状况的特性，从而为人们寻求经国济民的策略提供依据。

二是将区域经济状况与政治、军事形势结合起来，揭示其中的必然联系。

顾祖禹重视经济地理，但从不将经济现象孤立，而是将它置于全国范围的政治形势，尤其是军事形势的背景下加以考察。

如他论山东的兖州府，说："府据河、济之会，控淮、泗之交，北阻泰岱，东带琅邪，地大物繁，民殷土沃，用以根柢三楚，囊括三齐，直走宋、卫，长驱陈、许，足以方行于中夏矣。"[2]

论山西则说："山西居京师上游，表里山河，称为完固，且北收代马之用，南资盐池之利，因势乘便，可以拊天下之背而搤其吭也。"[3]

在这里，顾祖禹将形胜、经济以及由此对政治所产生的影响结合起来论述，使人们看到，某一区域的形胜、地位与经济是一种相依相存的关系，孤立地看待任何一个方面，都不可能全面认识该区域在经国济民方面的价值。而且，在顾氏看来，军事的争夺往往是一种经济的争夺。

[1] 顾祖禹：《读史方舆纪要》卷二十四《南直六》。
[2] 顾祖禹：《读史方舆纪要》卷三十二《山东三》。
[3] 顾祖禹：《读史方舆纪要》卷三十九《山西一》。

他曾以元代为例说明这一问题。他说："元并江南，海道挽输，平江最为繁富。及张士诚窃之，而运路中绝，大都尝有匮乏之虞，士诚富强一时，为群雄冠。然则元之覆亡，未始非士诚先据平江，竭彼资储之力也。"[1]江南苏吴一带的经济已经成了关系元朝生死存亡的命脉，张士诚占据这一地区，实际上已扼住了元的咽喉，此时即便有天绝之险，也不足以挽救元亡的命运。

重视水利河道的古今变革，是顾祖禹经世思想的又一体现。中国是一个以农立国的国家，在古代社会，农业是国民经济的支柱。《读史方舆纪要》一书，重军事形胜，也重经济状况，由重经济状况，必然要重水利河道。因为在古代社会，灌溉是维护农业经济稳定的重要手段。在书中，顾氏专列《川渎》，用了六卷的篇幅，对几条关乎国计民生的重要江河，如黄河、长江、淮河、汉水、盘江以及漕河、海道等，穷原竟委，考其变迁，论其患溢，评其防护，提出了许多有价值的见解，所谓"观其会通，行其典礼，圣人所以经世而善俗也"[2]。

在对水利河流的研究中，顾祖禹特别重视对黄河的考察。他重视考察黄河，怀有一种对国计民生的忧患之情。

他说：

> 夫自禹治河之后，千百余年，中国不被河患。河之患萌于周季而浸淫于汉，横溃于宋。自宋以来淮、济南北数千里间，岌岌乎皆有其鱼之惧也。神禹不生，河患未已，国计民生，靡所止定矣。次大河源流，而参互以古今之变为此纪也，其有忧患乎？[3]

他用了两卷的篇幅，考察了黄河源流、河道变迁、决溢情况、防治方法等。在他看来，黄河既是一条害河，同时又是一条益河，它的屡次决徙，给两岸百姓带来了沉重灾难，但同时它也灌溉了两岸大面积的良田。他认识到，黄河不同河段，特点不同，对人们生产生活的影响也就不同，

---

[1] 顾祖禹：《读史方舆纪要》卷二十四《南直六》。

[2] 顾祖禹：《读史方舆纪要·川渎异同序》。

[3] 顾祖禹：《读史方舆纪要》卷一百二十五《川渎二》。

“自宁夏以上，民多引渠溉田，而宁夏尤被其利，民无旱涝之灾。盖上源势稍缓，无涨溢之患，且泥沙未甚，故引河为宜也”，“河自孟津而上，多循山麓，行至孟津，两岸平阔，河势渐涨，溃溢之患，于是乎见端矣。……孟津已下，地平土疏，易为冲决而移徙不常也哉”。[1] 在考察黄河的过程中，顾氏特重水患记载。由于自然状况以及历朝政府治河无力，黄河水患连年不息。顾氏在叙述黄河源流时，将历史上的历次水患条列沿黄郡县之下，借以警醒统治者，“庙堂无百年之算，闾阎有旦夕之忧”。

顾祖禹还特别重视对黄河水患的治理，他在条列了黄河屡次决溢的情况后，又列举了历代防河治水的言论，如汉代贾让的堤防之论，北魏郑偕的水门之论，宋代欧阳修的旧河不可复之论，苏辙、任伯雨的防河之论，元代欧阳元的治水之论，明代徐有贞、潘季驯的治河之论等。顾祖禹在总结了这些治水经验的利弊后，提出“因其势而为之防”，“与时变通”，“因端顺应”的治河原则。他认为疏、浚、堤、塞等治河方法都是可以应用的，其成功与否，关键在于什么情况下使用。只有辩证地认识河流状况，再“本之以己溺己饥之心，揆之于行所无事之智”，河患才会被治理好。[2]

顾祖禹将黄河的变迁、水患，置于国计民生安危的背景下进行考察，突显出学以用世的思想光辉。对于其他河流，也莫不如此。如三江（松江、娄江、东江），顾氏就指出：“夫三江之通塞，系太湖之利病；太湖之利病，系浙西之丰歉；浙西之丰歉，系国计之盈缩。未可置之度外也。”[3] 把三江的通塞与国计的盈缩相结合，以说明治水在农业社会中的重要作用。

由以上分析可知，顾祖禹撰写《读史方舆纪要》，不只是为了地理介绍与考辨，而是立足于现实与民生的利病，来阐述地理形势、军事形胜、区域经济、水利、粮食、物产等关系国家命运的实际问题。顾祖禹以自己的经世思想来研究历史地理，把重在考辨的历史地理学，转变为以民生与现世利弊为重点的历史地理学，极大地发挥了我国以史为鉴、以史

[1] 顾祖禹：《读史方舆纪要》卷一百二十五《川渎二》。
[2] 顾祖禹：《读史方舆纪要》卷一百二十六《川渎三》。
[3] 顾祖禹：《读史方舆纪要》卷十九《南直一》。

资治的经世史学的优良传统。

第三节　顾祖禹的地理环境说

人类不可能离开一定的地理环境而存在，人类会利用和改造地理环境，地理环境对人类历史也会产生影响。对于人和地理环境的相互关系，中国古代史家早就有所论述。司马迁《史记·货殖列传》中记载了各地地理状况、生产状况以及这种状况对人们社会生活和风俗习惯的影响，将地理环境对人类社会生活的影响揭示出来。之后，不少史学家、思想家、政治家也论及人地关系，并将地理环境与政治上的兴亡得失相结合，不断丰富着这一课题的内容。

顾祖禹撰《读史方舆纪要》，在继承前贤关于人地关系的认识的基础上，做了更为深入的探讨，见解深刻，很值得我们注意。

首先，顾祖禹详细论述了各地的地理位置、山川形势、交通地位以及经济因素等地理条件，并阐述了这些地理条件对政治、军事等方面的影响。例如江南，由于有“江淮之险”，又是“五方之所聚”，“百货之所集”，有“田畴沃衍之利，山川薮泽之富”，故而“能与天下相权衡”，[1]历史上常有据江南而对抗中央者。又如陕西，由于地理位置“据天下之上游”，所以是“制天下之命者。是故以陕西而发难，虽微必大，虽弱必强。虽不能为天雄，亦必浸淫横决，酿成天下之大祸”[2]，在政治上有着举足轻重的地位，不可忽视。又如河南，由于是“四战之地”，故“当取天下之日，河南在所必争，及天下既定，而守在河南，则岌岌焉有必亡之势矣”，[3]所以河南不适合建都。再如山东，形胜不及雍、梁，广衍不及荆、扬，但能危及北京的“莫如山东”，原因就是“积贮天下之大命也。漕渠中贯于山东，江、淮四百万粟皆取道焉”，[4]交通地位特别

[1] 顾祖禹：《读史方舆纪要·南直方舆纪要序》。
[2] 顾祖禹：《读史方舆纪要·陕西方舆纪要序》。
[3] 顾祖禹：《读史方舆纪要·河南方舆纪要序》。
[4] 顾祖禹：《读史方舆纪要·山东方舆纪要序》。

重要。再如福建，“僻处海隅，褊浅迫隘，用以争雄天下，则甲兵糗粮不足供也。用以固守一隅，则山川间阻不足恃也”[1]，其地理位置、山川形势和经济条件都处于非常不利的地位。类似的论述，在《读史方舆纪要》中还有很多。顾祖禹用简短的语言概括了不同地区地理形势的轻重、得失以及对政治的影响，颇能启人深思。

顾祖禹重视地理环境对人类社会历史的影响，但又能灵活看待地理环境。他认识到，地理环境是死的，而人是活的，地理形势如何发挥作用，主要取决于人的主观能动性。如前面所说的陕西地理条件极其重要，但如时机把握不好，才能又有所不及，这种重要的地理条件仍不能发挥作用。所谓“蒲洪、姚苌之时，可以用关中矣，而其人非也；诸葛武侯之才，足以用关中矣，而其时非也；张浚之时，可以用关中，浚之识亦知关中为可用，而其才非也”[2]。顾祖禹还认识到，不能被动地依靠地理条件，而要主动地利用地理条件，这样才会有所作为。他论四川地理时就说：“四川非坐守之地也。以四川而争天下，上之足以王，次之足以霸，恃其险而坐守之，则必至于亡。”[3] 依赖地理条件之险而不思进取，终究会灭亡。由此，顾祖禹感叹道：“夫恃其险而坐守之，以至于亡，又岂惟蜀为然哉!”

同样的地理环境在不同的情况下作用是不同的，人在其中起着关键作用。顾祖禹说：

> 夫地利亦何常之有哉？函关剑阁，天下之险也。秦人用函关，却六国而有余。迨其末也，拒群盗而不足。诸葛武侯出剑阁，震秦陇，规三辅。刘禅有剑阁，而成都不能保也。故金城汤池，不得其人以守之，曾不及培塿之丘、泛滥之水。得其人，即枯木朽株，皆可以为敌难。是故九折之阪，羊肠之径，不在邛崃之道，太行之山；无景之溪，千寻之壑，不在岷江之峡，洞庭之津。及肩之墙，有时

[1] 顾祖禹：《读史方舆纪要·福建读史方舆纪要叙》。
[2] 顾祖禹：《读史方舆纪要·陕西方舆纪要序》。
[3] 顾祖禹：《读史方舆纪要·四川方舆纪要序》。

百仞之城不能过也；渐车之浍，有时天堑之险不能及也。[1]

在顾祖禹看来，“地利”及险阻并不足恃，它们只为人类活动提供了一个条件，而不是所有条件，人们只要充分发挥自身的主观能动性，充分利用地理条件，就会使那些看似不足恃的条件变得对自身有利，从而战胜拥有险关要隘的敌人。由此出发，他指出：

城郭山川，千秋不易也。起于西北者可以并东南，而起于东南者又未尝不可以并西北。故曰不变之体，而为至变之用；一定之形，而为无定之准。阴阳无常位，寒暑无常时，险易无常处。知此义者而后可以论方舆也。[2]

总之，地理条件在不同的人手里，所发挥的作用是不同的，人们只有充分利用这些“千秋不易”的条件，才会取得成功。

在人地关系上，顾祖禹既承认地理条件的作用，又充分肯定人的力量，这一辩证思想贯穿《读史方舆纪要》全书。顾氏曾讲，州域的建置是长期稳定的，形势的变化则是无穷的。这就像弈棋，州域犹如棋盘上的力格，形势犹如布子的方法；又像经营田产，州域犹如田地的疆界，形势则如垦辟的方法。布子相同但胜负不同，关键取决于弈棋者的思维；垦辟相同而收获不同，关键取决于经营者的才力。[3] 地理条件和人不可偏废，但地理条件是从属的，决定条件是人，所谓“设险以得人为本，保险以智计为先，人胜险为上，险胜人为下，人与险均，才得中策”[4]，“攻守万端，巧拙异同，神而明之，亦存乎其人而已”[5]。

顾祖禹不但指出人们要善于利用地理条件，而且指出了人的行为对地理环境变化的影响。如他在考察黄河变迁时，就指出了人力的作用。

[1] 顾祖禹：《读史方舆纪要·总叙二》。
[2] 顾祖禹：《读史方舆纪要·总叙二》。
[3] 顾祖禹：《读史方舆纪要·历代州域形势纪要序》。
[4] 顾祖禹：《读史方舆纪要》卷十九《南直一》。
[5] 顾祖禹：《读史方舆纪要》卷九十三《浙江五》。

他说："大河之日徙而南也，济渎之遂至于绝也，不可谓非天也。开凿之迹，莫盛于隋，次则莫盛于元，其间陂陁堙障，易东西之旧道，为南北之新流，几几乎变天地之常矣。"造成这种现象的原因，"其间盖有天道焉，有人事焉"。[1] 也就是说，黄河的屡次变迁，除了黄河本身的运动使然外，自隋以降的开凿运河等人为力量对此也有不容忽视的作用。

中国古代史家有着丰富的历史理论，提出过很多精辟的见解，顾祖禹的人地关系论就是其中的一部分。他的某些观点几乎达到了当时的最高水平，理应引起我们的重视，将其写进史学思想史。

[1] 顾祖禹：《读史方舆纪要·川渎异同序》。

第五章　阎若璩的考史方法论

阎若璩，字百诗，号潜丘，别署潜丘居士。先世为山西太原人，至五世祖时，迁居江苏淮安。生于明崇祯九年（1636年），卒于清康熙四十三年（1704年）。

阎若璩生活的时代，已晚于傅山、方以智、黄宗羲、顾炎武、王夫之诸人二三十年。阎若璩的成年时代全都是在清朝统治下度过的，而此时的清王朝，已开始由乱而走向治，统治政权日趋稳固。这一时期的学术研究也在悄然发生着变化，学术思想中的民族意识在消减，经世致用的学风虽然还被人提倡，但与清初学者“汉宋兼采”有所不同，表现出向汉学靠拢的学术倾向，将清初学者尊经重史、强调读书、严谨治学、反对空谈的学风逐步引向训诂名物、辨伪考证的道路。阎若璩生逢其时，自觉地在这一学风变化中充当重要角色。他以考据著称，力辟《古文尚书》之伪，精于地理考证，写出了《尚书古文疏证》《四书释地》《潜丘札记》等著作，并重校《困学纪闻》，在学术界影响巨大，成为乾嘉考据学派的先驱。

第一节　阎若璩的学术思想

阎若璩是在一个极具学术意味的氛围中成长的。他的父亲阎修龄是明末贡生，“淹通坟籍”，“以文名一时，撰述甚富”，[1] 有《阎氏本支录》《五思录》《秋心诗》《一蒲庵诗》等。阎修龄广交当时名儒硕彦如钱谦益、傅山、魏禧、阎尔梅等，结为“望社”。这些人拜访阎修龄，“或留止经年，或数月”，相互唱和，谈古论今。阎若璩“幼时每侍家大人与诸名宿语”[2]，和这些学者结为忘年之交，一直保持往来。阎若璩就是在这样的环境熏陶和影响下而走上读书治学道路的。

张穆在评价阎若璩的学术成就时，曾这样讲：“国朝儒学，亭林之大，潜丘之精，皆无伦比。”[3] 指出了阎若璩与顾炎武学术的不同。从整个清代学术的发展演化来看，阎若璩确实是从清初博大的思想体系向精深的汉学过渡的重要人物之一。在学术思想上，他也表现出明显的尊汉抑宋的倾向。

清初思想家、史学家黄宗羲、顾炎武诸人，对宋明理学主观臆断和空洞说教的学风极为不满，提倡做扎实学问。阎若璩与顾炎武、黄宗羲均有交往，并以师辈事之，对顾、黄的学识极为推崇，认为宋明以来“博而能精，上下五百年，纵横一万里”的学者只有钱谦益、顾炎武、黄宗羲三个人。[4] 虽然阎若璩并不能真正了解顾、黄二人的治学主旨，但他还是继承吸收了他们的务实学风，并向汉学考据的路子上走去。

阎若璩极力反对宋明理学的空疏，“素鄙道学不博学”，直斥“道学寡陋”，甚至直接批评朱熹“臆解字义”，认为“训诂之学至宋人而亡，朱子尤其著者”，[5] 并批评王阳明“讲致良知之学，而至以读书为禁，其失也虚”。阎若璩在批评宋明理学的弊端时，逐渐走向尊汉的道路。清初顾、黄诸人，虽对宋明理学的空疏学风多所批评，但在学术上仍然是汉宋兼采。阎若璩则不然，他的学术宗旨，较之顾、黄更趋于尊汉抑宋。他认为经学在汉代大盛，马融、郑玄等人“网罗遗逸，博存众家”。到唐代崇科举而经学几废，宋明以降，学人更“循常袭故”，“陷于孤陋而不能自知”，其尊汉抑宋的倾向表露无遗。阎若璩还比较了汉儒与宋儒不同

[1] 张穆：《阎若璩年谱》，“父修龄”，中华书局 1994 年版。
[2] 张穆：《阎若璩年谱》，“父修龄”。
[3] 《阎若璩年谱》卷首张穆题识。
[4] 阎若璩：《潜丘札记》卷四《南雷黄氏哀辞》，《皇清经解》本。
[5] 阎若璩：《潜丘札记》卷五《又与戴唐器》。

的治学特点，认为“汉儒注疏多详于名物制度”，而“宋儒传注废注疏而专义理也”。汉代赵岐与宋代朱熹都曾为《孟子》作注，阎若璩在研究了二者的不同后指出，“汉注精妙”，“宋儒不能及也”。他甚至公开表明自己“立汉不立宋”。总之，阎若璩在汉、宋问题上倾向于汉，是明显的。

清初学者如顾、黄诸人，治学实事求是，并无汉宋门户之见，其倡导经世致用之实学，也是“取汉、唐注疏及宋、元、明人之说，择善而从”，“汉宋兼采”。[1] 及至后来，随着反理学思潮的进一步发展，再加上清统治者“稽古右文”，汉学思潮逐渐高涨。康熙皇帝本人虽尊崇朱子理学，但也屡屡声明自己所尊奉的是“真道学”而非“假道学”，在客观上也促进了清代汉学的发展。于是，考证校勘经书之风兴起，阎若璩等人“考订校勘，愈推愈密”[2]，向汉学靠拢，成为学风转向的重要人物。有学者称阎若璩等人“是由清初思想过渡到十八世纪汉学的中间环节”[3]，这是很确切的。

当然，我们尚不能说阎氏是纯粹的汉学家，因为阎氏虽然具有尊汉抑宋的学术倾向，但他的学术思想中仍有受宋学影响的一面。对此，皮锡瑞曾指出：“其《疏证》信蔡《传》臆造之事实，邵子意推之年代；其说《诗》，以王柏《诗疑》为然，谓《郑》《卫》为可删。”[4] 这也反映了阎若璩并无严格的汉、宋门户之见。但如与稍早于他的顾、黄相比，阎氏更重视汉学，也是事实。到乾隆时期，“惠、戴诸儒，为汉学大宗，已尽弃宋诠，独标汉帜矣”[5]。在这一转化过程中，阎若璩是起了推动作用的。阎若璩一生，“长于考证辨核”[6]，他曾集南朝陶弘景、西晋皇甫谧之语为联，曰：“一物不知，以为深耻；遭人而问，少有宁日。”[7] 以示为学旨趣。赵执信在总结阎若璩的治学特征时，曾这样说：

---

[1] 皮锡瑞：《经学历史》十《经学复盛时代》。
[2] 皮锡瑞：《经学历史》十《经学复盛时代》。
[3] 王俊义、黄爱平：《清代学术与文化》，辽宁教育出版社 1993 年版，第 77 页。
[4] 皮锡瑞：《经学历史》十《经学复盛时代》。
[5] 皮锡瑞：《经学历史》十《经学复盛时代》。
[6] 杭世骏：《道古堂文集》卷二十九《阎若璩传》，清光绪十四年刊本。
[7] 钱大昕：《潜研堂文集》卷三十八《阎先生若璩传》。

先生非今之人，盖古之学者也，其于书无所不读，又皆精晰而默识之。其笃嗜，若当盛暑者之慕清凉也。其细，若织纫者之于丝缕、纤缟也。其区别，若老农之辨黍、稷、菽、粟也。其用力，虽壮夫骇马日驰数百里，不足以喻其勤。其持论，虽法吏引囚决狱，具两造，当五刑，不足以喻其严也。[1]

这些话虽然不乏溢美，但也确实指出了阎氏苦学博览、辨识精核的治学特征。

阎若璩勤于读书，有很高的读书志向。他除潜心钻研自家藏书外，还辗转借书阅读。中年后，与徐乾学订交，徐家传是楼藏书甚富，“古今钞本，宋版经史，诸子百家，稗官野乘，靡不俱备”，他“皆能寻览记诵”。由于他苦学博览，以至“于诸经注疏，皆能成诵，史学综核贯穿”。[2] 阎若璩不仅勤奋好学，而且多思善疑。他读书从不浅尝辄止，而是穷原竟委，精思独得。他常教导儿孙辈：“读书不寻源头，虽得之，殊可危。”他自己读书，“手一书，至检数十书相证”，“一义未析，反复穷思，饥不食，渴不饮，寒不衣，热不扇，必得其解而后止”。[3] 阎若璩在学术上取得重要成就，与这种勤学多思的治学态度是分不开的。

清初史学家在治学方法上多坚持精审博征。如顾炎武治史，“博赡而能通贯，每一事必详其始末，参以证佐，而后笔之于书，故引据浩博而抵牾者少”[4]，黄宗羲治史，“其持论皆有依据”，“辩论精详”，[5] 胡渭治史，“考究精密”，“精核典赡”，[6] 等等。阎氏治学，更是如此。他著书立说，务求融会贯通，每立一义，必严谨精审。他说：“总之书传如此甚多，非得理精而证确者，断断不宜下论断也。”又说：“大抵著一书，立一说，必处处圆通，不至有一毫隔碍而后可。”[7] 他研究问题总是要

---

[1] 赵执信：《潜丘先生墓志并铭》，见《阎若璩年谱》附录。

[2] 赵执信：《潜丘先生墓志并铭》。

[3] 阎泳：《府君行述》，见《阎若璩年谱》后附。

[4] 《四库全书总目》卷一一九“日知录”条。

[5] 《四库全书总目》卷六“易学象数论”条。

[6] 《四库全书总目》卷十二“禹贡锥指”条。

[7] 阎若璩：《潜丘札记》卷五《又与刘超宗文》。

探源追流，穷究始末，洞悉其奥。顾炎武所撰《日知录》，最称博洽精审，但阎若璩仍能补正数条，被顾氏虚心采纳。傅山精于金石之学，以金石证史之事垂询阎氏，阎若璩根据文献记载，一一对答，并指出“凡是数说，似未有先之者”[1]，反映出阎若璩渊博的学识和精审的态度。

阎若璩还认为，研究历史必须博征材料，不可依少数材料妄下断论，更不可凭主观想象臆断，如确有搞不清楚的内容，则要“善于阙疑”。他曾说：

> 生千载下而仰论千载上事，苟非典籍俱存，证佐明白，固不可凭私臆度也。譬如有物十焉，吾数九而悉其同，而其一未数者，安知不忽异？……且吾之著书也，宁质毋夸，宁拘毋达，宁阙人之所共信，毋徇己之所独疑，此生平志也。[2]

正因为有这样的思想，阎若璩特别重视考据。凡有疑问之处，绝不放过，“反复穷究，必得其解乃已”[3]。每读一书，必论作书之时日，每论一地，必考地理之沿革，坚守孤证不立，勇于广参互证。总之，凡所考证，“事必求其根柢，言必求其依据，旁参互证，多所贯通”[4]。可见，取证广博、辨识精核是阎若璩治学的最大特点。四库馆臣认为他“记诵之博，考证之精，国初实罕其匹”，并非完全没有根据。

阎若璩在学术研究上取得了成就。以下两个方面最为突出：

一是对历史地理的考证。

康熙年间，徐乾学奉敕主修《大清一统志》，顾祖禹、黄仪、阎若璩、胡渭以精于地理，入《一统志》馆，“于古今沿革，考索寻究，不遗余力”[5]。阎若璩曾说：“孟子言读书当论其世，予谓并当论其地。”他“于地理尤精审，凡山川形势，州郡沿革，了若指掌”。[6] 十余年间，成

---

[1] 张穆：《阎若璩年谱》，“（康熙）二年”。

[2] 阎若璩：《潜丘札记》卷二。

[3] 钱大昕：《潜研堂文集》卷三十八《阎先生若璩传》。

[4] 《四库全书总目》卷三十六“四书释地”条。

[5] 张穆：《阎若璩年谱》，“（康熙）二十八年”。

[6] 钱大昕：《潜研堂文集》卷三十八《阎先生若璩传》。

《四书释地》一卷、《续》一卷、《又续》二卷、《三续》二卷。阎若璩考证地理，还注意将文献记载与实地考察相结合，[1] 得出确凿无疑的结论。

二是定《古文尚书》为伪。

这其实也是阎若璩在经史考证上的最大贡献。《尚书》原有今、古文之分，是儒家经典中聚讼最多的一部书。西汉初年，伏生传《尚书》29篇，以当时通行的文字记录下来，立于学官，是为《今文尚书》。武帝末年，鲁恭王刘余坏孔子宅得壁藏《尚书》，因系先秦籀文所写，故称《古文尚书》。经孔安国校读，发现不仅文字与《今文尚书》歧异，而且多出16篇。迄于魏晋，并无师说疏解。且在流传过程中，《古文尚书》多有散失，晋永嘉乱后便再难见到。东晋间，豫章内史梅赜忽然又献出《古文尚书》并孔安国传注，较《今文尚书》多25篇。唐初，陆德明据以作《经典释文》，孔颖达据以撰《五经正义》，今古文《尚书》遂混而为一。宋代，疑古惑经之风起，吴棫首先怀疑《古文尚书》为伪作。随后，朱熹进一步怀疑《古文尚书》为伪作。之后，吴澄、赵孟頫、王充耘、罗敦仁等等，均不同程度地怀疑《古文尚书》为伪。特别是明人梅鷟作《尚书考异》，不仅指出梅赜所献《古文尚书》为伪，而且还疑及孔壁古文的真伪。诸家对梅赜所上《古文尚书》的怀疑，逐步深化，但尚不够系统周密，未将其伪彻底揭穿，后出《古文尚书》的真伪仍然是个疑团。阎若璩自20岁起，即开始留意对《古文尚书》疑案的梳理。潜心数十年，日积月累，先成《尚书古文疏证》四卷，送请黄宗羲作序，黄宗羲称其“取材富，折衷当”，“皆足以祛后儒之蔽”，“有功于后世大矣”。[2] 后再撰四卷，共得疏证128条。旁征博引，疏通辩证，一一揭出东晋晚出本的作伪依据，断定“此晚出于魏晋间之书，盖不古不今，非伏非孔，而欲别为一家之学者也”[3]。由于阎若璩论证充分，援引浩博，毛奇龄作《古文尚书冤词》，为《古文尚书》百般辩护，但终不能“以强词夺正

[1] 张穆：《阎若璩年谱》，“（康熙）二十九年”。

[2] 黄宗羲：《尚书古文疏证序》，见《黄宗羲全集》第十册。

[3] 阎若璩：《尚书古文疏证》卷二《言晚出书不古不今非伏非孔》，上海古籍出版社1987年版。

理”。至此，《古文尚书》疑案大白于天下。诚如《四库全书总目》中所言：

> 自吴棫始有异议，朱子亦稍稍疑之。吴澄诸人本朱子之说，相继抉摘，其伪益彰，然亦未能条分缕析，以抉其罅漏。明梅鷟始参考诸书，证其剽剟，而见闻较狭，搜采未周。至若璩乃引经据古，一一陈其矛盾之故，《古文》之伪乃大明。[1]

其后，惠栋、王鸣盛、段玉裁、江声诸家益加推阐，梅赜伪造《古文尚书》遂成铁案。

阎若璩一生，在考据方面做出了很大成绩，也颇以考据自负。他治学有实事求是、细密踏实、博征精审的一面，也有借以自炫、细屑烦琐的一面。他治学自称推服顾炎武、黄宗羲，却以指出《日知录》和《明夷待访录》的疏失而自重，夸耀于世。相反，他对《日知录》《明夷待访录》中关注国计民生的思想精髓却不甚了了。他治学已没有了清初学者的博大广阔，而是走上琐细一路。全祖望批评他“未能洗去学究气……使人不能无陋儒之叹”[2]，不是没有道理的。

第二节 《尚书古文疏证》的辨伪方法

阎若璩研究《古文尚书》，不仅考辨出《古文尚书》为伪作，更重要的是他运用了考证辨伪的方法，创立了考证辨伪的通例，开启了清代考证辨伪的风气，对后世影响很大。

阎若璩考证辨伪，有相当自觉的意识，他注意总结前代学者的辨伪成果，并有所发展。在《尚书古文疏证》中，阎氏列举了吴棫、朱熹、王充耘、郝敬、梅鷟、郑瑗、石华峙、马骕、姚际恒等人的考辨成果，

---

[1] 《四库全书总目》卷十二“古文尚书疏证”条。

[2] 全祖望：《鲒埼亭集外编》卷二十七《题古文尚书疏证》。

并进行总结评论。如称吴棫“始以此书为疑，真可谓天启其衷矣”[1]，肯定了他的首难之功。评朱熹：“朱子于《古文》尝窃疑之，至安国传则直斥其伪，不知经与传固同出一手也。其于《古文》似犹为调停之说，曰《书》有二体，有极分晓者，有极难晓者。又曰《尚书》诸命皆分晓，盖如今制诰，是朝廷作底文字；诸诰皆难晓，盖是时与民下说话，后来追录而成之。”[2] 既指出朱子疑《书》之功，又指出其考辨的局限性。评郝敬：“近代郝氏敬始大畅厥旨，底蕴毕露，读书三十条，朱子复起，亦不得不叹如积薪。”[3] 评梅鷟：“殊武断也，然当创辟弋获时，亦足惊作伪者之魄。”[4] 评姚际恒：“亦有失有得，失与梅氏、郝氏同，得则多超人意见外。”[5] 阎若璩对这些人的考辨成果的评论，基本上是公允的。这说明，阎氏对辨伪工作有一种自觉意识，他总结前人成就，评价前人优劣，就使得自己的辨伪工作有了一个坚实的基础。他在考辨伪《尚书》时，特别注意吸取前人成果，并有所发明，使得自己的考辨工作达到了一个新水平。

关于阎若璩的考证辨伪方法，前代学者如钱穆、张西堂、容肇祖等都有所总结，但尚不够全面系统，现将《古文尚书疏证》的考证辨伪方法梳理如下。

其一，从历代图书目录的著录情况以及典籍本身的源流演变进行考辨。

首先，阎若璩将后出《古文尚书》的篇数与《汉书》《后汉书》所著录孔壁《古文尚书》的篇数相较，发现不同。《汉书》的《儒林传》《艺文志》《楚元王传》均记载《古文尚书》“得多十六篇”或“逸书十六篇”，但“东晋元帝时，豫章内史梅赜忽上《古文尚书》，增多二十五篇，无论其文辞格制迥然不类，而只此篇数之不合，伪可知矣”。[6] 阎氏揭示出梅赜《古文尚书》与孔壁《古文尚书》在篇数上的矛盾，找出了作

---

[1] 阎若璩：《尚书古文疏证》卷八《言疑古文自吴才老始》。

[2] 阎若璩：《尚书古文疏证》卷八《言朱子于古文犹为调息之说》。

[3] 阎若璩：《尚书古文疏证》卷八《言郝氏敬始畅发古文之伪》。

[4] 阎若璩：《尚书古文疏证》卷八《言梅氏鷟尚书谱有未采者录于篇》。

[5] 阎若璩：《尚书古文疏证》卷八《言姚际恒攻伪古文有胜余数条载于篇》。

[6] 阎若璩：《尚书古文疏证》卷一《言两汉书载古文篇数与今异》。

伪的直接证据。

接着，阎氏指出伪《古文尚书》与汉代典籍记载的篇名不合。《古文尚书》的篇名，东汉郑玄的注中曾有记载，与后出《古文尚书》相较，发现“不独篇名不合者，其文辞不可得而同”，但“郑（玄）所注《古文》篇数，上与马融合，又上与贾逵合，又上与刘歆合”，“此皆载在史册，确然可信者也”，进而可证后出《古文尚书》“未必为孔壁之旧物”。[1]

其二，从典章制度、天文历算及地理沿革角度考辨。

一代有一代的典章制度，像官制、礼制等，各个时代均有变化和不同，因而从一些著作中涉及的典制，亦可考辨著述的年代，从而断其真伪。如阎氏认为唐虞时代“四岳”是官名，而“百揆”不是官名。但伪《古文尚书·周官篇》却错误地认为“百揆”和“四岳”都是官名，这是抄袭《汉书·百官公卿表》而来的。又如，西汉时的“三公”乃指丞相、太尉、御史大夫，而后出《古文尚书·周官篇》注中，却称“三公”指太师、太傅、太保。孔安国乃西汉人，当通西汉官制，“伪作《周官》者不通西汉时三公，而妄以太师、太傅、太保当之，曰：‘兹惟三公，燮理阴阳’，失之远矣”[2]。

古时由于天文历法直接关系到帝王的征战、承继、祭祀等行事，所以比较重视天文变化，一些著作中常常涉及时历，依据时历也可考证著作的年代及真伪。如《疏证》第八十三条指出，《毕命》所载“六月庚午朏”，依僧一行《大衍历》，据《竹书纪年》推算，此月无庚午，唯邵雍《皇极经世》此月有庚午，此是据晋世材料，等等。阎氏在《疏证》中所列历法例证，未必全都准确无误，但以此辨伪，不失为一种好方法。

阎若璩精于地理之学，主张“穷经者须知地理”。他在考辨《古文尚书》时，运用丰富的地理知识来证伪。如汉昭帝时，“始元六年庚子秋，以边塞阔远，置金城郡”，而孔安国本是武帝时之博士，且又“早卒”，其卒年当在元鼎末、元丰初，早于始元庚子前三十年，不可能知道“金城郡”之名，但在梅赜所上《古文尚书》孔安国传注中，却有“积石山

[1] 阎若璩：《尚书古文疏证》卷一《言郑康成注古文篇名与今异》。

[2] 阎若璩：《尚书古文疏证》卷四《言周官从汉百官公卿表来不合周礼》。

在金城郡西南”之说，[1] 可见，伪《古文尚书》在地理记载上破绽百出。

其三，从文体、语言风格考辨。

凡著述必有体例，而且各不相同，因此从文章体例上考察某书是否伪作，也是重要的辨伪方法。阎若璩依据朱熹之“古史例不书时”的论断，具体论证了《尚书》各篇记言、记事皆不表明具体时间。但后出古文《泰誓上》，开篇即有“惟十有三年春”[2]，这显然与《尚书》全书的体例不合。另外，古人注经也有体例，从孔子到汉初，凡注经，经文与传注之释文皆截然分开，至马融时，为方便读者，始于传注之时，具载本文，就经为注。而马融之前绝无就经为注之事。孔安国所整理之《古文尚书》是在武帝之时，其注释体例应与先秦和汉初同，而梅赜所献伪孔传《尚书》却经与传连续，显然魏晋时伪托《古文尚书》者并不熟悉汉初的著述体例。[3]

按语言文字的演变规律讲，越是远古的语言，越是难以读懂。宋代朱熹在阅读《古文尚书》时，就对其中一些篇章的语言风格提出怀疑。阎若璩则进一步以后出古文与伏生之今文相比较，发现命、诰之辞，凡属古文则易晓，凡属今文则难晓，“今文二十八篇多佶屈聱牙”，“古文二十五篇尽文从字顺”，这显然不合情理。

其四，从时代思想与社会风尚考辨。

凡伪书，无论作伪者怎样高明，都可能会将作伪者所生活的时代的思想及社会风俗的痕迹带入伪书之中，因此，人们可以从这一方面考察著作的真伪。如后出《古文尚书·胤征》有“玉石俱焚”一说，阎若璩经过一番考证，指出“玉石俱焚”出于魏晋间。他举例说，《陈琳集·檄吴将校部曲》云：“大兵一放，玉石俱碎，虽欲救之，亦无及已。”《三国志·钟会传》中亦有“大兵一发，玉石俱碎，虽欲悔之，亦无及已”，“（钟）会与（陈）琳不相远，辞语并同，足见其时自有此等语，而伪作

[1] 阎若璩：《尚书古文疏证》卷六上《言汉金城郡乃昭帝置安国传突有》。
[2] 阎若璩：《尚书古文疏证》卷四《言泰誓上惟十有三年春系以时非史例》。
[3] 阎若璩：《尚书古文疏证》卷五上《言安国传就经下为之汉武时无此》。

者偶忘为三代王者之师，不觉阑入笔端，则此书之出魏晋间又一佐也”。[1]

其五，从伪书的材料来源进行考辨。

梅赜《古文尚书》，杂取先秦古书以成文的痕迹很重，阎氏一一指出其来源。《尚书古文疏证》卷三就主要是采取这一方法来证伪。虽然卷三今全阙，但仍可从保存下来的篇题看出来。阎氏指出，《大禹谟》《泰誓》《武成》句句有本，其余篇章则抄自《论语》《孝经》《周易》《毛诗》《周礼》《左传》《国语》《尔雅》《孟子》《荀子》《老子》《文子》《列子》以及《庄子》等书的文句，梅赜《古文尚书》的材料来源一一被指出，它的伪迹也便昭然若揭了。

其六，从他书征引《尚书》佚文进行考辨。

《尚书》一书，在先秦及秦汉时期，屡屡被人征引。阎若璩将这些被人征引的《尚文》文句与后出《古文尚书》相比较，发现多有不合。如在第五条中，阎氏据刘歆《三统历》所引古文《武成》篇 82 字，与伪孔本《武成》篇文句进行对比，认为二者“迥异”，指出“无论此篇已亡而复出，相距三百年，中间儒者如班固、郑康成皆未之见，而直至梅赜始得而献之，可疑之甚。即其事迹、时日亦多未合”[2]。又如在第七条中，阎若璩认为《泰誓》篇“出于武帝之前”，经东汉马融考辨后，“逮东晋元帝时梅赜忽献《古文尚书》，有《泰誓》三篇，凡马融所疑不在者悉在焉，人乌得不信以为真？而不知其伪之愈不可掩也。何也？马融明言书传所引《泰誓》甚多，弗复悉记，略举五事以明之，非谓尽于此五事也，而伪作古文者不能博极群书，止据马融之所及而不据马融之所未及。故《墨子·尚同篇》有引《大誓》曰：‘小人见奸巧，乃闻不言也，发罪钧。’墨子又从而释之曰：‘此言见淫辟，不以告者，其罪亦犹淫辟者也。’可谓深切著明矣。墨子生孔子后、孟子前，《诗》《书》完好，未遭秦焰，且其书甚真，非依托者比。而晚出之古文独遗此数语，非一大破绽乎？”[3] 深刻地揭示出伪《古文尚书》破绽百出的情况。

---

[1] 阎若璩：《尚书古文疏证》卷四《言胤征有玉石俱焚语为出魏晋间》。

[2] 阎若璩：《尚书古文疏证》卷一《言古文武成见刘歆三统历及郑注者今遗》。

[3] 阎若璩：《尚书古文疏证》卷一《言晚出泰誓独遗墨子所引三语为破绽》。

其七，以音韵、训诂的方法考辨。

古代对典籍注释和训解，常常涉及音韵训诂的问题。古书之用韵，怎样用韵，用什么韵，都有一定的规则。作伪者为了以假乱真，当然要百般弥缝，但终究会露出破绽。因而，从音韵训诂方面考察古书真伪，就非常必要。阎若璩在考证伪《古文尚书》时，就大量运用了这种方法。“郁陶”二字，《尔雅·释诂篇》等均训为“喜”，即“皆欢喜也，郁陶者，必初悦而未畅之意也”，但伪《古文尚书》的作者，一时不察，并窜入《五子之歌》中，将其训为“忧”。[1] 不清楚词意会随着时代的变化而变化，以后来的词意训释古代的词意，暴露了伪造的痕迹。

其八，以金石文字考辨。

阎若璩考察今、古文《尚书》传授源流时，得出梅赜所献《古文尚书》既不同于西汉孔安国所传的《古文尚书》，也不同于西汉伏生所传的《今文尚书》，非伏非孔，必伪无疑的结论。在考证后出《古文尚书》不同于伏生所传《今文尚书》时，阎氏就运用了金石材料。东汉蔡邕书写《熹平石经》，其中的《尚书》用的就是伏生的《今文尚书》。《熹平石经》今虽不存，但石经残碑遗字却收录到宋代洪适的《隶释》中，共有547字。用梅赜本《尚书》与石经残字相较，不同的地方很多。如石经作“高宗之飨国百年”，但梅本却写作“五十有九年”；石经排“三宗”顺序以传经次序为准，而伪古文却以年数多少为序，等等，疑点百出。

其九，以实地考察的方法进行考证。

阎若璩亲自到济南、颍川两地考察当地口音，驳斥晁错因听不懂伏生口音而误记《今文尚书》的说法，指出《今文》为真，《古文》为伪。另外，阎氏为搞清《禹贡》的“西倾、朱圉、鸟鼠，至于太华”的地理问题，曾亲自登上朱圉山，等等，均是采取实地考察的方法进行考证。

以上九种辨伪方法，并不都是阎氏首创，他继承了我国古代辨伪学的成果。特别是明代后期胡应麟《四部正讹》中提出的辨伪方法，对他的辨伪有重大影响。如果说胡应麟的辨伪方法是我国古代比较系统、全面、有一定理论色彩的辨伪方法的话，那么阎若璩辨《古文尚书》及孔

---

[1] 阎若璩：《尚书古文疏证》卷四《言尔雅解郁陶为喜今误认作忧》。

传，就是这些方法的卓越实践。而且，阎若璩将以前粗疏的辨伪方法精细化，使之臻于完善。他将众多方法集中于一书，使用起来准确熟练，得心应手，使《尚书古文疏证》成为我国辨伪专书的典范。同时阎氏将辨伪与考证结合起来，利用文献，广搜证据，使辨伪更加具有说服力。他的辨伪不局限于书斋和故纸堆中，他具有实践精神，多处以实地考察证伪。他将天算资料与传教士传入的西方自然科学知识结合起来证伪，更难能可贵。他在《尚书古文疏证》中将直证、对证、旁证等方法结合起来，创立了考证辨伪的通则，揭开了清代考证辨伪的大幕。

阎若璩写作《尚书古文疏证》，在学术上和思想上对后世产生巨大影响，从而奠定了阎氏在中国学术史上的地位。

从学术上看，清代学术有一个特点，那就是考据之学比较发达。人们在谈到清代学术的这一特点时，多把顾炎武看作是“不祧之祖”，而把阎若璩视作直接先驱。这是有道理的。阎若璩一生精于考证，他的《尚书古文疏证》《四书释地》等，都是专门的考据之作。他对清代学术的影响，也主要在考据方面。虽然他没有直接打出“汉学”的旗帜，但其治学宗旨已明显表现出尊汉抑宋的倾向。这一点直接开启了惠栋、戴震的汉学门径。因此，我们是同意把阎氏看作由清初经世之学向乾嘉考据之学转变的中间环节的。他的治学方法与学术成就，促进了乾嘉考证学派的形成与发展。他的学术地位，在清代就有论定。四库馆臣在评论阎若璩时称他“考证之学则固未之或先”，江藩在《汉学师承记》中也将他拔于卷首。站在宋学立场上抨击汉学的方东树在《汉学商兑》中则说“阎（若璩）惠（栋）继起，堕本勤末……而汉学考证，遂于义理之外巍然别为一宗”。梁启超也称赞《尚书古文疏证》“委实是不朽之作”，阎若璩“在清初学界委实是第一流”。[1] 可见，人们都把阎氏同汉学联系在一起。后世众多的考据学家，在研究范围、治学态度、治学方法上，都不同程度地受到阎氏的影响。

从思想上看，阎若璩考证《尚书古文疏证》远远超出了考证一本书是真是伪的问题，而具有某种程度的思想解放的意义。《尚书》为儒家经

---

[1] 梁启超：《古书真伪及其年代》卷二第二章，见《饮冰室合集》第十二册。

典，历代统治者着意提倡，神圣而不可侵犯。阎氏深知欲证其伪，必然要承受“侮圣毁经”的谴责，但他治学尚真，以极大的勇气从事这一工作，当时有人问他：“子于《尚书》之学信汉而疑晋疑唐，犹之可也；乃信史传而疑经，其可乎哉?”阎氏回答：“何经，何史，何传，亦唯其真者而已。经真而史传伪，则据经以正史传，可也；史传真而经伪，犹不可据史传以正经乎!”[1] 可见，阎氏不仅疑史传，亦敢疑经，并不盲目认为“经”必高于“史”和“传”，而是能抱定求真的信念，考证辨伪，从而形成清代疑经辨伪之风，使千百年来神圣不可侵犯的经典成了学者们客观研究的对象。对于这一意义，梁启超有非常精彩的分析，现不惮其烦，抄录如下：

> 《尚书古文疏证》，专辨东晋晚出之《古文尚书》十六篇及同时出现之孔安国《尚书传》皆为伪书也。此书之伪，自宋朱熹、元吴澄以来，即有疑之者。顾虽积疑，然有所惮而莫敢断。自若璩此书出而谳乃定。夫辨十数篇之伪书，则何关轻重？殊不知此伪书者，千余年来，举国学子人人习之，七八岁便都上口，心目中恒视为神圣不可侵犯。历代帝王，经筵日讲，临轩发策，咸所依据尊尚。毅然悍然辞而辟之，非天下之大勇固不能矣。自汉武帝表章六艺，罢黜百家以来，国人之对于六经，只许征引，只许解释，不许批评研究，韩愈所谓“曾经圣人手，议论安敢到”。若对于经文之一字一句稍涉拟议，便自觉陷于“非圣无法”，蹙然不自安于其良心，非特畏法纲、惮清议而已。凡事物之含有宗教性者，例不许作为学问上研究之问题。一作为问题，其神圣之地位固已摇动矣。今不唯成为问题而已，而研究之结果，乃知畴昔共奉为神圣者，其中一部分实粪土也。则人心之受刺激、起警愕而生变化，宜何如者！盖自兹以往，而一切经文，皆可以成为研究之问题矣。再进一步，而一切经义，皆可以成为研究之问题矣。以旧学家眼光观之，直可指为人心世道之忧。当时毛奇龄著《古文尚书冤词》以难阎，自比于抑洪水驱猛

[1] 阎若璩：《尚书古文疏证》卷二《言安国古文学源流真伪》。

兽。光绪间有洪良品者，犹著书数十万言，欲翻阎案，意亦同此。以吾侪今日之眼光观之，则诚思想界之一大解放。后此今古文经对待研究，成为问题，六经诸子对待研究，成为问题，中国经典与外国宗教哲学诸书对待研究，成为问题，其最初之动机，实发于此。[1]

[1] 梁启超：《清代学术概论》五。

第六章　清代官修史书的史学观念

在历代封建王朝中，清代官修史书的成就是最为突出的。这一时期官方所修史书，不仅数量巨大，卷帙庞多，而且内容丰富，种类齐全。尤须注意的是，清代官方修史还贯彻着明确的史学思想，有着鲜明的史学观念，自始至终影响着官修史书的面貌。因此，探讨这一问题可以使我们更加清楚地认识政治需要对史学的影响以及史学在现实政治中所起的作用。

第一节　清代官修史书的成就和史学思想

清代官方修史的重点在近当代，即明史和清史。从形式上看，有实录、典制、方略、国史、志乘以及一些包罗宏富的大丛书、大类书和工具书等。

实录　实录是清代官修史书的重要内容之一。清在入关以前，即有实录修纂，入关后，更是把纂修前朝实录视为大典，专设实录馆，由宠信大臣主持修撰，并由皇帝审阅“钦定”。

清代实录包括太祖至德宗十一朝，其中《清太祖实录》10 卷、《清太宗实录》65 卷、《清世祖实录》144 卷、《清圣祖实录》300 卷、《清世宗实录》159卷、《清高宗实录》1500卷、《清仁宗实录》374卷、《清宣宗实录》476卷、《清文宗实录》356卷、《清穆宗实录》374卷、《清德宗实录》597卷，共计4355卷。另外尚有《满洲实录》8卷、《宣统政纪》70卷。

清代实录部帙庞大，内容丰富，详尽地记载了有清一代的重大史事和朝章国故，反映了清代政治、经济、军事、民族、文化、外交等方面的情况，记录了清王朝由兴而亡的历史过程，有着极其珍贵的史料价值。当然，出于政治的需要，清实录的修饰润色也较严重，特别是康、雍、乾三朝对清初四朝实录做了大量的修改加工，使之大都不复初修时的面目，影响了它们的价值。

“续三通” 乾隆十二年（1747年），敕修《续文献通考》，乾隆三十二年成书。该书250卷，体例仿马端临《文献通考》，只是从“郊社”“宗庙”中析出“群祀”和“群庙”两门，计26门，记载自南宋宁宗嘉定年间到明朝末年400多年政治经济制度的沿革。取材多根据王圻《续文献通考》而加以改编，并引征各代正史、说部、杂编以及文集、史评、语录等，重加考订，对《文献通考》所未详者亦有所补正。《续通典》《续通志》均敕纂于乾隆三十二年。《续通典》成书于乾隆四十八年，150卷，上接杜佑《通典》，下讫明末，体例一仿《通典》，为9门，子目多有改并。全书内容以明代史料为最丰富。《续通志》成书于乾隆五十年，凡640卷，体例与《通志》大致相同，缺世家、年谱。该书上接《通志》，纪传下迄元末（明代纪传已修《明史》，故不加纂），二十略从五代起到明末止。

“清三通” “清三通”专记清代中前期典制，乾隆三十二年（1767年）即开始编修，乾隆五十二年三书皆成。记事都起于清开国，止于乾隆五十年。《清通典》100卷，体例略同于《续通典》，并根据清朝历史实际进行了一些调整，如删去《食货典》中的《榷酤》《算缗》，《礼典》中的《封禅》等。《清通志》126卷，体例与《通志》《续通志》颇异，只有二十略而无纪传、年谱。《清文献通考》300卷，体例与《续文献通考》同，26门，子目有增删，凡清代所无之典制，则删去，凡清代所特有，则增补。“清三通”在内容上颇多重复。

“清会典” “清会典”为清代官修专门记叙各级行政机构编制、职掌、事例的史书，前后五次修纂，计有：康熙《大清会典》162卷，成于康熙二十九年（1690年），记事起于崇德元年（1636年），止于康熙二十五年；雍正《大清会典》250卷，成于雍正十年（1732年），记事上接康熙会典，下迄雍正五年；乾隆《大清会典》100卷，成于乾隆二十九年（1764年），记事基本止于乾隆二十三年；嘉庆《大清会典》80卷，成于嘉庆二十三年（1818年），记事迄于嘉庆十七年；光绪《大清会典》100卷，成于光绪二十五年（1899年）。会典的不断兴修，反映了有清一代制度的变化。

方略　方略是清代官修史书的又一重要形式，所记多为重大军事行动。每当一次大的战争结束后，即开方略馆，将此次事件记载下来。方略在体裁上多为纪事本末体。其内容主要包括镇压农民起义和少数民族反抗斗争，平定统治阶级内部叛乱，对外交涉事件或战争等，大体上反映了清朝历次重大军事行动。据《清史稿·艺文志》纪事本末类记载，官修的方略有《开国方略》32卷，《平定三逆方略》60卷，《平定朔漠方略》48卷，《平定金川方略》32卷，《平定准噶尔方略前编》54卷、《正编》85卷、《续编》33卷，《临清纪略》16卷，《平定两金川方略》152卷，《兰州纪略》20卷，《石峰堡纪略》20卷，《台湾纪略》70卷，《安南纪略》32卷，《廓尔喀纪略》54卷，《巴布勒纪略》26卷，《平苗匪纪略》52卷，《剿平三省邪匪方略前编》361卷、《续编》36卷、《附编》12卷，《平定教匪纪略》42卷，《剿平粤匪方略》420卷，《剿平捻匪方略》320卷，《平定陕甘新疆回匪方略》320卷，《平定云南回匪方略》50卷，《平定贵州苗匪纪略》40卷，等等。

国史　清代统治者特别重视国史的修撰，专设国史馆纂修国史。清代官修国史主要有本纪、志、表、列传等，所修本纪、志大部分皆完好地保存于台北故宫博物院。国史中的表有《文职大臣年表》《武职大臣年表》《满忠义表》《汉忠义表》以及有关皇族、宗室人员的史表等多种，名目繁多。列传是国史常行不辍的修撰内容，所修列传主要有《大臣列传》《满汉名臣传》《国朝耆献类征初编》及《续编》。其中，《大臣列传》已散佚大半，《满汉名臣传》所收为乾、嘉以前人物，数不及千，《国朝耆献类征初编》及《续编》成书于清末，所收人物超过前两部书。这些传记，为后人撰写清史列传提供了原始资料。

志乘 有清一代，全国性及地方性的志乘修撰受官方重视，专门开馆修撰。清代编修《一统志》凡三次，初修始于康熙二十五年（1686年），陈廷敬、徐乾学领其事，顾祖禹、阎若璩等预修，成于乾隆八年（1743年），342卷，次年刊行。二修始于乾隆二十九年，成于四十九年，424卷（合子卷为500卷），收入《四库全书》。三修始于嘉庆十六年（1811年），成于道光二十二年（1842年），560卷，后者因始事嘉庆年间，其增辑又以嘉庆二十五年为下限，故又名《嘉庆重修一统志》。此外，雍正五年（1727年）开馆编纂《八旗通志》，乾隆四年成书，是为《初集》。嘉庆元年续修《二集》，收乾隆一朝事迹。另据《清史稿·艺文志》史部地理类所载，官修志乘尚有《皇舆表》16卷、《满洲源流考》20卷、《热河志》80卷、《日下旧闻考》120卷、《新疆识略》13卷、《西域图志》52卷等多部。

有清一代，还官修了一批大类书、大丛书、工具书，规模超过了以往任何一个朝代。雍正四年（1726年）成书的《古今图书集成》，10000卷，分历象、方舆、明伦、博物、理学、经济6编，其下又分32典。计为6109部，是我国今存最大的类书。乾隆三十八年（1773年）开馆，历时十年基本完成的《四库全书》，更是我国最大的一部丛书。全书共收先秦至乾隆间图书3503种，79337卷。另仅存书名而未收录的各种书籍6819种，94034卷。

除以上所列官修史书、丛书等外，清代官方还组织编纂有《明史》332卷、《御批通鉴辑览》116卷、《通鉴纲目三编》40卷、《胜朝殉节诸臣录》12卷、《贰臣传》12卷、《蒙古回部王公表传》120卷、《评鉴阐要》12卷，等等。

总之，清代官修史书成就巨大，以上所列不过是其中最有代表性的成果而已。我们不禁要问，为什么清代官修史书会如此高度发展呢？

其一，有清一代的中国是空前统一的多民族国家，特别是康乾时期，更是出现了中国历史上少有的盛世。这一时期，国家一统，经济繁荣，政治安定。这就为学术的进一步发展提供了政治、经济保证。盛世修史，正反映出经济兴盛、政治安定下的文教兴盛。清代官修诸史大半都成于康乾时期，尤其是乾隆时期，绝非偶然。没有丰盈的物力和大量的财富积累，要想组织那么多的人共同编修诸如《古今图书集成》和《四库全书》这样浩大的工程，是根本不可能的。康乾盛世为大规模修史提供了政治、经济条件，从而使清代官修史书的成就超过了以往各代。

其二，清代统治者有一定的学术素养，重视文治。特别是康熙、雍正、乾隆皇帝，学术修养极高。他们不但个人对学术研究有兴趣，而且注重总结历史经验，懂得用史学为自己的统治服务，了解史学在正人心、励风俗、斥奸邪、供资鉴、扬国威、强自信等方面有着不可替代的作用，因此他们极为重视文献典籍的编纂，注意弘扬自身功业和总结前朝经验。

其三，由于学术自身发展演变的规律，到了清代，文化总结的意识增强。有清一代，学者辈出，多数学者擅长整理经史，以整理为重点的治史活动蔚然成风。这就为官修大部头史书准备了人才条件。清代官修诸史，都吸纳了大批学有专长的著名学者参与其事。可以这样讲，清代大量的学术人才的储备，为官修诸史的成功提供了必要条件。

其四，清代规模庞大、组织严密的史馆，也是修成大批官史必不可少的条件。清朝承袭历代封建政权的传统做法，开设各类史馆纂修史籍，并完善史馆制度。清代国史馆是常设修史机构，其修史职能是在皇帝关注下独立履行的。[1] 其他非常设的修史机构有实录馆、会典馆、明史馆、三通馆、四库馆、方略馆，等等，都是随撰修需要而设，对国史馆是一种补充。清代各个史馆，均由学识渊博、明于经史的学者领衔主修，有一大批学者担任修撰、校订，又由皇帝诏谕征收、购买天下图书，送交史馆以供参考，人力、物质条件都超过以往历代。史馆内部有严密的组织机构，协调史馆的运作，基本上做到各就其职，井然有序，尽量避免了历代史馆“一国三公”“十羊九牧”的混乱现象。可以说，清代史馆在修撰诸史的过程中，已经充分调动和发挥了各种有利因素。

其五，充分利用了当时最先进的印刷技术，保证图书顺利刊行。雍正年间修成的《古今图书集成》，就用铜活字版印行了 64 部。乾隆年间修成《四库全书》，将其中 138 种书籍编为《武英殿聚珍版丛书》，由四库馆副总裁金简主持用朝鲜活字版印刷成书，颁行全国。当时官修诸史的印刷和装帧十分精美，达到了世界最高水平。

总之，清代官修史书取得了空前的成就，是各方面综合作用的结果。

---

[1] 详见乔治忠：《清代国史馆考述》，《文史》第三十九辑，中华书局 1994 年 4 月。

清代官修史书所反映出来的史学思想，也颇值得我们注意。

在考察这个问题之前，我们首先必须认识到，清代的官史，在治史思想上明确地服从于封建政治。从史书内容上看，清代官史歌颂清朝统治，维护清廷权力，绝不容许有伤本朝体面。清初四朝实录的屡次篡改，乾隆帝对有碍清朝的书文实行禁、毁、删、改，等等，目的就是要通过修史，控制舆论，美化本朝。清修官史，不是为古而古，而是要把史学变成政治统治的工具，为清朝的统治作政治宣传。史臣不敢对本朝政治多发议论，也很难从历史的角度论证其局限，他们多以本朝政治为准则，以本朝之是非评定历史之是非。从编纂过程和编纂形式上看，官史多遵皇上旨意而写，其体例与内容也唯“上谕”是遵。清代几乎所有的官史修撰，都有帝王“谕旨”。再加上清代帝王——特别是康熙、雍正、乾隆——多具有较高的学术素养，这就使他们更有条件干预修史，更有能力使官修诸史“仰奉圣裁”。总之，清代所修官史，不仅继承了史为政用的传统，而且又向前迈进一步，治史完全服从于政治，唯政治目的是准，完全丧失了史学的独立品格，成了皇朝统治的“奴婢”。

下面我们来具体分析一下清代官修史书所反映的史学思想。

其一，在正统观念上，官修诸史提出了新的看法。正统观是传统史学中的一种深层的历史观念，一直影响着史家的史学思想和史著的内容与形式。在清代以前，关于这一问题的讨论就比比皆是。[1] 清王朝由少数民族入主中原而立，故而在官修史书中特别留意于此。雍正作《大义觉迷录》，提出“大一统”新论，主张唯有德者可为天下君，批驳了华夷之分、中外之别的思想，强调了清朝建立天下一统、华夷一家的历史业绩和不容置疑的正统地位。乾隆时期，官修《通鉴辑览》等书，史学中的正统问题被系统表述出来。清代官修史书中的正统观念，是在弘扬“《春秋》大义、《纲目》大法”的旗帜下，在对以往正统观念融汇、吸收、改造的基础上形成的。《春秋》“大一统”观念，朱熹《通鉴纲目》尊王黜霸的思想，都成为清代官修诸史正统观念的理论依据。首先，确立大一统政权有绝对的正统地位，所谓“《春秋》大一统之义，尊王黜霸，所以立万世之纲常，使名正言顺，出于天命人心之正”，“混一区宇，

[1] 详见饶宗颐：《中国史学上之正统论》，上海远东出版社1996年版。

始得为大一统……我朝为明复仇讨贼，定鼎中原，合一海宇，为自古得天下最正”。[1] 确立正统的标准，就是要看它是否“为中华之主”，而不是论其什么民族，发祥于何地。“大一统而斥偏安，内中华而外夷狄，此天地之常经，古今之通义。是故夷狄而中华，则中华之，中华而夷狄，则夷狄之，此亦《春秋》之法，司马光、朱子所为亟亟也”[2]。这就坚决摈弃了“殊中外而有所抑扬其间”的做法，在大一统的总纲下，把成为中华之主的少数民族政权置于同等的正统地位。其次，皇族血统也被视作正统的重要因素。三国时刘备的蜀汉政权，与东汉并无政权上的承绪关系，仅以刘氏皇族身份借用汉朝名号而已，《通鉴纲目》将之作为正统政权，得到清代官修诸史的赞许，说明清代官修诸史仍将血统关系视作判断正统与否的重要因素。南明唐、桂二王，虽“转徙闽滇，苟延一线”，不足为承绪正统的政权，但既为明室子孙，非若异性僭窃，因此不能称之为伪朝，《通鉴辑览》附记其事迹，即是出于血统考虑。

总之，推尊大一统政权，坚决摒弃某些正统论中排抑少数民族政权的因素，是官修诸史正统论思想的中心内容。在这种正统观念支配下，明清之际的历史问题被重加裁定。如改变了清廷入关后宣称的明朝灭亡于崇祯帝自尽之时的说法，将明朝灭亡时间推移至南明福王被执，在《御批历代通鉴辑览》中将 1644 年记作“崇祯十七年”，下附“顺治元年”，同时分注福王弘光年号，等等。[3] 这在当时的史学上，十分引人注目。

其二，扶植纲常。以史学扶持纲常，将纲常名教准则彻底贯彻于史学之中，是清代官修史书的又一重要思想。清代统治者认识到，转移人心，促使大小臣民以儒家纲常规范自己的行为，心安理得地做朝廷的“忠臣”与“顺民”，是确保大清帝国“亿载基业”的“根本之图”，而要做到这一点，必须从史学这一深层的观念说明问题，让史学在思想上积极配合现实政治。清修官史所体现的纲常观，主要是“臣节”和“忠君”

[1] 《清高宗实录》卷一一四二，“乾隆四十六年十月上”，台湾华文书局 1964 年版。

[2] 《国朝宫史续编》卷八十九《圣制通鉴纲目续编内发明广义题辞》，北京古籍出版社 1994 年版。

[3] 《御批历代通鉴辑览》卷一一六，《四库全书》本。

思想。早在清初，顺治帝就曾说："明臣而不思明者，必非忠臣。"[1] 顺治十二年（1655 年），汤斌提出在《明史》中为明季抗节人物立传，遭到由明降清的冯铨等人的攻劾，幸得顺治袒佑，汤氏才免遭迫害。[2] 康熙和雍正都注意宣扬忠节思想，康熙将以阐述忠君理论为重要内容的程朱理学奉为官方哲学，极赞朱熹的"忠君爱国之诚"[3]。雍正作《朋党论》强调君臣同心，作《大义觉迷录》力辩君臣之义为五伦之首。乾隆时期，更是借修史论史将这种"忠君"的纲常论表现得淋漓尽致。乾隆四十一年（1776 年），编《胜朝殉节诸臣录》一书，以《明史》《通鉴辑览》《大清一统志》及各省通志为据，严格甄别出 3600 余人，"主于扶植纲常"，"崇奖忠贞，风励臣节"，[4] 表彰明代建文殉难和明季殉节死义之臣。这实际上是借修史展开了一场广泛的崇奖忠贞、风励臣节的道德教化活动。紧接着，又在国史中设立《贰臣传》，对明代降清人物进行声讨。为这些"大节有亏"之人立传，目的与表彰忠臣一样，都是要"风励臣节"。表彰忠臣是为了"发潜德之幽光"，贬斥叛臣是为了"严诛伐之斧钺"，殊途同归，均是"为万世臣子植纲常，即以是示彰瘅"。[5] 另外，由于清代官史受帝王思想影响较大，故而其中的不少评论也于君臣之义持之甚严。如《通鉴辑览》中指责春秋时齐国晏婴不死崔抒之难，[6] 指出陈平、周勃等至吕后死后才安定刘氏天下，乃是"柔奸自全者流"，[7] 是汉高祖之罪人。南唐亡国而降宋的徐铉、原为宋将而降元的刘整，皆被斥为"不足齿于人类"[8]。宋太祖陈桥兵变夺取后周政权，被斥为"其得国之不以道"[9]，等等。总之，清代统治者通过编纂《殉节诸臣录》及《贰臣传》，并论断历史，解决了以史学扶持纲常，在史学中贯彻封建

[1] 萧一山：《清代通史》，中华书局 1986 年版，第 895 页。

[2]《清史列传》卷八《汤斌传》。

[3]《御制朱子全书序》，见《御纂朱子全书》，《四库全书会要》本。

[4]《清高宗实录》卷一〇〇二，"乾隆四十一年二月上"。

[5]《国朝宫史续编》卷八十八《圣制命国史馆编列明季贰臣传谕》。

[6]《御批历代通鉴辑览》卷六。

[7]《御批历代通鉴辑览》卷十三。

[8]《御批历代通鉴辑览》卷九十四。

[9]《御批历代通鉴辑览》卷七十一。

纲常准则的大问题。以往各代纂修官史，对前朝降臣，均未能从总体上绳之以“臣节”。清代官修史书从维护整个封建主义思想体系出发，高倡忠君意识，可以说是封建时代将纲常准则贯彻于史学的典型。

其三，“中外一家”的多民族国家统一的思想。清以少数民族入主中原，入关之初，实行严酷的民族高压政策。但不久，他们就意识到，纯粹的民族高压并不能从根本上解决问题，要想使政局稳固，还必须从思想上解除人们之间的民族隔阂。特别是在平定回疆、金川等分裂割据势力之后，实现意识形态的高度统一就极为重要，于是清廷在官修《蒙古回部王公表传》《新疆识略》《西域图志》等史书时，向人们宣扬大清帝国一统无外的思想，所谓“我国家开基定鼎，统一寰区……中外一家，远迈前古”[1]，“敢云扩宇蒇前猷，偃伯从兹罢剿搜。厄鲁马牛无一牧，�冲屯堡并全收。本朝文轨期同奉，昧谷寒暄重细求。无外皇清王道坦，披图奕叶慎贻留”[2]，将修史作为宣扬国家一统的工具，通过对周边少数民族史书的修撰，稳固统治。

其四，垂训鉴戒、匡助政治的思想。以史资治，垂训来者，是我国古代史学的传统，更成为官方修史活动中奉行不渝的基本宗旨。清代编纂“续三通”“清三通”等大型典制体史籍，皆期于“立纲陈纪，斟酌古今”，于政治有所裨益。纂修《宗室王公功绩表传》，目的之一就是使“奕世子孙观感而发，竞知鼓励”[3]。撰修《开国方略》，其宗旨也在于“以示我大清亿万年子孙臣庶，期共勉以无忘祖宗开创之艰难也”，从而使后世子孙“思所以永天命、绵帝图，兢兢业业，治国安民，凛惟休惟恤之诫，存监夏监殷之心”。[4]可以说，以修史垂训鉴戒，并借此激发后世子孙的奋斗之情，素为清代官修史书所关注。

其五，直书传信的思想。秉笔直书是我国史学的优良传统，历代史家，无一不标榜要秉笔作史。清代官修国史，也遵循着“彰善瘅恶，信今传后”的基本原则。一方面，这是中国史学的传统，另一方面，也受

[1]《国朝宫史续编》卷八十八《钦定蒙古回部王公表传》。

[2]《国朝宫史续编》卷九十九《皇舆全图》。

[3]《清高宗实录》卷七一九，“乾隆二十九年九月下”。

[4]《清高宗实录》卷九九六，“乾隆四十年十一月上”。

到最高统治者的影响。以国史馆所修列传为例，乾隆指出："向来国史馆所辑列传，原系择满汉大臣中功业政绩素著者，列于史册，以彰懿皦。其无所表见及获罪罢斥者，概屏弗与。第国史所以传信，公是公非，所关原不容毫厘假借，而瑕瑜并列，益足昭衡品之公。所为据事直书，而其人之贤否自见。若徒事铺张夸美，甚或略其所短，暴其所长，则是有褒而无贬，又岂《春秋》华衮斧钺之义乎！"因此，"大臣之贤否，均不可隐而弗彰"[1]，不管什么样的人物，"即其中有瑕瑜互见、功过不掩之处，亦当并存其实，以示传信"[2]。这样的指示，无疑在官方史学的发展中起到了十分重要的作用。当然，我们也不能不看到，清代官修史书的直笔原则是有限度的，所谓的直书是服从于政治需要的。一旦政治的需求有所膨胀，信史观念便不能不随之扭曲。篡改实录、删削禁毁不利于清廷的书籍，都是信史观念扭曲的表现。清代官修史书中的直书传信思想，是以政治需要为旨归的，史学在这里没有独立品格。

另外，清代官修史书还特别注意考据求实，《西域图志》《日下旧闻考》《热河志》《满洲源流考》等都贯彻着考辨史实的精神，这种考据求实的治史态度，增加了官修史籍的学术性。这正契合清代兴起的历史考据之风。

总体而言，清代官修史书在史学思想上并没有多少创新，未超出传统史学的范围，只是融入了更多的官方立场。作为封建社会最后一个王朝，清代官修史书带有总结性质，其史学思想也达到了封建时代官方修史的最完整形态。

第二节 《明史》编修中的历史编纂学主张

《明史》是清代官修前朝史，自顺治二年（1645 年）开馆纂修到乾隆四年（1739 年）刊成，前后用了近百年时间。清廷修撰《明史》，目的是为了巩固自己的政权，拉拢汉族士人，压制当时兴盛一时的私修明史之

[1] 《清高宗实录》卷七三九，"乾隆三十年六月下"。
[2] 《清高宗实录》卷一三一八，"乾隆五十三年十二月上"。

风，强调大清代明的合理性，削弱汉族士人的民族意识。而清初的明代遗民，发现复明无望，之后欲借修史保存故国文献，寄托故国之思，便隐忍史局，与清廷合作修史。由于《明史》修撰既是清廷控制舆论的文化政策之一，同时又与明代遗民“以史存史”的观念息息相关，因此，围绕《明史》修撰，大批学者发表了关于史学问题的见解，提出了自己的编纂学主张。大思想家黄宗羲、顾炎武，最高统治者康熙、雍正，纂修官万斯同、潘耒、汤斌、徐元文、徐乾学、朱彝尊、毛奇龄、李因笃、汪琬、尤侗、彭孙遹、沈珩、汪由敦、施闰章、叶方霭、王鸿绪、杨椿等，在野学者吕留良、陆陇其、全祖望等，都大量借鉴历代史书编纂的成功经验和失败教训，对官修《明史》提出意见或要求，并由此引发对史学功用、史书编纂原则、史书体例、史料辨析等史学问题的讨论，提出了不少具有史学方法论意义的原则。这些见解和主张，既有史家个人的看法，同时又明显地打上了官方意志的印记。

由于《明史》作者是抱着“以任故国之史事报故国”的心态来修撰《明史》的，[1] 再加上万斯同、潘耒等人与黄宗羲、顾炎武有直接的学术渊源，因此在史学功用上，他们更注重经世致用。探究一代治乱兴衰，总结明亡历史教训，成为他们撰修《明史》的主要目的。学出顾炎武的潘耒指出，修史应“明著一代兴亡治乱之故，垂训方来”[2]，“史家大端，在善善恶恶，所谓诛奸谀于既死，发潜德之幽光者，其权至重”[3]。黄宗羲的学生万斯同，“不居纂修之名，隐操总裁之柄”[4]，制定凡例，拟定传目，统改史稿，深刻影响着《明史》修撰。在他看来，史学为经世之大端，“尽取古今经国之大猷，而一一详究其始末，斟酌其确当，定为一代之规模，使今日坐而言者，他日可以作而行耳”。他认为，通过考察历史上的治乱兴衰所取得的经验教训，绝非一时的“因时补救”所能比，而是具有“可作而行”、为后世法的“建万世之长策”的长久价值。[5] 学出孙奇逢的汤斌，一向反对重经轻史的言论，认为史学不仅

[1] 全祖望：《鲒埼亭集内编》卷二十八《万贞文先生传》。
[2] 潘耒：《遂初堂文集》卷六《寇事编军序》。
[3] 潘耒：《遂初堂文集》卷五《修明史议》。
[4] 黄云眉：《明史编纂考略》，见《史学杂稿订存》，齐鲁书社 1980 年版。
[5] 万斯同：《石园文集》卷七《与从子贞一书》。

“备事辞”，而且“明道法”，所谓“经史之法，同条共贯。《尚书》备帝王之业，经也而通史；《春秋》定万世之宪，史也而为经。修史者盖未有不祖此者也。故道法明而事辞备，此史之上也”[1]。明史馆初开之时，汤斌就提出自己对修史的见解，强调“史者，所以昭是非，助赏罚也。赏罚之权行于一时，是非之衡定于万世”[2]，彰扬史学昭明是非的作用。

以什么样的态度，按什么样的原则来保证《明史》成为一代信史，以达到明著法戒、垂训将来的经世目的，是《明史》编纂中的又一重要问题。故此，他们提出了“秉笔欲直，持论欲平”的原则，所谓“直则万世之公道伸，平则天下之人心服”[3]，这是对南董直笔精神的继承与发扬。但颇具特点的是，在实事求是、秉笔直书这一点上，他们特别看重史家“是非之心”对修史的影响。

潘耒认为，要做到直书不诬，最关键是要“虚心”，不要有主观成见，“惟虚心斟酌，勿主一说，而后是非可定”[4]。万斯同认为，史书是由史家撰写的，史家主观的“好恶之心”必然影响到史事记载及评价的正确，为防止“好恶因心而毁誉随之”，万氏提出“平心”写史，“因其世以考其事，核其言而平心以察之”，指出只有史家在主观上做到“平心”，不偏不倚，才能修出万世信史。[5] 这一点，既是对刘知幾高倡直书，反对史臣“爱憎由己，高下在心”，“用舍由于臆说，威福行乎笔端”思想的继承，[6] 又对章学诚的“心术”论产生了一定影响。

和万斯同一样，汤斌也注意到史家“是非之心”对修史的影响。他认为史家的才华、道德都是重要的，但最重要的是道德，即“心术”。他引用元代史学家揭傒斯的话说：“有学问文章而不知史事者，不可与；有学问文章知史事而心术不正者，不可与。用人之道，又当以心术为本也。”[7]

---

[1] 汤斌：《汤子遗书》卷六《二十一史论》，《四库全书》本。
[2] 汤斌：《汤子遗书》卷二《陈史法以襄文治疏》。
[3] 潘耒：《遂初堂文集》卷五《修明史议》。
[4] 潘耒：《遂初堂文集》卷五《修明史议》。
[5] 方苞：《方苞集》卷一二《万季野墓表》，上海古籍出版社 1983 年版。
[6] 刘知幾：《史通》卷七《曲笔》。
[7] 《元史》卷一百八十一《揭傒斯传》，中华书局 1976 年版。

由此，他提出“克己无我，幽明不愧”[1]，要求在修史时排除自我，以达直道。

朱彝尊先后七次上书总裁官，反复强调“国史，天下之至公，不得以一毫私意梗避其间者也”。他反对以一人之是非定万世之是非，批判偏听附和、借史泄愤的恶劣作风。朱氏特别提出评价史事要破除门户，“执门户以论人，是非之不公，其弊有不可胜道者已”，“作史者，当就一人立朝行己之初终本末，定其是非，别其白黑，不可先存门户于胸中，而以同异分邪正贤不肖也”。[2] 史书能否纪实，关键仍要看史家之“心术”。

徐乾学等人订立的《修史条议》，对《明史》编修具有指导性作用，内中多次申明和强调据实、公心和直道，指出：“史以昭万世之公，不必徇情而曲笔。先人有善而后人不为表率，先人无善而他人代为谀语，均不可也!”“毋以一家之私言，致蔑万世之公论”，要史臣“愿秉公心，以成直道”，“据实直书”。[3]

此外，毛奇龄对“揑造”历史的批判，[4] 施闰章对“代近则恩怨多乖”的分析，[5] 都注重从史家“是非之心”的角色来论述问题。甚至雍正帝也认为史要纪实，史家必须“存心忠厚，学识淹通”。[6]

当时，人们之所以在《明史》修撰中特别强调史家自身的“是非之心”，是因为他们看到，历代官修正史，曲笔阿谀，袒护本朝的事例并不鲜见。而《明史》又是官修，清廷除实行严酷的文化高压政策外，对明清之际的史事讳莫如深，因此要想传信史于后世，就只能从史家自身找方法了，秉公心，排私念，就被人们反复言及。

重视史法义例，是官修《明史》编纂上的又一重要主张。官修史书，书出众手，如果史法不明，义例不确，必是众人“分割操裂”，混乱不堪。《明史》纂修官有见于此，纷纷强调体例的重要性。朱彝尊、潘耒、万斯同、汪由敦等都从不同角度详加论列。徐乾学兄弟拟定的《修史条

[1] 汤斌：《汤子遗书》卷六《二十一史论》。
[2] 朱彝尊：《曝书亭集》卷三十二《史馆上总裁第六书》，《四部丛刊初编》本。
[3] 徐乾学：《修史条议》，见《明史例案》卷二，吴兴刘氏嘉业堂刊本。
[4] 毛奇龄：《西河集》卷十一《奉史馆总裁札子》，《四库全书》本。
[5] 施闰章：《学余堂文集》卷二十五《修史议》，《四库全书》本。
[6]《清世宗实录》卷九，“雍正元年七月”，台湾华文书局 1969 年版。

议》及后来王鸿绪拟定的《史例议》，都是在参考众人意见的基础上形成的，并成为纂修《明史》的重要原则。

在史法义例上，比较重要的思想有：

首先，提出史书体例应本乎时宜，贵因时变通的观点。朱彝尊认为，“历代之史，时事不齐，体例因之有异”，“体例本乎时宜，不相沿袭”。如《汉书》无《世家》而有《后戚传》，与《史记》不同；欧阳修《宰相世系表》，《辽史·游幸表》，《金史·交聘表》，都是新创。其他如皇后，或为之纪，或为之传；释老，或为之志，或为之传；天文、五行，或分为二；职官、氏族，或合为一。总之，“史盖因时而变其例矣”。[1] 体例作为一种形式，总是随着时事与内容的不同而变化，《明史》体例同样要“因时变通”。

其次，提出纪传体史书内部各体本属一贯的思想。王鸿绪指出：“纪、传、志、表本属一贯，纪编年以载其纲，传列事以详其目，礼、乐、兵、农、制度，纪传难以具录，则胪沿革于志以成文，用人贤否不能备书，则疏除罢于表以资考，义取相需，无庸矛盾。”[2] 汪由敦也强调：“本纪、志、传，体虽不同，事本一贯，必通彻参详，方可免抵牾复出之患。”[3] 这是对纪传体史书纪、传、志、表的作用及其相互关系的正确认识。这些认识是从总结《宋史》《元史》等官修史书在体例上顾此失彼，未能一贯，从而造成史事漏落、重出、矛盾的经验教训中得出的。

第三，对纪、传、志、表等的记述准则和范围提出了具体意见。

关于本纪，他们强调文简意赅。徐乾学说：“本纪之体，贵乎简要。……今惟大典大政登诸本纪，其他宜入志者归之于志，宜入表者归之于表，宜入传者归之于传，则事简而文省矣。”[4] 王鸿绪说：“本纪体贵简严，无取繁冗，非当代纪载比也。故攻战无大胜败，政令无大兴革，用人无大得失者，概削而不录。”[5] 二人均强调本纪应以简要之笔记“大典大政”。

---

[1] 朱彝尊：《曝书亭集》卷三十二《史馆上总裁第一书》。

[2] 王鸿绪：《王横云史例议上》，见《明史例案》卷二。

[3] 汪由敦：《松泉文集》卷二十《史裁蠡说》，《四库全书》本。

[4] 徐乾学：《修史条议》。

[5] 王鸿绪：《王横云史例议上》。

关于列传，他们认为详略并无定体，但应当以记载重大事体为原则。汪由敦说："列传详略，初无定体，然必其有关国故，而所载之事必与其人之规模相称，乃得体要，非若碑志家状，有美必书也。……至于类传，尤当举其重者以概生平。"[1] 列传载文也要适当，"列传中除奏疏而外，虽有佳文，不宜多载。……惟择其纠正君身，指陈时弊，论劾大臣之最剀切者方可节略入传。其余条陈诸疏，不得概入，以滋繁冗之弊"[2]。

关于志，他们主张要详细论列。徐乾学认为，"史之有志，所以纪一代之大制度也"，像郡县沿革、官职废置、刑罚轻重、户籍登耗、兵卫修废、河漕通塞、日食星变之类，要"详列于志"。[3] 汪由敦也强调，"历代书志，体各不同，大抵一代典章及累朝因革之故，俱宜备载，俾读者得所考信，后世可以鉴观，故宁详毋略"。但详尽绝非漫无剪裁，"《新唐书》志，详赡整齐，可以为法"。[4]

关于表，他们肯定其补充纪传、文省事详的作用，提倡作表。万斯同反对刘知幾所谓史表得之不为益，失之不为损的言论，指出："史之有表，所以通纪传之穷。有其人已入纪传而表之者，有未入纪传而牵连以表之者，表立而纪传之文可省，故表不可废。读史而不读表，非深入史者也。"[5] 汪由敦也认为："作史无表，则列传不得不多，传愈多，文愈繁，而事迹或反遗漏而不举。庐陵复班马之旧，其见卓矣。有明宰辅列卿，无咎无誉者甚多，各为列传，颇苦碌碌，表立而传之可省者得十之三，则表宜补作审矣。"[6]

《明史》纂修官关于史书体例的这些见解，在《明史》修撰中得以贯彻。今本《明史》，特设《阉党传》，揭露明代宦官专权的黑暗情形；专立《土司传》，反映明代中央政权与各少数民族之间的关系；《历志》附以插图；创《七卿年表》，列入六部尚书外加都察院左右都御史。诸如此类，既继承史书成例，又有所变通创新，从而比较准确地把握和反映了

---

[1] 汪由敦：《松泉文集》卷二十《史裁蠡说》。
[2] 徐乾学：《修史条议》。
[3] 徐乾学：《修史条议》。
[4] 汪由敦：《松泉文集》卷二十《史裁蠡说》。
[5] 钱大昕：《潜研堂文集》卷三十八《万先生斯同传》。
[6] 汪由敦：《松泉文集》卷二十《史裁蠡说》。

明代社会历史的特点。

采择资料是史书编纂的重要一步。《明史》纂修官除坚持博采慎择的标准外，又提出以实录为指归，参伍以野史家乘的史料采择原则。万斯同提倡“以国史为主，辅以诸家之书，删其繁而正其谬，补其略而缺其疑”[1]，“采实录之明文，搜私家之故牍，旁及于诸公文集”[2]。他归纳修史中实录与野史的关系为：“凡实录之难详者，吾以他书证之；他书之诬且滥者，吾以所得于实录者裁之。虽不敢俱谓可信，而是非之枉于人者盖鲜矣。”[3] 万斯同作为官修《明史》的重要审稿人，他的史料采择原则对史馆诸人影响很大，《修史条议》明显吸收这一观点，指出：“诸书有同异者，证之以实录，实录有疏漏纰缪者，又参考诸书，集众家以成一是，所谓博而知要也”，“家乘野史，未可尽信，必本之实录，而参以他书，庶几无失。愿加博访之力，无据一家之言”。[4] 另外，潘耒、朱彝尊、汪由敦等人也都有“本之实录，参之野纪”的言论。可见，以实录为主，参以野史家乘的史料采择原则，是《明史》纂修者的一致看法。

值得我们注意的是，《明史》纂修者在确立了史料采择的原则后，又提出了富有启发意义的考察史料价值的方法，即以史料作者的品行心术和作者距事件发生之地的远近作为考察史料价值的重要标准，特别是以作者人品定其书价值，在当时屡被人提起，并加以运用。汪由敦曾说：

> 采择诸书之法，太史公所谓择其言尤雅者，卓不可易矣。然此就夫事之无可疑者言之也。其有一事互见，彼此异辞者，折衷去取，未可臆断，窃谓宜断诸立言之人与所处之地。其人而贤者，必不苟誉毁于人，地切近则见闻真确，此其不可信者或寡矣。若其人而非贤者，心术偏私，好恶乖异，阴挟翰墨以刺人之短长，变乱黑白，眩惑聪明者有之。又地居疏远，但采风闻，并未核实，有如秦人之

---

[1] 万斯同：《石园文集》卷七《寄范笔山书》。

[2] 万斯同：《石园文集》卷七《与李杲堂先生书》。

[3] 方苞：《方苞集》卷一二《万季野墓表》。

[4] 徐乾学：《修史条议》。

谈越俗，虽娓娓不已，要非亲历，此其可信者或寡矣。[1]

显然，他从主客观两个方面提出了判定史料价值的标准。主观方面，以其人之贤奸、心术之正邪为根据，“心术偏私，好恶乖异”者，其记事可信者寡；反之，可信者多。客观方面，非亲历目睹其事，只据传闻，也易致误。这显然超越了只就文笔雅正与否判定史料价值的局限，更为合理和全面。

当时很多人都是从记事者的品行心术出发来考论其所记史料之价值的，如汤斌就指出，《武宗实录》作于世宗初年，操笔之人如董玘等，多是忌功争名之辈，品行不端，故所记多主观篡改，不可尽信。[2] 徐乾学在论述尹直《蹇斋琐缀录》、王琼《双溪杂志》、支大纶《永昭陵编年史》的史料价值时，指出三人“皆小人之尤，其言岂足凭据”[3]，也是以人品心术来衡量其记事之价值的。

《明史》作者这种以人品心术论其史著价值之高下的做法，反映出当时人们对史家道德修养的重视，这无疑是有进步意义的。稍后，章学诚由“心术”出发引出“史德”的理论，使之成为衡量史家主观素养的一条重要标准，有了更为普遍的史学意义。当然，纯粹以人品心术来论定其史著之价值，也有很大的局限性，最明显的就是易犯“因人废言”的错误，这也是我们应当注意的。

[1] 汪由敦：《松泉文集》卷二十《史裁蠡说》。
[2] 汤斌：《汤文正明史凡例议》，见《明史例案》卷四。
[3] 徐乾学：《修史条议》。

第二编

乾嘉时期，是清王朝的全盛时期。经过康、雍、乾三朝的努力，到乾隆时期，清王朝已在全国实现了高度的统一，尤其是数次平定了西北地区的各种叛乱，解决了历代没有解决的蒙古、新疆、青海、西藏问题，将边疆少数民族地区牢固地置于中央政府强有力的控制与管辖之下，遏止了沙俄的入侵，实现了多民族国家的高度统一。王朝内部，政权巩固，社会安定，民族矛盾得到缓解。清廷实行恢复发展生产的措施，奖励垦荒，革除匠籍，兴修水利，改革赋役制度，等等，促进了经济的繁荣。商业发达，手工业兴盛，出现了一大批工商业都会，清政府的财政收入也大幅度增加，财富大量积聚。总之，到乾隆时期，清王朝已彻底从清初大动荡、大变化的局面中走出，形成了政治安定、社会殷富、经济繁荣、人口增加的鼎盛局面。

与此同时，在学术文化上，统治者一方面采用文化高压政策，以文字狱制止人们非议当朝；另一方面又通过官方修书，有意引导学术文化向有利于自身统治的方向发展，实现思想上的一统。在这种社会、文化背景下，乾嘉时期的学术思潮也发生了相应的变化。其一，清初批判理学思潮中的经世色彩在削减，而其中浓厚的法古倾向却发展起来，以考证经史为主要内容的汉学占了上风。清初学者在批判理学时，主要以经学济理学之穷，也就是走回归儒家原典的道路，以挽救理学的空疏。他们对理学的总结和批判，形成了一股以考证经史为方法，以经世致用为宗旨，以挽救社会危机为目的的学术思潮。但随着清廷统治的稳固以及文化专制的加剧，朴实考证经史的方法成为学术的主导，而其他方面则受到抑制。其二，清初学者提倡经世致用、实事求是之学，为学不分汉宋，所谓“国初，汉学方萌芽，皆以宋学为根柢，不分门户，各取所长，是为汉、宋兼采之学”[1]。他们治学，既重视求实求真，下一番辨析资料的功夫，又重视理论思考，不把考据与义理相对立。这种学术思想发展到乾嘉时期，汉学考据成为风气，学者多肆力服郑，综核名实，以义理思辨为特长的宋学逐渐衰微。一方面汉学与宋学对立起来，势同水火；另一方面，也有不少学者调和汉宋，使这一时期的学术呈现出复杂面貌，很容易让人做出过高或过低的评价。

社会形势及学术思潮的变动引起了史学的变动。清初盛极一时的私撰明史之风在此时的文化高压政策之下，归于沉寂。学术史的修撰也大不如清初。但同时，史学撰述的新内容也不断出现，引人注目。

文献的整理与考订是这一时期学术之最大成就。梁启超在《中国近三百年学术史》中用了四章的篇幅论述清代学者在文献整理方面的成就，其中绝大部分是乾嘉学者取得的，内容涉及经学、诸子、史学、方志学、地理学、历算学以及其他一些学科。乾嘉学者对古代典籍进行了大规模的训诂、注疏、校勘、辑佚、辨伪、考订，成就卓著，蔚为大观。[2] 这种整理、考订文献之风的盛行，一是由于古代文献在长期的流布刊刻过程中，错讹百出，亟待整理；二是乾嘉鼎盛局面，为整理古籍提供了政治与物质保证；三是学术文化中汉学崛起，考据学风涌动。乾嘉学者整理史籍，主要有补编、改编、校注、考证、辑佚等形式。通过这些工作，订正了旧史中的许多错误，解决了史学界许多悬而未决的问题。

这一时期，历史评论之作仍层出不穷，《清史稿·艺文志》史部就著录有史评类著作60部，609卷。如刘统勋奉敕编纂的《评鉴阐要》、段玉裁的《明史十二论》、方宗诚的《读宋鉴论》、周济的

---

[1] 皮锡瑞:《经学历史》十《经学复盛时代》。

[2] 详见《中国近三百年学术史》第十三至十六章。

《史义》、谢济世的《史评》等。这一时期成就最高的史论之作当推赵翼的《廿二史札记》。当然，就思想犀利与批判精神而言，此时的史论已不如清初。

这一时期，章学诚的崛起使传统史学理论达到了一个新的高峰。其所撰《文史通义》一书，以批判的眼光，对传统史学进行了系统的理论性总结，并以变通的思想，对传统史学的出路进行了可贵的探索。他以经世致用的史学精神，大力倡导"六经皆史"，提出"史义""史德""记注""撰述""论古必恕"等重要命题，深入地探讨了史书编纂、史家心术、史学批评方法、史学的继承和创新、历史表述的艺术性等一系列史学问题，艰难地寻找超越旧史学的突破口。其思想对后世产生了深远的影响。

乾嘉时期大一统的局面，开阔了人们的视野，边疆治理成为一个现实问题。这就导致这一时期边疆史地研究的崛起。祁韵士、徐松、松筠等都是当时从事边疆史地研究的著名学者。由于他们的努力，边疆史地研究变成了一门专门的学问。

清初，由于立国时间较短，史学家们的注意力多集中在明史研究上。乾嘉时期，本朝人治本朝史的情况已经出现，当代史著述不断涌现。当时的当代史撰修，分私撰和官修两种形式，而尤以官修成就为大。这些史书，多为后来治清史者所取材。

清代是方志修撰发达的时代，从康熙朝到嘉庆朝，修志之风盛极一时，方志学理论特别引人注目。当时，有全国性的《大清一统志》，有省志、府志、州志、县志甚至乡志、村志、镇志、坊志、里志、亭志、关志、场志、卫志、所志、山志、水志、河志、溪志、寺志、书院志、盐井志，等等，并涌现了一大批修志名家，如章学诚、戴震、洪亮吉、孙星衍、谢启昆、李兆洛、焦循、钱大昕等。他们不仅各有志书佳作，而且更有方志理论方面的建树。从总体上讲，乾嘉学者追求志体的完整、内容的赅博及其材料的详核，强调以"征实考信"作为纂修方志的主旨。同时，他们还把对方志的考录、校勘和辑佚，作为考据经史的组成部分，进一步充实了方志学的研究课题，完善了研究方法，将古代方志学研究推向新的高度。从具体方面讲，他们又各有自己的一套看法，戴震讲求沿革、洪亮吉严守义例、章学诚重视史法、钱大昕考证人物，[1] 形成了乾嘉方志研究丰富多彩的景象。特别是戴震与章学诚关于方志理论的争论，更为乾嘉方志学增添了异彩。方志学理论是史学理论的延伸，一个史家的修志见解总是和他的史学思想紧密关联的。乾嘉时期的方志学理论从一个侧面反映出当时史学理论的状况。

在史学思想上，和清初相比，这一时期发生了两点较大变化，一是清初历史研究中强烈的"夷夏之防"观念此时明显减弱，二是史学思想中反对专制的言论也明显减弱。这种史学思想的变化主要还是由于社会条件的变化引起的。乾嘉时期，政局稳固，经济繁荣，具有民族意识的士大夫早已凋零，绝大部分学者采取了与清廷合作的态度，自觉将自己融入清廷文治之中。加之清廷对儒家文化极为信奉，使其更易为汉族学者所认同。这一时期的学者，对封建统治的利弊也极为关注，戴震、章学诚、钱大昕、洪亮吉、焦循、汪中、程瑶田、凌廷堪、卢文弨、顾广圻、赵翼、王鸣盛等人都对现实统治的弊端发表过自己的看法。但由于昔日激烈的民族冲突和剧烈的社会变动已不复存在，"夷夏之防"观念与猛烈抨击专制统治的尖锐锋芒以及思考社会变革的深刻思想也就变得黯然了。学者们关注社会利弊，纯然是儒家传统入世思想的表现。

和清初相比，乾嘉时期的史学思想固然发生了很大变化，但在以下三个方面却有较大发展，值得探讨。

其一，经世致用思想继续发扬。治史以经世是中国史学的优良传统，乾嘉时期的史家将这一传统继承下来，并继续发扬。钱大昕是乾嘉时期的著名史家，他继承顾炎武经世致用的思想，提倡"明道致用"，认为"儒者之学，在乎明体以致用"[2]，提出"为文之

---

[1] 详见王记录：《钱大昕的修志实践及其方志学理论》，《河南师范大学学报（哲学社会科学版）》1994 年第 6 期。

[2] 钱大昕：《潜研堂文集》卷二十五《世纬序》。

旨有四，曰明道，曰经世，曰阐幽，曰正俗”[1]。和钱大昕齐名的王鸣盛在《十七史商榷》中特别留意对米价、赋税、常平仓、钱制、兵制、地方行政、中枢官制、边政、民族等实际问题的考证和议论。他认为，一个史学家作史的最重要因素就是胸中要有“经国养民远图”，要关注“民生疾苦，国计利害”。[2] 赵翼更是一位以经世致用为治史旨趣的史学家，他写《廿二史札记》，就是要追踵顾炎武《日知录》，以用世为己任，探讨“古今风会之递变，政事之屡更”，究明“治乱兴衰之故”。[3] 洪亮吉治史，同样注重以史为鉴，注重总结治政经验。他认为“学古为入官之本，前事即后人之师”[4]，把学习古史当作入仕做官的根本和后人借鉴的经验。一生从事考信辨伪的崔述作《考信录》，除辨古史虚实真伪外，还究治理得失，考历史盛衰，以为经世之用。他作《周政盛衰通考》，目的即要考察周由创业、守成到失败的“治乱兴衰之故”[5]。全祖望、邵晋涵、章学诚也都是以高扬经世致用治史大旗著称的史学家，尤其是章学诚，于经世致用之旨，推阐尤为详尽著明。《文史通义》一书，集中反映了他的“经世致用”思想。他从不同的角度论述了经世致用的重要意义，将自黄宗羲以来浙东学派的这一思想推到了一个新的高度。他认为：“史学所以经世，固非空言著述也。且如六经同出于孔子，先儒以为其功莫大于《春秋》，正以切合当时人事耳。后之言著述者，舍今而求古，舍人事而言性天，则吾不得而知之矣。学者不知斯义，不足言史学也。”[6] 章学诚还提出了一系列史学经世的方法，诸如详近略远、关注现实、重视识断等。

乾嘉时期崛起的边疆史地学，更是一门经世致用的学问，他们

---

[1] 钱大昕：《潜研堂文集》卷三十三《与友人书》。

[2] 王鸣盛：《十七史商榷》卷六十《宋书有关民事语多为南史删去》。

[3] 赵翼：《廿二史札记小引》，见《廿二史札记》，中国书店 1987 年版。

[4] 洪亮吉：《历朝史案序》，见《历朝史案》卷首，巴署书社 1992 年版。

[5] 崔述：《丰镐考信别录》卷一《周政盛衰通考》，见《崔东壁遗书》，上海古籍出版社 1983 年版。

[6] 章学诚：《文史通义》内篇二《浙东学术》。

宣扬多民族的统一，为治理边疆提供借鉴。在乾嘉时期的方志学理论中，也注重志书发挥“备考览，资政治，而供史氏采择”的作用。[1] 乾嘉时期的官修史书也都有着强烈的垂训鉴戒、匡助政治的作用。“立纲陈纪，斟酌古今”，于政治有所裨益。当然，官修史书的经世思想带有浓烈的政治气息，代表的是统治者的立场，强调“归正斥邪”，带有统一思想、压制不同言论的特点。

另外，当时一些以考据著称的学者，也有着明显的经世意识。他们倡导学以致用，力主积极入仕。如段玉裁要其外孙龚自珍“博闻强记，多识畜德，努力为名儒，为名臣，勿愿为名士。何谓有用之书？经史是也”[2]。凌廷堪则认为《资治通鉴》“乃史家之绝业，治乱成败，了如指掌，读之则眼界日扩，识见日超，……由此而措之，且可成为有用之学”[3]。汪中“有志于用世而耻为无用之学，故于古今制度沿革，民生利病之事，皆博问而切究之，以待一日之遇”[4]。王念孙父子也是“能以实学、实心而行实政者”[5]。其他如朱筠、纪昀、王昶、毕沅、郝懿行、孙星衍、钱塘、黄丕烈、顾广圻、臧庸等都有学以致用、经史经世的言论。

从以上论列可以看出，乾嘉时期史学经世的思想体现在史学研究的方方面面，那种认为乾嘉学者埋头故纸，不问经世，博古而不通今的说法是没有根据的，至少是片面的。在研究乾嘉史学时，人们总是不自觉地将考据与经世对立起来，认为重考据便缺乏经世思想，有经世思想便不会以考据为业，这实在是认识上的一大误区。学者从事文献整理等考据工作，是学术发展的需要。考据学者照样有自己对社会、对历史的看法。当然，我们也不否认，考据末流斤斤于一事一物的细密考证，确实有只见树木、不见森林的弊病，障

[1] 秦瀛：《小山见山人续文集》卷一《重修汉中府志序》，见《小山见山人诗文集》，《续修四库全书》本。

[2] 段玉裁：《经韵楼集》卷九《与外孙龚自珍札》，上海古籍出版社 2008 年版。

[3] 凌廷堪：《校礼堂文集》卷二十五《与张生其锦书》，中华书局 1998 年版。

[4] 汪中：《述学别录·与朱武曹书》，见《述学》，《四部丛刊初编》本。

[5] 臧庸：《拜经堂文集》卷三《与王怀祖观察书》，《续修四库全书》本。

蔽了人们通达的历史眼光。

由于时代条件不同，乾嘉时期史学领域中经世致用的思想也有自己的特点。它是在政治稳固、经济繁荣的环境中孕育出来的，内中缺乏清初经世致用思想中鞭挞君主政治的尖锐锋芒和启蒙意识，也缺乏道咸时期经世致用思想中对民族命运、国家前途的强烈的忧患意识，它是传统儒家入世思想在史学领域的表现。

其二，对经史关系的理论探讨深入发展。经史关系问题是传统史学理论中的一个重要问题。自唐以后，“古无经史之分”，“六经皆史”的提法便不断出现。明清时期，对这一问题的阐述渐趋深入。明代学者王阳明、王世贞、胡应麟、李贽，清初思想家顾炎武、黄宗羲等均在这方面有着各自的认识。乾嘉时期，章学诚、钱大昕、崔述、袁枚等人又对这一问题进行了深入探讨，使中国传统的“六经皆史”理论达到了思辨的顶点。之后，龚自珍、张采田、章太炎、谭嗣同等人继承了这一思想，并在近代思想解放中发挥了一定的作用。

中国古代史学家、思想家关于经史关系的探讨产生很早，汉代司马迁、隋代王通、唐代刘知幾、宋代叶适等都有“六经皆史”的论述。但经史关系以及“六经皆史”的问题真正受到学者们的普遍注意，并形成一股思潮，还是在明清时期。

明代思想家王阳明从经与史、事与道统一的理论基础出发，提出“五经皆史”的观点，王世贞也主张“六经皆史”，认为“天地间，无非史而已”，“六经，史之言理者也”。[1] 李贽从“经史相为表里”“经史一物”的角度阐发“六经皆史”的思想，在“六经皆史”问题上，他和王世贞有许多一致的地方。

清初，顾炎武、黄宗羲等为挽救理学于衰颓，倡导尊经重史，再提经史关系这一论题，主张六经皆史。不仅提倡打通经史，重振

[1] 王世贞：《弇州四部稿》卷一四四，《四库全书》本。

儒学，而且身体力行，以大量的著述践行自己的理论。

乾嘉时期，“六经皆史”又成为当时最富理论价值和社会意义的论题之一。袁枚认为“古有史而无经”，《尚书》《春秋》《诗》《易》《礼》《乐》，“其策皆史官掌之”，[1] 经由史而产生，比明代学者的认识深入了一步。钱大昕则提出“经史无二学”的观点，并分析了经学地位上升，史学地位下降的原因，批判了“经精史粗”“经正史杂”的观点。崔述在考信辨伪的过程中，也提出了对经史关系的看法。他说：“夫经史者，自汉以后分别而言之耳，三代以上所谓经者，即当日之史也。《尚书》，史也，《春秋》，史也，经与史恐未可分也。”[2] 他还从体用同原的角度论述经史关系，批判谈经者不究史，究史者不折中于经的做法，为考信辨伪提供理论依据。

乾嘉时期，倡导“六经皆史”而最有成就、最有影响的就是章学诚。他认为“六经皆史也。古人不著书，古人未尝离事而言理，六经皆先王之政典也”[3]，“三代学术，知有史而不知有经，切人事也”[4]。另外，他还在《文史通义》的《经解》《史释》《言公》《原道》等篇以及《校雠通义》等文章中多次阐释“六经皆史”的问题，把“六经皆史”当作自身史学理论的核心。在中国史学史上，是章学诚赋予了“六经皆史”这一命题最为系统的内容和最为深刻的内涵。

由以上论列我们可以看出，关于经史关系问题的探讨在明清时期确实形成了一股思潮，发展到乾嘉阶段，更形成一种系统的理论，成为这一阶段史学思想中极有特色的一部分。

有清一代关于经史关系的探讨以及“六经皆史”的提出，在史

---

[1] 袁枚：《小仓山房文集》卷十《史学例议序》，见《小仓山房诗文集》，上海古籍出版社1988年版。

[2] 崔述：《洙泗考信余录》卷三《左子》，见《崔东壁遗书》。

[3] 章学诚：《文史通义》内篇一《易教上》。

[4] 章学诚：《文史通义》内篇二《浙东学术》。

学思想史上的意义不可低估。

明清时期“六经皆史”思想高涨，和封建社会后期封建正统思想走上绝路是有关系的，同时又是宋代以来“疑古”“惑经”思想的继续。明后期，无论是程朱理学还是陆王心学都陷入了空谈性理、于事无补的境地，如何挽救这种思想上的颓势，成了当时的一个重要问题。史学是一门经世的学问，有见识的思想家们开始将史学与经学打通，用史学的经世功能来挽救空谈性理所造成的空疏学风，摆脱人们对儒家经典的曲解，以复原六经本来面目的方式为儒学的发展寻找出路。在中国这样一个以经史为治国之理论依据的国家里，每当思想发展陷入困境时，人们总是想到能够资治和借鉴的史学，总是要从史学中寻找治国安邦之术，为思想的继续发展找出突破口。

有清一代，众多学人阐发“六经皆史”的思想，由于各自的思想倾向和学术容受不同，又表现出各自的特点。明清之际，顾炎武、黄宗羲等人面对剧烈的历史变动和理学末流回天乏术的状况，开始由虚返实，高扬经世致用的大旗，重振思想雄风。在这一过程中，进步学者受明亡的巨大刺激，进一步认识到史学研究对于历史发展的意义。所以，在顾、黄等人的思想体系中，尊经重史就成了无法分割的一个问题。他们所做的，实际上就是以史学济理学、心学之穷。他们在构建经世致用的实学思想时，把史学放在了一个极其重要的地位上，在他们看来，没有历史经验的总结，任何有关国家治理的思想，最终都会走入理论的困境。

乾嘉时期，众多学者从事于经籍、史籍的考订、辨伪等工作。这种理性精神很强的工作，势必使人们认识到，经籍与史籍一样，存在很多问题，经书屡经后人改篡，并非完美、神圣。于是，经学开始史学化，六经不断被人们当作寻常的历史材料来运用。在这种情况下，“六经皆史”所具有的意义就与明清之际有所不同。美国汉学家艾尔曼曾指出，当时“儒家经典受到全面的怀疑，并经由史学化，变成了寻常的史学研究对象和材料。这是知识阶层思想变化最显著的标志”。[1]

不少学者认为，“六经皆史”的观点贬低了经的地位，抬高了史的地位，这样的评价恐怕与事实不符。实际上，明清学者论“六经皆史”，根本不存在贬低经的意思，相反，他们仍然是以尊经为前提的。他们从道不离事、道不离器、体用同原的角度出发，认为经史互补，谈经必须究史，论史必须考经。他们认为，经史是统一的，是一个事物的两个方面，经这个“道”不能离开史这个“事”或“器”，否则就是空谈性理；史这个“事”不能离开经这个“道”，否则就是失去应有的价值标准。经史相分致使思想走上绝境，国家缺乏治术。“六经皆史”就是要使经史统一起来，造就一种“有体有用”“体用综合”的学问，以期有补于社会与民生。

其三，实事求是、无征不信思想的高扬。“实事求是”一语出自《汉书·河间献王传》，传载河间献王刘德“修学好古，实事求是”，颜师古注云：“务得事实，每求真是也。”随着史学研究实证化的发展以及文献整理工作的大规模展开，乾嘉时期，“实事求是”的史学思想、治史方法成为当时学人的共识。钱大昕倡言“通儒之学，必自实事求是始”[2]，称赞戴震为学“实事求是，不偏主一家”[3]。汪中自述治学宗旨，“惟实事求是，不尚墨守”[4]。洪亮吉称邵晋涵治学尤能“推求本原，实事求是”[5]。阮元自称其治学也是“推明古训，实事求是”[6]。可见，乾嘉时期，“实事求是”已成为人们品量学术、评价学人的重要标准与原则。“实事求是”史

[1] [美] 艾尔曼：《从理学到朴学——中华帝国晚期思想与社会变化面面观》著者初版序，江苏人民出版社 1995 年版。

[2] 钱大昕：《潜研堂文集》卷二十五《卢氏群书拾补序》。

[3] 钱大昕：《潜研堂文集》卷三十九《戴先生震传》。

[4] 汪中：《述学别录·与巡抚毕侍郎书》，见《述学》。

[5] 洪亮吉：《卷施阁文甲集》卷九《邵学士家传》，见《洪亮吉集》，中华书局 2001 年版。

[6] 阮元：《研经室集自序》，见《研经室集》，中华书局 1993 年版。

学思想的特征是重实证、斥空疏，这实际上是汉学高涨在史学思想中的一种折光。

与“实事求是”史学思想相应，治史方法上要求注重证据，凡下一断语，必广收佐证材料，无征不信，论必有据。梁启超将这一特点概括为：一、凡立一义，必凭证据；无证据而以臆度者，在所必摈。二、选择证据，以古为尚。三、孤证不为定说。四、隐匿证据或曲解证据，皆认为不德。五、最喜罗列事项之同类者，为比较之研究，而求得其公则。六、凡采旧说，必明引之，剿说以为大不德。七、所见不合，则相辩诘。八、辩诘以本问题为范围，词旨务笃实温厚。九、喜专治一业，为“窄而深”的研究。十、文体贵朴实简洁。[1] 这样的原则和方法，在乾嘉治史领域广泛运用。这种实证的方法本质上与近代科学的方法相近。

[1] 梁启超：《清代学术概论》十三。

第七章　戴震的史学及其思想方法

戴震，字东原，安徽休宁人。生于雍正元年（1723 年），卒于乾隆四十二年（1777 年）。戴震出身于小商人家庭，幼从塾学，遍览诸经及小学之书。自 17 岁起，“志存闻道”，20 岁时，从学于同郡经学大师江永，学问益进。乾隆十九年，戴氏入都，获交钱大昕、纪昀、朱筠、王昶等学界名流，被视为“天下奇才”，声誉日隆。乾隆二十二年，戴震于扬州结识惠栋，与之论学，相互推挹，此后治学方法及思想发生很大变化。京师交游与结识惠栋对戴震一生的学术影响很大，使他得以与当时考据学的主流相往还。戴震于乾隆二十七年中举，后屡预会试不售，遂绝志举业，精心著述。乾隆三十八年，四库馆开，戴震以布衣入馆，充纂修官。在馆五年，勤于撰述，积劳成疾，赍志而殁。

戴震一生生计困顿，但著述丰硕。其治学，领域广博，在文字音韵、名物典制、天文测算、历史地理以及建立思想体系等方面均取得重大成就。戴震治学，志存闻道，有着强烈的经世色彩，勇于批判现实社会。他从考据出发，而又不囿于考据，能在考据基础上阐发义理，形成了独特的治学风格。他的治学方法影响其弟子和同好，形成了皖派经学，在清代学术史上占有重要地位。

第一节　“人伦日用谓之道，达情遂欲谓之理”

清中叶，戴震以在文字、音韵、训诂、考据等方面取得的卓越成就为人所重。同时他又能于绵密细致的考证之中超然拔出，阐发义理，成为杰出的思想家。

戴震论历史发展，关注人伦日用以及人欲、人情等因素，这是与宋儒天理支配一切的历史发展观相对立的。在历史发展问题上，戴震不着意探讨历史的盛衰过程，而重在探讨历史创造者——人的基本生存要求在历史发展中的作用，尤其重视对人欲、人情的研究，并由此生发开去，论述统治者的为治之道。这是一种带有浓重伦理道德色彩的历史观。他的这种历史观的形成，既有学术发展的内在逻辑，那就是自晚明发展起来的张扬人之个性，以自然人性论为出发点的，重视人之“私利”“欲望”“情缘”的新的理欲观、情理观进一步发展的结果，同时还适应了当时社会发展的需求，那就是随着江南地区经济的再度繁荣，人性、人的生存与发展的权利日益被人所重视。

戴震是唯物主义思想家，他关于“人伦日用”“达情遂欲”的论述，都是建立在气一元论的唯物主义自然观基础之上的。他反对程朱理学“理在气先”，“理”为“生物之本”的唯心主义自然观，认为“气”“阴阳”才是宇宙的本原。“气化流行，生生不息，是故谓之道”[1]，“天地间万物生生，无非推本阴阳”[2]，“气”与“阴阳”是化生万物与人的本原。由此出发，戴震对理学家以天理扼杀人欲的理论进行了批驳，指出世上并无超验的“理”存在，理学家所谓“理”，无非是“肌理”“腠理”“文理”等自然的规则。[3] 戴震对理的解释，并不符合理学家原意，却击破了天理之虚妄。戴震又指出，人欲来自于人的自然本性，所谓“人

[1] 戴震：《孟子字义疏证》卷中，见《戴震全书》第六册。
[2] 戴震：《孟子字义疏证》卷上。
[3] 戴震：《孟子字义疏证》卷上。

物受形于天地，故恒与之相通。盈天地之间，有声也，有色也，有臭也，有味也；举声色臭味，则盈天地间者无或遗矣”[1]。这种与生俱来的“声色臭味”之需，就构成了人欲。总之，气化人生，人生之后，便有了人性，有人性，便有欲求，“有天地，然后有人物；有人物，于是有人物之性。人与物同有欲，欲也者，性之事也”[2]，“民之质矣，日用饮食，自古及今，以为道之经也”[3]。戴震肯定欲望是人生而后具有的，是生理的自然要求。

在肯定人之欲、情是人类自然属性的基础上，戴震提出了关于历史发展的观点。

戴震指出，“情欲”是人类生存的基本要求，是人类活动的基本动力。“人伦日用”或“日用饮食”是民众最为关心的事物，是民众进行历史创造活动的最基本的经济生活需要。因此，扼杀人类的欲望，也就否定了人类的基本生存要求，也就会使人类失去历史创造活动的动力，而归于“无为”。戴震说：“天下必无舍生养之道而得存者，凡事为皆有于欲，无欲则无为矣。有欲而后有为，有为而归于至当不可易之谓理。无欲无为，又焉有理。”[4] 人的基本要求，就在于谋生存活，这是历史发展的起点。人因谋生存活之欲望而有所作为，创造历史，是合乎“理”的。古代圣王正是看到这一点，在治理天下时特别予以重视，“古贤圣之所谓道，人伦日用而已矣”[5]，“《诗》曰：民之质矣，日用饮食。《记》曰：饮食男女，人之大欲存焉。圣人治天下，体民之情，遂民之欲，而王道备”[6]，“舍人伦日用，无所谓仁、所谓义、所谓礼也”[7]。

戴震认为“欲”“情”“知”三者都寓于自然人性之中，所谓“人生而后有欲、有情、有知，三者，血气心知之自然也”[8]，“喜怒哀乐之

---

[1] 戴震：《孟子字义疏证》卷上。
[2] 戴震：《东原文集》卷八《读易系辞论性》，见《戴震全书》第六册。
[3] 戴震：《孟子字义疏证》卷上。
[4] 戴震：《孟子字义疏证》卷下。
[5] 戴震：《孟子字义疏证》卷中。
[6] 戴震：《孟子字义疏证》卷上。
[7] 戴震：《孟子字义疏证》卷下。
[8] 戴震：《孟子字义疏证》卷下。

情，声色臭味之欲，是非美恶之知，皆根于性而原于天”[1]。历史的发展就是要顺应“自然”之人性而走向“必然”之历程，这种历史发展的“必然”就是“自然之极则”。人们在进行历史创造活动时，要能清醒地认识到这一点，否则只能阻碍历史的进步，“由血气之自然，而审察之以知其必然，是之谓礼义；自然之与必然，非二事也。就其自然，明之尽而无几微之失焉，是其必然也。如是而后无憾，如是而后安，是乃自然之极则”[2]。

当然，戴震肯定人欲的合理性，但并不主张人欲泛滥。他认为有节制的欲，才是真正合乎天理的，“节而不过，则依乎天理，非以天理为正，人欲为邪也。天理者，节其欲而不穷人欲也。是故欲不可穷，非不可有，有而节之，使无过情，无不及情，可谓之非天理乎”[3]。这是对朱熹“遏人欲而存天理”之说的进一步发挥。

正是因为看到人的“欲”“情”在历史创造活动中的重要作用，戴震对程朱以天理扼杀人性、压迫民众的做法进行了猛烈批判。他说：“圣人之道，使天下无不达之情，求遂其欲而天下治。后儒不知情之至于纤微无憾是谓理，而其所谓理者，同于酷吏之所谓法。酷吏以法杀人，后儒以理杀人，浸浸乎舍法而论理。死矣，更无可救矣！”[4] 这是对程朱理学“以理杀人”的控诉，也是戴震对宋明以来统治者以“天理”作为治国方略的否定。

戴震尊重人的基本生存权利，尊重人们在历史发展中的自主创造力，故而他不以天理和人欲界定君子与小人，而是以能否“遂人之欲”界定仁与不仁。他说：“饮食男女，生养之道也，天地之所以生生也。……是故去生养之道者，贼道者也。……遂己之欲，亦思遂人之欲，而仁不可胜用矣；快己之欲，忘人之欲，则私而不仁”[5]，“一人遂其生，推之而与天下共遂其生，仁也”[6]。在戴震看来，人人都有欲望，人人都有生

[1] 戴震：《绪言》卷上，见《戴震全书》第六册。
[2] 戴震：《孟子字义疏证》卷上。
[3] 戴震：《孟子字义疏证》卷上。
[4] 戴震：《戴东原先生文·与某书》，见《戴震全书》第六册。
[5] 戴震：《原善》卷下，见《戴震全书》第六册。
[6] 戴震：《孟子字义疏证》卷下。

存的权利，逞己之欲而扼杀他人之欲，是不仁道的，这是对统治者因穷奢极欲而盘剥百姓使之无法生存的社会现实的揭露和批判。

人之情、欲不可抹杀，为治之道便在“达情遂欲”，这样才能天下大治、社会发展，戴震说：“圣人之道，使天下无不达之情，求遂其欲而天下治。”[1] 他引证孟子的话，强调满足百姓生活欲求，才是真正的“仁政”：“孟子告齐、梁之君，曰‘与民同乐’，曰‘省刑罚，薄税敛’，曰‘必使仰足以事父母，俯足以畜妻子’，曰‘居者有积仓，行者有裹粮’，曰‘内无怨女，外无旷夫’。仁政如是，王道如是而已矣。”[2]

总之，戴震从自然人性论出发，详尽地论证了人性、人之情欲、人伦日用等关于历史发展的重要问题，表达了自己重人的历史观，虽然其中不免带有浓重的伦理道德色彩，但正如马克思和恩格斯所言：“任何人类历史的第一个前提无疑是有生命的个人的存在。”[3] 戴震肯定人性、人情、人欲，强调人的生存和发展的权利，肯定了作为生命的人的存在和价值，无疑带有思想启蒙色彩。

第二节　戴震的考据学与思想方法

在戴震的治史生涯中，考据与阐发义理始终是统一的，探讨二者之间的关系，对于认识戴震的思想特征以及清代乾嘉时期思想的特点，不无裨益。

其一，因经求道与即事言理。戴震治学，以“闻道”为目标，“志存闻道，必空所依傍”[4]，强调探求圣人之道为儒者治学之宗旨。圣人之道存在于经书之中，所谓“圣人之道在六经”[5]，“六经者，道义之宗而神明之府也”[6]。要究明经书义理，必须以经典为依据，以训诂考据为

---

[1] 戴震：《戴东原先生文·与某书》。

[2] 戴震：《孟子字义疏证》卷上。

[3] 《马克思恩格斯选集》第1卷，人民出版社1972年版，第24页。

[4] 戴震：《戴东原先生文·与某书》。

[5] 戴震：《东原文集》卷九《与方希原书》。

[6] 戴震：《东原文集》卷十《古经解钩沉序》。

方法，通其语言，考其度数，而后达于圣人之道。对此，戴震曾反复言之，他说：“夫所谓理义，苟可以舍经而空凭胸臆，将人人凿空得之，奚有于经学之云乎哉？惟空凭胸臆之卒无当于贤人圣人之理义，然后求之古经。求之古经而遗文垂绝、今古悬隔也，然后求之故训。故训明则古经明，古经明则贤人圣人之理义明，而我心之所同然者，乃因之而明。”[1] 又说：“经之至者，道也；所以明道者，其词也；所以成词者，未有能外小学文字者也。由文字以通乎语言，由语言以通乎古圣贤之心志，譬之适堂坛之必循其阶，而不可以躐等。”[2] 很显然，戴震走着一条“因经以求道”的治学路子。脱离经典，脱离文字音韵等小学手段，是无法达“道”的，这与宋儒妄自改经是对立的。

受这种经学方法的影响，戴震将“即事求理”当作构建自身思想体系的方法论基础。他在给段玉裁的一封信中阐述了自己“因经求道”“即事言理”的思想：“古人曰理解者，即寻其腠理而析之也。曰天理者，如庄周言依乎天理，即所谓‘彼节者有间’也。古贤人圣人，以体民之情、遂民之欲为得理，今人以已之意见不出于私为理，是以意见杀人，咸自信为理矣。此犹舍字义、制度、名物，去语言、训诂，而欲得圣人之道于遗经也。”[3] 古代圣人贤人以体民之情、遂民之欲为得“理”，也就是说“理”就存在于民之情、欲之中。而后人却以主观意见为“理”，而不于具体情事之中求之，这与舍训诂而通经一样，是不可能的。在戴震这里，“即事求理”与“因经求道”在方法论上是一致的。就治经来说，依于经典，据于训诂，反对主观臆断，求圣人之道于经籍之中；就构建思想体系来说，则必求理于具体情事之中，而不能超乎形器，求理于形器之外。治经的方法与哲学的方法因此而贯通起来，形成了别具一格的理论体系。很显然，这种理论体系是直接针对宋儒空谈性理、以直觉体验抽象思辨为方法的理学体系的。

其二，比较分析与归纳类别。戴震一生，深于文字学与音韵学，这是他考证经典的基础，而治文字学与音韵学，最重要的方法就是比较分

[1] 戴震：《戴氏杂录·题惠定宇先生授经图》。

[2] 戴震：《东原文集》卷十《古经解钩沉序》。

[3] 段玉裁：《东原年谱补订》：“四十二年丁酉”，见《戴震全书》第六册。

析和归纳类别，这种研究方法直接影响了戴震的哲学思想方法。

戴震的老师江永认为，治古韵学的关键在于“用治丝之法，分析其绪，比合其类，综以部居”。戴震受此影响，在其所著《转语》中，对声母进行研究，其基本方法就是在比较分析的基础上归纳类别。他将声母分成发音部位与发音方法两种，并由此交织组成一个体系。在这一体系中，以发音部位为经，分为五类，以发音方法为纬，分为四类，二者交织，每一横行尽管发音方法不同，但发音部位是一样的，每一竖行尽管发音部位不同，但发音方法相同，它们之间无论怎样转变，这些转变都是在同一类别内部发生的。另外，戴震对六书的研究也颇有方法上的特色。他根据汉字的形体结构，将汉字分作体、用两类，指事、象形、会意、谐声为体，假借、转注为用，其目的是要从形体结构入手，对汉字进行归纳分类，找出它们之间的关系，以便更好地为训诂服务。

可以说，比较分析和归纳分类是戴震治文字音韵学普遍应用的方法，这些方法同样渗入到他的思想研究之中，成为其思想方法的重要组成部分。

比如，戴震在分析告子与释老论性、人与动物的关系时，所采用的便是这种方法。戴震认为人与动物命之所限不同，因此成性各殊，属于不同的类，动物只限于精爽（感觉），而人则由精爽进于神明（理性），但动物与人一样，既有知觉运动，也有怀生畏死之情，甚至还有仁义之心，“爱其生之者及爱其所生，与雌雄牝牡之相爱，同类之不相噬，习处之不相啮，近乎怀生畏死矣。一私于身，一及于身之所亲，皆仁之属也。私于身者，仁其身也；及于身之所亲者，仁其所亲也”[1]。可见，人与动物虽属异类，却是异中有同。同样，告子论性与佛老有异，但本质上是相同的，“老、庄、释氏自贵其神而外形体，显背圣人，毁訾仁义。告子未尝有神与形之别，故言‘食色，性也’，而亦尚其自然，故言‘性无善无不善’；虽未尝毁訾仁义……其指归与老、庄、释氏不异也”。告子似乎不同于佛老，他没有直截了当地诋毁仁义，而是主张仁内义外，崇尚自然，认为“义”是从外部桎梏人性。因此，他本质上与佛老一样认定仁义与人性相违。戴震还研究了宋儒关于人性论的观点，指出：“宋儒

---

[1] 戴震：《孟子字义疏证》卷中。

立说，似同于孟子而实异，似异于荀子而实同也。”[1] 通过同异比较，就能把握事物的本质，从而就能将事物的类区别开来。

戴震由比较分析而归纳类别，并对归纳分类进行研究，指出分类有两个要求：第一，“于事情区以别焉，无几微爽失”[2]，即将事物区分为各个类时，要穷尽所属的事物。第二，分类必须在把握“性”和条理的基础上进行。他说：“人物之生，类至殊也，类也者，性之大别也”[3]，“知其性者，知其类之殊”[4]，“理者，察之而几微必区以别之名也，是故谓之分理……得其分则有条而不紊，谓之条理”[5]。就是说，经过深入分析，把握内在本质和特殊规律，就可以归纳区分各类事物。戴震在阐述自己的人性论思想时，就体现了这一思想方法。他说：“性者，分于阴阳五行以为血气、心知、品物，区以别焉，举凡既生以后所有之事，所具之能，所全之德，咸以是为其本，故《易》曰‘成之者性也’。气化生人生物以后，各以类滋生久矣，然类之区别，千古如是也，循其故而已矣。”[6] 戴震的哲学是唯物主义气一元论，因阴阳五行之气是实体，故可以分，因可分而有类别，循其类及条理，可考察人之成性之不同。归纳分类是戴震性论最基本的思想方法。

由此可知，戴震将文字学、音韵学的方法大而广之，并进一步深化，使其成为构建思想体系的方法论基础，具有特殊意义。

其三，实证与“思之贯通”。戴震治学，强调“十分之见”：

> 所谓十分之见，必征之古而靡不条贯，合诸道而不留余议，巨细毕究，本末兼察。若夫依于传闻以拟其是，择于众说以裁其优，出于空言以定其论，据于孤证以信其通，虽溯流可以知源，不目睹渊泉所导，循根可以达杪，不手披枝肆所歧，皆未至十分之见也。

[1] 戴震：《孟子字义疏证》卷中。

[2] 戴震：《原善》卷中。

[3] 戴震：《读孟子论性》，见《戴震全书》第六册。

[4] 戴震：《孟子字义疏证》卷中。

[5] 戴震：《孟子字义疏证》卷上。

[6] 戴震：《孟子字义疏证》卷中。

以此治经，失“不知为不知”之意，而徒增一惑，以滋识者之辨之也。[1]

这里的“十分之见”，就是要以确凿之证据为论断之唯一依据，“巨细毕究，本末兼察”，不依传闻，不信众说，不发空言，不据孤证。这样的治学方法，在戴震书中多有体现。

戴震构建思想体系，正贯彻了此种精神与方法。他求圣人之道于古经之中，每得一义，必就古经参伍为证，以求其至当。如其所著《原善》卷首云：“余始为《原善》之书三章，惧学者蔽以异趣也，复援据经言疏通证明之。”其所著《孟子字义疏证》一书，也是以若干概念范畴为纲领，详考本义，条分缕析，而证之以经典之言，凿凿有据。本是阐发义理之书，却冠以“疏证”之名，足见实证之法在戴震思想中的地位。

戴震构建思想体系，不仅强调实证，而且强调“思之贯通”。《原善》云：

“致知在格物”，何也？事物来乎前，虽以圣人当之，不审察，无以尽其实也，是非善恶未易决也；“格”之云者，于物情有得而无失，思之贯通，不遗毫末，夫然后在己则不惑，施及天下国家则无憾，此之谓“致其知”。[2]

一个正确的认识，不但要有足够的证据，并且证据要有条贯，如果只是互相孤立，互不相干，就是证据再多，也不能说明问题。在这里，戴震明显地摆脱了那种烦琐无益的考证，而力争使证据贯穿，相互融会，以达到思想的一致。

细绎戴震的“思之贯通”，似有两层含义，一是把握条理通则，以类相推；二是把各条理贯通起来，进行整体把握。在占有充分证据的基础上，形成“一以贯之”的思想。他说：

---

[1] 戴震：《东原文集》卷九《与姚孝廉姬传书》。

[2] 戴震：《原善》卷下。

然闻见不可不广，而务在能明于心。一事豁然，使无余蕴，更一事而亦如是，久之，心知之明，进于圣智，虽未学之事，岂足以穷其智哉！……心精于道，全乎圣智，自无弗贯通，非多学而识所能尽；苟徒识其迹，将日逐于多，适见不足。《易》又曰："天下同归而殊途，一致而百虑。"天下何思何虑！"同归"，如归于仁至义尽是也；"殊途"，如事情之各区以别是也；"一致"，如心知之明尽乎圣智是也；"百虑"，如因物而通其则是也。[1]

戴震将"百虑""一致""殊途""同归"结合起来，以说明"思之贯通"之重要。事物是无穷无尽的，各个事物之条分缕析的"百虑""殊途"只有上升到"一致""同归"，才能"归于仁至义尽"，"心知之明尽乎圣智"。在这里，戴震强调"贯通"，说明他在构建思想体系时，能运用考据学的方法，又能超越之，并未局限于文字层面或局部，而是能贯通群经，发明义理。

在清代史学思想史上，戴震的史学思想与治史方法，代表了一种研治经史的基本倾向。他研究问题的方法是汉学家式的，以究明字词音义、典章制度为起点，看似琐碎，但他的目的却是要发明义理，建立自己的思想体系。与当时汉学家长于考据而短于思辨不同，其内心始终是偏重义理的。

第三节　戴震的史学观

戴震一生，精于经，邃于史。他作《水地记》，研核《春秋》，校注《水经注》，主修《汾州府志》《汾阳县志》，撰写大量谱牒传记，在地理、方志、人物研究上成就卓著，实践着自己的史学观。

戴震认为，治史要重视经国济世，务求切于民用。戴震出身于一小商人家庭，家境贫寒，生活困顿，自幼为贾贩，转运千里，深知民生悲苦，他对"酷吏以法杀人，后儒以理杀人"的社会现实极为愤慨，在自

[1] 戴震：《孟子字义疏证》卷下。

己的文章中多所揭露。[1] 因此他的思想中始终有关心下层民众生活的一面。这种生活的经历与他的历史研究相结合，就自然产生了治史切于民用的史学思想。戴震认为："国之本莫重于民，利民病民之本莫重于吏。"[2] 国家兴盛衰亡的根本在于民众，而利民病民的根本则在于吏治，因此，撰写历史也就必须以此为大端，"一州一县咸各有志，俾沿革山川见历代史者，于此可稽。因以近察政之体要，民之利病，故非通古今，明吏治，则撰次概不足观"[3]。

戴震主修《汾州府志》，对体例有所调整，特别突出民生利病之事。如以往修志，山川之属往往散列，且点缀以嬉游胜景。戴震则不然，他采用以水统川的办法，遍及泽泊、堤堰、井泉，并详录自古以来引渠灌溉之法、筑防疏通之事，集形势、风气、农政、水利于一体，"府境虽广，山川虽繁，按文而稽，各归条贯，务求切于民用"[4]，完全以民生利病为旨归。这一调整在修《汾阳县志》时也有所体现，其目的同样是"切民用，明政事"[5]。在所修志书中，戴震还详载赋税，因为在他看来，这是"政之大体，民之利病所系，胥役豪右，其滋弊不可穷诘也。知民之所苦及旱潦之不常，以达其情，尤亲民之吏宜务图者矣"[6]。修志以资治的史学思想表露无遗。

戴震指出，城池、官署、仓廒、学校、坛壝、关隘、营防、驿铺、户口、田赋、盐税这十一项内容，"官事也，民事也"，"政之大体于是乎在，民之利病于是乎在"。[7] 它们是既关涉民生利病，又关涉施政大要的重要内容，因此要在志书中详加论列。对于那些不明"古今因革，山川形势，政之体要，民之利病"的志书，戴震多有批评，并一再申明志书工作，"求其切民用，达治道也"[8]，指出作志要"严治体例，博通古

---

[1] 戴震：《戴东原先生文·与某书》。
[2] 戴震：《东原文集》卷十一《送巡抚毕公归西安序》。
[3] 戴震：《戴氏杂录·寿阳县志序》。
[4] 戴震：《补遗·汾州府志例言》，见《戴震全书》第六册。
[5] 戴震：《补遗·汾阳县志例言》。
[6] 戴震：《补遗·汾阳县志例言》。
[7] 戴震：《补遗·汾州府志例言》。
[8] 戴震：《戴东原先生文·汾州府志序》。

今"，"上下数千年政事人物，毕赅于兹；民之疾苦，政之后先，备见于兹"，[1] 为施政者提供借鉴。

戴震治历史地理，极为重视考证。但他与一般汉学家窄而小的研究又有不同。他的研究与顾炎武言山川重视历史递变，以及顾祖禹治地理重视军事措置的经国济世的经世精神有相通之处。他考证阴山时引述《九边考》之语，极言阴山地理位置之重要，"中国得阴山，则乘高一望，寇出没踪迹皆见，必逾大碛而居其北，去中国益远，故阴山为御边要地。阴山以南即为漠南，彼若得阴山，则易以饱其力而内犯，此秦、汉、唐都关中，必逾河而北守阴山也"[2]。这实际上是在为统治者提供守边安边的历史经验。戴震多处径引《读史方舆纪要》以强调该地守御之重要，如论嘉峪关，"山在今肃州西七十里。山之西麓即嘉峪关。《读史方舆纪要》云：国初收河西地，西抵玉门，北至沙漠，而仍以嘉峪关为中外巨防"[3]。论霍山，"山在今霍州东南三十里……《读史方舆纪要》云：霍山崎岖险峻，界并、晋二州之间，实控阨之要"[4]。戴震之所以能在细致绵密的考证中关注地理形势之重要，与他治史重视经国济世，务求切于民用的史学思想是有关的。戴震还曾应直隶总督方恪敏之聘，修《直隶河渠书》，此书记述直隶地区的水利，切于民用，极有价值，后被他人删削，更名为《畿辅安澜志》，献于朝廷，皇上认为是"有用之书"，命武英殿刊版。这些，都反映出戴震经世致用的史学思想。

戴震史学观中的另外一个重要思想就是重视地理沿革的考订，这主要表现在他有关修志的言论中。他曾说："志之首，沿革也。"[5] 主张修志首重地理沿革。戴震长期从事历史地理的研究，撰《水地记》，治《水经注》，对因地理沿革之误而导致的史事颠倒错讹深有体会。他在修志中重视对地理沿革进行考辨，实际上是其史学思想在方志修撰中的反映，这也成了他史学观的一个重要特点。

---

[1] 戴震：《戴东原先生文·永宁州志序》。
[2] 戴震：《水地记初稿》，见《戴震全书》第四册。
[3] 戴震：《水地记初稿》。
[4] 戴震：《水地记初稿》。
[5] 戴震：《补遗·汾州府志例言》。

对于方志修撰是重地理沿革还是重文献，戴震曾和章学诚有过一场争论。章学诚认为“志属史体”，一方之志即为一方之史，把方志归为史书。而戴震则认为修志应首先辨明地理沿革。对此，后人一直认为章学诚将方志归为史书，是方志学中的“历史派”，而戴震则坚持将方志视为“地理专书”，是“地理派”。这种认识及划分方法是不符合实际的。章学诚《记与戴东原论修志》言戴震主张“志以考地理，但悉心于地理沿革；则志事已竟，侈言文献，岂所谓急务哉”，也只是章氏的一面之词。查戴震著述，只见戴震强调修志须明沿革，未见戴氏以方志为地理专书之言。而其所修志书，内容丰富，其目的是“切民用，明政事”，绝非“但悉心于地理沿革，则志事已竟”。况且，重视地理沿革之考订，必然离不开文献之记载。因此，对章、戴之争，我们今天应作持平之论。就方志而言，它本身就是一种记载某一地区的历史、地理、社会风俗、经济文化等各方面内容的综合性著作。章、戴二人，治学路径不同，立言之旨各异，不必抑扬轩轾。况且，章、戴二人在修志以经世方面的观点是极为相似的。

戴震重视地理沿革的考辨，体现了他考释精审的求实求真的学术主张。在他看来，沿革不明，必谬误丛生，无法传信于后世。考证看似琐细，而归宿则在于弄清“官事民事治要所在”，知今知古，有利措置。

由此，戴震特别重视图表的作用，认为“披览图志，与读史相表里者也”[1]，“山川图为地志大节目”[2]，以图表见山川河流之分布，使人一目了然。

总之，戴震的史学观是其学术精神在历史研究中的反映。一方面，戴震主张经世致用，故而他的史学研究都鲜明地打上了经国济世，切于民用的烙印。另一方面，戴震主张实事求是，故而他致力于史实的考证，尤其是地理沿革的考证，以求传信史于后世。他的史学思想，正是求实与致用的结合。

---

[1] 戴震：《戴氏杂录·寿阳县志序》。

[2] 戴震：《补遗·汾阳县志例言》。

第八章　王鸣盛的史考和史论

王鸣盛，字凤喈，一字礼堂，号西庄，晚号西沚居士，上海嘉定人。生于康熙六十一年（1722 年），卒于嘉庆二年（1797 年）。

从王鸣盛一生行事来看，可分两个时期，前期主要为求学和仕宦时期，后期为归隐著述时期。乾隆九年（1744 年），王鸣盛入紫阳书院肄业，十二年中举，十九年与妹婿钱大昕同成进士，授翰林院编修，历官侍讲学士、内阁学士兼礼部侍郎等。乾隆二十八年，以母丧父老告归。自此以后，卜居苏州，不与权贵交接，专治学问，其一生重要著作，都成于这一时期。

王鸣盛学识淹贯，经、史、子、集四方面均有著述，他曾自比明人王世贞，说："我于经有《尚书后案》，于史有《十七史商榷》，于子有《蛾术编》，于集有诗文，以敌弇州《四部》，其庶几乎。"[1] 所言虽颇自负，却也是实情。从我们今天的学术眼光看，最能代表王鸣盛学术水平的著作当推《十七史商榷》。在这部史著中，王鸣盛考史论史，发表自己对历史和史学的见解，颇有探讨价值。

[1]《蛾术编》卷首沈茂德识，商务印书馆 1958 年版。

第一节　王鸣盛的治学特点

从王鸣盛治学的侧重点来看，前期偏重经学，后期偏重史学，由经入史，并贯串经史，是王鸣盛治学的一大特点。

王鸣盛生活的时代，正是“汉学”鼎盛时期，涌现出惠栋等一大批究治汉学的学者。王鸣盛、钱大昕年轻时都曾与惠栋有过交往，“执经问难”，深受汉学风气熏染。只是钱大昕在思想宗旨、研究重点和学术风格上与惠栋异趣，遂卓然自立，自成体系。独王鸣盛倾心汉学，“知诂训必以汉儒为宗”[1]。在学术宗旨、主张及治学方法上踵武惠栋，尊汉宗郑。他24岁治《古文尚书》，推崇阎若璩和惠栋，而将自己的《尚书后案》与阎若璩的《尚书古文疏证》、惠栋的《古文尚书考》并列，视为击破《古文尚书》的三部力作。

王鸣盛治经，“但当墨守汉人家法，定从一师而不敢他徙”[2]，其所谓墨守汉人家法，实际上是墨守郑玄之法，他曾说：“《尚书后案》何为作也？所以发挥郑氏康成一家之学也。”[3] 王鸣盛对郑玄推崇备至，盛称郑氏乃孔子七十二弟子之后集大成的人物，而自己则是“守郑氏家法者也”[4]。在《蛾术编》的《说录》《说人》等门中，王鸣盛对郑氏之世系、著述、师友、传学、逸事等都做了专条考论，表彰郑学不遗余力。可以说，在乾嘉史学上，张汉学旗帜者以王鸣盛最为特出。

从消极的方面讲，王氏治经墨守汉人家法，障蔽了他的学术眼光。比如，他对“实事求是，不主一家”的戴震之学就表示了极度不满。戴震在解释《尧典》中“光被四表”之“光”字时，与郑玄不合，王鸣盛遂指斥戴震“为人信心自是，眼空千古……必谓郑康成注不如己说精也”，“戴于汉儒所谓家法，竟不识为何物”，声明自己与戴震“道不同不

[1] 钱大昕：《潜研堂文集》卷四十八《西沚先生墓志铭》。

[2] 王鸣盛：《十七史商榷·序》。

[3] 王鸣盛：《尚书后案·序》，清乾隆四十五年礼堂刊本。

[4] 王鸣盛：《蛾术编》卷四《说录四·光被》。

相为谋”。[1] 在对戴学的态度上，王鸣盛与钱大昕的差别很大，钱大昕推尊戴震，首肯的就是他“实事求是，不主一家”的学术精神。由于过分崇信郑玄，对于郑玄误引的纬书，王鸣盛也深信不疑，甚至将纬书所载汉儒编造的三皇五帝事迹纳入其著作中。

从积极的方面讲，王鸣盛又能贯串经史，移治经之法以治史，取得了很大成绩。比如在进行历史考据时，王氏多用小学这一手段，明显是受其治经方法的影响。《尚书后案》一书，即运用正文字、辨音读、释训诂、通传注的方法，汇集大量资料而成。王氏既谙熟这一方法，于是移此以治史，通过对疑文晦义的厘清，阐明典章制度、地理沿革、天文历法等问题。王氏治史重目录之学，也与他早年治经有关系。王氏撰《尚书后案》，曾对《汉书·艺文志》做过精心研究，尤其对《汉书·艺文志》所载《尚书》脱简、流传的情况做过仔细考辨，这对他形成对《汉书·艺文志》的认识及后来对“目录之学”的强调有很大影响。而且，王氏经常用经学流变的眼光看待目录之学，重源流，轻部次。

除贯串经史外，王鸣盛治学的另一个特点是会通古今。他说：

> 大约学问之道，当观其会通。知今不知古，俗儒之陋也；知古不知今，迂儒之癖也。心存稽古，用乃随时，并行而不相悖，是谓通儒。[2]

治学之所以要会通，是因为古今有变化，典章制度有演变发展的过程，音韵文字也有古今之异，史书体例更复如是。总之，一切历史现象，都是“随时而变，此势所必至”[3]。因此，治学要贯串融会，找出变化的轨迹，从而使今人顺应时势，不再“执泥”。[4] 王鸣盛大力表彰那些通古今之变的著作，如认为《说文》“会通古今，既精且博”[5]，《通典》

[1] 王鸣盛：《蛾术编》卷四《说录四·光被》。
[2] 王鸣盛：《十七史商榷》卷八十二《唐以前音学诸书》。
[3] 王鸣盛：《十七史商榷》卷八十二《唐以前音学诸书》。
[4] 王鸣盛：《十七史商榷》卷八十二《总论新书兵志》。
[5] 王鸣盛：《十七史商榷》卷二十二《三苍以下诸家》。

“条贯古今，端如贯珠”，《通考》“贯串二十五代文章，莫大乎是哉”。[1]会通古今的治学思想，在王鸣盛考辨史事上的具体体现就是特别注意“通识”的运用，用纵向和横向联系的眼光，将表面上看似分散的历史材料归纳贯串起来，发现其内在联系，考察其渊源流变。在考察典章制度的变化时，王鸣盛尤其善于运用这一方法，会通古今，贯串左右，从而提出许多发人深思的问题，得出不同于别人的结论。

王鸣盛治学，还特别强调识断。他说：“近日余萧客辑汉人经注之亡者为《钩沉》，有本系后人语妄摭入者，有本是汉注反割弃者。书不可乱读，必有识方可以有学，无识者观书虽多，仍不足以言学。”[2] 这段话本来是要说明辑佚之不易，但却指出了当时学者好古而不知所择、流弊横生的毛病，并力申治学必以识居先，持论极通达。王鸣盛治学，在经学上泥古，识见大受限制，然在史学上却有不少冲破流俗之见，如对王叔文“永贞革新”的高度评价，为陈寿、范晔、魏收等史家鸣冤，等等，均体现了他治学重识见、喜创新的风格。

王鸣盛治史，一方面宣称自己求实证而不尚议论，另一方面又在《十七史商榷》中多有议论，这一矛盾的根源在于王氏的经学思想以及他对经史关系的看法上。王氏推尊汉学，对于汉学以训诂考据为主要特色的治经方法有很深的体悟，并坚信此乃学问之正途。由此出发，他对于宋明以来学者空谈性理，没有根柢而驰骋议论的做法极为不满。他将汉儒考证之学称为“实”，将宋明义理之学称为“虚”，指出：“学问之道，求于虚不如求于实，议论褒贬，皆虚文耳。作史者之所记录，读史者之所考核，总期于能得其实焉而已矣，外此又何多求邪？”[3] 宋明以来，论史专重所谓义理、道德，不顾史实，借题发挥，自逞胸臆，横生议论，这是理学空谈义理在史学上的表现。并且，这种史论又特别重视《春秋》笔法，自立法戒，以示褒贬。王鸣盛以一个汉学家的眼光，予以严厉批判，其中心思想是以求实的学术价值观反对空谈。王鸣盛在批判了宋明以来“凿空”的史论之后，又指出经与史有相同处，也有不同处。相同

[1] 王鸣盛：《蛾术编》卷十三《说录十三·通典通志通考》。
[2] 王鸣盛：《蛾术编》卷二《说录二·采集群书引用古学》。
[3] 王鸣盛：《十七史商榷·序》。

处在于，二者都“务求切实”，都能以考据之法治之；其不同乃在于性质上的不同。经至高无上，神圣不可侵犯，不能针砭。史在学术地位上要远远低于经，故而可以针砭议论，“治经断不敢驳经”，“而史则虽子长、孟坚，苟有所失，无妨箴而砭之”。[1] 王鸣盛的这种经史关系论，是他一尊汉儒，迷信郑氏之学的必然反映。和钱大昕所倡导的“经史无二学”以及章学诚的“六经皆史”相比，其理论价值要逊色得多。细绎王鸣盛的这些议论，可以发现，他并不反对对史学发表个人见解，他所反对的只是宋明以来“凿空”的史论。他从汉学家的立场出发，力主求实，不敢驳经，并认为考证辨伪即是达到实学的唯一途径，但对于学术地位远远低于经学的史学，是可以发表议论的，只是这种议论是在“考其典制事迹之实”的基础上发出的，是有理有据而非主观臆断的。

王鸣盛《十七史商榷》融考据、史论于一书，以考据为基础，论史事，评史法，发表了不少卓见。可以说，正是在史学领域，王氏才突破了自己的保守之处，从而在中国史学思想史上占有一席之地。

第二节　王鸣盛的历史文献学思想

《十七史商榷》是王鸣盛的史学代表作，人们总喜欢将该书与赵翼的《廿二史札记》、钱大昕的《廿二史考异》相提并论，而实际上，三书有很大差异。赵书偏重议论，钱书则偏重考订，而王鸣盛之书，兼有钱、赵两书的特点，是融史考与史论为一体的著作，并在两个方面都取得了很大的成绩。

我们首先看王鸣盛的史考及文献学思想。

第一，重视目录之学，将目录学用于考据。王鸣盛是清代赋目录学以极高地位和意义的史学家，他说：“目录之学，学中第一紧要事，必从此问涂，方能得其门而入。”[2] 又说：“凡读书最切要者，目录之学。目

[1] 王鸣盛：《十七史商榷·序》。
[2] 王鸣盛：《十七史商榷》卷一《史记集解分八十卷》。

录明，方可读书，不明，终是乱读。”[1] 王鸣盛强调目录学的重要，是要从目录学入手进行辨伪、校勘、考证。一方面，他通过目录学考明文献资料的来历，“剖断古书之真伪是非，辨其本之佳恶，校其讹谬”[2]，另一方面是通过目录学辨章学术，考镜源流。细绎《十七史商榷》，我们就会发现，王鸣盛在对每一部正史进行商榷之前，都要从目录学角度交代有关这部正史的篇卷、来历，其内容大致包括史家生平、作史情况、史料来源、体例篇卷、内容繁简、刊刻流布、各本源流及异同、后人补改校考等，这些，是校勘考证的应有之义，否则涉笔便误。在王鸣盛的治史系统中，处处可见目录学的影子。其另一杰作《蛾术编》，全书分十门，即说录、说字、说地、说制、说人、说物、说集、说刻、说通、说系，也充分体现了他按类编排的目录学思想。其中的“说录”，对图书源流、版本、内容等各方面都做了简要介绍，并按经史子集顺序编排，起到了一部目录书的作用。

第二，利用文字音韵方法考史。王鸣盛一生，治经又治史，在经史考证中，小学是他惯用的方法。王氏对文字音韵的重要性有清醒的认识，他曾引用许慎《说文》自序中的话说：“文字者，经艺之本，王政之始，前人所以垂后，后人所以识古。”并说：“欲通古今，赖有字，亦赖有史，故字不可不识，史不可不读。”[3] 文字是一切历史信息的载体，从传统文字音韵入手，识字明句，弄清文本，通晓篇章之义，窥见全书之旨，当然是考史的重要方法。王鸣盛反复论证过小学与史学、经学等的关系，指出：“声音文字，学之门也”[4]，“未通小学，不可说五经、《史》、《汉》”[5]。语言文字，总是随着历史的发展而不断变化，“声音文字，随时而变，此势所必至”[6]。对此，王鸣盛认为，治史者既要洞察这种变化的趋向与特点，更应探本溯源，从通晓许慎的《说文》入手，“能通

[1] 王鸣盛：《十七史商榷》卷七《汉书叙例》。
[2] 王鸣盛：《十七史商榷》卷一《史记集解分八十卷》。
[3] 王鸣盛：《十七史商榷》卷六十七《通古今》。
[4] 王鸣盛：《十七史商榷》卷八十二《唐以前音学诸书》。
[5] 王鸣盛：《十七史商榷》卷二十五《终阳》。
[6] 王鸣盛：《十七史商榷》卷八十二《唐以前音学诸书》。

《说文》，得其门而入”，则“可与言学矣”。[1] 在他看来，《说文》是训诂的门径，小学的渊薮，“欲读书，必先求识字；欲识字，必先通《说文》”[2]。由《说文》入门，倡明文字，进而考订史实，是王鸣盛由文字音韵考史的门径。

第三，重视用金石碑刻考史。王鸣盛上承欧阳修金石考据学的成就，又受乾嘉诸儒重金石之风的影响，特别重视用金石碑刻考史。他用金石资料考史，主要体现在两个方面，一是用金石纠正历史记载之讹，二是用金石补历史记载之阙。如他根据《李光进碑》拓本及《李良臣碑》拓本，证明《旧唐书》错把李良臣的战功附会为其子李光进的战功，从而纠正了《旧唐书》的谬误。[3] 再如，《新唐书》和《旧唐书》都没有记载杨国忠、李林甫相互勾结陷害名将王忠嗣的史料，王鸣盛据元载撰《王忠嗣神道碑》而补充之，指出王忠嗣被陷害的史实“史有所漏，赖碑得见也”，并认为“使忠嗣得竟其用，不但二边无扰，亦无禄山之难矣。唐人自坏长城，乃天下之大不幸也”。[4]

第四，重视对版本的运用。版本异同是校勘纠谬的直接依据，对此，王鸣盛是极为重视的。一方面，他注重版本搜讨，“购借善本，再三雠勘”[5]；另一方面又强调择善而从，所谓“校书之道，贵择善而从，狥今而媕陋，泥古而迂癖，皆病也”[6]。王氏校勘十七史，除以明末毛晋汲古阁本作底本外，还参照了大量异本。《十七史商榷》校勘记中所见的版本，《史记》有监本、震泽王氏本、甫田柯氏本，《汉书》有宋本、监本、何焯校本、凌稚隆校本、王侍御评本，《后汉书》有监本、“今注疏本”，《三国志》有宋本、元本，等等，足见王氏对版本之重视。有的学者认为王鸣盛校书不大注意版本校，此说恐失之片面。《十七史商榷》中运用版本校书的例子很多，如汲古阁本《南史》有“帝与袁粲、褚彦回、刘彦节等更日直入决事，号为西贵”，而《南齐书》作“入直决事，号为

[1] 王鸣盛：《十七史商榷》卷八十二《唐以前音学诸书》。
[2] 王鸣盛：《十七史商榷》卷二十二《三苍以下诸家》。
[3] 王鸣盛：《十七史商榷》卷九十一《李光进战功》。
[4] 王鸣盛：《十七史商榷》卷八十八《王忠嗣两传互异》。
[5] 王鸣盛：《十七史商榷·序》。
[6] 王鸣盛：《十七史商榷》卷六十九《旧唐书各种本不同宜择善而从》。

四贵”。其查监版《南史》亦作“四贵”，证汲古阁本“西贵”之误。[1]《十七史商榷》卷六十九至卷七十六的200余条校例，卷九十八的100余条校例，都运用了版本校的方法。

王鸣盛考史，重视校勘文字，他曾自谦地说：

> 予识暗才懦，一切行能，举无克堪，惟读书校书颇自力，尝谓好著书不如多读书，欲读书必先精校书，校之未精而遽读，恐读亦多误矣。读之不勤而轻著，恐著且多妄矣。[2]

这里将校书、读书、著书的关系讲得非常明白。王鸣盛考史，除正史外，又广搜材料，偏霸杂史、稗官野乘、山经地志、谱牒簿录、诸子百家、小说笔记、诗文别集、释老异教以及金石碑刻，等等，皆取以佐证。他将这些材料汇集一起，“参伍错综，比物连类，以互相检照”，“既校始读，亦随读随校”，废寝忘食，夜以继日，“凡所考者，皆在简眉牍尾，字如黑蚁，久之皆满，无可复容，乃誊于别帙，而写成净本，都为一编”，[3] 是为《十七史商榷》，足见其考证之勤。

史学家陈垣先生曾总结过校勘的四种方法，即对校法、本校法、他校法和理校法，并在理论上给予说明。我们在研读《十七史商榷》时不难发现，王鸣盛已经常用这四种方法进行文字校勘，不仅如此，王鸣盛还将本校法和他校法并用，他校法和理校法并用，来判定文字记载的讹误。

柴德赓先生曾说：“乾嘉时代的校勘家，一般只是两本对勘，或本书校本书而已，高明的才用他校、理校法。王鸣盛四种方法都用，他常用一般人不敢轻用的理校法。”[4] 这就使他的校勘有更大的价值，真正起到了“改讹文、补脱文、去衍文”，“诠解蒙滞，审核踳驳”的作用。[5]

---

[1] 王鸣盛：《十七史商榷》卷五十五《西贵》。

[2] 王鸣盛：《十七史商榷·序》。

[3] 王鸣盛：《十七史商榷·序》。

[4] 柴德赓：《王鸣盛和他的〈十七史商榷〉》，见《史学丛考》，中华书局1982年版，第282页。

[5] 王鸣盛：《十七史商榷·序》。

在文字校勘的基础上，王鸣盛还对一系列典制史事进行了考证，其中以考证官制变易和地理沿革最具代表性。

我国古代史家有重视和记述官制的传统。历代正史中，多半都有《百官志》《职官志》等。王鸣盛继承这一传统，对官制的建立与变更极为重视。《十七史商榷》一百卷，有近五十卷考及官制，特别是对一些重要官制的变化，往往条分缕析，考证细密。例如，在中央官制方面，卷十考证了宗周至秦汉三公九卿的官位与职掌的变化。在地方官制方面，卷十四着重考述刺史制度，对其建置、职掌、权限、官秩、隶属与演变等问题，均有所辨正。对于官吏的选举、任用，尤其是汉代的察举、魏晋的九品中正、唐代的科举取士等，也多有考辨。

王鸣盛重视对地理沿革的考证，认为“建置沿革，事之大者”，“地理建置，不可无考”。[1] 朝代更替，郡国废存，官吏任免，战争攻守，以及民族之迁徙、政治经济文化之交往，都离不开相应的地理环境，而这种地理建置，又往往变更频繁，致使诸多史籍或语焉不详，或是非混杂。因此，有必要对地理沿革进行考证。本来，王鸣盛主张“史法贵简”，但对建置沿革的记述却强调以详为贵，“独建置沿革，乃地理之至要，宜条析而详书之，词繁而不杀为佳”。[2] 基于这样的构想，王鸣盛《十七史商榷》中考证地理沿革，特别是历代行政区域、地名的变易、诸史地理志的讹误等内容占有大量篇幅。例如，《汉书》部分二十二卷，集中考辨郡国地域的有八卷，其中单是《地理志辨证》就有四卷。《旧唐书》部分二十四卷，考及地理与行政建制的多达二十卷。卷八十还以整卷的篇幅系统考辨《新唐书》与《旧唐书》之《地理志》，胪列其脱误近百条之多！

王鸣盛考史，运用多种手段和方法，实事求是，态度谨严，纠正了正史许多文字方面的讹误衍脱，解决了不少疑难问题。王鸣盛曾称：“学者每苦正史繁塞难读，或遇典制茫昧，事迹樛葛，地理职官，眼眯心瞀，试以予书为孤竹之老马，置于其旁而参阅之，疏通而证明之，不觉如关

[1] 王鸣盛：《十七史商榷》卷四十二《三国疆域》。

[2] 王鸣盛：《十七史商榷》卷十五《建置从略》。

开节解，筋转脉摇，殆或不无小助也。”[1] 今天看来，王鸣盛所做的工作，对于学术研究不是“小助”，而是大有裨益，真正起到了“启导后人”的作用。而且，王鸣盛考史，本着疑则传疑、信则传信的求实态度，许多考证不清的问题，均标以“存疑备考”“未知孰是”“当阙疑”“不知何据”等，以俟后人续考。他这种尊重史实的精神和实事求是的学风，也是史学思想史上的宝贵财富。

第三节　王鸣盛的史论

王鸣盛不仅对历代正史中的问题进行了细致的考订，而且把论史与考史结合起来，在求实的基础上，发表自己的历史见解。

王鸣盛的史论基本上是针对客观历史和史学自身两个不同的层面展开的。

王鸣盛评论客观历史，触及封建社会的政治、军事、文化等各方面问题。

第一，重视人在历史上的作用，且不以成败论人。王鸣盛重视历史人物的作用，认为事业的成败，取决于人才的有无和用人的得失。他分析项羽失败的原因，指出“项王之失，不在粗疏无谋，乃在苛细多猜疑，不任人”[2]。他认为东晋亡于“无人”，谢安、谢玄、谢石相继去世后，“自此晋无人矣。桓玄篡位，刘裕讨玄，而晋亡矣”[3]。王氏评价历史人物，还明确提出不以成败论人的原则，认为一个人的成败兴亡，取决于多种社会因素，因而成功者未必可褒，失败者未必可贬。他在评价项羽、刘邦时，充分肯定了项羽亡秦的历史功绩，指出：“当日若非羽破秦兵于钜鹿，虏王离，杀涉间，使章邯震恐乞降，沛公安能入关乎?”[4] 而对

[1] 王鸣盛：《十七史商榷·序》。
[2] 王鸣盛：《十七史商榷》卷二《项氏谬计四》。
[3] 王鸣盛：《十七史商榷》卷五十《诸谢相继卒》。
[4] 王鸣盛：《十七史商榷》卷二《刘借项噬项》。

刘邦，则斥其“惟利是视，顽钝无耻”[1]，实“借项之力以成事，而反噬项者也”[2]。

第二，注重探究历代重要历史问题及其流变，关心民生。王鸣盛论史，往往能从分散的材料中钩稽贯串，找出历代重要历史问题，考其流变，分析利弊。如《十七史商榷》卷十二《常平仓》《敛散即常平》，就抓住汉代经济生活中颇为重要的一个问题，并下论及唐宋的社仓，考察了它们的兴废利弊，指出常平仓之设，谷贱买入，谷贵卖出，平抑物价，接济百姓，稳定社会，于官于民皆利，但是由于“猾吏贪胥上下其手”，弊端丛生，反而成了与民争利的工具。最后，王鸣盛总结说：“自古积粟之法，莫善于在民，莫不善于在官。”发人深思。王鸣盛还指出，耿寿昌的常平法与桑弘羊的均输法是不同的，常平是为了利民，而均输“尽笼天下货物，贵卖贱买，则直与民争利矣”。在这里，王鸣盛纵横贯串，抓住汉代经济生活中的重要问题发论，表达了自己关心民生、反对朝廷与民争利的思想。再如他在研究晚唐政治史时，抓住唐代宦官掌握兵权这一问题，指出唐代宦官企图掌握兵权，早在肃宗时已露端倪，到代宗、德宗两朝，兵权已尽入宦官之手。宪宗以下，情势更加严重。元和以后，朝政腐败，宦官王守澄任神策中尉，更立穆宗、文宗二帝。当时宦官掌握兵权，是为“北司”，外协群臣，内侮天子，在晚唐已成牢笼之势，无法改变。“要而言之，则祸根总在中人得兵”[3]。宦官掌握兵权，挟君以制群臣，致使天下大乱。这种对晚唐祸乱频繁的根源的分析，是透辟的。

第三，敢于提出一些不合流俗的独到见解，大胆识断。这主要表现在王鸣盛对唐代王叔文、王伾、刘禹锡、柳宗元等进行的“永贞革新”的评价上。王叔文是顺宗朝与宦官势力进行斗争的正直朝臣，他领导了唐代历史上著名的“永贞革新”。然而，就是这样一位历史人物，却遭到后世的嫉恨和辱骂，司马光修《资治通鉴》也给他加上了各种恶名，诸如“奸诈”“朋党专恣”“弄权纳贿”“欲夺兵权以自固”，等等。对此，王鸣盛大胆识断，详述了王叔文秉政时所施行的各种“善政”，指出“叔

[1] 王鸣盛：《十七史商榷》卷二《汉惟利是视》。

[2] 王鸣盛：《十七史商榷》卷二《刘借项噬项》。

[3] 王鸣盛：《十七史商榷》卷八十九《南衙北司》。

文行政，上利于国，下利于民，独不利于弄权之阉官，跋扈之强藩”，并高度评价“永贞革新”是“黜聚敛之小人，褒忠贤于已往，改革积弊，加惠穷民，自天宝以至贞元，少有及此者”，[1] 一再称赞王叔文“矫革积弊”，“才绝等伦”，“举贤为国，可谓忠矣”。所谓“八司马”也皆一时之选，等等。[2] “永贞革新”是唐顺宗时的一次具有进步意义的政治改革，尽管这一改革很快失败，王叔文被杀，刘禹锡、柳宗元被贬，且遭到历史上很多人指责，但王鸣盛却能从实际出发，打破流俗，大胆识断，充分肯定王叔文等人的活动，明显地表现出他主张改革，同情“穷民”，反对腐朽黑暗势力的进步倾向。在当时的历史条件下，王鸣盛能有这样的见识，实属难能可贵。

总之，王鸣盛不是停留在烦琐的考据上，他在进行考证的时候发论，进一步升华自己的认识，从而得出有理论价值的结论。这种由史而论，实现史考与史论相结合的治史方法，正是他贯串经史、会通古今的治学方法的体现，也是他比当时一般历史考据学者的高明之处。

史学评论是王鸣盛史论中内容最为翔实的部分，他对自《史记》以下到新、旧《五代史》等正史进行评价总结，并旁及《左传》《国语》《竹书纪年》《汉纪》《后汉纪》《十六国春秋》《贞观政要》《史通》《资治通鉴》等史籍，网罗宏富。王氏商榷史篇，来源于刘知幾，他说：“《史通》二十卷，唐刘子元知幾著，评史家得失，有精确者，有苛碎差谬者。……知幾自序云：‘余历事二主，从官两京，遍居司籍之曹，久处载言之职，商榷史篇，遂盈筐箧。’予体例与知幾异，而商榷之义，亦窃取之”，“知幾虽有踳驳，要为有意务实者，故予窃比之”。[3] 王鸣盛以继刘知幾自任，在考辨史书的基础上，运用归纳比较的方法，自觉地评史家得失，论史法义例，提出了不少精辟的史学见解。

其一，史贵求实，反对空论。他说：“凡著述，空际掉弄，提唱驰骋，愈多愈乱人意，纪载实事，以备参考，虽多不甚可憎。”[4] 又说：

[1] 王鸣盛：《十七史商榷》卷七十四《顺宗纪所书善政》。
[2] 王鸣盛：《十七史商榷》卷八十九《王叔文谋夺内官兵柄》。
[3] 王鸣盛：《十七史商榷》卷一百《史通》。
[4] 王鸣盛：《十七史商榷》卷三十《刘昭李贤注》。

"学问之道，求于虚不如求于实，议论褒贬，皆虚文耳，作史者之所记录，读史者之所考核，总期于能得其实焉而已矣，外此又何多求邪。"[1] 王鸣盛的这些话主要是针对宋明人作史喜发空论而言的。他并非反对据实而论，而是反对空论。他曾批评欧阳修《新唐书》中的史论，认为欧阳修"驾空凌虚，自成伟议。欲以高情远识，含跨前人"，所论非"脱题文章"，即"题外生枝"，甚或"好用呜呼，故为纡回顿挫俯仰揖让之态"。[2] 王鸣盛的这一见解受清初以来蓬勃兴起的实学思潮的影响，对力矫宋明学者空发议论的弊端是有积极作用的。

其二，强调"直笔无隐"，赞成"恶而知其美"。王鸣盛指出："作史贵据事直书，详明整赡。"[3] 直书史事是史家的天职，为此，必须做到"不以人废言，恶而知其美"。他认为，《史记》在《封禅书》《平准书》中对汉武帝进行严厉批评，而在《儒林传》中则盛称武帝延揽人才，这正是"恶而知其美"的典范，[4] 只有这样，史书才能直笔无隐，善恶毕见。

其三，重视"史权"。王鸣盛提出"史权"的概念。《史记》将公孙弘与主父偃合传，把张汤、杜周编入《酷吏传》，因为"子长恶此三人特甚，故其位置如此"。班固作《汉书》，欲使体例整齐，于是重新调整，将公孙弘与卜式、儿宽同传，将主父偃与严助、朱买臣、吾丘寿王、徐乐同传，而张汤、杜周立专传，不再混编于《酷吏传》。张、杜二人皆残刻之人，然其子孙后代却累世封侯，且功德卓著。对此，班固的解释是："（张）汤虽酷烈，及身蒙咎，其推贤扬善，固宜有后。"[5] 而杜周"自谓唐杜苗裔，岂其然乎？"[6] 对此，王鸣盛说："此等措词之妙，班直不让马矣。吁，自有马班，而二人之恶，孝子慈孙，百世不改，若非良史，则为善者惧，为恶者劝，史权不亦重哉。"[7] 王鸣盛所谓的"史权"，实

---

[1] 王鸣盛：《十七史商榷・序》。

[2] 王鸣盛：《十七史商榷》卷七十《新书尽黜旧书论赞》。

[3] 王鸣盛：《十七史商榷》卷四十《许�洛三都》。

[4] 王鸣盛：《十七史商榷》卷六《儒林传》。

[5] 《汉书》卷五十九《张汤传》。

[6] 《汉书》卷六十《杜周传》。

[7] 王鸣盛：《十七史商榷》卷六《公孙弘等》。

际上是指史家对史事的处理和看法。惩恶劝善是“史权”的目的和中心。对此，他多次讲道：“史家之例，原无一定，要足以载事实，明劝戒足矣。”[1]，还说：“凡史宜据事直书，不必下褒贬，然分析伦类则不可无。”[2] 分析伦类一定程度上包含有褒贬。

其四，反对模仿《春秋》笔法。王鸣盛反对在作史时仿效《春秋》笔法。他说：“夫《春秋》大义，炳如日星，而其微词变例，美恶不嫌同词，则有非浅近之所能推测者。后人修史，辄从而拟之，不失之迂妄，则失之鄙陋。”[3] 还说：“《春秋》书法，去圣久远，难以揣测，学者但当阙疑，不必强解，惟考其事实可耳。况乃欲拟其笔削，不已僭乎？究之是非，千载炳著，原无须书生笔底予夺，若固弄笔，反令事实不明，岂不两失之。”他认为，客观叙述，不加褒贬，“真叙事良法，可以翼赞天命天讨之权者也”。[4] 由此，他批评《通鉴纲目》的所谓书法，批评欧阳修效法《春秋》，“欧公手笔诚高，学《春秋》却正是一病。《春秋》出圣人手，义例精深，后人去圣久远，莫能窥测，岂可妄效。且意主褒贬，将事实一意删削，若非旧史复出，几叹无征”[5]。可见，王鸣盛认为，记载事实乃史之天职，无论什么样的书法，都不能损害这一基本前提，否则便非良史。

其五，提倡史书创新，反对泥古。王鸣盛认为，编年、纪传二体，均是时代发展之产物，“编年虽古法，而古不可泥”。他赞同皇甫湜的观点，认为：

> 合圣人之经者，以心不以迹，得良史之体者，在适不在同。编年、纪传，系于时之所宜耳，何常之有？夫是非与圣人同，辨善恶得天下之中，不虚美，不隐恶，则为纪传、为编年，皆良史矣。若论不足以析皇极，辞不足以垂无穷，虽为纪传、编年，斯皆

---

[1] 王鸣盛：《十七史商榷》卷五十一《奸臣叛臣逆臣》。
[2] 王鸣盛：《十七史商榷》卷五十九《皇子概作合传为非》。
[3] 王鸣盛：《十七史商榷》卷九十三《欧法春秋》。
[4] 王鸣盛：《十七史商榷》卷七十一《李昭德来俊臣书法》。
[5] 王鸣盛：《十七史商榷》卷九十三《欧法春秋》。

罪人。[1]

从这里可以看出，王鸣盛在史书体裁的变化上，有变通的思想，他更重视史书的内容而不是外在形式。除史体外，王鸣盛认为史书表述也应随时而变，他说："史家书人乡贯，六朝以前与唐宋以下，自是不同。……文体随时而变，不可泥古。"[2] 史书的表述形式要随时变通，不能一味模仿古人，"《新唐书》本纪较《旧》书，减去十之七，可谓简极矣，意欲仿班、陈、范也。夫文日趋繁，势也，作者当随时变通，不可泥古"[3]。这些，都是当时要求变通史体的思潮的具体表现。另外，王鸣盛还指出，一部史书，体例一旦确定，就必须严守，不可变乱，破坏史书的结构之美。他数次批评李延寿，原因之一就是李氏作史，史法义例不能统一，"任意割裂，皆无义例"[4]，"史法大乱"[5]。王鸣盛的这一主张，对于严明体例，叙事明晰，显然是有好处的。

其六，辩证看待史文繁简。自从晋代张辅以史文繁简定《史》《汉》高下以来，许多学者都对这一问题发表了看法，顾炎武、钱大昕都有很好的见解。对此，王鸣盛说："或谓史贵详，或谓史贵简，二者皆不尽然。必也详其所当详，简其所当简，乃可谓良矣。"[6] 可见，王氏反对以文字繁简论史书优劣，详而不芜，简而不漏，是王鸣盛在文字繁简上的基本观点。他认为陈寿《三国志》与范晔《后汉书》各有优长，"陈之精简，固胜于范，然范赡而不秽，铨叙井井，亦不厌其繁"[7]。自刘知幾提出"尚简""用晦"的主张以后，评史书者多以史文简洁为高。王鸣盛认为史书纪事必须明晰，要把史事的来龙去脉交代清楚。他曾批评说："六朝人记载实事，每不明晰，因直书其事，恐词义朴僿，观者嫌之，乃

[1] 王鸣盛：《十七史商榷》卷九十九《正史编年二体》。
[2] 王鸣盛：《十七史商榷》卷六十三《韦载京兆人》。
[3] 王鸣盛：《十七史商榷》卷七十《新纪太简》。
[4] 王鸣盛：《十七史商榷》卷六十六《外国朝贡》。
[5] 王鸣盛：《十七史商榷》卷六十六《慕容垂遣使朝贡》。
[6] 王鸣盛：《十七史商榷》卷十《壬辰辛丑》。
[7] 王鸣盛：《十七史商榷》卷四十《董袁等传》。

故作支缀，不知书事但取明晰，何用妆点乎？”[1] 对于地理沿革，郡国分合，不但不能简略，有时还应以详为贵，“窃谓史法贵简，独建置沿革，乃地理之至要，宜条析而详书之，词繁而不杀为佳”[2]，只有这样才能将沿革变化交代清楚。这表明王鸣盛并不以僵死的观点看问题，而是能具体问题具体对待，充满理性色彩。

更为重要的是，王鸣盛由史文繁简论述到史书内容的取舍，他认为史书应多载有关国计民生的大事，去除琐言细事、鬼神迷信的内容。他批评李延寿《南史》增删不当时说：“所删者往往皆有关民生疾苦，国计利害。偶有增添，多谐谑猥琐，或鬼佛诞蔓。李延寿胸中本不知有经国养民远图，故去取如此。”这样的批评是有道理的，而且由此也可见王鸣盛的经世思想。

其七，对于史书资料的采获，王鸣盛也有辩证的看法。他认为，无论是实录还是小说，都有史料价值，也都存在缺陷，关键是史家要善于考核。他说：“大约实录与小说互有短长，去取之际，贵考核斟酌，不可偏执。……采小说未必皆非，依实录未必皆是。”[3]

其八，强调史书的文字表述之美。中国古代史学批评历来把史家的“善序事”视为“良史之才”的一条重要标准。善序事所包含的内容很丰富，而文字表述上的造诣则是其中的主要方面。对此，王鸣盛十分重视，他曾比较《史》《汉》两书，“司马迁用笔，本自跌宕离奇，不似班固之平实，故驰骋文笔者尊迁，务求切实者爱固”[4]，指出了迁、固不同的叙事风格。他对范晔《后汉书》的文笔极为激赏，称其“反复有味”，“平允而意致深长”，[5]“肆而隐，微而彰，其范史之谓乎？”[6] 他称赞范晔“推明忠义心事，悲愤壮烈，千载下读之，凛凛犹有生气”[7]，“读之

[1] 王鸣盛：《十七史商榷》卷六十三《记载不明》。
[2] 王鸣盛：《十七史商榷》卷十五《建置从略》。
[3] 王鸣盛：《十七史商榷》卷九十三《欧史喜采小说薛史多本实录》。
[4] 王鸣盛：《蛾术编》卷五十三《说人三·老子杳冥诡异》。
[5] 王鸣盛：《十七史商榷》卷三十七《马蔡论赞》。
[6] 王鸣盛：《十七史商榷》卷三十六《刺广寓于褒颂》。
[7] 王鸣盛：《十七史商榷》卷三十七《陈蕃传论》。

能激发人"[1]，"蔚宗论赞，以悲凉激壮之笔出之，足以廉顽立懦"[2]。他充分肯定了范晔文字表述的高超造诣。司马迁、班固、范晔之书，历来脍炙人口，又都是实录史书的典范，说明以求实为旨归的史书是可以通过高超的文字表述达到直接感发人心的教育效果的。王鸣盛强调文字表述之美，但反对以辞害义，故作"雕饰""妆点"。六朝人撰史，特别喜欢"故作支缀"，专事妆点，受到王鸣盛批评。[3] 可见，王鸣盛所强调的文字表述之美是真实之美和生动之美的统一。

王鸣盛评论历代史家、史书，特别注重研究一些著名史家的思想倾向，纠正前人的误解，还历史以本来面目。陈寿《三国志》问世后，学者多责其曲笔回护，认为他一来有"索米"之嫌，未能给丁仪、丁廙立传，二来挟父私怨，贬低诸葛亮，刘知幾甚至斥之为"记言之奸贼，载笔之凶人，虽肆诸市朝，投畀豺虎可也"[4]。但王鸣盛却本着求实的态度，为陈寿辩诬。他详细驳斥人们强加给陈寿的不实之词，强有力地向人们证明陈寿并未"索米"，丁氏兄弟本不当立传，陈寿也从未贬低诸葛亮，根本不存在挟私泄愤的问题。相反，《三国志》叙事平实，褒贬得体，使真相大白于天下。王鸣盛还指出，陈寿受诬的症结在于"《晋书》好引杂说，故多芜秽"，将一些稗官野说采入正史，以致谬说流传。[5]《后汉书》作者范晔以"谋反"罪被诛，王鸣盛也为其鸣冤，指出范晔是被枉杀。范氏怀才自傲，处在权贵排挤的恶劣环境中而不自知，终于酿成惨剧，成了替罪羊。他还揭示范晔著史的旨趣，认为文如其人，范氏不会谋反，"今读其书，贵德义，抑势利，进处士，黜奸雄，论儒学则深美康成，褒党锢则推崇李杜，宰相多无述而特表逸民，公卿不见采而惟尊独行。立言若是，其人可知"[6]。对于范氏《后汉书》，王鸣盛更是誉为"百世之龟镜"[7]。魏收的《魏书》，历代多视为"秽史"，王鸣盛则

[1] 王鸣盛：《十七史商榷》卷三十八《党锢传总叙》。
[2] 王鸣盛：《十七史商榷》卷三十八《范滂传宜补一句》。
[3] 王鸣盛：《十七史商榷》卷六十三《记载不明》。
[4] 刘知幾：《史通》卷七《曲笔》。
[5] 王鸣盛：《十七史商榷》卷三十九《陈寿史皆实录》。
[6] 王鸣盛：《十七史商榷》卷六十一《范蔚宗以谋反诛》。
[7] 王鸣盛：《十七史商榷》卷三十八《党锢传总叙》。

指出"魏收手笔虽不高，亦未见必出诸史之下"，后来改修《魏书》者甚多，但"总不能废收之书。千载而下，他家尽亡，而收书岿然特存"[1]，充分肯定了《魏书》不可替代的价值。这些观点，立论公允，独具卓识，表明王鸣盛既注重史学传统，珍视前代史家的劳动成果，更具有不囿于成见的批判精神。王鸣盛的这种风格和胆识，在当时考据家中是不多见的。

最后需要指出的是，王鸣盛还特别注意对《资治通鉴》及《通鉴》学的评价和梳理。《十七史商榷》第一百卷，几乎全评《通鉴》学著作，《蛾术编·说录》中也涉及这方面的问题。可以这样说，王鸣盛是较早对《通鉴》学加以论述的学者。自宋代《资治通鉴》编纂刊刻以来，围绕《通鉴》就产生了一大批研究、注释、改编、仿作、续作、考订、评论等方面的著作，由此兴起了《通鉴》学。宋元明清时期，一直兴盛不衰，成为中国古代后期史学领域的显学之一。王鸣盛能够关注这一现象，表明他对传统史学发展的种种现象有过人的观察力。

王鸣盛所评论的《通鉴》学著作有20余种，基本上将宋明时期有代表性的《通鉴》学著作都囊括进来了。王鸣盛对这些著作的作者、版本、流传等一一进行考辨，并对这些著作的价值给予了评价。如评《资治通鉴》"专取关国家盛衰，生民休戚，善可为法，恶可为戒者，洵不愧资治之称。此天地间必不可无之书，亦学者必不可不读之书也"[2]，评《通鉴胡注》为"《通鉴》之功臣，史学之渊薮"[3]，评《通鉴地理通释》"在宋人考证书中，为有根抵者"[4]，评《通鉴纲目》"方以此（立文法，立褒贬）为事"[5]，评《通鉴纪事本末》"颇便下学。觉《纲目》不作无害，而此书似不可无"[6]，等等。

王鸣盛之所以如此重视《通鉴》学，是和他对纪传、编年两种史书体裁的认识分不开的。刘知幾曾在《史通》中专辟《二体》，来探讨编

[1] 王鸣盛：《十七史商榷》卷六十五《魏收魏书》。
[2] 王鸣盛：《十七史商榷》卷一百《资治通鉴上续左传》。
[3] 王鸣盛：《十七史商榷》卷一百《通鉴胡注音注》。
[4] 王鸣盛：《十七史商榷》卷一百《通鉴地理通释》。
[5] 王鸣盛：《十七史商榷》卷一百《通鉴纲目》。
[6] 王鸣盛：《十七史商榷》卷一百《通鉴纪事本末》。

年、纪传两种史书体裁的流变，王鸣盛承袭这一看法，也在《十七史商榷》卷九十九中设《正史编年二体》来讨论这一问题，认为编年、纪传，各有优长，是传统史学中最常被人采用的体裁，“纪传编年，纵横经纬，不可偏废”[1]。因此，在考辨诸史时，就不能忘记编年体，而编年体中又以《资治通鉴》成就最高，因此，探讨《通鉴》及《通鉴》学，就成了王鸣盛的兴趣。通过考察，我们可以看出，编年体自《通鉴》以后，在向不同的方向发展，如纪事本末体、纲目体等，反映了编年体的流变，昭示着任何一种体裁，只有不断改造，才能适应历史学的发展而留存下来。

[1] 王鸣盛：《十七史商榷》卷一百《通鉴与十七史不可偏废》。

第九章　赵翼的治史旨趣和史学思想

赵翼，字耘崧（亦作云松），号瓯北，江苏阳湖（今常州）人。生于雍正五年（1727 年），卒于嘉庆十九年（1814 年）。

赵翼生前，诗名极高，与袁枚、蒋士铨并称乾隆时代三大诗人。一生创作近五千首诗歌，不少佳作广为流传。同时，赵翼在史学领域也卓有成就，尤其是他的后半生，更是将主要精力由原来的诗歌创作转到史学研究上来，取得了很大成绩。史载，赵翼曾协助刘统勋纂修《国朝宫史》，入方略馆纂修《平定准噶尔方略》，并参与改纂《通鉴辑览》。在参与官方修史活动的同时，赵翼也开始研究历史。著有《皇朝武功纪盛》《陔余丛考》《檐曝杂记》《廿二史札记》。这四部书各有特点，而《廿二史札记》最能反映赵翼的史学思想和治史水平。

第一节　赵翼的治史旨趣和治史方法

乾嘉时期，产生赵翼的《廿二史札记》、钱大昕的《廿二史考异》、王鸣盛的《十七史商榷》等三部对后世具有重要影响的史著。由于这三部史著在形式上有相似之处，故而传统上一直把它们并称为乾嘉时期三大考史著作。赵翼与钱大昕、王鸣盛被称为乾嘉三大考据家。尽管自梁启超以来，人们已看到赵翼与钱大昕、王鸣盛在治史上的不同，但是，人们也只是把赵翼看作考史学派中较有理论思维的人物而已。我们说，要想真正把握赵翼的治史旨趣，正确评价赵翼在清代史学思想史上的地位，必须摆脱旧见，冲破将赵翼视作考史学派中较有理论思维之人物的认识樊篱，还赵翼学术之本来面目。

从赵翼走过的学术道路看，他与钱大昕、王鸣盛截然不同。钱、王治学，由经入史，他们在经学上都有很高造诣，经学对史学有极大影响。赵翼则由文入史，其前半生的主要活动侧重于诗词创作。中年从政后，始感史识对于吏治的重要性，而文学创作对此却无甚助益，因而开始把学术研究的重心转向史学。他的史学研究较少受经学的影响。

从治史旨趣和治史方法上看，赵翼与钱、王也是有很大差异的。赵翼不以考据见长，他所走的不是考史的治史道路，重论不重考，是他的特点。

赵翼的治史旨趣，在他的史著中有充分反映，他在概括自己写作《廿二史札记》的目的时曾说：

> 至古今风会之递变，政事之屡更，有关于治乱兴衰之故者，亦随所见附著之。……或以比顾亭林《日知录》，谓身虽不仕，而其言有可用者，则吾岂敢？[1]

赵翼以自谦的方式，表明自己治史的目的，就是要效法顾炎武《日知录》，以用世为己任，探讨社会风习的变化，政治制度的变更，究明历代治乱兴衰的内在原因，明确将经世致用的旗帜揭橥于世人。

赵翼治史在于治世的思想，在其晚年所写的诗中也有明显表露，他说："一事无成两鬓霜，聊凭阅史遣年光。敢从《棋谱》论新局，略信《医经》载古方。千载文章宁汝数，十年辛苦为谁忙？只应纸上空谈在，留享他时酱瓿香。"[2] 又说："历历兴衰史册陈，古方今病辙相循。时当暇豫谁忧国，事到艰难已乏人。九仞山才倾篑土，一杯水岂救车薪！书

[1] 赵翼：《廿二史札记小引》。

[2] 赵翼：《瓯北集》卷四十一《再题廿二史札记》，上海古籍出版社 1997 年版。

生把卷偏多感，剪烛彷徨到向晨。”[1] 赵翼一生，仕途多舛，“有经世之略，未尽其用”[2]。但是，他仍怀着强烈的忧国忧民之心，晚岁归隐，以治史为业，就是要寻求古代良方，以医治当今社会之病痛，从而由古求“新”，并相信自己的史著会传之后世，发挥重要作用。

赵翼不仅直陈自己经世的史学思想，而且勇于关注现实，撰写了《皇朝武功纪盛》和《檐曝杂记》。《皇朝武功纪盛》虽以弘扬本朝功业为旨归，但仍透露了许多鲜为人知的大事件。而且，乾嘉时期正是清朝由盛转衰的时期，王朝内部各种衰败的迹象已经出现，土地集中加剧，统治阶级奢侈腐化，大小官吏贪污成风，阶级矛盾与民族矛盾日益尖锐，农民起义连续爆发，貌似强大的清王朝开始走下坡路。这些，都深深刺激着赵翼。他撰写《纪盛》，一方面是想借记述清初的文治武功，给现实统治者注一针强心剂，希望他们能“晓然于我朝功烈之隆”[3]，扫除积弊，重新振作。另一方面则是借此威吓农民起义，使之不致风起云涌。赵翼是统治阶级中的一分子，拱卫王朝利益的思想很明显。但不管怎样，他关注现实，自觉地通过撰写当代史谋求王朝出路，用世思想极其明显。《檐曝杂记》则以掌故笔记的形式记载了政治制度、官场见闻、科举考试、军政事务、京城社会风貌、官僚文人行迹以及西南少数民族的婚俗、传说、物产、风情等内容，重在探讨清代朝章国故，经世思想也极为明显。道咸间学者何秋涛就曾指出该书对于“学者藉以考论事势，裨益良多”[4]。

赵翼经世致用的史学思想，为时人及后世所肯定。钱大昕在读了《廿二史札记》后，指出赵翼“上下数千年，安危治忽之几，烛照数计”，推许《廿二史札记》是一部“有体有用”“可坐而言，可起而行”的史著。[5] 认为该书既明了儒学明道救世之体，又具有经邦治国之用，对几千年安危治忽之根源，探讨尤细。

---

[1] 赵翼：《瓯北集》卷四十二《读史》。

[2] 《清史稿》卷四八五《赵翼传》，中华书局 1976 年版。

[3] 赵翼：《皇朝武功纪盛·序》，《丛书集成》本。

[4] 何秋涛：《朔方备乘》卷五十七《辨正檐曝杂记》，清光绪间石印本。

[5] 钱大昕：《廿二史札记序》，见赵翼《廿二史札记》。

李保泰也指出，赵翼“以经世之才，具冠古之识”，撰写《廿二史札记》一书，在“士大夫沉湎于举业，局促于簿书，依违于格令，遇国家有大措置，民生有大兴建，茫然不识其沿革之由，利病之故”的当时，能够“援古证今，指陈贯串”，“斟酌时宜，折衷往昔，其所裨于斯世者不少”，真可谓“得史学之大且重者，举而措之天下无难也”，[1] 同样充分肯定该书“有裨于斯世”，可以帮助解决现实政治中出现的种种难题。

赵翼治史，除记述史事外，主要分三大部分。一部分是考史，既考史著又考史事。另一部分是论史事，即对古今风会之递变，历代治乱之兴衰，归纳专题，加以论述。再一部分是论史法，即对历代史书编纂之原则、目的等进行探讨。三者相较，考史部分是赵翼的弱项，成就最低。从《廿二史札记》及《陔余丛考》来看，赵翼考史，用得最多的是本证法和他证法，在考据的目的、意义以及态度方面，他没有提出自己的看法。他所运用的考据手段和方法，也相当贫乏，诸如钱大昕等人惯常使用的文字学、音韵学、金石学、版本学、目录学、避讳学、年代学等考史手段，赵翼极少使用。在征引材料之浩繁，考证方法之得力，考证结果之精当诸方面远逊于钱大昕和王鸣盛。陈垣先生曾给予《廿二史札记》一书极高评价，同时也指出其疏于考证之处，并以此为训，进行史源学的教学和研究。[2] 今人王树民和杜维运也都指出过赵翼考证的种种失误，认为他“不以考核见长”。[3] 而且，据统计，代表赵翼治史水平的《廿二史札记》一书，考证的内容不到全书的三分之一，[4] 也说明赵氏的主要精力并未用在考证上。

赵翼对史学的主要贡献不在考证，主要方法也不是考证。他的主要史学成就在于论史事和论史法：通过论史事探究“治乱兴衰之故”，总结历史经验；通过论史法总结历代史书编纂之得失，探索用正确方法表述史实的出路。赵翼正是以此在当时显示出自己鲜明的学术个性。

---

[1] 李保泰：《廿二史札记序》，见赵翼《廿二史札记》。

[2] 陈智超编：《陈垣史源学杂文》前言，人民出版社 1980 年版。

[3] 参见王树民《廿二史札记校证》（中华书局 1984 年版）及杜维运《清代史学与史家》十二《赵翼之史学》。

[4] 见雷大受：《赵翼及其史学著作》，《北京师院学报》1980 年第 3 期。又见施丁：《赵翼的史学》，《江海学刊》1982 年第 4 期。

赵翼在论史时，最常用的方法是归纳法和比较法。就论史事而言，赵翼抛却“专论一人之贤否、一事之是非”的“帖括式史论”[1]，从众多史料中，归纳综合，纵横贯串，理出典型历史事件，或论风气之递嬗，或述祸乱之终始，或言一朝之文物制度，或叙历代之兴衰巨端，以见历史发展之大势。梁启超说：“赵书于每代之后，常有多条胪列史中故实，用归纳法比较研究，以观盛衰治乱之源，此其特长也。”[2] 相当准确地指出了赵翼史论的特点。就论史法而言，赵翼将关系相近的史书放在一起进行研究，分析其异同，评陟其得失，通过归纳比较揭示各史史法，并断以己意，向人们指出各书之优劣得失，提出了许多历史编纂学方面的精到见解。

值得重视的是，赵翼在运用归纳抽象和比较分析的方法研究历史问题时，能敏锐地发现历史事件之间的联系，从而得出新的认识。如他在《廿二史札记》卷四《后汉书间有疏漏处》中将东汉光武帝建武十六年(40年)的“民变”与十五年的检核户口田亩之诏令、河南尹张伋等十余人坐度田被处死联系起来，指出虽史籍“全不著其根由”，但“是时民变，盖因度田起衅也”。以联系的观点看问题，使赵翼在论史时，能由个别上升到一般，从而摆脱就事论事的局限。如果我们将《廿二史札记》中所列条目联系起来的话，我们就会看到赵氏总是能给我们勾勒出一朝之重大事件，并由这些重大事件入手探究王朝盛衰。大概正因为看到这一点，梁启超才强调“赵书能教吾侪以抽象的观察史迹之法”[3]。

当然，我们也应看到，比较方法和归纳方法都属于形式逻辑的范围，它能超越一时一事或某些具体事物而进行更深层次的探讨，但对于探索历史发展之规律，这些方法就显得无能为力了。赵翼在治史上力求探讨历史兴衰之故，但由于受历史观和方法论的限制，他在考察历史时，虽然比那些埋头考据的人高明得多，但在宏观把握历史发展大势方面，也显得力不从心。对此，我们不能苛求。赵翼在他那个时代，高扬经世致用的旗帜，读尽全部正史，并用归纳比较的方法探求古今治乱兴衰，提

[1] 梁启超：《中国近三百年学术史》十五《清代学者整理旧学之总成绩（三）》。

[2] 梁启超：《清代学术概论》十四。

[3] 梁启超：《中国近三百年学术史》十五《清代学者整理旧学之总成绩（三）》。

出许多发人深思的问题，显示了擅长理论思维的学术个性。这些，都是值得我们充分肯定的。

第二节　赵翼的历史评论和历史哲学

在乾嘉诸史学大家中，赵翼是较长于议论的一个，他抓住历代重大史实，或褒贬人物，或评论事件，或分析制度，或剖析社会习俗，或揭露封建弊端，不乏真知灼见。通过这些史论，赵翼又形成了自己的历史哲学，显示出长于思辨，富有深刻历史洞察力的治史风格。

赵翼的历史评论，有以下几个特点：

首先，赵翼论史，能抓住历代治乱兴衰之大事进行评论，而非事无大小，毛细毕举。如论西汉的兴亡，即抓住西汉政治制度的演变、汉儒的特征及其对政局的影响、西汉选举制度的本质、汉武帝用人的特点、外戚集团的发展、王莽的发迹与败亡等，作为评论的重点。其后各代，也莫不如此。如论东汉的兴亡，则抓住光武帝多免奴婢、东汉对名节的崇尚、东汉宦官势力的强大、东汉的党禁等；论魏晋南北朝的更替，则抓住三国时各国君主用人的不同特点、魏晋的九品中正制、六朝时的清谈风习、六朝重氏族、南朝时用寒人掌机要、南齐典签权势之重、北魏孝文帝迁都、北朝经学与南朝经学的特点等；论唐宋元明的盛衰，则抓住唐代宦官出使及监军的弊端，唐代节度使之祸，五代枢密使权势之重，宋代制禄与恩赏之厚、恩荫之滥，宋代冗官冗费，宋代军律之弛，王安石变法，秦桧、史弥远擅权，金代猛安谋克散处中原，元代百官皆以蒙古人为之长，宋元交钞的发展演变，明言路先后不同，内阁首辅之权最重，乡官虐民之害，万历中矿监税使之害，明代宦官专权，等等，这些均为历代重要历史问题。赵翼一一将其提出，进行评论，反映了他开阔的历史视野以及他洞察历史演变发展的能力。他所揭示的这些问题，足以代表一个时期的历史特点，对于研究历代政治制度、社会风气及历史特点的演变情况，无疑具有重大的意义。

其次，重联系，探因由，“观世变”[1]。赵翼论史，尽力寻找历史表象背后的深刻意义和教训，发掘隐藏在大量分散史实中的底蕴，分析历史事件发生的原因以及可以吸取的经验教训。他论魏晋时期的九品中正制时，运用联系的观点，对“九品中正”实行之前的酝酿，实行中的利与弊，以及后来当权者为何长期不予变法的原因，进行了深入分析。他指出，九品中正制之起，是因为汉代察举制产生了明显的弊端，因而需要有新的荐举方法。接着从《晋书》分散的列传中撷取材料，论述九品中正制从提出建议到制度化的发展过程，进而提出九品中正制流弊所在，即中正官评高下“全以意为轻重”，“高下任意，荣辱在手”，“据上品者，非公侯之子孙，即当途之昆弟”，“上品无寒门，下品无世族”，致使“高门华阀，有世及之荣；庶姓寒人，无寸进之路，选举之弊，至此而极”。既有如此积弊而为何不能变法呢？赵翼一针见血地指出，“当时执权者，即中正高品之人，各自顾其门户，固不肯变法，且习俗已久，自帝王以及士庶，皆视为固然，而无可如何也”。[2] 赵翼透过历史表象，指出当权者为维护自身既得利益而顽固不变法，见识可谓深刻。赵翼论史，视野开阔，能够上下贯穿，将大量分散的材料集中起来加以概括，分析探究历史的“势”与“变”。这种显示深刻历史观察力的论述，比比皆是。如对明代弊政及亡国原因的论述。列举明朝言路先后不同、明中叶天子不见群臣、宦官专权、贪污猖獗、严酷压榨百姓等事实，向人们勾勒出一幅明朝由盛而衰的素描画，并特别指出明万历中设矿监税使，刻剥百姓，骚扰天下，不断激起人民反抗的史实，断言“明之亡，不亡于崇祯，而亡于万历”[3]。赵翼已经看到，明的灭亡有一个渐进的过程，是弊病长期积累得不到有效解决而必然引发的结果，万历时期的弊端埋下了明亡的种因，崇祯只不过是明亡的直接承受者，其亡之先兆已于万历时期突显出来，这种见解，可谓深刻而有据。

第三，揭露、抨击历代封建统治者的荒淫无耻和弊政，是赵翼史论的又一特点。赵翼对封建统治者的罪恶和暴行深恶痛绝，对民众疾苦抱

---

[1] 赵翼：《廿二史札记》卷二十《唐前后米价贵贱之数》。

[2] 赵翼：《廿二史札记》卷八《九品中正》。

[3] 赵翼：《廿二史札记》卷三十五《万历中矿税之害》。

有极大同情，对王朝命运给予极大关注。他极力揭露、抨击历代统治者的弊政。汉武帝为一代雄主，但赵翼仍以犀利的笔触，揭发了武帝的滥刑，指出当时诏狱特多，“二千石系廷尉者，不下百余人，其他谳案，一岁至千余章，大者连逮证案数百人，小者数十人，远者数千里，近者数百里。……及中都诏狱，逮至六七万人，吏所增加，又十有余万，是可见当日刑狱之滥也”。他感慨万端地说：“民之生于是时，何不幸哉！”[1]在《五代滥刑》中，赵翼不仅列举了五代时的腰斩、断舌、决口、断筋、折足等种种使人“宛转号呼而死”的惨毒之刑，而且指出“五代乱世，本无刑章，视人命如草芥，动以族诛为事”。其时的种种滥刑，“毒痛四海，殃及万方”，使天下“皆被横祸”。[2]他在《宋齐多荒主》中，论述南朝宋、齐独多荒淫凶残的君主，“统计八九十年中，童昏狂暴，接踵继出”，“是以一朝甫兴，不转盼而覆灭”。他以憎恶的笔调，列举了宋少帝、前废帝、后废帝、齐废帝、郁林王、东昏侯、陈后主等荒主的种种丑行和罪恶。另外，赵翼在《宋子孙屠戮之惨》《后魏刑杀太过》《北齐宫闱之丑》《海陵荒淫》《元世祖嗜利黩武》等条目中揭露了统治者的荒淫无耻，暴恶无度，并昭示人们，在封建专制统治下，这样的君主在位，国不能不亡。

第四，赵翼论史，能够结合现实发表看法，具有明显的论古证今的倾向。赵翼生活的时代，民族关系、文字狱、治理黄河成为当时的三件大事。清廷以少数民族入主中原，如何正确处理好民族关系，直接关系到清廷的盛衰。鉴于清代民族关系比较复杂以及清廷未加妥善处理的情况，赵翼通过金代有关史实评论说，由于金统治者未处理好民族关系，以至“初则种人倚势虐平民，后则平民报怨杀种人”，推其缘由，是因为“种人与平民杂处”，[3]矛盾重重，而又处理不善，遂成为衰亡的重要原因。这显然是告诫清统治者必须吸取教训，以避免类似情况的发生。为压制言论，清廷大兴文字狱，文字之祸频繁。鉴于此，赵翼对历史上的文字狱详加揭露，如《秦桧文字之祸》中说：“秦桧赞成和议，自以为

---

[1]　赵翼：《廿二史札记》卷三《武帝时刑罚之滥》。

[2]　赵翼：《廿二史札记》卷二十二《五代滥刑》。

[3]　赵翼：《廿二史札记》卷二十八《金末种人被害之惨》。

功，惟恐人议己，遂起文字之狱，以倾陷善类，因而附势干进之徒，承望风旨，但有一言一字，稍涉忌讳者，无不争先告讦，于是流毒遍天下。”赵翼将其时因受文字之祸而惨遭祸殃的事件一一列出，并揭露秦桧禁野史、禁民间结社等行径，深有感触地说：“第语言文字，稍触其忌，即横遭诬害，更不可数计矣。……其威焰之酷，真可畏哉。”[1] 在《明初文字之祸》等条中，赵翼又列举了朱元璋以文字狱迫害士人的史实。这些，实际上都是借古讽今，是针对当时文化专制的黑暗统治而立言的。在乾嘉文字风波易起的年代，赵翼能如此揭露历代的文字狱，非有过人胆识，断不敢为。清朝河患严重，历康、雍、乾三朝，终未解决，这其中除有治河官吏贪污治河费用，中饱私囊等原因外，治河方法不当也是很重要的问题。赵翼在总结元代治理黄河的经验和教训的基础上，提出清代治理黄河的建议。他认为，贾鲁治河，“其心力之专精，可谓至矣”。然而贾鲁以后四百余年，黄河屡决，可见治河效果并不佳，其原因就是贾鲁只是“救之于既溃决之后，而未溃决之前，如何使之常由地中行，不至溃决，则未计及也”，防患于未然的措施不得力，是黄河屡次溃决的原因。由此，他积极建议，要在黄河两岸开南北两河，一旦河水涨溢，可用南北两河更换疏导，以保黄河安澜。[2] 赵翼的治河建议是否可行，可另当别论，但他密切关注现实，由论史引发对现实重大问题的关注，则反映了他经世致用的一贯思想。

第五，持论公允，一分为二，不以恶掩善，亦不以善掩恶，是赵翼历史评论的又一特点。如论东汉宦官，一方面有《宦官之害民》条，论列宦官对百姓的残害，但又有《宦官亦有贤者》条，指出“后汉宦官之贪恶肆横，固已十人而九，然其中亦间有清慎自守者，不可一概抹煞也”[3]，体现了他实事求是的治史精神。再如评价武则天，他一方面指出武则天是极其残忍的君主，[4] 但同时又指出：“武后之淫恶极矣。然其纳谏知人，亦自有不可及者。……其能别白人才，主持国是，有大过

[1] 赵翼：《廿二史札记》卷二十六《秦桧文字之祸》。
[2] 赵翼：《廿二史札记》卷三十《贾鲁治河》。
[3] 赵翼：《廿二史札记》卷五《宦官亦有贤者》。
[4] 赵翼：《廿二史札记》卷十九《武后之忍》。

人者。……然则区区帷薄不修，固其末节。而知人善任，权不下移，不可谓非女中英主也。”[1] 并列举大量事实证明这一点。历代封建文人认为武后女主称制，违反男尊女卑的封建伦理，因而多加詈骂，对武后在历史上的贡献完全抹杀。赵翼独能对武则天的政治才能和积极作用做出公正评价，说明他独具卓识。再如王安石变法，自宋以后多遭谤议，赵翼则认为王安石青苗法的施行“本以利民”，王安石本人“操履廉洁”，实行新法有利于国计民生。新法失败的原因，在于任用官员不得人，执行新法之人“藉以行其头会箕敛之术”，导致新法失败。赵翼由此还总结说：“古来未尝无良法，一经不肖官吏，辄百弊丛生。所谓有治人无治法也。”[2] 赵翼所总结的这一教训，乃是封建政治的通病，可谓一针见血而又耐人寻味。像这种实事求是、持论公允、一分为二看问题的评论，在《廿二史札记》中为数不少。

赵翼治史，以历史评论为手段，以经世致用为目的。此外，他又提出了自己的历史哲学见解。

赵翼具有变易进化的历史观，他曾写诗表达这一思想：“满眼生机转化钧，天工人巧日争新。预支五百年新意，到了千年又觉陈。”“李杜诗篇万口传，至今已觉不新鲜。江山代有才人出，各领风骚数百年。”[3] 诗句表明，新陈代谢是社会发展变化的普遍规律，社会的发展总是新的扬弃旧的，后代胜过前代。正是因为有了这种变易进化的历史观，赵翼在探究历代成败得失时，能用变化的、前进的而非僵死的、迟滞的观点看问题，可以说，他的这种变易进化的历史思想，与历史发展的实际是一致的。这种变易进化的历史观，是赵翼历史哲学的理论基础。

在变易进化思想的指导下，赵翼认为历史变动有一个必然的趋向，也就是所谓“势”。社会发展乃“势之必然”，社会变动也是“其势不得不变”。《廿二史札记》一书，多次出现“势”“事势”“时势”等，体现出赵翼对社会发展中某些规律的把握。如他曾说：“上古之时，人之视天

[1] 赵翼：《廿二史札记》卷十九《武后纳谏知人》。
[2] 赵翼：《廿二史札记》卷二十六《青苗钱不始于王安石》。
[3] 赵翼：《瓯北诗钞》绝句二《论诗》，世界书局民国二十六年版。

甚近。迨人事繁兴，情伪日起，遂与天日远一日，此亦势之无可如何也。”[1] 这就是说，上古之时，生产力低下，对自然界的认识不足，因而人们比较相信天命，敬天畏天。随着社会发展，人事变动日益繁杂，人与天的联系开始疏远，事天不如事人，这就是社会发展的客观规律。在分析了汉初诸侯王自置官属的变化后，赵翼概括说：“盖法制先疏阔而后渐严，亦事势之必然也。”[2] 由此可见，赵翼所讲的“势”，乃是历史之势，是历史发展必然产生的一种趋向。再如他论述汉初布衣将相局面的变化时，不仅由大量史实归纳概括出汉初政治局面出现了由世卿世禄贵族到“布衣将相”的重大变化，而且层层深入地分析这个变化经历了长时期的渐变。上古封邦建国，世卿世禄，其弊日甚，“暴君荒主，既虐用其民，无有底止，强臣大族，又篡弑相仍，祸乱不已”，于是出现战国七雄，相互征战，“其势不得不变”，这是最初的变局。秦始皇统一中国以后，威虐毒痡，不施仁义，致使“人人思乱，四海鼎沸”，于是汉高祖“以匹夫起事”，而其下属“多亡命无赖之徒，立功以取将相”，最终使天地间一大变局形成。而在布衣将相之局形成之后，旧的残余依然存在，故有分封异姓王、同姓王之举，至平定七国之乱以后，王国内任命官吏的权力收归朝廷。至是，“三代世侯、世卿之遗法，始荡然净尽”，征辟、选举之势成。[3] 很明显，赵翼在分析这一问题时，认识到这是客观条件规定的必然趋势，即使“人情犹狃于故见”，也无法改变这种趋势，最后必然将旧法扫荡净尽。赵翼所论，已达到相当深刻的历史高度。

赵翼在《廿二史札记》中特别注意对时代风俗的揭示，这一点可以说是继承了顾炎武论史的传统，但赵翼又有其高明之处，他试图用“势”来解释时代风尚殊异之谜。他论汉末党禁之风，说：“汉末党禁，虽起于甘陵南北部，及牢修、朱并之告讦，……然其所由来已久，非一朝一夕之故也。”[4] 社会风尚的形成有一个过程，其一旦形成，要想瓦解也相当不易。这样的例子在《东汉尚名节》《五代藩帅劫财之习》《元季风雅

[1] 赵翼：《廿二史札记》卷二《汉儒言灾异》。
[2] 赵翼：《廿二史札记》卷二《汉初诸侯王自置官属》。
[3] 赵翼：《廿二史札记》卷二《汉初布衣将相之局》。
[4] 赵翼：《廿二史札记》卷五《党禁之起》。

相尚》《明言路习气先后不同》等条目中都可概见。

在解释历史发展变化的原因时，赵翼提出“气运”观。他认为，在很大程度上，“气运”之盛衰决定历史之盛衰。他在多处谈到这一问题，如他在论述东汉诸帝多不永年时说：

> 国家当气运隆盛时，人主大抵长寿，其生子亦必早且多。独东汉则不然。……盖汉之盛在西京，至元、成之间，气运已渐衰。故成帝无子而哀帝入继，哀帝无子而平帝入继，平帝无子而王莽立孺子婴，班书所谓国统三绝也。……晋南渡后，多幼主嗣位。宋南渡后，亦多外藩入继。皆气运使然，非人力所能为也。[1]

在论述宋齐帝王昏聩时也说：

> 古来荒乱之君，何代蔑有？然未有如江左宋齐两朝之多者。……统计八九十年中，童昏狂暴，接踵继出。盖劫运之中，天方长乱，创业者不永年，继体者必败德，是以一朝甫兴，不转盼辄覆灭，此固气运使然也。[2]

在论述汉初历史变局时，他同样也提到“气运”，认为汉初群雄崛起乃“气运为之”。很明显，赵翼认为“气运”是一种超越“人力”的力量，“气运”之盛衰决定历史之成败。那么，“气运”到底是什么呢？赵翼没有明说。在中国哲学史上，“气”一直被当作一种能运动、占有空间的客观存在来对待。自宋以降，更以“理”“气”相对。清初王夫之则以“气”为唯一的实在。与赵翼同时代的戴震，以“气”作为世界的本原，用“气化”来指称物质实体的不断运动变化。赵翼的“气运”史观，极有可能是从这种“气化”的哲学范畴演变而来。赵翼将这种“气运”用于历史研究，并将其作为人类历史发展的重要原因，在当时是极有特色的。

由“气运”观出发，赵翼阐述了自己“王气聚散”“地气运转”的历

---

[1] 赵翼：《廿二史札记》卷四《东汉诸帝多不永年》。

[2] 赵翼：《廿二史札记》卷十一《宋齐多荒主》。

史变动思想。赵翼认为“王气”“地气”是变动不居的，这种“气”聚于何处，何处便兴盛，而一旦转移，则必然衰落。他指出，南北朝时期，南北分裂，乃是“王气”聚散的结果，“两间王气，流转不常，有时厚集其力于一处，则帝王出焉。如南北朝分裂，其气亦各有所聚”。武川一弹丸之地，但周、隋、唐三代之祖，皆出武川，“区区一弹丸之地，出三代帝王，周幅员尚小，隋唐则大一统者，共三百余年，岂非王气所聚，硕大繁滋也哉”。[1] 他在《廿二史札记》卷二十《长安地气》中更指出，“地气之盛衰，久则必变。唐开元、天宝间地气，自西北转东北之大变局也”。秦中自古为帝王州，周、秦、汉、隋、唐在此建都，苻秦、姚秦、西魏、后周在此割据，但是，到唐开元、天宝时，“长安之盛极矣，盛极必衰，理固然也。是时地气将自西趋东北，故突生安、史，以兆其端”。此后，经过了一段西方之气不能制东，东方之气不能制西的历史时期，通过洛阳、汴梁的过渡，“东北之气，积而益固”，最后遂有元明清三朝的一统天下，乃至领土扩张，“此王气全结于东北之明证也”。而地气自西北向东北转移的关键，“乃在开元、天宝时哉”。[2] 赵翼这样解释历史的变动，在中国史学上是不多见的。他以地气运转来说明中国历史的演变过程，认为中国历史兴衰变动是自西北而东北，地气转移，政治兴衰亦随之而变化。这样的地气说，虽带有神秘色彩，但它却是一种宏观的历史运动观。而且，赵氏以地气说将中国历史划分为两个大阶段，以唐之开元、天宝为转折点，这基本符合中国历史的实际。如此开阔的历史视野，是应当肯定的。西方近代史学家、思想家，如孟德斯鸠、黑格尔、汤因比等，也以地气运转说明世界文明历史的变动，梁启超同样以地气转移说论证中国能够兴盛。他们都能从历史大趋势上讨论兴亡问题，眼界是开阔的，我们应给予足够重视，不好一概抹杀。

面对复杂多变、光怪陆离的人类社会历史，赵翼在解说它的运动变化时，存在捉襟见肘、无能为力的一面。对于那些无法说清的历史变动，他常用“天命”“鬼神”“天道报施”“五行灾异”等进行论说。如他在论述元世祖穷兵黩武时讲道：

---

[1] 赵翼：《廿二史札记》卷十五《周隋唐皆出自武川》。

[2] 赵翼：《廿二史札记》卷二十《长安地气》。

内用聚敛之臣，视民财如土苴；外兴无名之师，戕民命如草芥。以常理而论，有一于此，即足以丧国亡身。乃是时虽民不聊生，反者数十百起，而终能以次平定，盖兴王之运，所谓气盛而物之小大毕浮，故恣其所为，而不至倾覆。始知三代以下，国之兴亡，全系天命，非必有道者得天下，无道者失天下也。[1]

赵翼的这段话，有其合理的成分，那就是指出了历史发展的二律背反：有道者未必得天下，无道者未必失天下。但他将“气”与“天命”联系起来，认为“天命”决定一切，就使得本来非常深刻的历史见解，一下变得肤浅起来。赵翼在很多地方用“天命”来解释历史，认为“兴王之运，山川效灵”[2]，“天命有归，不可以智力争也”[3]。他还相信“天道报施”等说法，并从正史中收集史实以验证之，认为五行灾异学说“非尽空言”[4]。赵翼生活的时代，天命史观、灾异迷信正受到历史学者的批判，而他在论述历史发展变化时，还在宣传这样的观点，足见其史学思想有落后消极的一面。

赵翼论史，虽有“天命”观等神秘落后的一面，但他又能重视人事在历史发展中的作用，他认为，招揽人才，因能器使，是成就大业的前提。刘邦创业之时，“以收揽人才为急”，建立汉朝；汉武帝“招英俊，程其器能，用之如不及”，故而能“兴文治，建武功，为千古英主”。[5]三国鼎立，也是因为“三国之主，各能用人，故得众力相扶，以成鼎足之势”[6]。由于赵氏认识到用人在治国中的作用，故而他提倡培养英才，提出“国家所贵有树人之计”[7]。在“天命”与“人力”之间，赵翼认为“人力”可以使历史出现前进和倒退，这在其所著《皇朝武功纪盛》一书中反复提及，如他在《平定三逆述略》中谈到，三逆初反时，“几于

[1] 赵翼：《廿二史札记》卷三十《元世祖嗜利黩武》。
[2] 赵翼：《廿二史札记》卷三十《元初用兵多有天助》。
[3] 赵翼：《廿二史札记》卷六《陈寿论诸葛亮》。
[4] 赵翼：《廿二史札记》卷二《汉儒言灾异》。
[5] 赵翼：《廿二史札记》卷二《上书召见》。
[6] 赵翼：《廿二史札记》卷七《三国之主用人各不同》。
[7] 赵翼：《廿二史札记》卷八《东晋多幼主》。

东西南北，在在鼎沸”，而终于一一削平，“后之论者，但仰神功圣烈之巍巍，谓有天授，非人力可及”，实际上这与清政府采取的大度对待降将、专力渠魁、信满人不用汉人等措施有极大关系。[1]

在赵翼的历史哲学中，重视民众在历史发展中的作用占有很大的比重。他认为，民心向背在事业成败中不可忽视，汉光武帝刘秀起兵不到三年就得天下，原因是“因民心之所愿，故易为力也”[2]。由此，他提出要爱护百姓，减轻百姓负担，体恤民生民情。赵翼本人为政清简惠民，他出任广西镇安府知府时，革除弊害，发展生产，很受当地百姓拥戴。他自己曾谦虚地说：“余在镇安，别无惠民处，唯去其病民者一二事而已。”[3] 这种“惠民”思想体现在他的历史哲学中，则是更多地从民众角度揭露皇权统治下百姓的黑暗生活。如他在《廿二史札记》中对明代统治者残酷盘剥百姓的事实给予无情揭露，指出明代不仅“地方有司私派横征，民不堪命”，而且乡官缙绅“亦多倚势恃强，视细民为弱肉，上下相护，民无所控诉也”。[4] 万历年间的矿监税使，“所至肆虐，民不聊生，随地激变”。[5] 正是由于统治者虐民之处甚多，所以到处都有农民起义爆发。赵翼在《廿二史札记》卷三十六中列举了多条农民起义事件，如唐赛儿、刘千斤、李胡子、叶宗留、邓茂七、李添保、黄萧养、刘六、刘七以及“江西盗”、“四川盗”、曾一本，徐鹏儒、刘香、李自成、张献忠等，指出这些起义皆属官逼民反，而明政权也就是在这此起彼伏的农民起义中覆亡的。赵翼通过归纳史实，向人们昭示，民心向背关系王朝存亡，欲使王朝长治久安，惠民则必不可少。

由以上分析可以看出，赵翼的历史哲学带有博杂的色彩，他在某些方面达到了很高的认识程度，如有着变易进化的思想，重视历史发展之“势”，提出“气运”史观以及对于民心向背与长治久安间的必然联系的揭示论述等。但他的历史哲学没有严谨的体系和完整的形态，他在解释历史发展的根本原因时，经常陷入矛盾，在“气运”与“天命”“天命”

---

[1] 赵翼：《皇朝武功纪盛》卷一《平定三逆述略》。

[2] 赵翼：《廿二史札记》卷三《王莽时起兵者皆称汉后》。

[3] 赵翼：《檐曝杂记》卷三《镇安仓谷、田照二事》，中华书局 1982 年版。

[4] 赵翼：《廿二史札记》卷三十四《明乡官虐民之害》。

[5] 赵翼：《廿二史札记》卷三十五《万历中矿税之害》。

与“人事”之间徘徊，未能从整体上对历史发展的脉络有一个清楚的表述。但不管怎样，在乾嘉考据学风占上风的时代，赵翼以史论之思辨见长，是难能可贵的。

第三节 赵翼论史书编纂

赵翼评史书优劣，态度客观公允，能够一分为二地看待史书，既肯定其价值，又指出其缺陷，这一点与王鸣盛动辄指骂前人不同。如他比较《史记》《汉书》，指出“史汉互有得失”[1]，不抑此扬彼，而是从记事、取材、书法、行文诸方面入手，在相互比较中考论双方得失，令人心服。《汉书》武帝以前史事基本全采《史记》，后人对此多有指责，赵翼通过研究指出，班固并非原封不动照抄《史记》，其“移换之法，别见翦裁”[2]。这样的讨论，符合历史实际。对于任何一部正史，赵翼都能做到从两方面看问题，如论《三国志》，一方面指出该书“多回护”，另一方面又指出该书“翦裁斟酌处，亦自有下笔不苟者。参订他书，而后知其矜慎也”。[3] 再如论《旧五代史》，一则指出该书有曲笔，再则指出该书“亦有直笔”，“是非亦有不废公道者”。[4] 其论《新唐书》《旧唐书》，指出在史料价值上，两部书不能偏废。这些均体现了赵翼客观公允的史学评论态度。

赵翼在评论史家和史书时，还注重考察历史条件对史家作史态度及史书优劣的影响。如他在比较了《后汉书》《三国志》书法不同之处后指出，“陈寿修书于晋，不能无所讳，蔚宗修书于宋，已隔两朝，可以据事直书，固其所值之时不同”[5]。陈寿修《三国志》于晋，距三国极近，司马氏又是代魏而起，政治压力使之不能不有所避讳。范晔在南朝宋修《后汉书》，距东汉已隔两朝，不存在什么政治压力，故而能据事直书。

[1] 赵翼：《廿二史札记》卷一《史汉互有得失》。

[2] 赵翼：《廿二史札记》卷二《汉书移置史记文》。

[3] 赵翼：《廿二史札记》卷六《三国志书事得实处》。

[4] 赵翼：《廿二史札记》卷二十一《薛史亦有直笔》。

[5] 赵翼：《廿二史札记》卷六《后汉书三国志书法不同处》。

赵翼这种从当时客观环境出发来把握史家和史书的做法，正是“知世论人”思想的反映。再如，许多论者认为《新唐书》与《旧唐书》相比，“事增于前，文省于旧”，从而扬新书而贬旧作。赵翼不然，他一方面指出出现这种情况的主观条件，即欧阳修、宋祁二人“老于文学”，另一方面又指出客观原因，“旧书当五代乱离、载籍无稽之际，掇拾补辑，其事较难”，而新史修于宋代，此时“文治大兴，残编故册，次第出现。……皆五代修唐书时所未尝见者，据以参考，自得精详”。[1] 可谓立论有据，评论公允。

在史书编纂方面，赵翼提倡直笔，认为“文直事核，所以称良史也”[2]。在《廿二史札记》卷三十一《袁崇焕之死》中，指出《明史》对袁崇焕蒙冤而死，“直书其事，而崇焕之冤始白”，破除了人们对袁崇焕卖国的误解，使“是非功罪，铢黍不淆”，是“传信千古”的胜笔。从求实取信的角度出发，赵翼对历代曲笔修史的现象进行了无情揭露，对那种“以公事市私情”“褒贬肆情”“曲为回护”的曲笔现象进行了猛烈批判。

赵翼还指出，编纂史书，不可草率行事，或仓促而就。赵翼认为，大凡历史上优秀的史著，必是十几年、几十年心血淬炼而成，那些率而操觚、草率仓促之作，多不能成为精品。如元末修宋、辽、金三史，明修《元史》，均极匆忙，致使这类史书，史实真伪不分，谬误百出，甚至闹出一人两传的笑话。对清修《明史》，他给予了充分肯定，认为它花近百年时间，动用几代名儒硕彦，“古来修史未有如此之久而功深者也”。因此，在史实上能够做到立论准确，“功罪互见，枉侔并呈”。[3]

从经世致用的治史旨趣出发，赵翼指出在编纂史书时应当收录有关军国大计的“经世有用”之文，他在《廿二史札记》卷二《汉书多载有用之文》中指出，《史记》失收很多“经术之文”“干济之策”，是一种缺憾，而《汉书》“于文字之有关于学问，有系于政务者，必一一载之”，是应大力提倡的。赵翼治史，一直主张“简洁”，反对“冗长”，但对那

[1] 赵翼：《廿二史札记》卷十六《新唐书》。

[2] 赵翼：《廿二史札记》卷二十一《欧史不专据薛史旧本》。

[3] 赵翼：《廿二史札记》卷三十一《明史》。

种备载“经世有用之文”的史书，他却是推崇的，从不以烦冗贬之。《新唐书》保存大量“有关国计利害，民生休戚”的章奏，被人指为烦冗，赵翼却指出这正体现了“作史之深意”，“非徒贵简净而一切删汰也”。[1]相反，赵翼对那种记载与国事无关的“琐言碎事”之内容的史书，则给予批评。如他指责李延寿在史书中“所增皆琐言碎事，无甚关系者”，“专以博采异闻，资人谈助为能事，故凡稍涉新奇者，必罗列不遗”，以至于“行文转多涩滞”。[2] 由此可以看出，赵翼一直将史书视作经国大典，特别强调在史书编纂时多载经世致用之文，以备后人借鉴。

在史书编纂体例上，赵翼重视创新，反对泥古。他认为，“篇目之类，固不必泥于一定。或前代所有而后代所无，或前代所无而后代所有，自不妨随时增损改换”[3]。对于这方面有创新的史著，他都给予了关注。在本纪、世家、表、书志、列传诸体中，赵翼特别重视史表的作用，认为“作史体裁莫大于表”。在他看来，设立史表可以以简驭繁而又不至于遗漏史事，他以《辽史》为例指出：

> 《辽史》最简略，二百年人物，列传仅百余篇，其脱漏必多矣。然其体例亦有最善者，在乎立表之多。表多则传自可少。如皇子、皇族、外戚之类，有功罪大者，自当另为列传，其余则传之不胜传，若必一一传之，此史之所以繁也。惟列之于表，既著明其世系、官位，而功罪亦附书焉，实足省无限笔墨。又如内而各部族，外而各属国，亦列之于表。凡朝贡、叛服、征讨、胜负之事，皆附书其中，又省却多少外国等传。故《辽史》列传虽少，而一代之事迹亦略备。[4]

其论甚为有理。表、志为史书之筋干，而诸史多缺此。乾嘉时代，学者补撰历代正史中的表、志，成为一种风气，各种各样的补表之作纷纷出

[1] 赵翼：《廿二史札记》卷十八《新书详载章疏》。
[2] 赵翼：《廿二史札记》卷十一《南史增梁书琐言碎事》。
[3] 赵翼：《廿二史札记》卷一《各史例目异同》。
[4] 赵翼：《廿二史札记》卷二十七《辽史立表最善》。

现，人们对史表作用的认识也越来越深刻。赵翼生当其时，不仅对补表之作大加赞扬，而且从理论的角度对史表的作用加以论述，代表了时人的普遍看法。

赵翼还特别重视史书的叙事方法。他提出“类叙法”和“带叙法”两种形式。“类叙法”是将相近人物归类叙述，“带叙法”则是在记述某一人物事迹时，连带叙及其他人物。这样做的好处是“详简得宜，而无复出叠见之弊”[1]。赵翼在考察历代正史时自觉地研究史书的写作方法，是难能可贵的。

在史书行文上，赵翼赞成简洁和爽劲，反对冗长和涩滞。他在《廿二史札记》中多次提到这一问题，他称扬《三国志》文笔简净，《晋书》爽洁老劲，《梁书》行文明畅，《金史》雅洁简括，《新五代史》文笔洁净，批评《宋书》烦冗，《宋史》繁芜，等等，都体现了这一思想。

[1] 赵翼：《廿二史札记》卷四《后汉书编次订正》。

第十章　钱大昕的史学思想

钱大昕，字晓征，一字及之，号辛楣，又号竹汀居士，晚号潜研老人，上海嘉定人。生于雍正六年（1728 年），卒于嘉庆九年（1804 年）。

钱大昕是乾嘉时期著名学者，他一生不以做官为荣，而以学术为业，认为"书有一卷传，亦抵公卿贵"[1]，"知富贵之有尽，不若文章之长留矣"[2]。正是因为有这种"立言于后世"的思想，钱大昕一生孜孜于学术研究，"自少至老，未尝一日去书"[3]，虽官登四品，仍勤奋治学，为后人留下了大量著作，在很多领域卓有建树。

钱大昕治学，既博且精。其博，举凡当时儒者应习之业，无不涉猎；其精，则严谨笃实，深究精研。阮元评价说："国初以来，诸儒或言道德，或言经术，或言史学，或言天学，或言地理，或言文字音韵，或言金石诗文，专精者固多，兼擅者尚少。惟嘉定钱辛楣先生能兼其成。"[4]钱大昕这种博而能精的治学路数，实是乾嘉考据学主流的代表。

钱大昕的史学成就是多方面的，他在文献考订、历史编纂、史学批

---

[1] 钱大昕：《潜研堂文集》卷二十六《瓯北集序》。

[2] 钱大昕：《潜研堂文集》卷二十六《重刻河东先生集序》。

[3] 王引之：《王文简公文集》卷四《詹事府少詹事钱先生神道碑铭》，见《高邮王氏遗书》，江苏古籍出版社 2000 年版。

[4] 阮元：《十驾斋养新录序》，见钱大昕《十驾斋养新录》。

评、人物传记、年代学、金石学、方志学、元史学等领域都有极大建树，影响深远。

第一节 钱大昕的学术思想

（一）“通儒之学，必自实事求是始”

“实事求是”是钱大昕学术思想的核心。他说：“通儒之学，必自实事求是始。”[1] 把“实事求是”当作学者治学的根本宗旨。钱氏“实事求是”的学术思想内涵丰富，概括起来有如下几点：

其一，反对门户，唯是而从。乾嘉时期，汉学崛起，学术领域汉帜高悬，学者主张“但当墨守汉人家法，定从一师而不敢他徙”[2]，“凡古必真，凡汉皆好”成为治学时尚。在这样的学术氛围中，钱大昕说：

> 近代言经术者，守一先生之言，无所可否，其失也俗；穿凿傅会，自出新意，而不衷于古，其失也妄。唯好学则不妄，唯深思则不俗，去妄与俗，可以言道。[3]

把墨守一家、树立门户称为“俗学”，把穿凿附会、任情发挥称为“妄学”。和当时大多数学者一样，钱大昕也认识到汉儒去古未远，训诂较为可靠，但他无门户、不泥古，他强调，“后儒之说胜于古，从其胜者，不必强从古可也；一儒之说而先后异，从其是焉者可也”[4]，“以古为师”也只是“师其是而已”[5]。在钱大昕看来，学者论学“诋郑、服”，“薄程、朱”，“强词以求胜”，实际上是“出于门户之私”，[6] 于学术发展极为不利。无论是汉儒郑玄还是宋儒朱熹，钱大昕能既看到他们的长处，

[1] 钱大昕：《潜研堂文集》卷二十五《卢氏群书拾补序》。
[2] 王鸣盛：《十七史商榷·序》。
[3] 钱大昕：《潜研堂文集》卷二十三《赠邵冶南序》。
[4] 钱大昕：《潜研堂文集》卷九《答问六》。
[5] 钱大昕：《潜研堂文集》卷二十四《臧玉林经义杂识序》。
[6] 钱大昕：《潜研堂文集》卷二十五《严久能娱亲雅言序》。

又看到他们的缺陷。钱大昕说：

> 管仲器小，不害其为仁；臧武要君，不害其为知；孟公绰不可为滕薛大夫，不害其为廉；宰我、冉有，《论语》屡责之，不害其为十哲。圣人议论之公，而度量之大如此。王者知此道，则可无乏才之叹；儒者知此道，则必无门户之争矣。[1]

钱大昕的这些话明确地表达了两层含义：鉴识人才，要一分为二，不能以瑕掩瑜；发展学术，要清除门户之见，不能学派间相互贬抑。在具体的治学实践中，钱大昕广泛结交其时不同学派的学者，书信往还，质疑问难，不偏主一家，使自己能博采众长，成为“不专治一经，而无经不通，不专攻一艺，而无艺不精”的“一代儒宗”。[2]

其二，不尚空谈，提倡实学。钱大昕治学不尚空谈，主张务实求真。他曾尖锐批评元明以来学者的空疏，“元明以来，学者空谈名理，不复从事训诂，制度象数，张口茫如”[3]，甚至“目记诵为俗生，诃多闻为丧志，其持论甚高，而实便于束书不观游谈无根之辈。有明三百年，学者往往蹈此失”[4]。钱大昕认为，真正的通儒是不空言性理与天道的，所谓“《论语》二十篇，《孟子》七篇，论政者居其半，当时师弟子所讲求者，无非持身处世、辞受取与之节，而性与天道，虽大贤犹不得而闻，儒者之务实用而不尚空谈如此”[5]。概而言之，钱大昕的治学务实思想包含以下几方面的内容：第一，主张由文字音韵入手以求经书义理。宋明以来，理学家轻视音韵训诂之学，由于古音学之不讲，故而后世往往有率意改经之病。钱氏对此深有认识，他说：

> 汉儒说经，遵守家法，诂训传笺，不失先民之旨。自晋代尚空

---

[1] 《十驾斋养新录》卷十八《功过相除》。

[2] 江藩：《汉学师承记》记之三《钱大昕》，见《汉学师承记·宋学渊源记》，上海书店出版社1983年版。

[3] 钱大昕：《潜研堂文集》卷二十六《重刻孙明复小集序》。

[4] 钱大昕：《潜研堂文集》卷三十三《与晦之论尔雅书》。

[5] 钱大昕：《潜研堂文集》卷二十五《世纬序》。

谈，宋贤喜顿悟，笑问学为支离，弃注疏为糟粕，谈经之家，师心自用，乃以俚俗之言诠说经典。……古训之不讲，其贻害于圣经甚矣！[1]

故而他继承顾炎武“读九经自考文始，考文自知音始”的治经方法，主张“六经皆载于文字者也，非声音则经之文不正，非训诂则经之义不明”[2]，只有文字音韵之学明，则“乡壁虚造之辈，不得滕其说以炫世。学术正而士习端，其必由是矣，小学云乎哉”[3]。在钱氏看来，只有弄懂作为经典义理载体的文字音韵，才能杜绝穿凿附会，揭示出经书的本旨。第二，考事实，重证据。钱大昕治学，以言心性、发空论为“虚”，以考事实、重证据为“实”。对于自己所发现的每一个问题，即使是“琐言剩义”，也要“贯通原本”，[4] 严密考察。“凡立一义，必凭证据，无证据而以臆度者，在所必摈”。[5] 由经及史，钱氏也极力反对史学中的空言，认为作史贵在客观真实，主张博取材料，严密考订，要求文献征实，摒弃一切形式的褒贬。第三，在史学上，注重研究典制，尤其重视对舆地、官制、氏族的研究。钱大昕说：“史家所当讨论者有三端：曰舆地，曰官制，曰氏族。”[6] 又说：“史家先通官制，次精舆地，次辨氏族，否则涉笔便误。”[7] 钱大昕之所以持此种观点，是因为此三者都是“切近而适于用”的学问，是治史读史的基础知识。在《廿二史考异》中，钱氏指出历代史著这方面的错误特别多。在他看来，不辨明历代名物制度，却“臆决唱声，自夸心得”[8]，是写不出信而有征的优秀史著的。

其三，知人论世，意存忠厚。钱大昕提倡严谨笃实的学风，反对脱

[1] 钱大昕：《潜研堂文集》卷二十四《经籍纂诂序》。
[2] 钱大昕：《潜研堂文集》卷二十四《小学考序》。
[3] 钱大昕：《潜研堂文集》卷二十四《经籍纂诂序》。
[4] 阮元：《十驾斋养新录序》。
[5] 梁启超：《清代学术概论》十三。
[6] 钱大昕：《潜研堂文集》卷二十四《二十四史同姓名录序》。
[7] 钱大昕：《廿二史考异》卷四十《北史三·外戚传》，见《嘉定钱大昕全集》第二册。
[8] 钱大昕：《潜研堂文集》卷二十五《严久能娱亲雅言序》。

离实际的空谈，在“实事求是”的学术宗旨下，提出了很有价值的学术批评方法。他不赞成“空疏措大，辄以褒贬自任，强作聪明，妄生疻痏，不稽年代，不揆时势，强人以所难行，责人以所难受，陈义甚高，居心过刻”的论人论学方法，而以“惟有实事求是，护惜古人之苦心”为目标。[1] 从学术批评的角度讲，这里所谓的“稽年代”“揆时势”以及探究前人撰述之“苦心”，就是要把握住所考察对象的客观环境和主观意图两个方面，也就是“知人论世”。钱大昕认为，在评论前人学术得失时，绝不能“文致小疵，目为大创，驰骋笔墨，夸曜凡庸”[2]，要去疑坚信，指瑕见美，“去其一非，成其百是”[3]，做古人诤友。

由此，我们可以看出，钱大昕“实事求是”的学术思想，内涵丰富，其中部分体现了一代学术的基本特征，如反对空谈，崇尚务实，重事实，重考据，强调“我注六经”，重视文字、音韵、训诂的研究，并由此入手来究明经书义理等，是乾嘉汉学家的共识。但可贵的是钱大昕学术思想中蕴含着批评其时代学风的批判意识，其反对门户之见，力主唯信是从，就是继承顾炎武、黄宗羲的思想，针对当时学者治学墨守汉人家法，鄙弃后儒见解的风气而发；其知人论世、意存忠厚的学术批评方法的提出，是针对宋明学者空言心性，驰骋议论，而当今学者重考据，苛责古人，抬高自己的偏颇学风而发。这些都是钱大昕“实事求是”思想中比较有价值的一面。当然，我们也不能不看到，由于钱大昕极端反对离事而言理、空谈心性的学风，因此在“实事求是”学术宗旨下，过分强调“下学”而忽视“上达”，视考辨事实为“实学”，分析评论为“空谈”，从而严重限制了他的学术视野，虽究治二十二史，却未能由“下学”而“上达”，形成一套系统的思想体系。

（二）“儒者之学，在乎明体以致用”

钱大昕在历史考据学方面成就卓著，也正因如此，学术界往往盛称其考据而忽视他的经史经世的思想，甚至说他埋头故纸，博古而不通今。这种认识是不全面的。固然，钱大昕在学术上重考据，但这只是他学术

[1] 钱大昕：《廿二史考异序》，见《嘉定钱大昕全集》第二册。
[2] 钱大昕：《廿二史考异序》。
[3] 钱大昕：《潜研堂文集》卷三十五《答王西庄书》。

思想的一个方面，其另外一个方面，就是继承了清初顾炎武经世致用的思想，提倡“明道致用”。他说：“夫儒者之学，在乎明体以致用，《诗》、《书》、执《礼》，皆经世之言也。”[1] 又说：“为文之旨有四，曰明道，曰经世，曰阐幽，曰正俗。”[2] 解除后儒对经书的曲解臆断，正确认识和阐发圣人之道，是谓“明道”。何为圣人之道？在钱大昕看来，“道不远人”，圣人之道切于民生日用，“无非持身处世，辞受取与之节”[3]。离开这一基点的蹈空之论，是不能起到救世作用的。

钱大昕提倡“文以贯通，言以匡时”[4]，认为“文章须有裨名教，经史自可致治平”[5]，明体与致用密不可分。他赞成顾炎武为文须有益天下的观点，引录《日知录》卷十九中的一段话来表达自己的思想，“顾宁人曰：文须有益于天下后世。若怪力乱神之事，无稽之言，剿袭之说，谀佞之文，有损于己，无益于人，多一篇，多一篇之损矣”[6]，强调“儒者立言，当为万世生民虑”[7]。他认为学者应留心经济，通时务，否则便是“迂儒”。他评论《禹贡锥指》，对胡渭留心经济的一面予以大力表彰，指出该书“《导河》一章，备考历代决溢改流之迹，且为图以表之。其留心经济，异于迂儒不通时务者远矣”[8]。他还进一步论证了学术与社会的密切关系：

> 士大夫不可以无学。不殖将落，原氏所以先亡；数典忘祖，籍父所以无后。董昭言：“当今年少，不复以学问为本，专以交游为业。”曹魏所以不永也。史洪肇言：“但事长枪大剑，安用毛锥？”乾祐所以失国也。蔡京禁人读史，以《通鉴》为元祐学术，宣和所以

[1] 钱大昕：《潜研堂文集》卷二十五《世纬序》。

[2] 钱大昕：《潜研堂文集》卷三十三《与友人书》。

[3] 钱大昕：《潜研堂文集》卷二十五《世纬序》。

[4] 钱大昕：《潜研堂文集》卷十七《文箴》。

[5] 钱大昕：《潜研堂诗集续集》卷六《题冯巽泉太守秋缸补读图》，见《嘉定钱大昕全集》第十册。

[6] 钱大昕：《十驾斋养新录》卷十八《文字不苟作》。

[7] 钱大昕：《潜研堂文集》卷三十六《与邱草心书》。

[8] 钱大昕：《潜研堂文集》卷三十八《胡先生渭传》。

速祸也。[1]

这就很明白地阐述了，学术不关心社会，必将流于空谈，社会不关心学术，必定走向灭亡的深刻道理。

钱大昕所生活的时代，正是清朝由盛转衰的乾嘉时期。乾隆初期，经济、政治、军事、文化等均有所发展，达到了清朝强盛的顶点。但是，在鼎盛的背后，已出现各种衰败现象。乾隆中叶以后，土地集中加剧，统治阶级奢侈腐化，大小官吏贪污成风，文字狱滥兴，士林风气颓废，阶级矛盾与民族矛盾日益尖锐，农民起义连续爆发，貌似强大的清王朝开始走下坡路。所有这些，对钱大昕都有很深的刺激，他从“明体以致用”的学术思想出发，在评经论史的同时，表达了对这些问题的极大关注。

其一，反对朝廷与民争利。乾隆时期，一则因周边用兵过多，军费繁重；二则因乾隆屡次南巡，兴师动众，挥霍无度；三则因官吏贪污成风，中饱私囊；再加上其他种种原因，到乾隆后期，国库空虚已较严重。统治者为满足穷奢极欲的需要，肆意加征加赋，与民争利。对此，钱大昕给予了无情揭露和批判。他揭露清政府以漕运的军行月粮折合银两，向江南五个州县的人民摊派加征，盘剥江南百姓的事实，认为“出不应派之粮，供不应给之卫，敲骨竭髓，徒资郡蠹瓜分，酗酒、陆博之资，民实不服”[2]！他反对“民不加赋而国用足”的理财术，指出这是“阳避加赋之名，阴行剥下之计”，“天地之财只有此数，聚于上者必夺于下”[3]。康熙五十一年（1712年）曾规定，自康熙五十年以后，滋生人丁，永不加赋，这在当时有一定的进步意义，但经雍正、乾隆朝，各种名目的赋税多如牛毛，永不加赋成了空话，钱氏此言实际上就是对此而发的。

其二，揭露吏治腐败。钱大昕所生活的时代，正是清朝官吏贪污、贿赂之风正炽的时代，自皇帝至下级官吏，无不有贪污劣迹，和珅只不

---

[1] 钱大昕：《十驾斋养新录》卷十八《士大夫不说学》。

[2] 钱大昕：《潜研堂文集》卷二十二《记加征省卫运军行月粮始末》。

[3] 钱大昕：《潜研堂文集》卷十七《读大学二》。

过是最突出的代表而已。对于这种吏治腐败的局面，钱大昕深感忧虑。清朝河患严重，历康、雍、乾三朝，终未解决。钱大昕指出，负责治河的官吏贪污治河费用，而朝廷又没有采取有效措施加以制止，是河患没有得到解决的重要原因。他说："今之官吏，其好利犹昔也。堤防日增，决溢屡告，竭海内之膏脂，饱若辈之囊橐，赏重罚轻，有损无益，其何能淑，载胥及溺，深可虑也。"[1] 他还直斥那些贪污聚敛，盘剥百姓，媚朝廷、谀权贵的贪官污吏为"小偷""劫盗"[2]。如何解决官吏贪污，纠治吏治腐败，钱大昕没有提出具体的办法。他只是认为，吏治的根本在于"亲民"。要想恢复吏治的本原，只有倡名教、正风俗。而实际上，纯粹地倡名教、正风俗，是无法根本解决吏治腐败的。

其三，谴责封建礼教对妇女的残害。有清一代统治者，一直着意提倡、宣扬贞节，对这种残害妇女的所谓贞节，钱大昕提出异议。他认为妇女守节是根本违背仁爱生生大德的，广大妇女被迫做节妇烈女，并非她们本愿，"古之称妇德者，曰德、言、容、功，而节义不与焉。不得已而以节义称，非女子之所乐闻也"[3]。他还认为，夫妻是"人合"，父子兄弟是"天合"，"天合"无可变更，而"人合"是可以改变的，妇女改嫁，"不谓之失节"。他对在礼教束缚下饱受残害的妇女寄予了极大的同情，称沈圭所言"妇人以不嫁为节，不若嫁之以全其节"为"救时名论"[4]。

其四，批判颓废士风，揭露造成士风颓废的原因。乾嘉时期，不但吏治腐败，士风也日益颓废，业师弟子之间，相互利用，"师之所求于弟子者，利也；传道解惑，无有也。束修之问，朝至而夕忘之矣。弟子之所以藉于师者，势也。质疑问难无有也。……士习由此而媮，官方由此而隳，师道由此而坏"。[5] 一些士子不能保持士儒之节，"好利而不好名，虽在庠序，其志趣与市井胥徒何以异哉"[6]。不少士子无真才实学，

[1] 钱大昕：《十驾斋养新录》卷十八《河防》。

[2] 钱大昕：《十驾斋养新录》卷十八《居官忌二事》。

[3] 钱大昕：《潜研堂文集》卷四十《施节妇传》。

[4] 钱大昕：《十驾斋养新录》卷十八《沈圭说》。

[5] 钱大昕：《潜研堂文集》卷三十三《与友人论师书》。

[6] 钱大昕：《十驾斋养新录》卷十八《义利》。

对事物没有自己的看法，只会背诵前人成句，“今之举业文字，大率生吞活剥，其词必己出者，百无一二。士习之不端，于作文见之矣”[1]。更有些士子特别喜好诋毁谩骂前人，学风浮躁。钱大昕在揭露了士习颓废的种种表现后，还特别指出了造成这种局面的原因，归结起来大约三点：一、宋明以来空谈心性的学风流弊的影响，使得士子空疏好大言，“游谈无根，束书不观”。二、科举取士扼杀了士子的创造性，使他们只会习括帖之文，人云亦云。三、文字狱压抑打击士子个性。

由上可知，钱大昕并非专做脱离实际的烦琐考证，现实生活中的各种实际问题，在他的学术著作中都有不同程度的反映。他论述了学术研究的社会作用，提出“明体致用”的学术思想，并遵循这一思想，提出了对现实问题的种种看法。这些都是我们所必须认识到的。同时，我们也应看到，钱大昕的经世思想是受制于他所生活的那个时代的。乾嘉时期清廷统治稳固，社会相对安定，相应地，钱大昕的经世致用思想，既没有清初学者那种强烈的民族意识，批判现实的尖锐锋芒，思考社会变革的深刻见解，也没有道咸年间经世思想中所包含的对于国家、民族前途的强烈危机感。他的经世致用思想是在和平安定环境中孕育出来的，是传统儒家入世思想的反映。

（三）“经与史岂有二学哉”

提倡经史并重，批判“经精史粗”“经正史杂”的错误观点，为学术发展纠偏，是钱大昕学术思想中又一富有时代意义的方面。

明朝末年，空谈性理、耻言事功的理学占据着意识形态的主导地位，历史学不被重视。明末清初的黄宗羲、顾炎武都曾指出这一现象，黄宗羲说：“自科举之学盛，而史学遂废。昔蔡京、蔡卞当国，欲绝灭史学，即《资治通鉴》板亦议毁之，然而不能。今未尝有史学之禁，而读史者顾无其人，由是而叹人才之日下也。”[2] 顾炎武也感慨唐宋以后史学的荒废，并指出“今史学废绝，又甚唐时”[3]。因此他们提倡尊经重史的经史之学，把史学当作经世致用的大端，“学必原本于经术，而后不为蹈

[1] 钱大昕：《十驾斋养新录》卷十八《诗文盗窃》。

[2] 黄宗羲：《补历代史表序》。

[3] 顾炎武：《日知录》卷十六《史学》。

虚，必证明于史籍，而后足以应务”[1]，“引古筹今，亦吾儒经世之用”[2]。然而，清初思想家的这一极有价值的思想并未被乾嘉学者普遍继承下来。相反，到乾嘉时期，学者以肄经为宗，治经成风，史学依然被视为低一等的学问，“经精而史粗，经正而史杂”的说法相当流行[3]，诸大儒但治古经，不读汉唐以后书，“号为治经则道尊，号为学史则道诎”[4]。即便是在史学领域，这种看法也极普遍。史学家赵翼说自己“资性粗钝，不能研究经学，惟历代史书，事显而义浅，便于浏览”[5]。王鸣盛也说：“治经断不敢驳经，而史则虽子长、孟坚，苟有所失，无妨箴而砭之。”[6] 他们虽然研治历史，但心中仍然认为经书意蕴深远，史书意蕴浅显，不敢驳经而敢驳史，视经为神圣不可侵犯，这些都严重影响着乾嘉学术的正常发展。钱大昕对这种重经轻史的学术现实非常不满，他说：“自惠、戴之学盛行于世，天下学者但治古经，略涉三史，三史以下，茫然不知，得谓之通儒乎！”[7] 在他看来，只知治经而不知读史，就称不上是“通儒”，这可说已得黄宗羲诸人之心于其后了。

钱大昕认为经与史同出一辙，经即是史，史也是经，“经与史岂有二学哉？昔宣尼赞修六经，而《尚书》《春秋》实为史家之权舆”[8]。这种经史同源说对尊经卑史者无异当头棒喝。钱大昕还从目录学的角度分析了经与史的分离，认为这只是学科的分合，并不存在尊经卑史的说法，“汉世刘向父子，校理秘文为《六略》，而《世本》《楚汉春秋》《太史公书》《汉著纪》，列于春秋家，《高祖传》《孝文传》，列于儒家，初无经史之别。厥后兰台、东观，作者益繁，李充、荀勖等创立四部，而经史始分，然不闻陋史而荣经也”。但自宋明以降，“王安石以猖狂诡诞之学，要君窃位，自造《三经新义》，驱海内而诵习之，甚至诋《春秋》为断烂

[1] 全祖望：《鲒埼亭集外编》卷十六《甬上证人书院记》。
[2] 顾炎武：《亭林文集》卷四《与人书八》。
[3] 钱大昕：《廿二史札记序》。
[4] 龚自珍：《古史钩沉论二》，见《龚自珍全集》第一辑，上海人民出版社1975年版。
[5] 赵翼：《廿二史札记小引》。
[6] 王鸣盛：《十七史商榷·序》。
[7] 江藩：《汉学师承记》记之三《钱大昕》。
[8] 钱大昕：《廿二史札记序》。

朝报。章、蔡用事，祖述荆、舒，屏弃《通鉴》为元祐学术，而十七史皆束之高阁矣”，史学地位开始下降，“嗣是道学诸儒，讲求心性，惧门弟子之泛滥无所归也，则有诃读史为玩物丧志者，又有谓读史令人心粗者，此特有为言之，而空疏浅薄者，托以藉口，由是说经者日多，治史者日少”。[1] 政治上的排挤与学术思想上的压抑造成史学地位的下降。在揭露了经尊史卑产生的根源后，钱大昕针锋相对地对“经精史粗”“经正史杂”的言论进行了批判，他说：“彼之言曰：经精而史粗也，经正而史杂也。予谓经以明伦，虚灵元妙之论，似精实非精也。经以致用，迂阔刻深之谈，似正实非正也。”[2] 这里需要说明的是，钱大昕所批评的经学，并非原始经学，而是宋明以来俗儒所讲的空谈性理的“经学”，他反复强调“宋元以来，说经之书盈屋充栋，高者蔑弃古训，自夸心得，下者勦袭人言，以为己有，儒林之名，徒为空疏藏拙之地”[3]，“元明言经者，非勦袭稗贩，则师心妄作，即幸而厕名甲部，亦徒供后人覆瓿而已，奚足尚哉！”[4] 钱大昕认为，宋明儒者以己意说经，师心自是，篡改了经书原义，把体现在日用人伦之间的实实在在的圣人之道搞得“虚灵玄妙”，既不精，亦不正。至于那些抄袭贩卖前人言论的经书，更不足道。钱大昕还指出，史书考核精审、意蕴深厚，完全可与六经一样并传于世，“太史公尊孔子为世家，谓载籍极博，必考信于六艺。班氏《古今人表》，尊孔孟而降老庄，卓然有功于圣学。故其文与六经并传而不愧”[5]。宋代李彦章把经学比作“先王之学”，而视秦汉隋唐之史为“流俗之学”，钱氏斥其“妄诞无忌惮若此”。[6] 钱大昕以六经为指归，替史学争地位，于此可窥一斑。不仅如此，钱大昕晚年主讲紫阳书院时，一直倡导学生读书要“史学与经并重”[7]，并以为“读经易，读史难”[8]。

[1] 钱大昕：《廿二史札记序》。
[2] 钱大昕：《廿二史札记序》。
[3] 钱大昕：《潜研堂文集》卷三十九《惠先生栋传》。
[4] 钱大昕：《廿二史札记序》。
[5] 钱大昕：《廿二史札记序》。
[6] 钱大昕：《十驾斋养新录》卷七《李彦章言史学》。
[7] 钱大昕：《竹汀先生日记钞》卷三《策问》，见《嘉定钱大昕全集》第八册。
[8] 钱大昕：《元史本证序》，见汪辉祖《元史本证》，中华书局1984年版。

在自己的学术实践中，他也是以史学闻名当世的。

钱大昕在乾嘉治经成风，“学者群舍史学而趋于经学之一途”[1]，以肆经相标榜的学术风气下，不为风会所驱，倡言史学，高树史帜，敢于批判重经轻史的学术偏向，努力提高史学的学术地位，论述史学研究的社会意义，为学术发展纠偏，是有时代意义的。

第二节　钱大昕历史考据学的渊源、理论和方法

从学术渊源上看，钱大昕的历史考据学可以说远绍宋代诸学者，近宗清初顾炎武。钱大昕吸收了宋代学者王应麟、洪迈等人考证议论相结合的治学方法，继承了清初顾炎武的通儒风格与实学精神，并将二者相结合，加以改造，形成了自己的风格。

对于清代历史考据学与宋学的联系，白寿彝先生曾指出：“清人所谓汉学，实际上是从宋人的历史文献学发展而来的。宋人固然是以义理出名，但是他们在历史学上是有成就的，在历史文献学上也是有成就的。清人的汉学，在一些领域里都是宋人所创始的。”[2] 白先生的这一论断富有启发意义。从钱大昕的身上，我们可以清楚地看到清代汉学与宋人的学术联系。宋代学者王应麟、洪迈等人重文献、重考据，王应麟的《困学纪闻》和洪迈的《容斋随笔》分别代表了两人的学术特点。这两部书不仅对历史上的事物详加订正，而且借此阐发自己的思想，把考证与议论结合起来，尤其是被称为“清代考证学先导”的《困学纪闻》[3]，更是系统地考辨评论了宋以前的全部正史，为后人开辟了一条治史新途径。钱大昕认真研究过王、洪诸人的著作，为之撰写序跋，并编纂《王应麟年谱》《洪迈年谱》，对他们的生平进行详细考察，对他们的治学特点评价很高，盛称他们“穿穴经史，实事求是，虽议论不必尽同，要皆

[1] 陈寅恪：《重刻元西域人华化考序》，见陈垣《励耘书屋丛刻》（上），北京师范大学出版社 1982 年版。

[2] 白寿彝：《历史教育和史学遗产》，河南人民出版社 1983 年版，第 101 页。

[3] 梁启超：《中国近三百年学术史》十四《清代学者整理旧学之总成绩（二）》。

从读书中出，异于游谈无根之士，故能卓然成一家言”[1]，比较准确地概括了王、洪诸人的治学特点。钱大昕由研究王、洪诸人学术，进而受其影响，其所著《十驾斋养新录》，无论从体例上说，还是从考与论相结合的特点上说，都上承《困学纪闻》和《容斋随笔》。不仅如此，钱大昕还在《廿二史考异》中，将考史与论史相结合，扩大了宋人考据的规模，其考订之严谨，议论之平实，知识之丰富，方法之多样，又远非王、洪诸人所能比，这也是学术发展的必然结果。

如果说宋人对钱大昕历史考据的影响主要在治学方法上，那么清初顾炎武对钱大昕历史考据的影响则主要在学术精神上。清初顾炎武提倡实学，精心结撰《日知录》，对清代学术影响巨大。据黄汝成《日知录集释序》及《日知录刊误序》，钱大昕曾认真校读过《日知录》，其校本成为黄汝成《日知录集释》所采用的最好的四家校本之一。钱氏考辨《日知录》，或注释训解，或正误规谬，或申说论辩，许多都反映在《十驾斋养新录》中。细绎《十驾斋养新录》《廿二史考异》《潜研堂文集》与《日知录》，我们就会发现，在实事求是、经史并重、博而能精、经世致用诸方面，钱大昕颇得顾炎武之心于其后。

顾为武一生反对“明心见性之空言”，倡导务实学风，钱大昕继承这一思想，也毅然与理学末流空疏措大的学风相对立，反对空谈，提倡实事求是。顾炎武与黄宗羲诸人高倡尊经重史，号召学者治学经史并重，钱大昕吸收这一思想，对盛行于乾嘉时期的“经精史粗”“经正史杂”的错误观点进行批判，提出了“经与史岂有二学哉”的著名论断，为明清以来的“六经皆史”说注入了新内容。顾炎武治学，特别强调“博学于文”[2]，主张学者应博通各门学科，他本人即精通经学、史学、音韵学、金石学、舆地学，等等。钱大昕绍续这一精神，“凡天文、地理、经史、小学、算法，无不精通”[3]。可以说，在乾嘉时期，兼擅各门学科而又发展顾氏考订之学的，唯有钱大昕而已。顾炎武治学，还特别强调“采铜于山”，主张广收博采原始资料，熔铸成自己的观点，反对抄袭别人成

[1] 钱大昕：《潜研堂文集》卷二十五《严久能娱亲雅言序》。
[2] 顾炎武：《日知录》卷七《博学于文》。
[3] 昭梿：《啸亭杂录》卷七《钱辛楣之博》，中华书局1980年版。

说以入书。[1] 钱大昕受此影响，对于自己所发现的每一个问题，即使是“琐言剩义”，也要“贯通原本”，[2] 严密考察。其著《廿二史考异》，“间与前人暗合者，削而去之”[3]，这正是顾氏期待于后学的治学态度。钱大昕在经世致用方面也与顾氏颇多联系。[4]

由以上考察，我们可以说，钱大昕的历史考据学是在吸收了宋人考论结合的治学特点与顾炎武的通儒风格和实学精神的基础上创造产生的，这是认识钱大昕历史考据学的学术基点。钱大昕以前人考据成绩为依托，加以发展，使自己成为中国史学史上最杰出的考史大家。

清代乾嘉时期，考据学“占领全学界”[5]，成为显学。诸大儒从事考据，取得了各方面的成就。然而，不把考据看成是纯粹的技术操作，而能从理论层面上对这一工作加以论述的，唯有钱大昕一人而已。

第一，关于考据的目的和意义。历史考据是乾嘉史学的一大特点，该时期从事考据工作的学者之多，是中国学术史上所仅见的。由于考据主要是针对前人著述中的错误而发，所以不少学者往往讥议前人欠于考证，从而炫耀自身考证所得，[6] 结果流于指责前人，抬高自己，失去了考证古史的主旨。对此，钱大昕有不同于一般人的看法，他认为“学问乃千秋事，订讹规过，非以訾毁前人，实以嘉惠后学”[7]，“史非一家之书，实千载之书，祛其疑，乃能坚其信；指其瑕，益以见其美。拾遗规过，非为龂龁前人，实以开导后学”[8]。在这里，钱大昕以热爱传统史学的情怀，指出考据的目的绝非指责前人，而是去疑坚信，指瑕见美。考据的意义更不是抬高炫耀自己，而是开导后学，嘉惠后学。这就把考据摆到了一个非常正确的位置上，同时也为后人认识考据的价值提供了

---

[1] 顾炎武：《亭林文集》卷四《与人书十》。
[2] 阮元：《十驾斋养新录序》。
[3] 钱大昕：《廿二史考异序》。
[4] 详见王记录：《钱大昕是吴派吗》，《河南师范大学学报（哲学社会科学版）》1995年第5期。
[5] 梁启超：《清代学术概论》十。
[6] 尹达：《中国史学发展史》，中州古籍出版社1985年版，第346页。
[7] 钱大昕：《潜研堂文集》卷三十五《答王西庄书》。
[8] 钱大昕：《廿二史考异序》。

依据。

第二，关于考据的态度。其一，宜一分为二，忌吹毛求疵。钱大昕认为，考据绝不能“文致小疵，目为大创，驰骋笔墨，夸耀凡庸”[1]。他说：

> 一事之失，无妨全体之善，不可效宋儒所云“一有差失，则余无足观”耳。郑康成以祭公为叶公，不害其为大儒；司马子长以子产为郑公子，不害其为良史。言之不足传者，其得失固不足辩，既自命为立言矣，千虑容有一失。后人或因其言而信之，其贻累于古人者不少。去其一非，成其百是，古人可作，当乐有诤友，不乐有佞臣也。[2]

很明显，钱大昕反对在考史时指小疵为大创，而坚持“千虑容有一失”的一分为二的正确态度。其二，宜时时自省，忌夜郎自大。在考论古史时，钱大昕认为“自高”“自狭”“不得其源”“自贵而贱人”“自盈而拒物”都是大忌。[3] 他认为，古人治学有误，“吾虽不言，后必有言之者，虽欲掩之，恶得而掩之！所虑者，古人本不误，而吾从而误驳之，此则无损于古人，而适以成吾之妄”[4]。对于那种“读古人书，多訾古人之失，与今人居，亦乐称人失”的轻浮学风，钱大昕不以为然，指出：“人固不能无失，然试易地以处，平心而度之，吾果无一失乎?”[5] 他号召学者反躬自省，以公允之心对待前人学术。其三，宜文必己出，忌掠人之美。梁启超在总结乾嘉考据学派的治学特色时，曾指出他们“凡采用旧说，必明引之，剿说认为大不德”[6]，这正是钱大昕在当时提倡的治学态度。钱大昕曾说： “窃人之言，以为己词。欺世噉名，为识者

[1] 钱大昕：《廿二史考异序》。

[2] 钱大昕：《潜研堂文集》卷三十五《答王西庄书》。

[3] 钱大昕：《潜研堂文集》卷三十二《跋方正学溪喻草稿摹本》。

[4] 钱大昕：《潜研堂文集》卷三十五《答王西庄书》。

[5] 钱大昕：《潜研堂文集》卷十七《奕喻》。

[6] 梁启超：《清代学术概论》十三。

嗤。”[1] 他批评颜师古注《汉书》，除有“采证未备”“决择未精”之外，还有“攘善之失”。而王峻所作《汉书正误》，“所征引必识其名，不欲掩人之善”[2]，受到钱大昕高度赞扬。钱大昕写《廿二史考异》，“间与前人暗合者，削而去之；或得于同学启示，亦必标其姓名”[3]，体现的也正是这种文必己出的精神和态度。

由以上分析可知，钱大昕的历史考据绝非学界所认为的就事论事。事实上，钱大昕是有自己的理论和方法论的。

钱大昕治学广博，“凡文字、音韵、训诂、历代典章制度、官制、氏族、年齿、古今地理沿革、金石、画像、篆隶及古九章算术、今中西历法，无不洞悉其是非疑似”[4]。但是，钱氏一生主要致力于史学研究，诚如柴德赓先生所言：“提纲挈领来说，竹汀的学问主要是史学，其余各种专门知识，兼收并蓄，都是为史学服务的。”[5] 正因为钱氏精研各门学问，掌握了一套行之有效的历史考据的方法，才取得了“考据精密，度越诸家”的卓越成就。[6]

文字音韵学考史。乾嘉诸儒治经，几乎都从文字音韵入手，“由声音文字以求训诂，由训诂以寻义理”成为当时普遍的治学门径。钱大昕在文字音韵学方面有极深的造诣，他由经入史，以文字音韵考据古史，创获颇多。如对“秃发”和“拓跋”的考证，钱大昕说：“秃发之先，与元魏同出。‘秃发’即‘拓跋’之转，无二义也。古读轻唇音如重唇，故赫连佛佛即勃勃，‘发’从‘犮’得声，与‘跋’音正相近。魏伯起书尊魏而抑凉，故别而二之，晋史亦承其说。”[7] 指出秃发氏与拓跋氏实出一源，只是因后世史家有意分开，才成二氏。钱氏以文字音韵方法考订古史，不轻于持论，总要与众多史籍参照。如历史上对畏兀儿、回回、回鹘等种族问题，一向认识不清。连顾炎武都轻信转声推论，认为回回即

---

[1] 钱大昕：《潜研堂文集》卷十七《文箴》。

[2] 钱大昕：《潜研堂文集》卷二十四《汉书正误序》。

[3] 钱大昕：《廿二史考异序》。

[4] 程其珏：《嘉定县志》卷十六《人物志一·宦迹》，清光绪八年刻本。

[5] 柴德赓：《王西庄与钱竹汀》，见《史学丛考》，第262页。

[6] 徐世昌等编纂：《清儒学案》卷八十三《潜研学案上》，中华书局2008年版。

[7] 钱大昕：《廿二史考异》卷二十二《晋书五·秃发乌孤载记》。

回纥。钱大昕运用音韵学知识，又参照赵子昂《赵国文定公碑》、欧阳原功《高昌偰氏家传》《元史》《明史》《南村辍耕录》等文献，指出元代畏兀儿亦称畏吾儿，畏兀是回鹘的转声，回鹘即回纥，但回回与回鹘不同，“回回与回鹘声虽相近，而实非一种”[1]，拨开了历史上的迷雾。

金石学考史。钱大昕一生勤于搜集金石碑刻，家有金石拓本2000余通，编有《金石文目录》8卷，《金石文跋尾》25卷，《范氏天一阁碑目》1卷，被王鸣盛誉为“古今金石学之冠”[2]。钱大昕“博采金石文字，以考证经史之学”[3]，取得了极大成绩。他以一个历史学家的眼光论定了金石碑刻在考证史实中的价值，认为“金石之学，与经史相表里”[4]，“文籍传写，久而踳讹，唯吉金乐石，流转人间，虽千百年之后，犹能辨其点画而审其异同，金石之寿，实大有助于经史焉”[5]。钱氏以金石文字证史之讹，补史之阙，成就卓著。如《隋书·房彦谦传》中有不少溢美之词，钱大昕据《房彦谦碑》做了详细考证，揭露了传中的“饰词”，指出房彦谦之子房玄龄为唐初宰相，“史臣以玄龄之故，为其父立佳传”[6]，扭曲了历史的真相。诸如此类的考证，在《金石文跋尾》《廿二史考异》中不胜枚举。

避讳学考史。避讳是中国古籍所特有之现象，陈垣先生曾说：“不讲避讳学，不足以读中国之史也。”[7] 避讳造成了语言文字的混乱，给后人阅读古籍、认识历史真相制造了许多障碍。对此，洪迈《容斋随笔》、周密《齐东野语》、顾炎武《日知录》、赵翼《陔余丛考》、王鸣盛《十七史商榷》等都有所论证，但自觉地把避讳作为考证古史的一把钥匙来运用，并获得丰硕成果的，当数钱大昕。钱大昕指出，古代典籍中，人名、姓氏、官名、书名、谥号、干支、地名以及文字、词语等，均有因避讳

---

[1] 钱大昕：《潜研堂文集》卷三十《跋南村辍耕录》。

[2] 王鸣盛：《潜研堂金石文跋尾序》，见钱大昕《潜研堂金石文跋尾》，《嘉定钱大昕全集》第六册。

[3] 瞿中溶：《潜研堂金石文目录跋》，见钱大昕《潜研堂金石文目录》，《嘉定钱大昕全集》第六册。

[4] 钱大昕：《潜研堂文集》卷二十五《关中金石记序》。

[5] 钱大昕：《潜研堂文集》卷二十五《山左金石志序》。

[6] 钱大昕：《潜研堂金石文跋尾》卷四《徐州都督房彦谦碑跋》。

[7] 陈垣：《通鉴胡注表微·避讳篇》，中华书局1963年版。

而被改动的。改动的方式多种多样，主要有改用同音字或音近字。《廿二史考异》中以避讳考证的例子，摭拾即是。另外，钱大昕还在《十驾斋养新录》卷十一《避讳改郡县名》，《十驾斋养新余录》卷下《避讳改姓》两篇文章中总结出历朝因避讳而改地名、改姓氏的情况，详细而具体。

版本学考史。钱大昕精于版本目录之学，他在考证历史时，勤于搜罗善本、珍本，与之对勘，订正史书错误。他强调善本的重要，认为“经史当得善本”[1]。在考证史书错讹时，总要比照善本，以验证考证结果的正确与否。应该说明的是，钱大昕虽推重善本，但从不盲信一本，即使对校勘较精的宋元刊本，也不完全盲信，而是多本互参。他说：“金根、白芨之徒，日从事于丹铅，而翻为本书之累，此固不足道。其有得宋元椠本，奉为枕中秘，谓旧本必是，今本必非，专己守残，不复别白，则亦信古而失之固者也。”[2] 他主张“善读书者当择而取之。若偶据一本，信以为必不可易，此书佑之议论，转为大方所笑者也”[3]。钱大昕的这些主张，不仅在历史文献学方面极有价值，而且使得他的历史考据严谨周密，错误极少。

年代学考史。钱大昕对天文历法及算学有深刻的研究，他认真研习过梅文鼎、江永的天文学、数学，对自明以来传入中国的“欧罗巴测量、弧三角诸法”也认真研习[4]。他著有《三统术衍》《三统术钤》《四史朔闰考》等历书，在天算学方面卓有成就，被时人称为“兼中西之长，通古今之奥”[5]。在考史时，特别是在考证古史中《天文》《律历》等志及年月日时记载的错误方面，钱大昕多用这一方法。钱氏深研天算学，不但解决了史书中许多悬而未决的问题，而且受天文历法及数学严密推理方法的影响，使其考证更具科学性。

义例考史。钱大昕治史，善于归纳每部史书的义例，然后用之于考据，取得了很大成绩。如《三国志·诸葛亮传》载“亮与徐庶并从”，裴松之注：“《魏略》曰，庶先名福，本单家子。”很多人就字面之义，认为

---

[1] 钱大昕：《十驾斋养新录》卷三《经史当得善本》。
[2] 钱大昕：《潜研堂文集》卷二十五《卢氏群书拾补序》。
[3] 钱大昕：《十驾斋养新录》卷十九《宋刊本》。
[4] 江藩：《汉学师承记》记之三《钱大昕》。
[5] 阮元：《三统术衍序》，见钱大昕《三统术衍附钤》，《嘉定钱大昕全集》第八册。

徐庶本姓单，后改姓徐。钱大昕通过对《魏略》列传的研究，归纳出义例，“凡云单家者，犹言寒门，非郡之著姓耳。徐庶为单家子，与此一例。流俗读‘单’为‘善’，疑其本姓单，后改为徐，妄之甚矣”[1]，阐明了裴注《三国志》的本意，纠正了世人的误解。用义例方法考史，是归纳法与演绎法的结合，钱大昕用这种带有近代科学因素的方法考史，解决了许多问题。

另外，钱大昕考据历史，总是想办法找出史实最原始的出处，然后再分析后人附会，以考察史实记载的对错。他曾说：“言有出于古人而未可信者，非古人之不足信也，古人之前尚有古人，前之古人无此言，而后之古人言之，我从其前者而已矣。”[2] 这全然是一位历史学家应有的态度。史学发展史证明，作史时代愈后，则附会愈多。去除附会，溯源追流不失为一个有效的方法。

通过以上分析不难看出，钱大昕的历史考据学是由一整套的理论和方法组成的。他吸收宋人考论结合的治学特点，继承清初顾炎武的通儒风格与实学精神，毅然与宋明以来理学末流空疏措大的学风相对立，在自己的考据实践中，以“实事求是”为治学依归，自觉上升到理论的层面，对考据的目的、意义及态度进行了论述。他苦学博览，将各方面的知识用于考据，形成了一套严谨的研究方法，稽古钩沉，交互使用，使他的结论具有很强的说服力，研究成果具有很高的学术价值。可以说，钱大昕所提出的理论和所使用的方法，已经具有了普遍意义，并广泛为近代历史考据学者所吸收、发展。

第三节　钱大昕的历史编纂学思想

钱大昕不但对历代正史进行了精密考订，取得了丰硕成果。而且，他还通过考订阐发了自己的历史编纂学思想。

（一）“成一家之言”的撰史主张

[1] 钱大昕：《诸史拾遗》卷一《蜀志·诸葛亮传》，见《嘉定钱大昕全集》第四册。
[2] 钱大昕：《潜研堂文集》卷十六《秦四十郡辨》。

“成一家之言”经司马迁首倡，后来史家多有阐述。钱大昕通过分析评判历代史著，亦力主“成一家之言”，并把此当作历史编纂的最高境界。钱大昕的“成一家之言”有两个方面的含义：其一，史著要有创造性；其二，史家要有自己独立的见解。他推崇《史记》与《三国志》，指出，在体例上，司马迁创立了纪传体，开历代正史撰述体例之先河，首创之功彪炳史坛。在思想上，“太史公修《史记》以继《春秋》，成一家言”[1]，乃有为而作，非空言著述。在具体史事处理上，司马迁为项羽立本纪，为陈涉立世家，体现了作者卓越的史识。他还比较了《史记》与《汉书》在这一问题上的不同处理方法，认为班固降项羽、陈涉为传，是为了替汉政权回护，在历史见识上不如司马迁。也正因为此，钱大昕认为“《史记》，一家之言；《汉书》，一代之史”[2]，赞赏像《史记》这样能成一家之言的史著。

钱大昕推崇《三国志》，也是因为“魏氏据中原日久，而晋承其禅，当时中原人士，知有魏，不知有蜀、吴也。自承祚出，始正三国之名”，陈寿在历史见识上高出同时代人。钱大昕还特别赞赏陈寿勒三国为一书，以体例来反映自己的思想，用综览的眼光处理三国史事的做法，认为这是“创前人未有之例，悬诸日月而不刊”[3]。

钱大昕主张历史编纂要成一家之言，极力反对史馆修史。在《廿二史考异》中，他用绝大部分篇幅指陈官修史书的错讹，其根本的理论依据，就是史馆修史“杂出众手，非专家之业”[4]。他深刻地剖析了唐代官修前五代史，元代官修宋、辽、金三史，明代官修元史所存在的问题，认为史馆修史，所选史官素质差，不能胜任修史工作，“秉笔之臣，空疏浅陋”[5]，“皆起自草泽，迂腐而不谙掌故”[6]。这样，在体例上必定是“失于删并”，义例混乱；在资料采获上必定是“因陋就简，不详不

[1] 钱大昕：《潜研堂文集》卷二十四《史记志疑序》。
[2] 钱大昕：《潜研堂文集》卷二十八《跋汉书》。
[3] 钱大昕：《潜研堂文集》卷二十四《三国志辨疑序》。
[4] 钱大昕：《潜研堂文集》卷二十四《三国志辨疑序》。
[5] 钱大昕：《廿二史考异》卷七十三《宋史七·艺文志四》。
[6] 钱大昕：《十驾斋养新录》卷九《元史》。

备”[1]。如此修成的史书，其价值可想而知。

（二）“史为纪实之书”的撰史原则

主张据实直书，反对曲笔，是钱大昕历史编纂学的一个重要内容。他认为，“史者，纪实之书也”[2]，“史者，所以传信后世也”[3]，“史家以不虚美、不隐恶为良，美恶不掩，各从其实”[4]。在钱氏看来，纪实是对史书编纂的最基本要求，史书只有纪实，才能传信后世，才有自身价值。他从以下几个方面阐述了这一观点：

其一，不在史书编纂中运用春秋笔法。春秋笔法是对传统史学影响较深的一套理论，讲求“以一字寓褒贬”，通过遣词用句来体现作者的褒贬态度和对史事的看法。它被朱熹等人推到极致，给史书编纂造成不良影响。钱大昕通过对《春秋》义例的剖析、归纳，指出《春秋》并不在文字上蕴褒贬，《春秋》天子书崩、诸侯书薨、大夫书卒，体现的只是一种等级观念，并不存在什么褒贬。如果说《春秋》有褒贬的话，直书史事，善恶无隐，就是褒贬。他说：“《春秋》，褒善贬恶之书也，其褒贬奈何？直书其事，使人之善恶无所隐而已矣。”[5] 他还批评欧阳修编纂《新唐书》、朱熹编纂《通鉴纲目》使用春秋笔法的做法，指出《新唐书·宰相表》用薨、卒、死来体现善恶褒贬，是“科条既殊，争端斯启，书死者固为巨奸，书薨者不皆忠谠，予夺之际，已无定论”。《通鉴纲目》在这点上又远远超过了《新唐书》，“设例益繁，或去其官，或削其爵，或夺其谥。书法偶有不齐，后人复以己意揣之，而读史之家，几同于刑部之决狱矣”[6]。可见，用春秋笔法编纂史书，既掩盖了历史的真实，又褒贬不当，还给阅读史书的人造成了困难。基于此，钱氏主张史书编纂要抛弃春秋笔法那一套，据实而书，“史家纪事，唯在不虚美、不隐恶，据事直书，是非自见。各若出新意，掉弄一两字以为褒贬，是治丝

[1] 钱大昕：《廿二史考异》卷九十《元史五·祭祀志六》。
[2] 钱大昕：《潜研堂文集》卷二《春秋论二》。
[3] 钱大昕：《潜研堂文集》卷三十三《与友人书》。
[4] 钱大昕：《潜研堂文集》卷二十四《史记志疑序》。
[5] 钱大昕：《潜研堂文集》卷二《春秋论》。
[6] 钱大昕：《廿二史考异》卷四十六《唐书六·宰相表中》。

而禁之也”[1]。

其二，反对在史书编纂中辨正闰。“正统”与“闰位”的观念是中国传统史学中的一种深层的历史观念，是儒家道德伦理与封建政治统治相结合的产物，对传统史学的内容与形式均有深刻的影响。很多史家在历史编纂中有意区分正闰，把自己的主观意志强加于历史记载之上，严重影响了史书纪事的真实性。对此，钱大昕是一贯反对的。如唐代史家吴兢撰《天后本纪》，把武则天事迹写在高宗后面，沈既济对此不满，认为应该把武则天的事迹合于中宗纪，“请每岁书‘皇帝在房陵，太后行某事’。纪称中宗而事述太后，所以正名而尊王室也”。后来朱熹编《通鉴纲目》采用这一说法，虚引中宗年号而记武氏事迹，后儒又推衍其例，主张去除王莽年号，以存刘氏之统。对此，钱大昕不以为然，认为“此亦极笔削之苦心，而称补天之妙手矣”，“愚窃未敢以为然也”，[2] 主张对于朝代改换、君主更替等史实，不应在正闰上做文章，而应该根据当时的实际情况进行编纂。他说：“史者，纪实之书也。当时称之，吾从而夺之，非实也；当时无之，吾强而名之，亦非实也。”[3] 据实直书，善恶自见，历史人物的功过绝不会因为正闰而有所改变。作为封建士大夫的钱大昕能跳出传统的正闰之辨来谈论史书编纂，在历史见识上确实高人一筹。

其三，主张在史书编纂中阙疑存信。钱大昕主张，撰写历史应小心谨慎，对于搞不清楚的问题，应阙疑存信，不可轻下定论，“即其阙而不书，益知其所书之必可信也”[4]。他作《元史氏族表》，便是“取谱系可考者列之，疑者阙之”，[5] 使得该书具有很高的学术价值。

从以上分析可知，在历史编纂上，钱氏主张史书纪实，一切让史实说话。在阶级社会里，超脱于阶级之外的纯客观的史著是不存在的，钱大昕的“史以纪实”也只是一种境界的追求。但他批判了以“一字寓褒

[1] 钱大昕：《十驾斋养新录》卷十三《唐书直笔新例》。
[2] 钱大昕：《潜研堂文集》卷二《春秋论二》。
[3] 钱大昕：《潜研堂文集》卷二《春秋论二》。
[4] 钱大昕：《潜研堂文集》卷十二《答问九》。
[5] 钱大昕：《元史氏族表序》，见《嘉定钱大昕全集》第五册。

贬”的春秋笔法，反对在史书编纂中辨正闰以及其他曲笔修史的形式，揭露了传统史学中存在的种种弊端，要求按历史的本来面目来书写历史，这种历史编纂思想无疑是进步的。

（三）既要谨严又要灵活的史法义例观

钱大昕在考订历代史书编纂时，发现史法不确、义例混乱现象很严重，故而他特别同意刘知幾的话，“史无例则是非莫准”[1]，强调历史编纂中史法义例的重要。在他看来，一部史书义例既定，就需要严格遵守，不能在行文中前后矛盾，否则会使人不知所云。他在《廿二史考异》中严肃地批评了历代官修正史在义例上存在的问题，如《晋书》，同一人物去世，前面书卒，后面却书薨，义例混乱。再如《宋史》，同是宰相去世，有的书卒，有的书薨，“书法各异，此义例之可议也”[2]。纵览钱大昕的史法义例观，有两点应引起人们在编纂史书时注意：

其一，义例要体现善恶，但绝不能借创义例任情褒贬。钱大昕主张编纂史书时，不能把贤人奸人混为一编，而要在编纂时分出清浊。如《新唐书》把白居易与武平一、李乂、贾曾合传，钱大昕指出：“乐天文章风节，固非平一辈所及，晚节萧然物外，有古人止足之风，自当别为一篇。敏中龌龊守位，当入宣宗朝宰相之列，较之乐天，人品清浊悬殊，岂宜在附传之侧乎?”[3]《宋史》将梁汝嘉、胡宏、何澹等人同传，权邦彦、赵雄、程松同传，林勋、刘才邵、陈仲微、梁成大、李知孝同传，这些人不仅生活的时期不同，人品也有高下，把他们编在一起，钱大昕认为这是“任意编次，全无义例，不唯年代不同，抑亦贤否莫辨”[4]。

钱大昕虽然主张义例要区分善恶，但反对借创义例任意褒贬。这集中体现在他对《宋史·道学传》的批评上，他认为“《宋史》创立《道学传》，别于《儒林》，意其推崇程朱之学”[5]，是立学术门户。他深入分析了《道学传》与《儒林传》传主的情况，指出许多当入道学而未入，不当入而入者，去取予夺之间，褒贬甚为不当，义例相当混乱。因此他

[1] 刘知幾：《史通》卷四《序例》。

[2] 钱大昕：《廿二史考异》卷六十七《宋史一·太宗纪》。

[3] 钱大昕：《潜研堂文集》卷十三《答问十》。

[4] 钱大昕：《十驾斋养新录》卷七《编次前后失当》。

[5] 钱大昕：《廿二史考异》卷八一《宋史十五·道学传一》。

主张不立《道学传》，其中周敦颐、二程、张载、朱熹五人合为一传，其余的人入《儒林传》，这就可免去褒贬不当、义例混乱等问题。[1]

其二，义例必须谨严，但绝不能为义例所拘。在钱大昕看来，史法义例的谨严是为了更好地表达史事，使读史者能正确地认识历史，但绝不能因此而使内容迁就于形式，完全拘泥于义例。这主要体现在他对李延寿《南史》《北史》的评价上。当时有学者指责李延寿《南史》《北史》叙事但以家世类叙，不以朝代为断限，不合史法。如《四库全书总目》就批评二者“故家世族，一例连书，览其姓名，则同为父子，稽其朝代，则各有君臣，参错混淆，殆难辨别”，“家传之体，不当施于国史”。[2]钱大昕也是反对家传之体的，他在《廿二史考异》中多次指出“家乘之文，非国史矣”[3]。但在这里，钱大昕指出李延寿能根据时代特点变通体例，不拘泥于断代为史的传统观念，是高明的。“延寿既合四代为一书，若更有区别，则破碎非体，又必补叙家世，词益繁费。且当时本重门第，类而次之，善恶自不相掩，愚以为甚得《史记》合传之意，未可轻议其失”。[4]今天看来，李延寿按世系而不以朝代先后编次列传，历叙每个高门士族的兴衰，突出了南北朝时期的历史特点，这种处理应该说是比较得当的。士族高门几乎人人有传，若按朝代先后分别立传，势必各传孤立，况且南北朝各代更替频繁，一人往往历仕数朝，若按朝代分别为其立传，势必传而复传。钱大昕在处理义例问题上谨严而又灵活的主张，是应引起我们注意的。

（四）博采慎取的史料采获标准

要编纂一部传之后世的史书，一个重要条件就是必须博采资料，并认真加以考订，去伪存真。对此，钱大昕提出了“博采慎取”的资料采获标准。他通过对历代史书的研究，发现“自古史家之患在于不博”[5]。他批评了很多因资料采获不丰而漏落史事的史书，比如《元史》，很多人物、事件都没有写进去。本来“元明时代相接，访之故老，征之吏牍，

[1] 钱大昕：《潜研堂文集》卷二十八《跋宋史》。
[2] 《四库全书总目》卷四十六“北史”条。
[3] 钱大昕：《廿二史考异》卷九十七《元史十二·董俊传》。
[4] 钱大昕：《潜研堂文集》卷十二《答问九》。
[5] 钱大昕：《潜研堂文集》卷十八《记琉璃厂李公墓铭》。

何难补缀成篇”[1]，但由于史臣没有尽职尽责，“因陋就简，不详不备”[2]，给后人全面认识这段历史造成了很大困难。鉴于此，钱大昕说：“胸无万卷书，臆决唱声，自夸心得，纵其笔锋，亦足取快一时，而沟浍之盈，涸可立待。”[3]

钱大昕不仅在评价前人史书时坚持“博采”的取材标准，而且在自己的治史实践中自始至终贯彻了这一思想。他参与修《续通志》，指出“必当博涉群书”，举凡正史、编年、别史、典故、传记杂事、碑版石刻、文集选本、州郡地志、稗官小说，等等，都在史料采择之列。[4]他总纂《鄞县志》，“博稽载籍，参以采访，赋役营伍，征诸吏牍，人物事迹，核诸乡评”；“志中取材，或据历代正史，或采地理书，或引旧志，或名公诗文集，或稗官小说，或家传志状”；“公署、赋税、户口、兵制诸门，皆据公文案牍”，[5]搜集资料可谓广博。

在重视史料博采的同时，钱大昕又特别强调注重慎择，尤其是对那些族谱家乘、碑文墓志、稗官野史、鄙俗小说、街谈巷议等资料，更应慎之又慎。他批评李延寿作《南史》《北史》杂采众书，未能慎取，出现许多错误。批评《后汉书·方术传》“多采鄙俗小说，未及厘正”。他在《廿二史考异》中指出历代正史运用资料不加考析的情况，提出自己的主张：“搜采诸书，详加折衷”，“史文舛伪，加以驳正”。[6]钱大昕注意对史料真伪的考订，这和他实事求是的治学精神以及历史考据思想是一致的。无论是修史还是修志，他都主张在博采的基础上，力争做到史料字字皆准，事事皆确。他总纂的《鄞县志》“考核精当，体例尽善”，[7]其所著《廿二史考异》《十驾斋养新录》《元史艺文志》《元史氏族表》等史著，更是以取材宏富、考订精审著称于世。

---

[1] 钱大昕：《廿二史考异》卷九十二《元史七·宰相年表》。

[2] 钱大昕：《廿二史考异》卷九十《元史五·祭祀志六》。

[3] 钱大昕：《潜研堂文集》卷二十五《严久能娱亲雅言序》。

[4] 钱大昕：《潜研堂文集》卷十八《续通志列传总叙》。

[5] 《鄞县志》卷首《凡例》，清乾隆五十三年刻本。

[6] 钱大昕：《潜研堂文集》卷十八《续通志列传总叙》。

[7] 程其珏：《嘉定县志》卷二十五《艺文志二·地理类》。

（五）“史以纪治忽之迹”的史文繁简论

对于史文繁简问题，钱大昕自有看法。首先，他指出了造成史文繁简不当的原因，一则史官缺乏史才，务博而不知裁汰；二则官修史书，时限迫促，众人又互相掣肘，无法认真润色。他评《旧唐书》说：“《旧史·本纪》前后繁简不均。睿宗以前，文简而有法；明皇、肃、代以后，其文渐繁；懿、僖、昭、哀四朝，冗杂滋甚。……盖唐初五朝国史，经吴兢、韦述诸人之手，笔削谨严；中叶以后，柳芳、令狐峘辈虽非史才，而叙事尚为完备；宣、懿而后，既无实录可稽，史官采访，意在求多，故卷帙兹繁，而事迹之矛盾益甚也。”[1] 他评《宋史》说：“《宋史》述南渡七朝事，丛冗无法，不如前九朝之完善。宁宗以后四朝，更不如高、孝、光三朝之详。盖由史臣迫于期限，草草收局，未及讨论润色之故。”[2] 其次，对于史书繁简问题，要辩证地看，不能纯粹以繁简定史书高下，“文有繁有简，繁者不可减之使少，犹之简者不可增之使多。《左氏》之繁，胜《公》《穀》之简。《史记》《汉书》互有繁简”[3]。这些都是历史编纂中比较可贵的思想。

更为重要的是，钱大昕把史文繁简与史书所发挥的社会作用结合起来论述，认为史书应多记载有关劝诫，有关国计民生的史实，要集中突出史书的社会作用，要在重大史事上下重笔。他赞同“文省事增”的做法，但进一步指出，“事增非难，增其所当增，勿增其所不当增之为难；文省非难，省其所可省，勿省其所不可省之为难。班孟坚之于《史记》，事增而文亦增，增其所当增也。陈承祚之于《魏略》，文省而事亦省，省其所可省也”[4]。那么，何者当增，何者应省？在钱大昕看来，关乎军国大政，有利国计民生的，当增加分量，详细撰写，否则则要省删。他说：“事之无关法戒，人之无足重轻者，削删节之。又史以纪治忽之迹，非取词章之工，……文虽工而无裨于政治，亦可从删。”[5] 在史书编纂时，摒弃荒诞无为之言，多记关乎国家治迹的事情，是一种高明的见解。

---

[1] 钱大昕：《廿二史考异》卷五十七《旧唐书一·高祖纪》。

[2] 钱大昕：《诸史拾遗》卷四《宋史·张昷之传》。

[3] 钱大昕：《潜研堂文集》卷三十三《与友人书》。

[4] 钱大昕：《潜研堂文集》卷二十八《跋南北史》。

[5] 钱大昕：《潜研堂文集》卷十八《续通志列传总叙》。

钱大昕称赞《三国志》“以简质胜”，但指出仍有不少“事无系乎兴亡，语不关于劝戒”的烦冗文字可以删省。[1] 他评价《宋史》说：“列传所载文，如王向之《公默先生传》，夏侯嘉正之《洞庭赋》，……词既不工，亦无关于劝戒，皆可删也。”[2]

白寿彝先生曾说：“史文繁简，不只是一个简单的文字问题，而且是关系到对历史的见解问题，对材料的取舍问题。”[3] 钱大昕在史文繁简上的见解，正反映了他在材料取舍和撰史宗旨上的观点。

[1] 钱大昕：《廿二史考异》卷十六《三国志二·郤正传》。

[2] 钱大昕：《廿二史考异》卷八十一《宋史十五·儒林传二》。

[3] 白寿彝：《历史教育和史学遗产》，第 133 页。

第十一章　崔述的考信辨伪和史学思想

崔述，字武承，号东壁，直隶大名府魏县（今河北魏县）人。后魏县废，并入大名，遂为大名人。生于乾隆五年（1740 年），卒于嘉庆二十一年（1816 年）。

崔述一生，命运坎坷，仕途不畅。其一生最大的贡献，就是写出了《考信录》一书。该书共 36 卷，取《史记·伯夷列传》“学者载籍极博，犹考信于六艺”之意，以六经为标准，对传记中所载上古帝王先贤的事迹进行考信辨伪。

崔述的学说并不为时人所重。当时的考据风尚讲求恪守汉儒经注，而崔述却要推翻战国以后经传、笺注对古史的附会与假托，“其持论实不利于场屋科举，以故人鲜信之；甚有摘其考证最确，辩论最明之事，而反用为诋谌者”[1]。直到 20 世纪初，日本学者那珂通世读到《崔东壁遗书》，十分折服，遂将全书校订标点，于 1903 年列入日本史学会丛书出版，大力表彰。随后，中国学者刘师培、胡适、顾颉刚、钱玄同、洪业等人给予崔述更大关注。尤其是顾颉刚先生，更是大力搜讨崔氏佚文散著，于 1921 至 1936 年间编校《崔东壁遗书》。《遗书》除收有崔述的所有

[1] 陈履和：《崔东壁先生行略》，见《崔东壁遗书》附录。

著述外，还收有其弟崔迈、其妹崔幼兰、其妻成静兰的著述以及后人对崔述及《考信录》的介绍和评价，网罗极为宏富，是研究崔述材料最全面的本子。该书于1936年由上海亚东图书馆印行，1983年上海古籍出版社重印。

由于顾颉刚等人的表彰，崔述的学说才在消沉百年后大放光彩，并成为近代古史辨学说的推动力。

第一节　崔述的学术渊源和治史风格

崔述治学，不傍门倚户，在乾嘉诸儒中卓然而立，自成一格。然而，学术界在论述崔述学术归属时，不是认为他上承朱子，将其归于宋学，便是将其归于汉学，认为他是乾嘉考据学的代表人物。其实，这种简单的学派归属远不足以概括崔述的学术风貌和治学的根本精神。

最早明确将崔述归为宋学的人是胡适，他通过研究指出："崔述父子都是宋学，而且都是宋学中的朱学。"[1] 至今，一些学者论崔述学术，仍沿袭此说。胡适等人所言，不能说没有一点道理，但相当偏颇，不足以概括崔氏学风。

崔述幼承庭训，其学受其父崔元森影响很大。崔元森为学，"严儒、释之辨。北方自苏门孙征君宗姚江王氏之学，远近信从；君独恪遵紫阳，而尤爱玩当湖陆清献公之书，躬行以求心得"[2]。很明显，崔元森尊奉朱熹之学，对北方的孙奇逢之学没有兴趣，但对南方的陆陇其之学情有独钟。陆陇其"讲学专宗朱子，以居敬穷理为要"[3]，是理学中人。崔元森尊紫阳，爱三鱼，力辟"阳明所论良知之失"[4]，无疑也是程朱理学的信奉者。不仅如此，崔元森还经常以陆陇其之书授崔述[5]，并以理

[1] 胡适：《科学的古史家崔述》，见《崔东壁遗书》附录。

[2] 汪师韩：《闇斋先生墓志铭》，《考信附录》卷一《家学渊源》，见《崔东壁遗书》。

[3] 杨向奎：《三鱼学案》，见《清儒学案新编》第一卷，齐鲁书社1985年版。

[4] 崔述：《无闻集》卷四《先府君行述》，见《崔东壁遗书》。

[5] 崔述：《先君教述读书法》，《考信附录》卷一《家学渊源》。

学期许崔述，希望崔述将来能以理学名家[1]。可见，崔述自幼就在这样一个尊奉朱子之学的学术氛围中长大，也就是从此出发，胡适认定崔述全然是宋学，而且是宋学中的朱学。这实际上是只观其源，未见其流，崔述虽然受其父影响，在一定程度上认同朱熹，但其基本学术精神与朱熹有别。可以这样讲，崔述由朱学入但突破了朱学。

在宋儒中，朱熹学最笃实，崔述治学严谨，在这一点上近似朱子。然而，朱学的核心是道学，抽去了道学，朱学也就不复存在了。朱熹的人心、道心之论，人欲、天理之辨，一理浑然之说，在崔述看来，只能引导人们走向虚无杳渺之境，和陆王心学没有实质差别。他认为，以朱熹为代表的宋儒本来是重实学的，然而由于喜谈性理，遂成后世空疏无当之学的始作俑者：

> 重实学者惟有宋诸儒，然多研究性理以为道学，求其考核古今者不能十之二三。降及有明，其学益杂，甚至立言必出入于禅门，架上必杂置以佛书，乃为高雅绝俗；至于唐、虞、三代、孔门之事，虽沿讹踵谬，无有笑其孤陋者。[2]
>
> 逮宋以后，诸儒始多求之心性，详于谈理而略于论事，虽系探本穷源之意，然亦开后世弃实征虚之门。及陆、王之学兴，并所谓知者亦归之渺茫空虚之际，而正心诚意遂转而为明心见性之学矣。[3]

崔述认为，以朱熹为代表的宋儒，善谈性理，实际上背离了“圣门之学”，“其论益精而其于行事益无所当”。[4]陆王心学固然应当排斥，程朱理学也未见得高明，“世之混同朱、陆与轩陆轾朱者辄谓象山高明而朱子平实。彼象山者，吾不知其高明何在，第恐朱子平实之中尚未免有一

[1] 崔述：《考信录自序》，见《崔东壁遗书》附录。

[2] 崔述：《考信录提要》卷上。

[3] 崔述：《考信录提要》卷下《总目叙》。

[4] 崔述：《洙泗考信余录》卷一《颜子》。

二之过于高深者存也”[1]。由此可见，崔述对宋学中喜谈心、性、道、理的方面并不认同，而这恰恰是宋学的主题，因此，说崔述“全是宋学”，是不全面的。

崔述治学，富有怀疑精神，这一点可以说是明显地受到宋儒影响，即便如此，他对宋儒也没有盲从。他曾对宋儒疑古辨伪的成绩给予肯定，认为他们对“前人之误”，“或为文以辨之，或为书以正之，或作传注以发明之”，[2] 功不可没。然而，宋儒喜改窜经文以合己意，而崔述则全以六经为据，表现出与宋儒的极大不同。对于朱熹的疑古辨伪，崔述坚持正确者即信从、错误者即纠谬的原则，“我苟有所见，不必徇朱子，亦不必为朱子讳也”[3]，一本实事求是之原则。可见，崔述固然在儿时就受宋学熏染，然而他却走上独立发展之路，他只从朱熹“道问学”中继承了一部分，而抛弃了他性理之辨的哲学内容。

崔述生当乾嘉汉学鼎盛时期，所从事的又是考信辨伪的工作，故而不少人又把他归到乾嘉考据学者之列，如刘师培曾言：“（崔）述生乾嘉间，未与江（永）、戴（震）、程（瑶田）、凌（廷堪）相接，而著书义例则殊途同归。”[4] 当今西方的一些学者在研究崔述学术时，也将其作为乾嘉历史考据学的代表人物来看待。[5] 实际上，这只是一种似是而非的看法，崔述与当时的汉学家在治学的取径和方法上是很不相同的，他从来不认同乾嘉汉学家。

乾嘉汉学家在治学上有一共同特点，那就是尊奉汉儒，认为汉儒去古未远，经注训诂较为可信，甚至有“凡汉皆好，凡古必真”的泥汉不化者。崔述对这种笃信汉儒经注的做法颇有异议，他指出，汉儒说经谬误很多，不足为信：

周道既衰，异端并起，杨、墨、名、法、纵横、阴阳诸家莫不

[1] 崔述：《洙泗考信余录》卷一《曾子》。
[2] 崔述：《考信录提要》卷上。
[3] 崔述：《论语余说》，见《崔东壁遗书》。
[4] 刘师培：《崔述传》，见《崔东壁遗书》附录。
[5] 见邵东方：《论崔述的考据学与清代汉学之关系》，《清史研究》1998 年第 1 期。

造言设事以诬圣贤。汉儒习闻其说而不加察，遂以为其事固然，而载之传记。若《尚书大传》《韩诗外传》《史记》《戴记》《说苑》《新序》之属，率皆旁采卮言，真伪相淆。继是复有谶纬之术，其说益陋，而刘歆、郑康成咸用之以说经。流传既久，学者习熟见闻，不复考其所本，而但以为汉儒近古，其言必有所传，非妄撰者。虽以宋儒之精纯，而沿其说而不易者盖亦不少矣。……而圣贤之诬遂万古不白矣。[1]

他数次批评当时信奉汉儒的汉学家，说："近世浅学之士动谓秦、汉之书近古，其言皆有所据；见有驳其失者，必攘臂争之。此无他，但狗其名而实未尝多观秦、汉之书，故妄为是言耳。"[2] 又说："大抵战国、秦、汉之书皆难征信，而其所记上古之事，尤多荒谬。然世之士以其流传日久，往往信以为实。"[3] 他作《考信录》，很大一部分内容是辨汉儒说经之伪，"世之士但见汉人之书有之，遂信之而不疑，抑亦过矣。故今《考信录》中，凡其说出于战国以后者，必详为之考其所本，而不敢以见于汉人之书者遂真以为三代之事也"[4]。崔述不相信汉儒经说，与当时汉学家迥然异趣。

可以这样说，在主张"道在六经"这一点上，崔述与当时汉学家是一致的，汉学家也要"正伪书之附会，辟众说之谬诬"，但他们攻击的对象是宋儒，不是秦汉百家之言。他们认为宋儒解经，往往自出新意，故尽力排击，但对两汉间人的古训注却深信不疑，存在严重的门户之见。崔述则不同，他连汉儒之说也不相信，而主张直接返回六经原典以探求圣人之意。胡适曾指出崔述与汉学家治经方法的差异："汉学运动走的路是间接的，崔述是直接的。汉学运动假道于汉儒以至六经，而崔述要推翻秦、汉百家言以直接回到六经。"[5] 另外，有的汉学家耽于考据而不能发挥，只斤斤于名物制度的纠谬而不能会通。崔述就不同了，他的疑

[1] 崔述：《考信录提要》卷上。
[2] 崔述：《考信录提要》卷上。
[3] 崔述：《考信录提要》卷上。
[4] 崔述：《考信录提要》卷上。
[5] 胡适：《科学的古史家崔述》。

古考信，有上下贯通的历史意识，始终注意历史的演变过程，考察在历史演化之中各种事物的变化。他合唐虞三代圣君贤臣之事迹进行考究，以见古史之真、治乱之由，他作《五服异同汇考》以见丧服沿革，他在《知非集自序》中论诗三变，都属系统的研究。而且，他认识到，史学发展愈后，内容便愈复杂，所谓“去圣益远则其诬亦益多，其说愈传则其真亦愈失”[1]。故而他在考证每一说法时，必考其源流，所以顾颉刚说崔述：“他觉得一种学说不是突然出现的，所以要寻出它的前后左右的关系。”[2] 崔述能从历史的发展变化中，从历史的宏观方面去考查问题，已有对史学本身发展进行思考的自觉意识，这些，正是那些单纯通过音韵训诂以考证具体名物的汉学家所缺乏的。

由以上分析可见，崔述虽生于理学家庭，又身处乾嘉汉学鼎盛之时，但其学术既非宋学所能概括，取径也与汉学家不同，正如顾颉刚所言：“他的父亲酷望他以理学名世，他自己也要明二帝三王之道，然而他决不成一宋学家。以他那时的学术风气，汉学正披靡一世，他的工作既致力于考证，原当投在汉学的旗帜下，然而他也决不成一汉学家。”[3] 那么，崔述学术的基本精神何在？

我们说，崔述的学术风貌，不能用汉、宋之别，今、古文之分，程朱、陆王之争来概括，他不存门户之见，博采众长而自成一体，且以探求古史之真为指归。他说：“今世之士，醇谨者多恪遵宋儒，高明者多推汉儒以与宋儒角。……其实宋儒之说多不始于宋儒；宋儒果非，汉儒安得尽是。理但论是非耳，不必胸中存汉、宋之见也。”[4] 但论是非，不论汉、宋，才是崔述治学的根本所在。他在研究《诗经·国风》时，表述了自己突破今、古文传经家法，汉、宋儒论经异议，从经书本文体会意义的思想，说：“余于《国风》，惟知体会经文，即词以求其意，如读唐、宋人诗然者，了然绝无新旧汉、宋之念存于胸中，惟合于诗意者则从之，不合者则违之。”[5] 他还批评了当时汉宋之学相互攻击的不良学

[1] 崔述：《丰镐考信录》卷二《文王下》，见《崔东壁遗书》。

[2] 顾颉刚：《崔东壁遗书序》，见《崔东壁遗书》。

[3] 顾颉刚：《崔东壁遗书序》。

[4] 崔述：《丰镐考信别录》卷三《洪范补说》。

[5] 崔述：《读风偶识》卷一识语，见《崔东壁遗书》。

风，说：

> 今世之士，矜奇者多尊汉儒而攻朱子，而不知朱子之误沿于汉人者正不少也。拘谨者则又尊朱太过，动曰“朱子安得有误！”而不知朱子未尝自以为必无误也。……学者不得因一二说之未当而轻议朱子，亦不必为朱子讳其误也。[1]

因为有了这样一种认识，在《考信录》中，不管是今文、古文，汉学、宋学，崔述一律列为“考”的对象，必考而后“信”，自称“今为《考信录》，不敢以载于战国、秦、汉之书者悉信以为实事，不敢以东汉、魏、晋诸儒之所注释者悉信以为实言，务皆究其本末，辨其同异，分别其事之虚实而去取之”[2]。对于各家传注经说，崔述既不轻信盲从，也不一律排斥，而是以求真的态度，当信则信，当疑则疑，不为家派门户之见所左右，故而当时人就称他“考据详明如汉儒，而未尝墨守旧文而不求夫心之安也；辨析精微如宋儒，而未尝空执虚理而不核夫事之实也”[3]。崔述以自己的理性精神向带有迷信色彩的经学蒙昧主义挑战，在后世引起巨大反响。日本学者那珂通世认为“中国学者拘于汉儒之训诂，耽于宋儒之空理，其弊固不待言。尚古之念既深，对于古书皆如宗教徒之崇拜经文……崔述处于群迷之中，独能建树已说”，其“学涉经史，识通古今，考据辨析高出汉、宋诸儒之上”。[4] 蔡元培把崔述比作清代的王充[5]，顾颉刚更认为崔述“集王充、刘知幾以来的辨伪大成”[6]，均充分肯定崔氏的理性主义精神，而不以汉、宋之学目之。

崔述治学以求真为指归，对各家经说一视同仁，不存门户，所以才能在考信辨伪方面做出巨大成绩。也正因为此，崔述曾遭受到分别来自汉学和宋学两方面的压力。在崔述生前，汉学家就不与其为伍，张澍甚

---

[1] 崔述：《考信录提要》卷上。

[2] 崔述：《考信录提要》卷上。

[3] 汪廷珍：《考信录序》，见《崔东壁遗书》附录。

[4] 崔述：《考信录解题》，见《崔东壁遗书》附录。

[5] 蔡元培：《蔡元培题词》，见《崔东壁遗书》附录。

[6] 顾颉刚：《崔东壁遗书序》。

至对崔述进行猛烈攻击。阮元刊《皇清经解》，网罗清代经说文字，零星笔记尚且入录，但崔述著作却未曾收入一种，其受朴学家排斥可见一斑。崔述治学，不尚空谈，反对言心言性，对宋学长于论心性的一面多所批评，其考夏、商、周三代史事，许多地方都动摇了传统的纲常名教，故而也遭到了理学家谢庭兰、唐鉴的排击。

第二节　考信辨伪方法的特点

在崔述的心目中，六经与传记、注疏和百家之言的地位和价值是不可同日而语的。其父崔元森教他读书，强调经、注分读，“谓读注当连经文，固也，读经则不可以连注。读经文而连注读之，则经文之义为注所间隔而章法不明，脉络次第多忽而不之觉，故必令别读也”[1]。崔元森的这种教育方法，对崔述日后考辨古史影响巨大，崔述说：“自读书以来，奉先人之教，不以传注杂于经，不以诸子百家杂于经传；久之而始觉传注所言有不尽合于经者，百家所记往往有与经相悖者。”[2] 很显然，在崔述心目中，六经所记最为可靠，其次为传注，再次为诸子百家之言。其作《考信录》，即“以经为主，传注之与经合者则著之，不合者则辨之，而异端小说不经之言咸辟其谬而删削之”[3]。这样，就使得经与传注、百家之言不相混杂，“把各人的见解还给各人，要各人自己负责任”[4]。这本身就是一种历史主义的态度。

崔述认为“经文皆可信”[5]，而“秦、汉以来传注之言往往与经抵牾，不足深信”[6]，他几乎将所有的精力都放在考辨传注百家之言的伪谬上来。六经所记先王事迹及古代史事后世为何出现种种谬误呢？崔述从两个方面进行了考察：

---

[1] 崔述：《先君教述读书法》，《考信附录》卷一《家学渊源》。

[2] 崔述：《考信录自序》。

[3] 崔述：《考信录自序》。

[4] 顾颉刚：《崔东壁遗书序》。

[5] 崔述：《考信录提要》卷下《总目叙》。

[6] 崔述：《无闻集》卷三《与董公常书》。

一是客观上，由于时代的变迁，师承的不同，书写工具的变化，政治环境的影响等原因而出现谬误。他说：

> 圣人之道，在《六经》而已矣。二帝、三王之事，备载于《诗》《书》，孔子之言行，具于《论语》。文在是，即道在是。……顾自秦火以后，汉初诸儒传经者各有师承，传闻异辞，不归于一，兼以战国之世，处士横议，说客托言，杂然并传于后，而其时书皆竹简，得之不易，见之亦未必能记忆，以故难于检核考正，以别其是非真伪。东汉之末，始易竹书为纸，检阅较前为易；但魏、晋之际，俗尚词章，罕治经术，旋值刘、石之乱，中原陆沉，书多散佚，汉初诸儒所传《齐诗》《鲁诗》《齐论》《鲁论》陆续皆亡，惟存《毛诗序传》及张禹更定之《论语》，而伏生之《书》，田何之《易》，邹、夹之《春秋》亦皆不传于世。于时复生妄人，伪造《古文尚书经传》《孔子家语》，以惑当世。二帝、三王、孔门之事于是大失其实。[1]

又说："今之去二帝、三王远矣，言语不同，名物各异，且易竹而纸，易篆而隶，递相传写，岂能一一之不失真！"[2] 很显然，书写工具的变化势必造成传写之误，政治环境、历史背景的变化也势必造成对古史的杜撰。战国时说客辩士惯用讽喻，他们或把己说托名于圣贤，造成学统混乱，或编造故事，造成史料真伪并存。秦汉人将这些故事、托言误认为史实，不加分辨地收入书中，且师法传经，一经之义各家所说不同，给后代学者造成理解上的误导。魏晋以后，五胡乱华，书又散佚，加以好事者伪造杜撰，于是史实离本来面目越来越远。

二是主观上，后世之人"好以己度人，以今度古"[3]。拿当时的情景推测上古，无视古今之别，缺乏历史主义的原则，结果不自觉地改写了历史，"后世之儒所以论古之多谬者，无他，病在于以唐宋之事例三

[1] 崔述：《考信录提要》卷上。

[2] 崔述：《考信录提要》卷上。

[3] 崔述：《考信录提要》卷上。

代，以三代之事例上古”[1]。他们碰到不理解的上古史事，要么“强不知以为知”[2]，以假乱真；要么附会弥缝，“大谬于事理”[3]；要么囿于见闻，判断失当，孤陋寡闻，反不自知；要么“心粗气浮”，盲从轻信，阅读古书，意在记诵和举业，不辨真伪；要么杂凑异说，甚或有意作伪，故意歪曲，等等。客观上的历史变迁以及主观上的蒙昧，势必导致古史的真面目越来越模糊，越来越脱离真实。

崔述在经史考证时，注意到时代变迁、名物移换、语言文字不同以及个人见识高低等因素对历史上流传下来的古书古事之内容的影响，往往能从流动性、过程性的宏观角度把握问题，是一种历史的考察，与仅仅就一事一物论是非真伪而不寻其源流的汉学家极不相同。

崔述还考察了古书古事在流传中失实的几种形式。

一是史事在流传中被人附会展延。崔述将其称为“世益晚则其采择益杂”。他说：“孔子序《书》，断自唐、虞，而司马迁作《史记》，乃始于黄帝，然犹删其不雅驯者。近世以来，所作《纲目前编》《纲鉴捷录》等书，乃始于庖羲氏，或天皇氏，甚至有始于开辟之初盘古氏者，且并其不雅驯者而亦载之。故曰，世益晚则其采择益杂也。”[4] 也就是说，随着历史的发展，人们在古史上的附会越来越多，而且不断将古史的开端向前推。关于这一点，崔述在另一处说得更明白：“夫《尚书》但始于唐虞，及司马迁作《史记》乃起于黄帝，谯周、皇甫谧又推之以至于伏羲氏，而徐整以后诸家遂上溯于开辟之初，岂非以其识愈下则其称引愈远，其世愈后则其传闻愈繁乎！”[5] 这段话极有历史眼光，可谓卓见卓识。顾颉刚后来提出“层累地造成的中国古史”，极可能是受了崔述这些话的影响。

二是以讹传讹，遂使虚言变为实事。崔述指出，战国时期的说客辩士好借物以喻其意，孟子书中也往往讲一些寓言，而实际上并非实有其

---

[1] 崔述：《补上古考信录》卷上《神农氏》，《崔东壁遗书》。

[2] 崔述：《考信录提要》卷上。

[3] 崔述：《考信录提要》卷上。

[4] 崔述：《考信录提要》卷上。

[5] 崔述：《补上古考信录》卷上《开辟之初》。

事，但“汉、晋著述者往往误以为实事而采之入书，学者不复考其所本，遂信以为真有而不悟者多矣”[1]。

三是因传闻异辞或记忆失真而失实。崔述说：

> 传记之文，有传闻异辞而致误者，有记忆失真而致误者。一人之事，两人分言之，有不能悉符者矣。一人之言，数人递传之，有失其本意者矣。是以《三传》皆传《春秋》，而其事或互异。此传闻异辞之故也。古者书皆竹简，人不能尽有也，而亦难于携带，纂书之时无从寻觅而翻阅也。是以《史记》录《左传》文，往往与本文异。此记忆失真之故也。[2]

总之，古史谬传有一个规律，所谓“去圣益远则其诬亦益多，其说愈传则其真亦愈失”[3]。崔述能将古史谬误的出现当作一个有联系的历史过程来对待，进行动态的把握，识见高明。

正是因为以上认识，崔述在考辨古史时提出要“平心”，不存成见，要“论时势”，不能脱离具体历史环境来看问题，更不能以今度古。他说：“夫论古之道当先平其心而后论其世，然后古人之情可得；若执先入之见，不复问其时势而但揣度之，以为必当然，是‘莫须有’之狱也，乌足为定论乎！”[4] 他数次申言自己是持“平心”、弃“成见”而考辨古史的，他说：“学者于古人之书，虽固经传之文，贤哲之语，犹当平心静求其意旨所在，不得泥其词而害其意。”[5] 又说：“余生平不好有成见，于书则就书论之，于事则就事论之，于文则就文论之，皆无人之见存”[6]，“说经欲其自然，观理欲其无成见”[7]。在他看来，要求得古史

---

[1] 崔述：《考信录提要》卷上。

[2] 崔述：《考信录提要》卷上。

[3] 崔述：《丰镐考信录》卷二《文王下》。

[4] 崔述：《丰镐考信录》卷一《大王、王季》。

[5] 崔述：《考信录提要》卷上。

[6] 崔述：《考信录提要》卷下《总目叙》。

[7] 崔述：《赠陈履和序》，《考信附录》卷一附录。

之真，消弭门户，排除主观成见，不“以汉、唐之情形例商、周之时势”[1]，是最基本的要求。

另外，崔述还提倡慎言阙疑，反对强作解事。他说：“今为《考信录》，凡无从考证者，辄以不知置之，宁缺所疑，不敢妄言以惑世也。”[2] 又说：“与其误断而颠倒之，不若阙疑而姑置之之为愈也。”[3] 故《考信录》中言“俟考”“事之有无不可知”“俟夫好古之士考焉”“今亦阙之”者甚多。这些，都反映了崔述实事求是的精神。

崔述考辨伪书伪史，信经而疑传注及诸子杂说，他说：“余少年读书，见古帝王圣贤之事往往有可疑者，初未尝分别观之也。壮岁以后，抄录其事，记其所本，则向所疑者皆出于传记，而经文皆可信，然后知六经之精粹也。”[4] 他在《考信录提要》中多次申论这一点，指出“今为《考信录》，悉本经文以证其失，并为抉其误之所由”[5]。对于这种以经证传之伪的方法，顾颉刚先生很是欣赏，称之为崔述考信辨伪的“基础方法”，认为“从前人以为传记即是经，注、疏必得经意，把二千余年陆续发生的各家学说视为一件东西”，而崔述的这一方法，“完全要把材料分析，使各时代、各个人、各本子均分了开来，而不浑作一团”，[6] 具有打破蒙昧的意义。

崔述有历史的眼光，他知道古史真相的迷失有一个历史过程，于是他在考信辨伪时，就追随这个过程，顺源追流或溯流达源，进行顺向考察或逆向考察，追踪它们在历史上一步步的演变，或以后出之说与古说相比较，以求古史古说之真。如太皞与包牺、神农与炎帝是否为一人，这一问题因流传至久，淆乱复杂。崔述首先寻找出有关太皞与包牺、神农与炎帝的最早记载，然后一步步追索其流变，指出在《易大传》和《左传》中，太皞非包牺，神农也非炎帝。在《战国策》《国语·晋语》中，炎帝与神农尚未混为一人。战国以后，阴阳之术兴，始以五行配五

[1] 崔述：《丰镐考信录》卷一《大王、王季》。
[2] 崔述：《考信录提要》卷上。
[3] 崔述：《补上古考信录》卷下《颛顼氏》。
[4] 崔述：《考信录提要》卷下《总目叙》。
[5] 崔述：《考信录提要》卷上。
[6] 顾颉刚：《崔东壁遗书序》。

帝，《吕氏春秋》《月令》均受此影响，开始杜撰五帝之“德”，但仍未将太皞与包牺、炎帝与神农相混。西汉后期，谶纬之学日盛，刘歆以五行相生来排五帝先后顺序，将太昊列于炎帝前，将炎帝列于黄帝前，而为了弥缝其说与《易大传》和《左传》的矛盾，遂将太皞指为包牺，炎帝指为神农。《汉书·律历志》全用刘歆说，以太皞为包牺，神农为炎帝。杜预、司马贞再据刘歆、班固之说来解《左传》和《史记》，后之学者编纂古史皆遵之无异辞。[1] 这个问题，崔述先看经传，如《易大传》《左传》怎么说，然后再看《战国策》《国语》分别怎么说，然后依时间顺序，追索这一问题在《吕氏春秋》《月令》、刘歆、班固、杜预、司马贞那里的流传和演变，所论清清楚楚，令人豁然开朗。这便是顺源追流法。溯流达源也是动态地看问题，只不过它是截取两端进行比较而已。如崔述在证明《伪泰誓》系拾掇经传之文杂凑而成时，就是以《伪泰誓》与《孟子》《左传》《坊记》《论语》等记载对勘，溯流而达源，发现《伪泰誓》中有不少文句采自上述诸书，或全文抄录，或略加改动而采入。通过这样比勘，可知《伪泰誓》确非古有，而系后人杂凑伪造的赝品。

顾颉刚称崔述这一考信辨伪的方法为“治乱丝的法子”，认为它值得大力推广。他本人做古史辨，也采用这一方法，将材料分开，“看哪些是先出的，春秋以上有多少，战国以下有多少。再看春秋以上的材料，在战国时是怎样讲，在秦汉时是怎样讲，而这些材料的真实意义是怎样？以前人的解释，对的若干，错的若干？”[2] 足见崔述考信方法中已蕴含了近代史学方法的因素。

崔述考信辨伪时还常用演绎法推论，即以现有的知识和结论推导出结果。如他在考察史官起源时说：“典籍之兴，必有其渐。仓颉始制文字；至于大挠，然后作甲子以纪日；至于羲和，然后以闰月定四时成岁以纪年。必无甫有文字即有史官之理。”[3] 据此推测，崔述否定了史官之职始设于黄帝时期的说法。世传神农作《本草》，黄帝作《素问》《灵枢》，崔述否认这一看法，根据在于“黄帝之时尚无史册，安得有书传于

[1] 崔述：《补上古考信录》卷下《炎帝氏》。

[2] 顾颉刚：《自序》，见《古史辨》第三册，上海古籍出版社 1982 年版。

[3] 崔述：《补上古考信录序》，见《崔东壁遗书》。

后世；且其语多浅近，显为战国、秦、汉间人所撰”[1]。类似这样的推论，在《考信录》中屡见不鲜，足见崔述是娴于运用演绎法来考证史实的。

从历史考证的角度讲，以演绎法推论，得失参半，其最大的缺点就是一个结论的得出可能缺乏足够的文献材料来支撑，这样就可能使考证者有时在未经深思熟虑的状态下，单凭主观臆测而轻下断语。如崔述在分析包牺、神农作瑟之说时说：

> 风会之开必有其渐，故包牺氏教佃渔，神农氏教耕耨，黄帝氏垂衣裳，虽圣人不能一世而尽创也。然则礼乐之兴当在唐、虞之世，包牺、神农未暇此也，安有茹毛饮血而吹笙鼓瑟者哉！苟能制茧成丝，则何不先为衣冠而乃以为弦；苟能斫木成器，则何不先为栋宇棺椁而乃以为瑟也！此皆后人猜度附会之言。[2]

崔述的这些看法，尽管充满了理性色彩，甚至达到了唯物主义的边缘，但由于它没有任何历史文献做根据，故而只能算是推测，绝不能当作确定的结论。他在批评别人“猜度附会”时，自己又不自觉地犯了“猜度”的错误。

众所周知，清代汉学家在考证方法上有一共同特点，那就是多用归纳法。阎若璩、惠栋、王鸣盛、钱大昕、赵翼等人在考证时均广搜资料，归纳排比，追求无一字无来历，无一事无证据，无征不信。崔述虽然有时也用归纳法，甚至运用类比法来考证史事，但更大量地是运用演绎法，这是他在考证方法上不同于汉学家的地方。由于多用演绎法，他在考证上难免有主观武断的地方。对此，唐鉴评论道：“先生学主见闻，勇于自信。虽有考证，而纵横轩轾任意而为者亦复不少。”[3] 唐鉴评崔述虽带有门户之见，但这段话还是有道理的。

崔述考信辨伪还注意到文体语言、时代风气等客观因素。说：

---

[1] 崔述：《补上古考信录》卷上《黄帝氏》。

[2] 崔述：《补上古考信录》卷上《神农氏》。

[3] 唐鉴：《大名崔先生学案》，见《崔东壁遗书》附录。

唐、虞有唐、虞之文，三代有三代之文，春秋有春秋之文，战国、秦、汉以迄魏、晋亦各有其文焉。非但其文然也，其行事亦多有不相类者。是故，战国之人称述三代之事，战国之风气也；秦、汉之人称述春秋之事，秦、汉之语言也。《史记》直录《尚书》《春秋传》之文，而或不免杂秦、汉之语；《伪尚书》极力摹唐、虞三代之文，而终不能脱晋之气；无他，其平日所闻所见皆如是，习以为常而不自觉，则必有自呈露于忽不经意之时者。少留心以察之，甚易知也。[1]

这段话很清楚地向人们指明，作伪者不可能超越自己的时代而存在，由于时代的差异，环境的变化，作伪者总会将自己时代的一些东西带进伪作中，特别是在文体语言、时代风气等方面，更易留下作伪的痕迹，故而可通过对文体语言、时代风气的考察来进行辨伪。比如，他辨《本草》非黄帝所作，除根据黄帝时尚无书契外，还指出“《本草》文浅陋，多用后世地名”[2]，显为后人伪托。又如，他考辨《仪礼》非周公所作，关键就是“周初之制犹存忠质之遗，不尚繁缛之节明矣。今《礼经》所记者，其文繁，其物奢，与周公、孔子之意判然相背而驰，盖即谓后进之礼乐者，非周公所制也”[3]。这是从时代风气的不同来看问题。总之，从文体语言、时代风气考辨古史的方法，在《考信录》中被普遍运用。

以上所述乃崔述考信辨伪方法中较有代表性的几种，很能显示崔述治学的风格。而实际上，崔述在考信时所用的方法相当多，有据史实考辨者，如考辨《孔子家语》所列孔子世次不可信，孔子弟子无三千等；有据时间或空间因素考辨者，如考辨《檀弓》殡衢封墓之说，陈侯问孔子楛矢之说等；有以资料来源可疑考辨者，如考辨孔子具左右司马之说等；有据名、实而考辨者，如考辨《古文尚书》为伪作等；有以思想体系不合而考辨者，如考辨鲁庙欹器之说等。这些方法交互使用，均能言之成理，在一定程度上廓除了后人对古史的附会和谬说，成绩斐然。崔

[1] 崔述：《考信录提要》卷上。
[2] 崔述：《补上古考信录》卷上《神农氏》。
[3] 崔述：《丰镐考信录》卷五《周公相成王下》。

述否定三皇五帝之说，否定太昊伏羲氏、炎帝神农氏之说，指斥河图洛书之荒谬，批驳五德终始之虚妄，论定《周礼》《仪礼》非周公所作，论“井田”的附会，论定《古文尚书》为伪作，[1] 等等，新见迭出，对于廓清古史迷雾，起了重要作用。陈履和称《考信录》“真不朽之业，天壤间不可少之书也”[2]，萧元桂也称“是书黜百家之妄，存列圣之真，诚古今不可无之书”[3]，洵非虚语。

崔述的学说，因不合时好，在当时不受欢迎。然而，他考信辨伪的方法论中却蕴含着近代史学价值取向，在消沉了百年之后，终于在近代新史学的浪潮中焕发出新的生命力，成为直接推动新史学发展的动力。胡适称崔述为“新史学的老先锋”，并指出，“中国新史学应该从崔述做起，用他的《考信录》做我们的出发点，然后逐渐谋更向上的进步”。[4] 顾颉刚更是坦言：“（崔述）把难的地方已经做过一番功夫，教我们知道各种传说所由始了，由此加功，正是不难”[5]，直接把《考信录》当作“古史辨”工作的奠基。这些，也正应了陈履和为崔述所写的《行略》中的一句话：“四海之大，百年之久，必有真知，天亦必默相此书，传之无穷。”[6]

当然，我们也应看到，崔述的考信辨伪有很大局限性。崔述在考信辨伪时往往在历史判断和道德判断之间陷入深深的矛盾之中，处于两难境地。一方面，他要把六经当作史料来考辨古史，以求将真正的古史面目传之于后，因为他知道，“史也者，所以传信也”[7]。另一方面，他又坚信六经之中保存了三代以上的圣道，故而要以六经为据明儒家道统，将尧、舜、禹、汤、文、武、周公、孔、孟当作古史之骨干。这种道统上的“卫道”思想势必影响到他考辨古史的成就。如他曾正确地指出了

[1] 崔述未曾见到阎若璩《尚书古文疏证》及惠栋《古文尚书考》，这些完全是其独立考证的结果。

[2] 陈履和：《崔东壁先生行略》。

[3] 萧元桂：《崔东壁先生遗书序》，见《崔东壁遗书》附录。

[4] 胡适：《科学的古史家崔述》。

[5] 顾颉刚：《论史例书》，见《古史辨》第一册。

[6] 陈履和：《崔东壁先生行略》。

[7] 崔述：《无闻集》卷二《鲁隐公不书即位论下》。

三代天子诸侯与后代君臣关系不尽相同，但却从维护周文王的名誉出发，极力否认殷周之间存在君臣关系，他说："周固未尝叛商，亦未尝仕于商；商自商，周自周。"他之所以这样做，理由就是"圣人之事本自磊磊落落"[1]。他认为文王既然是圣人，就不会对商不守臣节而自行称王。又如，他否认孔子曾应佛肸之召这一事实，其根据是："佛肸以中牟畔，是乱臣贼子也；孔子方将作《春秋》以治之，肯往而助之乎!"[2] 这显然是置历史事实于不顾，完全为圣人辩护。可见，崔述在古史考证时，一方面想实事求是地求古史之真，排除心中的成见；另一方面又被尊圣卫道的成见所束缚，以致许多考证成果都一直在历史判断与道德判断之间游移。横亘在崔述心中的严重的"卫道""卫圣"思想影响了他实事求是地考辨古史。

第三节　崔述的历史盛衰论

崔述在考辨古史时，还特别注意论治理得失、考历史盛衰。崔述有这样一段话应该引起我们注意，他说："《三代考信录》共十有二卷，惟辨其虚实真伪，使圣王之事不至为传记所诬，未及详其政事之得失也。夏、商之政，不可详考，固已；若周，则典籍存于世者尚多，可以考而知之，故复作《周政通考》以究其盛衰之由。……综而观之，庶足以见其初终得失之梗概也。"[3] 这段话说得非常明白，夏、商二代，文献记载甚少，盛衰变化之由无法考察清楚，而周代典籍存于世者尚多，故而可以考察其盛衰变化之原因，因此在《丰镐考信录》之后又作《丰镐考信别录》，专考周政之盛衰。他又说："文、武所以创业，成、康所以守成，幽、厉所以失政，其治乱兴衰之故有非纪事之文所能尽者。故统其前后而考之，庶学者可以一目了然。"[4] 他的目的很明确，就是要考察

[1] 崔述：《丰镐考信录》卷一《大王、王季》。
[2] 崔述：《洙泗考信录》卷二《适卫》，见《崔东壁遗书》。
[3] 崔述：《丰镐考信别录》卷一《周政盛衰通考》。
[4] 崔述：《丰镐考信别录》卷一《周政盛衰通考》。

周代的盛衰变化，使人们得知一代盛衰之过程。

崔述有历史变化的眼光，他充分注意到历史发展的变化和差异，注重对历史演变过程的考察。他论上古历史的变化时说："自唐、虞逮夏初，天子相继，而天下之局始一变；少康以后又一变；至周，又小变；而秦、汉以下则又大变。"[1] 历史就是在这种变化中不断进步的。他还指出，随着历史的发展，各种制度都会变更，尧舜的传贤有其出现的历史条件和合理性，这种历史条件一旦发生变化，禅让制就行不通了。[2]"三代封建之制，与后世郡县之法异；而夏当家天下始，其事又与商、周不同"[3]。官制也是如此，三代异于两汉，两汉又异于唐宋。[4] 由此，崔述批评了那种僵死看待历史的儒生，他说："余尝读《春秋传》，襄、昭之世较之定、哀已不同，闵、僖又不同，隐、桓之世则迥乎判然矣。二百余年之间犹如此，况自平王以上，至于羲、农、黄帝之时，上下三千年，安得以一例例之乎。"[5] 历史发展有差别，所以治理天下的方法也须不同，"圣人所处之时势不同，则圣人所以治天下亦异。是故二帝以德治天下，三王以礼治天下，孔子以学治天下"[6]。崔述用变化发展的眼光看历史，在识见上高出当时一般汉学家。

在论述历史演化发展时，崔述引入了"势"的概念，认为"势"乃历史发展的趋势和程度，是人力所不能改变的，人们只有顺应"势"，社会才会发展。他说："天下之事固有斤斤焉求其如是而反不如是者，有不必斤斤焉求其如是而自能如是者，势为之而已矣。"[7] 他在《考信录》中还多次谈到"理势""事势""时势"等，如"夏于唐、虞之政其必因之而不改者，理势之自然也"[8]，又说："自有生民以来，莫不有讼。讼也者，事势之所必趋，人情之所断不能免者也。"[9] 他还指出，揖让之

[1] 崔述：《补上古考信录》卷下《黄帝以后诸帝通考》。
[2] 崔述：《唐虞考信录》卷一《尧建极》，见《崔东壁遗书》。
[3] 崔述：《商考信录》卷一《成汤上》，见《崔东壁遗书》。
[4] 崔述：《丰镐考信别录》卷二《周职官附考》。
[5] 崔述：《补上古考信录》卷下《黄帝以后诸帝通考》。
[6] 崔述：《考信录提要》卷下"洙泗考信录"条。
[7] 崔述：《无闻集》卷一《救荒策三》。
[8] 崔述：《夏考信录自序》，见《崔东壁遗书》。
[9] 崔述：《无闻集》卷二《讼论》。

变为征诛，也是历史发展必然之“势”。总之，“势”使得历史上任何事物的出现都具有不得不然的条件。

崔述重势的社会历史观，虽然不如历史上的韩非、柳宗元、刘知幾、王夫之等思想家深刻和系统，但他能在大量考证辨伪工作的基础上提出这一看法，认识到历史现象背后存在着“势”这样一种制约性力量，说明他并非只致力于“下学”，他还能由“下学”而“上达”，求真实不沉溺于纯考据，能超越一事一物零散的考证而进行宏观思考。

崔述虽然指出历史发展受“势”这样一种规律的制约，但他并未由此进入宿命论，而是充分注意到人在历史发展中的作用。他向人们揭示出历史盛衰的两个重要原因：一是能否任用人才，因能器使；二是能否广开言路，从谏如流。他认为“政之得失在于用人”，“治国之务，莫要于开言路”，“君道以用人为要，其次即听言”。[1] 离开这两点，任何一个王朝都只有灭亡。

崔述认为，任用贤人，事关王朝盛衰，他多次强调，“盖国祚之修短在政事，而政事之得失在人才”，“政必待人而后行”，“虽有善政，非贤莫行。不得其人则政徒为具文，而甚者反足以扰民”，“天下无必善之法，惟在乎其人耳。自汉以来，岂无良法，惟不得其人则民受其害”。[2] 崔述总结历史上的经验，指出用人当否，与历史盛衰关系密切。春秋战国时期，楚国力量强大，原因就在于楚国能用贤人，不像鲁、卫等国“皆世传”，故而能称霸。[3] 周代初起，能用贤才，故而有文、武之盛，周厉王时“用人行政皆失其宜，周之所以由盛之衰”[4]。封建史家论周幽王之败，全归之褒姒，崔述则指出“幽王之失，皆由于用人之不当耳”[5]，突出强调了用人之贤否对王朝盛衰的重要影响。

崔述还从盛衰的转折点上论述任用贤才的重要性，他说：

> 盖盛则贤才聚于廊庙，干城腹心之材不弃于“中逵”“中林”之

---

[1] 崔述：《丰镐考信别录》卷一《周政盛衰续考》。
[2] 崔述：《丰镐考信别录》卷一《周政盛衰通考》。
[3] 崔述：《丰镐考信录》卷四《周公相成王中》。
[4] 崔述：《丰镐考信别录》卷一《周政盛衰通考》。
[5] 崔述：《丰镐考信别录》卷一《周政盛衰通考》。

地。衰则风俗日偷，人材渐少，中逵、中林之地亦罕有干城腹心之材。惟盛之后，衰之初，卿大夫世禄者多不必皆有才能，而在下之美俗淳风尚未大变，是以畎亩之间往往有奇才可寄爪牙者。于斯时而无人为振作之，久之而风俗遂日敝。[1]

王朝强盛，必是人才济济，王朝衰败，必是人才凋零。那么在“盛之后、衰之初”的王朝转折时期，任用才能之士就显得相当重要，具有扭转风气、振作朝纲的作用，否则，只能是江河日下。

正是因为认识到人才在历史发展中的重要性，崔述特别提倡知人善任。他提出，一要广揽人才，“治国以用人为要，而用人以知人为先，一有不当则民受其殃……然欲庶官皆得其人，非广搜博采不可”[2]。二要不分亲疏，唯贤是用，“惟其贤则用之，不拘于亲旧也”[3]。三要各当其才，不求全责备，“盖才全德备者其人良少，惟能各当其才，斯能悉举其职”[4]。四要树立风气，形成上行下效、重视人才的社会氛围，“贤才之出，非偶然也。……此非涵育数十年不能也。上重德行则俗皆尚德行，上重才略则俗皆重才略，而父师以此为教，子弟以此为学。此非培植数十年不能也”[5]。更为可贵的是，崔述在论述贤人治国的过程中，对嫡长子继承制进行了批判，他指出：“嫡长之立，未见其必胜于立弟与立庶也。……立贤，上也；立嫡，非尽善也。”[6] 在他看来，嫡庶是次要的，贤才是主要的，如果庶子贤于嫡子，却死守礼法而不立庶，这就是置国家兴亡于不顾。由此，崔述还进一步发挥，提出“天下者，天之天下也，非天子之所得而予夺之者也”[7] 的大胆论断，认为天子没有私天下的权利，这可以说是乾嘉时代最勇敢的叛逆之音，是清初黄宗羲、顾炎武、唐甄等进步思想家批判封建君主专制理论的延续。

---

[1] 崔述：《读风偶识》卷一《兔罝》。

[2] 崔述：《丰镐考信录》卷四《周公相成王中》。

[3] 崔述：《丰镐考信录》卷四《周公相成王中》。

[4] 崔述：《丰镐考信别录》卷一《周政盛衰续考》。

[5] 崔述：《丰镐考信别录》卷一《周政盛衰通考》。

[6] 崔述：《商考信录》卷一《成汤下》。

[7] 崔述：《唐虞考信录》卷四《舜治定功成》。

除了用人外，崔述还认识到言路是否畅通也是关乎政治治乱、王朝盛衰的一个重要原因。他说："政之得失在于用人，然未尽也。治国之务，莫要于开言路。……惟能受善言则政皆无失。……所患者，自以为智而不能受人言，则奸人得以迎合其心而转其意，甚至听谗而妄害贤人者有之。"《左传》载郑人游于乡校议论政事，有人建议子产废乡校而绝人议，子产却认为有人议论政事，他正好择善而取，择非而却，乡校不可废。崔述评论说："欲人之议执政，即'胥训告'之意。子产此事，诚为政之要图。"崔述总结周代兴败的原因，认为重要的一条是言路的开闭。周兴盛时，"当时风气犹以听纳忠言为事……其政事安得有缺者"，而周衰以后，"卿士大夫自以为智，自以为贤，虽有一二人尚知训告者，而其人且付之一笑……政事安得不失正乎"。[1]

崔述在论述历史盛衰时，充满了对民众的同情和对清代现实的批判。他继承孟子民本论的思想，反对朝廷与民争利，要求统治者"因民之所利而利之"。他说："圣人何尝不言利……但圣人所言，义中之利非义外之利，共有之利非独得之利，永远之利非一时之利，此其所以异也。故曰'见利思义'，曰'因民之所利而利之'。"[2] 然而，清代的各级官吏却并非如此，"其取也不以贤，其养也不以禄。不知礼义，故名不足以劝；朝斥而夕复，故威不足以惩。其所知者，惟赂而已。赂至，则鸱鸮为鸾凤；赂不至，则夷、齐为跖、跻。故其职狱讼者，则舞文鬻狱，颠倒是非；其司赋役者，则盗用官钱，征新代旧，关通赂遗，驰富役贫；其奉差遣者，则因事索贿，计亩科钱"。他们甚至在赈灾活动中，"或伪造户口，或阴受请嘱。伪造户口，故粟多中饱而惠不及于民；阴受请嘱，故富者得粟而贫者无救于死。是以凶荒之岁，赈济之年，吏未有不增田，胥未有不建屋者"[3]。自乾隆中叶始，清朝由盛而衰，吏治腐败，贿赂公行，政治黑暗。崔述生当其时，对这种吏治腐败、贪贿成风、祸国殃民的社会现状极为不满。他揭露清代吏治黑暗，指出天灾人民尚能防，人祸则防不胜防。警告统治者，"死亡切于民之身而天下治且安者，自古

[1] 崔述：《丰镐考信别录》卷一《周政盛衰续考》。
[2] 崔述：《孟子事实录》卷上《适梁》，见《崔东壁遗书》。
[3] 崔述：《无闻集》卷一《救荒策四》。

未之有也”[1]。要求除掉贪官污吏，以挽救民众，“吏胥之害除，然后可以有饥馑而无死亡”[2]。崔述还批判了侈靡浮华的社会风气，指出这是衰世的象征，警告统治者要维护王朝不衰，必须改变现状，“以勤政、爱民、黜华、崇实为务”[3]。

由以上分析可见，崔述的历史盛衰论有丰富的内容，其人不失赤子之心，忧国忧民且敢于批判现实，这在当时是极其可贵的。然而，自胡适等人为崔述定下一个纯粹考信辨伪家的评语以来，崔述的历史盛衰论就鲜有人论及。其实，崔述的历史盛衰论在乾嘉学术史上应有重要地位。

当然，崔述的历史盛衰论也存在很大的局限性。其一是他有浓重的圣人观念。崔述承认历史有变化、有区别，但他却不承认圣人之道有变化、有差异。他认为，圣人之道不会随着时空的转移而有所不同，这就形成了一种“悖论”，这种“悖论”严重阻碍了崔述对历史盛衰的深入考察。其二是他反对权力下移。他认为，君主可以谋及卿士甚至庶人，但“其权则不可以下移”，目的是“辨上下而定民志”。[4] 可见，崔述虽然批判了封建的君主和官吏，但却认同君主专制制度，甚至于要加强专制集权，这是他思想中落后保守的一面。

---

[1] 崔述：《无闻集》卷一《救荒策一》。

[2] 崔述：《无闻集》卷一《救荒策四》。

[3] 崔述：《读风偶识》卷三《魏风》。

[4] 崔述：《丰镐考信别录》卷三《洪范补说》。

第十二章　章学诚的史学思想

章学诚，字实斋，号少岩。浙江会稽（今绍兴）人。生于乾隆三年(1738 年)，卒于嘉庆六年（1801 年）。

章学诚一生穷困潦倒，命运多舛。然而，他凭着自己顽强的意志以及对文史研究的极端执着和偏好，于逆境之中钻研不辍，在学术文化方面取得了杰出成就，写出了流传后世的《文史通义》《校雠通义》等理论著作，编修过《和州志》《亳州志》《永清县志》《湖北通志》等多部志书，成为中国封建社会后期最具创见性的史学理论家。

和乾嘉时代的许多史学家不同，章学诚特别注重对史学理论的探讨，他一生最大的成就是在理论方面，《文史通义》一书比较集中地体现了他在史学理论上的建树。由于章学诚生活在中国传统史学历经两千多年发展后的乾嘉时代，对传统史学进行总结是当时的一股学术潮流。生逢其时，章学诚的理论探讨也具有总结的意识。所不同的是，章学诚不仅对传统史学进行理论总结，而且还针砭当时学风的流弊，努力探索史学变革的途径，“自信发凡起例，多为后世开山”[1]，“实有开凿鸿蒙之功”[2]。可以这样讲，总结、批判、探索是章学诚史学理论研究的三个

[1] 章学诚：《文史通义》外篇三《家书二》。
[2] 章学诚：《文史通义》外篇三《再答周筤谷论课蒙书》。

主要方面，也是他史学理论研究的特点。

第一节 “史义”和章学诚对传统史学演变的总结

“史义”是中国史学史上很早就被提出来的一个问题。孟子在评论孔子作《春秋》时曾说：“王者之迹熄而《诗》亡，《诗》亡然后《春秋》作。晋之《乘》、楚之《梼杌》、鲁之《春秋》，一也。其事则齐桓、晋文，其文则史。孔子曰：‘其义则丘窃取之矣。’”[1] 很显然，此处将史学的基本要素——事、义、文——都讲到了，而且特别指出“史义”——也即史家的思想体系和观点——的重要。然而，尽管“史义”很早就已提出，但从理论上对“史义”进行集中探讨的，章学诚实为第一人。

章学诚重视“史义”的思想，贯串《文史通义》全书，成为章氏史学思想的中心。章学诚认为，自唐宋以后，史家重视史法和史学，而忽视史义。史义放绝，史学发展陷于困境，难以继续前进。其撰作《文史通义》的目的之一就是为了阐发“史义”，挽救“史学废绝”的局面。他自信阐发“史义”，有发凡起例的开创之功，他说：“吾于史学，盖有天授，自信发凡起例，多为后世开山，而人乃拟吾于刘知幾，不知刘言史法，吾言史意，刘议馆局纂修，吾议一家著述，截然两途，不相入也。”[2] 足见他所进行的史学评论与刘知幾是不相同的，刘知幾重视史法义例，从史法义例的角度评论唐以前史学，而章学诚则重视“史义”，从史义的角度对清以前的史学进行了全面总结，以探索史学废绝后的出路。

在章学诚看来，史家作史“贵知其意”，史义是关系到“史氏之宗旨”的重要问题，他说：“载笔之士，有志《春秋》之业，固将惟义之求，其事与文，所以藉为存义之资也。……作史贵知其意，非同于掌故，仅求事、文之末也。夫子曰：‘我欲托之空言，不如见诸行事之深切著明

[1] 《孟子·离娄下》。

[2] 章学诚：《文史通义》外篇三《家书二》。

也。’此则史氏之宗旨也。苟足取其义而明其志，而事次文篇，未尝分居立言之功也。”[1] 又说：“孔子作《春秋》，盖曰其事则齐桓、晋文，其文则史，其义则孔子自谓有取乎尔。夫事，即后世考据家之所尚也；文，即后世词章家之所重也。然夫子所取，不在彼而在此，则史家著述之道，岂可不求义意所归乎？”[2] 还说：“史所贵者，义也；而所具者，事也；所凭者，文也。”[3] 从这些论述可以看出，章学诚所说的“史义”，上承孔子所说的“义”而又有所发展。在他看来，史事和文采是反映一定历史思想的途径和形式，是存义的材料和工具。史义是史学研究中头等重要的大事，代表着史家的思想体系。对此，章学诚有非常详尽的说明：

> 史之大原本乎《春秋》，《春秋》之义昭乎笔削。笔削之义，不仅事具始末、文成规矩而已也。以夫子义则窃取之旨观之，固将纲纪天人，推明大道，所以通古今之变而成一家之言者，必有详人之所略，异人之所同，重人之所轻，而忽人之所谨，绳墨之所不可得而拘，类例之所不可得而泥，而后微茫秒忽之际有以独断于一心，及其书之成也，自然可以参天地而质鬼神，契前修而俟后圣，此家学之所以可贵也。[4]

章学诚的这段话，高度揭示了“史义”的内涵和实质，即纲纪天人，推明大道，力主通变，重视独创。

由“史义”出发，章学诚对几千年史学的演变进行了分析，在他看来，史学是不断变化的，变化为史学带来生机。“《尚书》一变而为左氏之《春秋》，《尚书》无成法而左氏有定例”，“左氏一变而为史迁之纪传，左氏依年月而迁书分类例”，“迁书一变而为班氏之断代，迁书通变化而班氏守绳墨”。[5] 自《汉书》以下，史书编纂出现的问题越来越多，其中一个很重要的问题就是后来的修史者墨守成规，不懂得根据时代需要

[1] 章学诚：《文史通义》内篇四《言公上》。
[2] 章学诚：《文史通义》内篇四《申郑》。
[3] 章学诚：《文史通义》内篇五《史德》。
[4] 章学诚：《文史通义》内篇四《答客问上》。
[5] 章学诚：《文史通义》内篇一《书教下》。

进行变通，史学缺乏创新精神，结果史才、史学、史识反而成为史例的奴隶，“唐后史学绝，而著作无专家。后人不知《春秋》之家学，而猥以集众官修之故事，乃与马、班、陈、范诸书，并列正史焉。于是史文等于科举之程式、胥吏之文移，而不可稍有变通矣”[1]。后世的史评家也“转以后世拘守之成法，反訾古人之变通”[2]，更加剧了史学的僵化。在这里，章学诚相当中肯地总结了中国史学演变的主要趋势，指出后代修史者及史评家只重视体例而忽视史义，严重扼杀史学的别识心裁和创造精神。

从“史义”出发，章学诚还把古往今来的史书划分成两大系列，一是撰述，一是记注，而圆神、方智则分别是撰述、记注的特点。他说：“撰述欲其圆而神，记注欲其方以智也。夫智以藏往，神以知来。记注欲往事之不忘，撰述欲来者之兴起。故记注藏往似智，而撰述知来拟神也。藏往欲其赅备无遗，故体有一定而其德为方；知来欲其决择去取，故例不拘常而其德为圆。”[3]“撰述”体现了高明的史识，贯穿的是史义，抉择去取，灵活变通，阐明大道，通古今之变，帮助人们预见未来。“记注”则是汇集丰富的历史知识，有一定的体例，兼备各方面的记载。章学诚以“撰述”“记注”定史学之两大宗门，贯彻的仍然是“史义”为先的思想。可以这样说，章学诚以“史义”这一史学评论的中心思想为参照，对两千年史学的演变进行分析，试图以“史义”来统领“史事”和“史文”，以挽救积弊甚深的传统史学。这在中国史学批评史上是一个创造，远远超出了刘知幾以“史法”论史学的阶段。

第二节　“独断之学”和“考索之功”

章学诚生当乾嘉考据学风盛行的时代，当时很多学者将考据视为神圣不可侵犯的事业，认为这才是真正的“学问”。对此，章学诚有自己的

[1] 章学诚：《文史通义》内篇四《答客问上》。
[2] 章学诚：《文史通义》内篇一《书教下》。
[3] 章学诚：《文史通义》内篇一《书教下》。

看法。他将学问分为两类，一为学问，一为功力，并数次辨析这一问题。他认为，“功力之与学问，实相似而不同。记诵名教，搜剔遗逸，排纂门类，考订异同，途辙多端，实皆学者求知所用之功力尔。即于数者之中，能得其所以然，因而上阐古人精微，下启后人津逮，其中隐微可独喻，而难为他人言者，乃学问也”[1]。很显然，在章学诚看来，搜集、考订、排比资料，属于“功力”，也就是他所说的“考索之功”。从材料中提出独得之见，“独断于一心”，“上阐古人精微，下启后人津逮”，这才算是学问，属于“独断之学”。在章学诚看来，“高明者多独断之学，沉潜者尚考索之功”[2]，二者有根本的区别。

章学诚之所以要辨明“学问”与“功力”以及“独断之学”与“考索之功”，主要目的有二：一是批判当时一些考据学家把考据当学问，视考据为一切的不良学风，针砭烦琐考据的弊端；二是要阐明“独断之学”在史学研究中的重要地位，提倡具有独断精神的史学。

章学诚认为，治学必须有思想、有见解。但当时不少人认识不到这一点，将考证补苴当作莫大学问，把独断之学的学问与考索之功的功力混为一谈，“今人误执古人功力以为学问，毋怪学问之纷纷矣”[3]。人们误把功力当作学问，造成了学术发展的偏差，“古人之考索，将以有所为也”，“今则无所为而竟言考索”，[4]“近日学者风气，征实太多，发挥太少，有如桑蚕食叶而不能抽丝”[5]。不仅如此，人们追逐当时风气，趋于考证之一途，泯灭了“自得”之见解，造成学问衰落，“而今之误执功力为学问者，但趋风气，本无心得，直谓舍彼区区掇拾，即无所谓学，亦夏虫之见矣”[6]。章学诚还指出，史家要敢于“辟风气”，领风气之先，千万不可“趋风气”，为世风所囿。他说：

学业者，所以辟风气也。风气未开，学业有以开之；风气即弊，

[1] 章学诚：《文史通义》外篇三《又与正甫论文》。
[2] 章学诚：《文史通义》内篇四《答客问中》。
[3] 章学诚：《文史通义》外篇三《又与正甫论文》。
[4] 章学诚：《文史通义》内篇六《博杂》。
[5] 章学诚：《文史通义》外篇三《与汪龙庄书》。
[6] 章学诚：《文史通义》外篇三《又与正甫论文》。

学业有以挽之。人心风俗，不能历久而无弊，犹羲和、保章之法，不能历久而不差也。因其弊而施补救，犹历家之因其差而议更改也。历法之差，非过则不及；风气之弊，非偏重则偏轻也。重轻过不及之偏，非因其极而反之，不能得中正之宜也。好名之士，方且趋风气而为学业，是以火救火而水救水也。[1]

面对乾嘉时期的考订之风，章学诚指出，“学业将以经世，当视世所忽者而施挽救焉，亦轻重相权之义也。……今之学者，虽趋风气，兢尚考订，多非心得，然知求实而不蹈于虚，犹愈于掉虚文而不复知实学也”[2]。考订是对空谈的矫正，但考订不讲“心得”，走上了另一个极端，仍需今人纠其偏。真正的学术就是要纠正风气之偏，开风气之先。

在考据之风盛行的乾嘉时代，大多数学者专门从事于经史文献的整理考订、名物训诂，不能撰写有卓见独识的史学著作。章学诚不为此风所囿，别开生面，力辟“考索之功”，反对专门从事烦琐考证，提倡“独断之学”，企图改变那种斤斤于名物训诂的脱离现实的不良学风，以端正学术发展之方向。这在当时是有积极意义的。

章学诚极力提倡有思想、有见识、有独立见解的独断之学、专门之学、专家之学。在他看来，史学式微，就是这种独断之学的式微。他说：

子长、孟坚氏不作，而专门之史学衰。陈、范而下，或得或失，粗足名家。至唐人开局设监，整齐晋、隋故事，亦名其书为一史；而学者误承流别，不复辨正其体，于是古人著书之旨，晦而不明。至于辞章家舒其文采，记诵家精其考核，其于史学，似乎小有所补；而循流忘源，不知大体，用功愈勤，而识解所至，亦去古愈远而愈无所当。[3]

文辞、考据固然很重要，但那不是史学发展的根本，不是最重要的东西，

[1] 章学诚：《文史通义》内篇六《天喻》。
[2] 章学诚：《文史通义》外篇三《答沈枫墀论学》。
[3] 章学诚：《文史通义》内篇四《申郑》。

史学发展的根本在于史识，在于独断之学。

独断之学与章学诚的史学思想融为一体，形成极鲜明的品格。

其一，以“独断之学”定史学品类。在章学诚看来，古人所说的史学，都是有“独断之学”的作品。他说：“世士以博稽言史，则史考也；以文笔言史，则史选也；以故实言史，则史纂也；以议论言史，则史评也；以体裁言史，则史例也。唐宋至今，积学之士，不过史纂、史考、史例；能文之士，不过史选、史评。古人所为史学，则未之闻也。”[1]史纂、史考、史例、史选以及史评，虽然都是史学作品，但没有独断之学的精神在其中，就不能算作“史学”。他将历代史籍区分为“撰述”“记注”两大类，指出“记注欲往事之不忘，撰述欲来者之兴起”[2]，两者相较，“撰述”因具有更多的创造性，更能体现作者的“别识心裁”，从而受到章氏推崇。在章学诚看来，只有贯串了“独断之学”和“自得之意”的史学作品，才能称为“史学”，否则，只能属于较低的层次。章学诚以“独断之学”定史学品类，从某种意义上说，是他“史义”理论的进一步延伸。

其二，史学的独断之学，集中体现在史学的通识上。章学诚特别重视通史修撰，在《文史通义》中专辟《释通》一章论述这一问题。应该看到，章学诚所重视的不仅仅是通史撰述这种形式，而主要是通史之中所蕴含的史学通识。只有那些具有史学通识的通史才是章氏所提倡的，那些貌似贯通而其实不通的通史，不在章氏所说之列。这中间的“通识”，就是“独断之学”。他认为“《说文》训通为达，自此之彼之谓也。通者，所以通天下之不通也”，“载笔汇而有通史，一变而流为史抄，再变而流为策士之类括，三变而流为兔园之摘比，不知者习而安焉，知者鄙而斥焉”。[3]由此，他特别称道郑樵的《通志》，说：“郑樵生千载而后，慨然有见于古人著述之源，而知作者之旨，不徒以词采为文，考据为学也。于是遂欲匡正史迁，益以博雅，贬损班固，讥其因袭，而独取三千年来遗文故册，运以别识心裁，盖承通史家风，而自为经纬，成一

[1] 章学诚：《文史通义》外篇三《上朱大司马论文》。

[2] 章学诚：《文史通义》内篇一《书教下》。

[3] 章学诚：《文史通义》内篇四《释通》。

家言者也。”[1]“承通史家风，成一家之言”是联结在一起的。离开了独断之学的一家之言，所谓的“通”也只能是不通。章学诚在论述“通识”“独断之学”时，还将它们与“史义”结合起来讨论，他说：“自迁、固而后，史家既无别识心裁，所求者，徒在其事其文。郑樵稍有志乎求义，而缀学之徒，嚣然起而争之。然则充其所论，即一切科举之文词，胥吏之簿籍，其明白无疵，确实有据，转觉贤于迁、固远矣。”[2]在章学诚看来，史家著述之道在求“义”。而“义”则是史家运用“独断之学”所求得的对于历史发展变化的深刻理解。具体到郑樵，则是“通识”在《通志》中的运用。可见，章学诚不仅仅重视通史，他更重视“通识”和“别识心载”。他推崇司马迁的通史之作《史记》，同样也称道班固的断代史著《汉书》，认为它们都有独断之学贯于其中。在校雠学上，章学诚推崇《汉书·艺文志》辨章学术、考镜源流的传统，这同样是独断之学与学术求通的结合。

其三，独断之学与经世致用相互发明。章学诚治史，强调经世致用，他说：“史学所以经世，固非空言著述也。……学者不知斯义，不足言史学也。”[3]章学诚“史学所以经世”的理论，不仅是对古代史学传统的总结和发扬，而且反映了时代的要求。在乾嘉时期学者多埋首考据的情况下，章氏大声疾呼学术研究必须“经世致用”，他说：“文章经世之业，立言亦期有补于世，否则古人著述已厌其多，岂容更益简编，撑床叠架为哉。”[4]在《文史通义》内篇四《说林》中，他反复举例论证，学术文章如果无补于世教风俗，就毫无存在的价值。他在学业上注重独断之学和创造发明，但更强调经世致用。在他看来，独断之学与经世致用必须互相发明，如果“有所发明而于世无用”，那只不过是“雕龙谈天之文”。[5]独断之学与经世致用相互发明，一方面是史学要“明道”，“史家之书，非徒纪事，亦以明道也。如使《儒林》《文苑》不能发明道要，

[1] 章学诚：《文史通义》内篇四《申郑》。
[2] 章学诚：《文史通义》内篇四《申郑》。
[3] 章学诚：《文史通义》内篇二《浙东学术》。
[4] 章学诚：《文史通义》外篇三《与史余村》。
[5] 章学诚：《文史通义》外篇三《答沈枫墀论学》。

但叙学人才士一二行事，已失古人命篇之义矣”[1]。史学通过记载历史发展的兴衰演变，历史人物的功过得失，不仅可以给人以借鉴和启迪，还能“激切于人心，而有裨风教”[2]。这样的一门学问，如果空谈理论，或专门考索，都无法起到垂教经世的作用。另一方面则是运用“史识”，调动独断之学，抓住学术发展和社会风气发展之偏，以图扭转。他说：“学问文章，聪明才辨，不足以持世。所以持世者，存乎识也。所贵乎识者，非特能持风尚之偏而已也，知其所偏之中亦有不得而废者焉。”[3]治学没有识断能力，就不可能发现学术发展的偏向，经世没有识断能力，同样不可能抓住社会风气的偏向。抓不住社会问题之所在，当然也就不能“持世而救偏”了。

最后，章学诚区别“独断之学”与“考索之功”，批评以“功力”为“学问”，以“考索之功”为“独断之学”的做法，并不意味着章学诚就不要“功力”和“考索”。实则章学诚亦注重“功力”和“考索”。他认为，考据家的专门知识不能被忽视和抹杀，“考索之家，亦不易易，大而《礼》辨郊社，细若《雅》注虫鱼，是亦专门之业，不可忽也”。章学诚还精辟地论述了理论发挥和专门考据二者互相补充的关系，他说：“人生有能有不能，耳目有至有不至，虽圣人有所不能尽也。立言之士，读书但观大意；专门考索，名数究于细微。二者之于大道，交相为功，殆犹女余布而农余粟也，而所以不能通乎大方者，各分畛域而交相诋也。”[4]这段话批评了把注重理论与注重考据二者完全对立的形而上学观点，透彻地论证了二者互相依存、互相补充的辩证关系。

第三节　“史德”和“文德”

《文史通义》一书，谈文论史，是文史批评的力作，其中有两篇文章

[1] 章学诚：《文史通义》外篇五《〈永清县志·前志列传〉序例》。

[2] 章学诚：《章学诚遗书》卷十六《为曾转运撰曾襄愍公祠堂碑》，文物出版社1985年版。

[3] 章学诚：《文史通史》内篇四《说林》。

[4] 章学诚：《文史通义》外篇三《答沈枫墀论学》。

须特别注意，即《史德》和《文德》。《史德》论史家修养，侧重于对“撰史者之心术”的剖析，探讨的是史家作史的态度；《文德》则论一切文字，探讨的是人们作文论文的态度。以往评论章学诚的史学思想，论史者专重《史德》，论文者专重《文德》，罕将二者联系起来。实际上，《史德》与《文德》是不能分开而论的，二者互相发明，所论全是文史创作中极具普遍性的问题。而且，《文德》中有“古文辞出于史”之理论前提，其中所论，全然是史学批评的原则，我们不能因其有“文”“史”之名就贸然将其割裂。

传统史学特别重视史家的修养。早在先秦时期，孔子就提出“书法不隐”的观点。后经司马迁、班固、刘勰等人不断发展，及至唐代，著名史学评论家刘知幾提出“史家三长”论，即史才、史学、史识。此后的史学批评便以才、学、识三者作为衡量史家素养的基本标准。元代揭傒斯、明代胡应麟等人又在此基础上进一步发展，如揭傒斯提出遴选史官要重视“心术”[1]，胡应麟在才、学、识之外补充以“公心”“直笔”二善[2]，等等。但他们都是零星言及，不成系统。至清代，章学诚系统总结这些理论和观点，在刘知幾才、学、识“三长”论的基础上，明确提出“史德”论，对史家修养提出了更为完整、深刻的要求。他说：

> 才、学、识三者，得一不易，而兼三尤难，千古多文人而少良史，职是故也。
>
> ……能具史识者，必知史德。德者何？谓著书者之心术也。夫秽史者所以自秽，谤书者所以自谤，素行为人所羞，文辞何足取重。魏收之矫诬，沈约之阴恶，读其书者，先不信其人，其患未至于甚也。所患夫心术者，谓其有君子之心，而所养未底于粹也。
>
> 夫有君子之心，而所养未粹，大贤以下，所不能免也。此而犹患于心术，自非夫子之《春秋》，不足当也。以此责人，不亦难乎？是亦不然也。
>
> 盖欲为良史者，当慎辨于天人之际，尽其天而不益以人也。尽

[1]《元史》卷一百八十一《揭傒斯传》。

[2] 胡应麟：《少室山房笔丛》卷一三《史书占毕一》，中华书局1958年版。

其天而不益以人，虽未能至，苟允知之，亦足以称著述者之心术矣。而文史之儒，竞言才、学、识，而不知辨心术以议史德，乌乎可哉？[1]

在这里，章学诚对才、学、识、德四者都做了论述，特别是讲清了它们之间的区别与联系。作为一个优秀史学家，才、学、识必不可少，“非识无以断其义，非才无以善其文，非学无以练其事”。但是，仅有三者还“未足以尽其理也”。因为还有更重要的一点，那就是“史德”。应当以“史德”去补充“史识”。所谓“能具史识者，必知史德”。而且，章学诚论“史德”，着眼于对作史者之“心术”的探究，提出了一个史学批评的新模式，即“史识—史德—心术”。在他看来，不辨心术则无以论史德，不明史德则无以论史识。这是章学诚对史学批评的新贡献，也是他在史学理论上比刘知幾高明之处。

章学诚的“史德—心术”论，内涵丰富，然而最根本的有此三点：第一，“慎辨于天人之际”。要求史家从天人关系上认识整个世界，认识历史，即须从天人关系上对事物有一个根本的体察，然后将此“一以贯之”，得出对事物的个别的认识。第二，“尽其天不益以人”。要求史家在分清主观与客观关系之后，要尽量尊重客观事实，如实反映客观史实，不要随心所欲地把自己的主观意图掺杂到客观史实中去，要平心以察。第三，“君子之心，而所养至于纯粹”。“心术”发于内心，是一种纯粹之心，是史家在评价历史时的一种主观感受。“心术”之慎，在于史家的自我修养，即所谓“盖言心术者贵于养也”，而这种自我修养，自然是以“气平”“情正”为目标。总之，章学诚的“史德”论要求史家从理性、从更为宏观的层面认识人类历史，做出自己的评价。

吴怀祺先生在论述章学诚的“史德”论时，认为章氏史德“发于内心”之说，明显带有心学的烙印，而且，章氏将“气”的概念引入，认为是“气”引起“心”的变动，是修正了心学。[2] 这比一般人论章氏史德，更深入一层。章学诚曾说：

---

[1] 章学诚：《文史通义》内篇五《史德》。

[2] 吴怀祺：《中国史学思想史》，第304—305页。

……夫史所载者，事也。事必藉文而传，故良史莫不工文，而不知文又患于为事役也。盖事不能无得失是非，一有得失是非，则出入予夺相奋摩矣。奋摩不已，而气积焉。事不能无盛衰消息，一有盛衰消息，则往复凭吊生流连矣。流连不已，而情深矣。

凡文不足以动人，所以动人者，气也。凡文不足以入人，所以入人者，情也。气积而文昌，情深而文挚，气昌而情挚，天下之至文也。然而其中有天有人，不可不辨也。[1]

这就是说，史书是记载史事的，但史事必须借助于文字才能流传下来，史学家在历史事实面前不能没有自己的想法和看法，特别是针对史事中的是非得失、盛衰消息，想法和看法也就更多，甚至引起感情上的很大变化。这个时候，就会出现“气积”和“情深”。“气”和“情”使史家内心发生激荡，产生动人的力量，从而主观与客观、情感与史事交杂在一起。章学诚看到，史家不可能没有自己的主观见解，撰写历史时不可能不动感情，内心世界冷漠的人很难写出动人的史学作品，问题则在于怎样防止情感的放任自流。他说：

史之义出于天，而史之文，不能不藉人力以成之。人有阴阳之患，而史文即忤于大道之公，其所感召者微也。

夫文非气不立，而气贵于平。人之气，燕居莫不平也。因事生感，而气失则宕，气失则激，气失则骄，毗于阳矣。文非情不深，而情贵于正。人之情，虚置无不正矣。因事生感，而情失则流，情失则溺，情失则偏，毗于阴矣。阴阳伏沴之患，乘于血气而入于心知，其中默运潜移，似公而实逞于私，似天而实蔽于人，发为文辞，至于害义而违道，其人犹不自知也。故曰心术不可不慎也。[2]

这里，他提出气、情的变化引起心的变动，因此要“气贵于平”，“情贵于正”。章学诚的“史德”论，是以“气”和“情”为基础的。把“气”

[1] 章学诚：《文史通义》内篇五《史德》。
[2] 章学诚：《文史通义》内篇五《史德》。

与“情”作为“心”的前提，确是修正了心学的观点。

与“史德”论相发明，章学诚又提出“文德”论，以论一切文字。从《文史通义·文德》来看，章学诚虽以“文德”命篇，但其中所论，全然是史学问题。其一，他认为“古文辞由史出”，与《文心雕龙·宗经》《颜氏家训·文章》中所言“文本于经”不同，这实际上是“六经皆史”的延伸。其二，“文德”是才、学、识史家“三长”的延伸。其三，《文德》篇中的“论古必恕”，全然是史学批评的原则，而所举例证如陈寿《三国志》、司马光《资治通鉴》，又全是史学作品。我们说“文德”与“史德”互相发明，不是没有根据的附会。

章学诚的“文德”论，提出两个最富史学意义的问题，一是“临文主敬”，二是“论古必恕”。章学诚论“临文主敬”，谈到“气”与“心”。他说：

> 文繁而不可杀，语变而各有当。要其大旨则临文主敬，一言以蔽之矣。主敬则心平而气有所摄，自能变化从容以合度也。夫史有三长，才、学、识也。古文辞而不由史出，是饮食不本于稼穑也。夫识生于心也，才出于气也。学也者，凝心以养气，炼识而成其才者也。心虚难恃，气浮易驰。主敬者，随时检摄于心气之间，而谨防其一往不收之流弊也。……今为临文检其心气，以是为文德之敬而已尔。[1]

可以看出，章氏所谓“临文主敬”，就是要通过“修德”“养气”以达到“心平”，这是展示史家才、学、识的前提，在“心平”的状态下进行创作，才能合于“法度”。诚如他在《史德》篇中已说过的“心平贵于养也”，主观上的内省功夫，“修德”“养气”，是文史工作者必须具备的素养。

“论古必恕”是章学诚在《文德》篇中提出的一个富有价值的史学批评原则，其中心是“知人论世”，即根据作品产生的时代和作者个人的处境、写作背景等，来分析评价，既不苛求古人，也不无原则地宽容，而

---

[1] 章学诚：《文史通义》内篇二《文德》。

是“能为古人设身而处地”。他说：“不知古人之世，不可妄论古人文辞也。知其世矣，不知古人之身处，亦不可以遽论其文也。……论古必先设身，以是为文德之恕而已尔。”[1] 章氏的这一思想，实际上是对孟子“知人论世”说的总结和发展。孟子曾说：“颂其诗，读其书，不知其人可乎？是以论其世也，是尚友也。”[2] 章学诚则将其系统化、深刻化。他认为，“学者能读前人之书，不能设身处境，而论前人之得失，则其说未易得当也”[3]。西晋陈寿写《三国志》，以魏为正统，东晋习凿齿写《汉晋春秋》，一反陈寿之说，以蜀为正统，北宋司马光作《资治通鉴》，主陈寿之说，南宋朱熹作《通鉴纲目》，则主习凿齿之论。后世之人多讥陈寿和司马光，甚至于肆口骂詈，认为他们不知正统所归。章学诚以“知人论世”的态度指出：“陈氏生于西晋，司马生于北宋，苟黜曹魏之禅让，将置君父于何地？而习与朱子，则固江东南渡之人也，惟恐中原之争天统也。诸贤易地则皆然，未必识逊今之学究也。”[4] 这样设身处地体察古人作史之心的做法，确是史学批评的良法。对于章学诚的这种“论古必恕”的思想，人们注意得还不够，甚至有人认为这是传统儒学的恕道哲学而加以否定。对此，白寿彝先生说得好：“章学诚的知世论人，有类于我们讲历史条件而本质上不同，但这在中世纪，已是向真理接近的可贵的思想。”[5]

总之，章学诚以“史德”论作史者之心术，以“文德”论评史者之态度，集中探讨了“心术”“气”“情”“敬”“恕”等问题，提出了许多具有认识价值和理论价值的问题，值得在史学思想史上大书特书。当然，我们也应看到，章学诚的“史德”和“文德”说，也有着严重的局限。他所谓“心术”的“正”与“不正”，归根到底，是以封建名教伦理为标准的，即所谓“不背于名教”[6]。可见，他所谓的“史德”仍然是以名教为指归的。

---

[1] 章学诚：《文史通义》内篇二《文德》。

[2] 《孟子·万章下》。

[3] 章学诚：《文史通义》外篇二《刘忠介公年谱叙》。

[4] 章学诚：《文史通义》内篇二《文德》。

[5] 白寿彝：《中国史学史》第一册，第159页。

[6] 章学诚：《文史通义》内篇五《史德》。

第四节 “六经皆史”说和史学变革论

“六经皆史”是章学诚学术思想体系中的一个重要命题，他在《文史通义》开篇第一句就提出“六经皆史也”的论断。在书中的很多地方，他又一再申论“六经皆史”“六经皆先王之政典”的观点。可见，“六经皆史”实为把握章氏学术思想和史学思想的关键。

可是，对于章学诚的这一观点，学术界长期以来众说纷纭，歧见迭出。对此，有的学者专门进行过辨析，并提出了自己对“六经皆史”的理解。[1] 我们说，章氏在封建社会后期史学发展的过程中论“六经皆史”，其内涵异常丰富，从不同的角度出发，可能会有不同的理解，分歧与争议在所难免。但是，我们认为，章学诚的“六经皆史”论有两方面的内容必须引起注意。其一，章氏的“六经皆史”论的中心是为了阐发经世致用的史学思想。其二，章氏的“六经皆史”论的目的是为了变革史学，为变革史学提供基本依据。

章学诚论“六经皆史”，主要依据有：“六经皆史也。古人不著书，古人未尝离事而言理，六经皆先王之政典也”[2]，“古之所谓经，乃三代盛时，典章法度见于政教行事之实，而非圣人有意作为文字以传后世也”[3]，“三代以前，《诗》、《书》、六艺，未尝不以教人，非如后世尊奉六经，别为儒学一门，而专称为载道之书者”[4]，“三代学术，知有史而不知有经，切人事也”[5]。在章氏看来，古代没有什么经史之别，后世所谓经，在古代都是史，是先王之政典，记载那些有关政教行事的典章法度，是切于民生日用的学问。

从六经是史出发，章学诚指出，六经不是空言，研究六经应从六经记载的具体史实中去领会其经世的精神本质，要从六经中学习其“切于

[1] 参见仓修良等著《章学诚评传》，南京大学出版社 1996 年版。
[2] 章学诚：《文史通义》内篇一《易教上》。
[3] 章学诚：《文史通义》内篇一《经解上》。
[4] 章学诚：《文史通义》内篇二《原道中》。
[5] 章学诚：《文史通义》内篇二《浙东学术》。

人伦日用”的史学精神。他强调，“若夫六经，皆先王得位行道，经纬世宙之迹，而非托于空言”[1]，“但切于人伦之所日用，即圣人之道也”[2]。又说：“故无志于学则已，君子苟有志于学，则必求当代典章以切于人伦日用，必求官司掌故而通于经术精微，则学为实事而文非空言，所谓有体必有用也。……舍人伦日用而求学问精微，皆不知府史之史通于五史之义者也。”[3] 章学诚认为，孔子删订六经，目的在于“明道”“训世”，让后人从先王政典中得知治国平天下的道理。“先圣先王之道不可见，六经即其器之可见者也。后人不见先王，当据可守之器而思不可见之道，故表章先王政教与夫官司典守所示人”[4]。

章学诚提出“六经皆史”，主张圣人经世之志存于经典之中，是有其学术背景的。作为浙东史学的殿军，章学诚继承了自黄宗羲以来治学不立门户的传统，对宋学的空谈和汉学的流弊都进行了批评。他批判汉学考据烦琐，多数人埋头故纸而不关心时事，将考据目为莫大之学问。他对宋学的批判，则主要针对宋学言心言性，舍器求道，“空谈义理以为功”的现象而发。他说：

> 天人性命之学，不可以空言讲也。故司马迁本董氏天人性命之说，而为经世之书。儒者欲尊德性，而空言义理以为功，此宋学之所以见讥于大雅也。夫子曰：“我欲托之空言，不如见诸行事之深切著明也。”此《春秋》之所以经世也。圣如孔子，言为天铎，犹且不以空言制胜，况他人乎？故善言天人性命，未有不切于人事者。[5]

可以看出，章学诚的“六经皆史”论，具有针砭汉学专务考据和宋学流于空谈两种不良学风的含义。“六经皆史”从古代学术的源头说起，指出六经皆古代经世致用之作，是切合时事，记载时事，用于时事的史，其中所蕴含的“切合人事”的“经世”精神，正是史学的精神。可以说，

[1] 章学诚：《文史通义》内篇一《易教上》。
[2] 章学诚：《文史通义》内篇一《易教下》。
[3] 章学诚：《文史通义》内篇五《史释》。
[4] 章学诚：《文史通义》内篇二《原道中》。
[5] 章学诚：《文史通义》内篇二《浙东学术》。

在章学诚的史学理论体系中，“六经皆史”与“经世致用”是一对无法剥离开的命题，是他批评宋学空谈和汉学烦琐考证的有力武器。也正因为这样，吴怀祺先生说：“章氏的‘六经皆史’说，无论就命题的用意，还是就命题的哲理属性，抑或是章学诚为史的内涵作的界定，都是与前人的‘五经皆史’‘六经皆史’说，有很大的差异。章学诚的经世思想，在当时的实学思潮中，具有自己的哲学特征。”[1] 章学诚的“六经皆史”论，不仅蕴含着“经世致用”的史学精神，而且是他变革史学的理论基础。这一点，此前有关章氏史学的研究较少涉及。而实际上，它是章氏史学思想中至关重要的一部分，是章氏探索史学出路的重要一环。

吴怀祺先生在谈到六经与“史”的关系时曾指出，说“经”是“史”，或者说“经”是后世“史”的渊源，“这主要不是从历史编纂学上说，也不是着重从史料学上说，应当从历史意识上、从史学思想上来理解这个问题。中国的史学思想的主要思潮，溯源探流，都可以追寻到六经那里”[2]。这是极富启发性的论断。章学诚倡言“六经皆史”，阐发“经世致用”的史学思想，即是这种表现之一。不仅如此，章学诚还从六经这一精神武库中取来武器，探索史学变革的出路。

章学诚探索史学变革的出路，有一套完整的理论体系，那就是以“史义”为中心，以《周易》变通的思想为理论依据，以恢复《尚书》《春秋》《周礼》等史著“圆神”“方智”的撰述形式为指归，在复古的旗帜下创新。

“史义”是贯穿章学诚史学思想始终的问题，在他看来，“史义”的消失，导致了史学的“放绝”。“史义”不能统领“史事”和“史文”，致使史学在长期的演变过程中，失去了早期那种创造性的活力，各种弊端暴露出来。这突出表现在纪传体史书的编纂上，他说：

> 纪传行之千有余年，学者相承，殆如夏葛冬裘，渴饮饥食，无更易矣。然无别识心裁，可以传世行远之具，而斤斤如守科举之程式，不敢稍变，如治胥吏之簿书，繁不可删。以云方智，则冗复疏

[1] 吴怀祺：《中国史学思想史》，第296—297页。
[2] 吴怀祺：《中国史学思想史》，第15页。

舛，难为典据。以云圆神，则芜滥浩瀚，不可诵识。盖族史但知求全于纪表志传之成规，而书为体例所拘，但欲方圆求备，不知纪传原本《春秋》，《春秋》原合《尚书》之初意也。[1]

从《尚书》《春秋》到纪传体史书的出现，有一个过程。最初，纪传体史书富有生气，但是后代的纪传体史书越来越缺乏变通，成了一种程式，变成了公式化的东西，以所谓纪、表、志、传等各种史例去硬性剪裁材料，越雷池半步便被视作为例不纯。章学诚敏锐地看到中国封建社会后期史学问题的关键。如果不加以变革，传统史学便没有任何出路。而章学诚史学变革的理论依据便是《周易》的变通思想。

章学诚在易学史上有重要地位，他提出过很多富有创造性的易学见解。不仅如此，章学诚的易学思想对其史学思想产生了重大影响，他以他的易学认识，论说了对于史学的独到见解。[2] 在改变史学僵化局面这一点上，章学诚首先论说《易》之精义在变易，然后提出变通史学的见解。他说："孔仲达曰：'夫《易》者，变化之总名，改换之殊称。'先儒之释《易》义，未有明通若孔氏者也。得其说而进推之，《易》为王者改制之巨典，事与治历明时相表里，其义昭然若揭矣。"[3] 章学诚认定"变"与"改"是《周易》的精髓，是他变通史学的根据，"《易》曰：'穷则变，变则通，通则久。'纪传实为三代以后之良法，而演习既久，先王之大经大法，转为末世拘守之纪传所蒙，曷可不思所以变通之道欤？"[4] 可见，章学诚吸纳了《周易》的变通思想，并以此作为变革史学的理论依据，"思所以变通之道"。那么，章学诚按什么标准来变革史学，他所变革的史学往什么方向发展呢？在《文史通义》的《书教》三篇中，他系统地阐述了自己的看法，那就是依《尚书》因事命篇、体圆用神的精神，打破史体僵化的局面。在他看来，"经为解晦，当求无解之初；史为例拘，当求无例之始"，"事屡变而复初，文饰穷而反质，天下

[1] 章学诚：《文史通义》内篇一《书教下》。
[2] 详见吴怀祺：《章学诚的易学和史学》，《史学史研究》1997年第1期。
[3] 章学诚：《文史通义》内篇一《易教中》。
[4] 章学诚：《文史通义》内篇一《书教下》。

自然之理也”。[1] 物极必反，穷则必变。史既为例所拘，理所当然要进行变革，而要进行变革，就必须要探讨史学发展最为活跃的初期，对史学创始时期的状况进行分析，探寻史学由充满活力到僵化死板的根由，以革除后代修史出现的种种弊病。

那么，史学最初的源头在哪儿呢？依章学诚的看法，后世所谓的六经便是最初的史。于是，他变革史学便从探讨六经开始。

章学诚认为，六经中对后世影响最大的当推《周易》《尚书》《周礼》和《春秋》。《周易》最突出的是变通的思想，这一点已被章学诚吸收，并成为他变通史学的理论依据。《周礼》表现最突出的则是政教礼治的观念。从史例角度讲，它属于记注，按一定的格式，汇集、排比资料，所谓“官礼制密，而后记注有成法，记注有成法，而后撰述可以无定名”，“至官礼废，而记注不足备其全”。[2] 《尚书》中蕴含的最突出的史学思想是总结历史盛衰的意识[3]，从史书体例上讲，它“因事命篇，本无成法”，有“体圆用神”、灵活多变的特点。《春秋》最引人注目的则是它的书法、义例以及编年系事的方法等，所谓“史之大原本于《春秋》，《春秋》之义昭乎笔削”[4]。六经不仅在史学上各有侧重，它们还不断相互推移融合。对此，章学诚也从不同的侧面进行过论述，他说：“《周官》之法废而《书》亡，《书》亡而后《春秋》作。……六艺并立，《乐》亡而入于《诗》《礼》，《书》亡而入于《春秋》，皆天时人事，不知其然而然也。”[5] 又说：“《尚书》《春秋》皆圣人之典也。《尚书》无定法，而《春秋》有成例。故《书》之支裔折入《春秋》，而《书》无嗣音。”[6] 这种推移融合，对后世史学产生了很大影响。司马迁作《史记》，班固作《汉书》，都先后吸纳了其中的合理成分，“马迁绍法《春秋》，而删润典谟，以入纪传；班固承迁有作，而《禹贡》取冠《地理》，《洪范》特志

[1] 章学诚：《文史通义》内篇一《书教下》。

[2] 章学诚：《文史通义》内篇一《书教上》。

[3] 详见王记录：《〈尚书〉史学价值再认识》，《四川师范学院学报》1995 年第 1 期。

[4] 章学诚：《文史通义》内篇四《答客问上》。

[5] 章学诚：《文史通义》内篇一《书教上》。

[6] 章学诚：《文史通义》内篇一《书教下》。

《五行》”[1]。二者都融《尚书》《春秋》于一体，进行了新的创造。“迁书体圆用神，多得《尚书》之遗。班氏体方用智，多得官礼之意也。”[2]总之，后世史学都不同程度地从六经中吸收了很多养分。从编纂形式上讲，有的体例灵活，体现了《尚书》“圆而神”的特点，如司马迁的《史记》。有的体例规整，体现了《周礼》“方以智”的特点，如班固的《汉书》等。

在厘清了六经中“圆而神”“方以智”两大史学精神后，章学诚提出“师《尚书》之意”，也即效法《尚书》体圆用神、因事命篇、不为常例所拘的撰述形式来变革史体。章学诚对《尚书》“圆而神”的撰述形式及其在史学上的地位给予了高度评价，他说：“《尚书》圆而神，其于史也，可谓天之至矣。”[3]又说《尚书》“因事命篇，本无成法，不得如后史之方圆求备，拘于一定之名义者也”[4]。由于内容不受形式限制，体例较为灵活，所以《尚书》可以比较自如地表达，比如《尚书》中经世致用的史学思想，就是通过这种灵活的著述形式体现出来的，“典、谟、训、诰、贡、范、官、刑之属，详略去取，惟意所命，不必著为一定之例焉，斯《尚书》之所以经世也”[5]。随着历史的发展，《尚书》这种撰述形式虽然被融合到其他史体中了，但它“体圆用神”“因事命篇”的撰述精神却对后世史学产生了巨大影响。尤其是那些史学史上富有创造性的史学著作，都秉持了这一精神。《尚书》“折入左氏，而又合流于马、班”，司马迁将前代史著融会贯通，首创纪传体通史《史记》，“体圆用神，犹有《尚书》之遗”。其后，“司马《通鉴》病纪传之分，而合之以编年”，做了变通。接着，“袁枢《纪事本末》又病《通鉴》之合，而分之以事类”，又做了变通。袁枢作《通鉴纪事本末》，首创纪事本末体，“因事命篇，不为常格”，同样是吸取了《尚书》的精神，“文省于纪传，事豁于编年，决断去取，体圆用神，斯真《尚书》之遗也”。[6]由此，章学诚提出了

[1] 章学诚：《文史通义》内篇一《书教上》。
[2] 章学诚：《文史通义》内篇一《书教下》。
[3] 章学诚：《文史通义》内篇一《书教下》。
[4] 章学诚：《文史通义》内篇一《书教上》。
[5] 章学诚：《文史通义》内篇一《书教上》。
[6] 章学诚：《文史通义》内篇一《书教下》。

变革史学的一个总的原则，那就是："夫史为记事之书，事万变而不齐，史文屈曲而适如其事，则必因事命篇，不为常例所拘。"[1] 对于纪传体史书，当"斟酌古今之史，而定文质之中，则师《尚书》之意，而以迁《史》义例通左氏之裁制焉。所以救纪传之极弊，非好为更张也"[2]。恢复古代史学以"史义"为中心，以"圆神"为准则的创作精神，是章学诚变革史学的目标。

在《周易》变通思想指导下，本着化腐朽为神奇的独创精神，以《尚书》"体圆用神"为准则，章学诚提出了变革史体的具体设想。

章学诚认为，如果以《尚书》之义改造史体，就没有必要像《史记》那样强分列传、世家和书志，而要"仍纪传之体而参本末之法，增图谱之例而删书志之名"[3]，这样处理史书编纂，其优点是"较之左氏翼经，可无局于年月后先之累；较之迁《史》之分列，可无歧出互见之烦。文省而事益加明，例简而义益加精，岂非文质之适宜，古今之中道欤?"除此之外，书中还应有表与图，"人名事类，合于本末之中，难于稽检，则别编为表以经纬之。天象地形，舆服仪器，非可本末该之，且亦难以文字著者，别绘为图以表明之"[4]。章学诚以《周易》变通思想为依据，本着《尚书》"圆而神"的原则，试图将纪传体与纪事本末体糅合在一起，带有探索新综合体的特点。他曾自负地讲道："盖通《尚书》《春秋》之本原，而拯马《史》、班《书》之流弊，其道莫过于此。"[5] 这就说明他探索新体裁是与六经有密切关系的。对于章学诚在史书编纂上的这些有价值的探索，好友邵晋涵曾评价说："纪传史裁，参仿袁枢，是貌同心异。以之上接《尚书》家言，是貌异心同。是篇（即《书教下》）所推，于《六艺》为支子，于史学为大宗，于前史为中流砥柱，于后学为蚕丛开山。"[6] 他也指出章学诚是从六经引发出史体的创新。另外，章学诚对史书编纂的新探索，在近代产生了很大影响，20 世纪初年，章太炎计

[1] 章学诚：《文史通义》内篇一《书教下》。

[2] 章学诚：《文史通义》内篇一《书教下》。

[3] 章学诚：《文史通义》外篇三《与邵二云论修〈宋史〉书》。

[4] 章学诚：《文史通义》内篇一《书教下》。

[5] 章学诚：《文史通义》内篇一《书教下》。

[6] 章学诚：《文史通义》内篇一《书教下》。

划撰写《中国通史》，就曾在章学诚的论述中得到很大启发。

通过以上分析，我们可以断言，章学诚的“六经皆史”说与他的史学变革论是联系在一起的。他以《周易》的变通思想为理论依据，探讨了《尚书》《春秋》《周礼》“圆神”“方智”的状况，分析了它们相互融会推移的过程，最后以《尚书》“体圆用神”的撰述精神为准则，构想新的史书编纂形式。联系千余年中国史学批评一直纠缠在史体史例的争讼之中，注重正统思想和宗圣观念的学术背景来看，章学诚通过对六经的理解，阐发史学通变的思想，别具一格，自有蹊径，反映了封建社会末期史学求新的新特点。

附　清代地域性史学的发展及其特征

清代史学的一个重要特征就是地域性史学充分发展，并由此形成了治学风格不同的各种学派。尽管有人对从学派角度认识清代学术的做法提出质疑，认为学术的发展情况复杂，简单的学派归属可能会掩盖学者个人的学术特点以及整个清代绚丽多姿的学术风貌。但不管怎样，有一个事实是不可否认的，那就是传统学术发展到清代，由于文化传承、人文渊薮、地理条件、时代际遇等方面的原因，地域性史学得到充分发展。在这里，我们不用学派而用地域性史学这一概念，主要是考虑到，第一，有些学派的划分以及有些学者的学派归属尚需进一步研究。如传统的把清代学术划分为吴派和皖派的做法，近年来就受到人们的质疑。第二，地域性学术与学派不同，有些地域性学术，学者们有大致相同的思想宗旨、治学方法、研究重点和学术风格，有基本可以追寻的统系，可以看作是一种学派，而有的则未必。因此，用地域性史学这一概念，可以准确地把握某一区域学术发展的真实面目，不致被笼统的学派等表面现象所迷惑。当然，我们也认识到，所谓史学的地域性特征，也只是就某一地区有代表性的若干史家的治学的共同特点而言，并不否认这一地区各个史家不同的风貌。清代地域性史学发展是一个大课题，需要做艰苦的工作。笔者才力不逮，再加上篇幅所限，不可能对有清一代全部的地域性学术做全面细致的研究，这里仅就几个个案进行分析。

从我们所掌握的史料看，清代地域性学术的发展很不平衡。从大的方面看，江苏、浙江、安徽人文荟萃，学者林立，清代学者大半产于这些地区，它们成为清代文化的中心点。另外，南方的江西、福建、湖南、广东，北方的山东、直隶、陕西、山西、河南也汇集了不少学者，形成了自己的风格。清代地域性史学发展的不平衡，还表现为某些地区在清前期和后期的不平衡。有的地区，如江、浙、皖，在整个清代都是学术兴盛之地，堪称典范。而有的地区，在清前期学术较繁荣，而后期则衰落下去。有的正相反，在前期并无多少学者，而后期却人才济济。比如河南，清初产生了一大批学者，著名的就有汤斌、耿介、窦克勤、侯方域、郑廉，等等。特别是在河南东北部，在清初形成了一个知识群体，集会结社，甚为活跃。[1] 但自清中期以后，就再也没有如此规模的学者出现了，河南的学术地位一落千丈。而湖南却与之相反，清前期，除王夫之之外，湖南并未出现多少学术人物，更谈不上有学术群体。清初梁份曾说“湖南无半人堪对语者”，为“荒陋之地”。[2] 连郭嵩焘也说：“乾嘉之际，经师辈出，风动天下，而湖以南暗然，无知郑、许《说文》之学者。”[3] 但是，到清后期，湖南文化却发展起来，成为人文荟萃之地。广东也是如此。清初，广东人物在学术上堪称一流者罕见，也没有形成群体，但乾嘉以后，学风大变，文人士子辈出，与湖南一起，成为近代人文渊薮。这种情况的出现，原因比较复杂，不仅有经济、社会方面的因素，也有学术传承上的因素。河南在清初有众多学术人才，是与孙奇逢在河南传播理学分不开的。而广东在清末人才辈出，与阮元办学海堂密切相关。

不管怎样，有一个铁定的事实是，有清一代，江南地区文化发达，北方则相对落后。具体到江南地区，这种地域性史学则主要是以特定的都市为中心而形成的。比如苏州、扬州、常州、徽州等等。这些地区之所以能形成区域文化，与其经济发展、社会风气、文化积淀密不可分。

---

[1] ［美］戴福士：《试论明清嬗替之际河南东北部知识群体的政治动向——从郑廉及所著〈豫变纪略〉谈起》，《中国史研究》1994 年第 1 期。

[2] 刘献廷：《广阳杂记》卷二。

[3] 郭嵩焘：《郭嵩焘诗文集》卷二十一《罗研生墓志铭》，岳麓书社 1984 年版。

江南地区自宋以来就逐渐成为我国经济、文化的中心。有清一代，江南农业、手工业、商业、交通运输，特别是盐业，都迅速发展，再加上长江、运河、太湖交织形成的交通网，使得这一地区成为一个巨大的内陆商业区，许多城市成为商业枢纽。这种发达的经济和便利的交通，必然为学术文化的繁荣提供物质基础与其他便利条件。另外，江南地区山川秀丽，书院林立，藏书楼比比皆是，印刷业堪称发达，这种建立在发达经济基础上的文化事业，必然会吸引众多学者，他们或生于斯长于斯，或长期寓居此地，借助于这种良好的外部环境发展自身的学术，成就“名山事业”。而大批学者的聚集又势必进一步推动这一地区文化的发展，这种交互作用的结果就是文化的持续繁荣和地域性史学的高度发展。

清代地域性史学的分布面广，且朝着小区域方向发展，并由小区域向大范围辐射。换言之，以省份为单位研究这一时代的地域性史学已远远不能解决问题。梁启超曾作《近代学风之地理的分布》，即以省份为单位逐一叙述各地学术，这样的研究，连他本人也感到“理论上本极不适当”，以至“江苏、安徽、浙江三省情形太复杂，更分区论次”。[1] 但梁启超的研究仍有许多可供借鉴之处。据我们所掌握的材料，清代地域性史学众多，重要的就有浙江的浙西史学和浙东史学，江苏的苏州史学、嘉定史学、扬州史学、常州史学，安徽的皖南史学和北方的直隶史学等。

浙江自宋以来人文荟萃，及至清代，学术文化更为蔚盛，并形成浙西和浙东不同的学风，所谓“浙西尚博雅，浙东贵专家”。浙西、浙东，基本是以钱塘江为界所做的地域划分，钱塘江以西的杭、嘉、湖三府称浙西，钱塘江以东的宁波、绍兴、台州、金华等地称浙东。清代浙西学者，治学比较博杂，在经学、史学、考据学、舆地学等方面均有可观成就。在经学方面，张履祥、应㧑谦、沈昀、陆陇其、吕留良、桑调元、陈确、陈世琯等人均倡导理学，但学术倾向不同，张履祥、陆陇其、吕留良均尊程朱、斥陆王；桑调元学宗程朱，但不斥陆王；陈确则为王学传人，他的学风类似于颜（元）李（塨）一派。在校勘、辨伪、辑佚方面，卢文弨为清代著名的校勘学家，他的《群书拾补》与陈鳣的《经籍跋文》、蒋光煦的《斠补偶录》、俞樾的《诸子平议》以及浙东史家章学

[1] 梁启超：《近代学风之地理的分布》，见《饮冰室合集》第五册。

诚的《校雠通义》，堪称清代校勘学史上的辉煌成果。严可均的《全上古三代秦汉三国六朝文》是清代私家辑佚成就最大且最有价值者。而姚际恒则是当时最勇于疑古的学者，其《古今伪书考》专为辨伪而作，书中多精凿之论。在目录学方面，朱彝尊的《经义考》当称清代专科目录中的巨著。周中孚的《郑堂读书记》蜚声士林，被誉为《四库全书总目》的续编。邵懿辰的《增订四库简明目录标注》一书为版本目录学的重要著作。陆心源的《皕宋楼藏书志》也是有名的善本书目。浙西学者的舆地学研究也堪称一流。胡渭的《禹贡锥指》是研究中国古代地理沿革的重要文献，郑元庆的《行水金鉴》则是清代学者言河防水利最有价值的著作。清代中叶以后，有感于西方列强的入侵，龚自珍、沈尧、丁谦、沈曾植等人对西北史地进行研究，推进了人们对边疆的认识。

和浙西不同，浙东史学有自己的特点。清代，浙东史学达到发展的高峰，有黄宗羲、万斯同、邵廷采、全祖望、邵晋涵、章学诚等大家出现，厘然有统系可寻。浙东史家治学的侧重面有所不同，如万斯同注重明史研究、历代典章制度研究，全祖望注重学术史的创作以及对乡邦文献的研究，邵廷采注重对阳明学派进行总结和研究，邵晋涵在经史考证方面成就突出，章学诚则注重对史学理论和方志理论的探讨，等等。但他们在治学上又有共同之处。他们继承了南宋以来浙东史家"讲性命者，多攻史学"的学术传统，打通经史，穷经与读史并重，并在史学方面深入开掘。

其一，提倡经世致用，反对空谈心性。经世致用是清代浙东史学的治学宗旨，也是浙东史学的一大特征。黄宗羲在"身遭国变，期于速死"的境况之下，率先揭起"经世致用"的大旗，所著史书，皆期于有用。顾炎武在读到黄氏所著《明夷待访录》后，盛称其经世思想，认为"百王之敝可以复起，而三代之盛可以徐还也"，并说自己所著《日知录》中的论述，"同于先生者十之六七"，都是学以致用的学问。[1] 万斯同秉承黄氏教诲，也措意于治乱，凡古今之兴衰消长，莫不抉其利弊，源其始终。邵廷采以研究性理之学而闻名，而实际上他"有意天下之事，故所发多经世之论"，尝谓："文章无关世道者可以不作，有关世道不可不作，

[1] 顾炎武：《亭林佚文辑补·与黄太冲书》，见《顾亭林诗文集》。

即文采未极亦不妨作。"[1] 邵晋涵评当世学者所治史学，泛滥无所归，而有意于"春秋经世先王之志"。章学诚论史，更时时处处言经世。浙东史学家言经世，有自己的特点，一者，它是在批判宋明理学特别是王学末流"空言德性""侈谈性命"的基础上产生和发展起来的。这些学者出于陆王又修正陆王，独树一帜。再者，它的经世致用是以实学、实事和实功为归宿的，不是空言经世，而是通过史学研究达于经世。

其二，贵在创新的治史精神。这是浙东史学的另一大特点。浙东史家，反对注虫鱼、吟风月，在学术研究上提倡具有独创精神的专门之学，反对单纯地为前人的著述注释考订。黄宗羲重视学术研究上的"一偏之见"和"相反之论"，批评治学"倚门傍户，依样葫芦者"。章学诚也说："吾于史学，贵其著述成家，不取方圆求备，有同类纂。"[2] 又说："学诚从事于文史校雠，盖将有所发明。"[3] 黄宗羲著《明儒学案》，在学术思想史上有开创之功，著《明夷待访录》，更是提出了具有启蒙意义的民主思想。万斯同的《历代史表》《纪元汇考》，在体例上亦具有开创的性质。全祖望编《宋元学案》，虽然是替黄氏续作，但在体例和组织上比《明儒学案》已前进了一大步，完全体现了他的独创精神。章学诚在史学理论上更是注重创发，"史学义例，校雠心法，则皆前人从未言及"，"自信发凡起例，多为后世开山"。[4] 正是因为浙东史学注重创新，才使得它极富生机和活力，成为中国传统史学中最有价值的一部分。

其三，反对门户，兼取诸家之长的治史态度。清代浙东史家，在学术上明确主张坚守宗旨，反对门户。黄宗羲自不必讲，一生反对树立门户，反对学术垄断。弟子万斯同，学术上无门户之见更胜一筹，所作《儒林宗派》，"凡汉后唐前传经之儒，一一具列，除排挤之私，以消朋党，其持论独为平允"[5]。邵廷采亲承黄氏教授史学，又以推宏王学为己任，然于朱子之学，也倍加推崇，无门户之见。他主张扫除朱陆之辨

[1] 王撰：《思复堂文集序》，见邵廷采《思复堂文集》附录，浙江古籍出版社 1987 年版。

[2] 章学诚：《文史通义》外篇三《家书三》。

[3] 章学诚：《文史通义》外篇三《上钱辛楣宫詹书》。

[4] 章学诚：《文史通义》外篇三《家书二》。

[5]《四库全书总目》卷五十八"儒林宗派"条。

的“客气”，“从来朱陆之辨，洛蜀之党，此等客气，俱要扫除。好学之士，只问自家得力何如、过失何如，安得道听口传，坐论他人是非同异”[1]。全祖望作《宋元学案》，能够做到不定一尊，平等看待各家各派。对待朱陆，观点亦很持平，体现的同样是不讲门户的观念。章学诚更是反对门户的主将，批评争门户者为“陋儒”。总之，浙东史家讲宗旨，拒门户，坚守所学，兼取众家之长，取得了令人瞩目的成就。

其四，治学尚博，严核是非的治学方法。清代浙东史学家，治学刻苦自励，学问博大精深。《清儒学案》称黄宗羲“南雷之学最为博大”[2]，《国朝学案小识》称他“上下古今，穿穴群言，自天官地志、九流百家之说，无不精研”，都是定评。万斯同一生，“于书无所不读”，黄百家在《万季野先生墓志铭》中称他“自两汉以来，数千年之制度沿革，人物出处，洞然腹笥，于有明十三朝之实录，几能成诵。其外，邸报、野史、家乘，无不遍览熟悉，随举一人事问之，即详述其曲折始终，听若悬河之泻”。《国朝学案小识》称全祖望“为学渊博无涯涘，于书靡不贯串”。邵晋涵亦极博学，分撰《四库提要》，“除史部诸书外，于经、子、文集，皆各有数种，有以见其学问之博”[3]。博学多识，使浙东史家在治学上触类旁通，经史之学，无所不窥。浙东学者治学尚博，但又能严核是非，勤于考订。他们的学问，“如百尺楼台，实从地起，其功非积年工力不成”[4]。

其五，注重搜集故国文献，表彰忠节义士。明末清初，浙东抗清斗争风起云涌，产生了一大批忠节义士。受此风熏染，浙东史家特重搜集故国文献，表彰故国节义，弘扬爱国之情。黄宗羲认为“国可灭，史不可灭”，极力表彰故国忠烈。他的这一做法影响到整个浙东史学。万斯同著《两浙忠贤录》《明季两浙忠义考》，邵廷采作《明遗民所知录》，全祖望更是以毕生精力搜集故国文献，在《鲒埼亭集》及其《外编》中，写了大量明代历史人物的墓志、传状，使他们的事迹得以保留，激励后人。

---

[1] 邵廷采：《思复堂文集》卷十《姚江书院训约》。

[2] 徐世昌等编纂：《清儒学案》卷二《南雷学案》。

[3] 张舜徽：《清人文集别录》卷九《南江文钞》，中华书局 1963 年版。

[4] 阮元：《研经室二集》卷七《全谢山先生经史问答序》，见《研经室集》。

其六，注重学术史的编纂。这也是浙东史学的一大特点。黄宗羲作《明儒学案》，首开风气。之后，万斯同作《儒林宗派》，邵廷采作《阳明王子传》《蕺山刘子传》《王门弟子传》《刘门弟子传》以及《姚江书院传》等，全祖望补定《宋元学案》，更是学术史上的创举。浙东学者在研究学术史时，不讲门户，肯定所有派别在学术史上均应有其地位，各学派之间是平等的。这就使得他们的学术史研究能跳出传统的门户之见，取得更大的成就。《明儒学案》和《宋元学案》这两部代表中国传统学术史成就的著作诞生于浙东，为浙东史学平添了光辉。

总之，就浙省一例，我们就可以看出地域性史学的差异。大致来讲，在经学研究上，浙西史家颂扬程朱学说而抑低陆王心学，而浙东学者推崇陆九渊、王阳明的学说，却又能平等看待程朱学说。浙西多经学家，浙东多史学家。就学术关联来讲，浙西地区跟安徽南部、江苏南部等地毗邻，学风出现混合趋势，学术朝多方面发展，学者之间也无明显师承。而浙东史学则主要是基于黄宗羲的师承关系而形成的，其成员同时也受到考证学风的影响。

皖南是清代地域性史学发展的又一区域。以徽州为中心，相继出现了江永、戴震、金榜、程瑶田、凌廷堪、鲍廷博、胡匡衷、施闰章、汪文台、俞正燮、汪由敦等重要人物。皖南史学的特征有二：一是用考证的方法治经史，且长于治礼。二是注重历史地理及方志的研究和编修。在考据方面，江永的《周礼疑义举要》《深衣考误》《礼书纲目》《群经补义》《乡党图考》，戴震的《尚书义考》《春秋即位改元考》《孟子字义疏证》《考工记图》，金榜的《礼笺》，程瑶田的《宗法小记》《考工创物小记》《丧服足征记》，凌廷堪的《礼经释例》，胡匡衷的《仪礼释官》《礼记官职考》，汪文台的《十三经注疏校勘记识语》等，均以考核精博而著称，在治中国礼学史方面卓有成就。在历史地理方面，江永有《春秋地理考实》四卷，订伪补缺，多有可取。皖南史学的主将戴震，在史地学方面更是成就卓著。他曾细校《水经注》，有自校本和殿校本。其参修《汾阳府志》《汾阳县志》，辨明沿革，考证史实，刊缪正误，成就卓然。戴震还曾就修志问题与章学诚辩论，坚持考订史地沿革的治史方法。除戴震外，程瑶田撰《禹贡三江考》《九谷考》《水地小记》《沟洫疆里小记》，程恩泽撰《国策地名考》，都在古地理学的研究上取得了很大成绩。

此外，施闰章热心修志事业，曾自撰《泰水志》《阁皂山志》，又与方以智、于藻等合纂《青原山志》，主修《袁州府志》《临江府志》，并为《庐陵县志》《安福县志》《新泰志》等作序，对方志学的发展有一定贡献。汪由敦曾奉敕纂修《盛京通志》，并撰《恭进〈盛京通志〉表》，该志体例周备，载述简核，后人颇多称誉。俞正燮撰有《癸巳类稿》《存稿》，内中于经义、史学、诸子、天文、舆地、释典、道藏无不涉猎。他还曾校补《海国纪闻》，纂修《黟县志》《两湖通志》。汪文台则根据《明史》《海国闻见录》《海国纪闻》等，辑撰《红毛番英吉利考略》，属域外史地之作。凌廷堪更是“无史不习”，尤熟于“地理沿革，官制变置”。[1] 总之，皖南史学注重史地研究，考订精审，较少议论，走的是考据见长的路子。

江苏的苏州，是清代江南一大都会，许多学者都与苏州产生过交集。而苏州地区也形成了自己的史学风格。苏州史学群体主要有三，一是受昆山顾炎武影响的一批人，主要有吴江的潘柽章、潘耒、吴炎、朱鹤龄等；二是受何焯影响的沈彤、陈景云；再就是惠周惕、惠士奇、惠栋、江声、余萧客、沈钦韩等人。受顾炎武影响的一批人在史学上注重对明史的研究。顾炎武自不必说，潘柽章、吴炎以年轻人的豪气修《明史记》，秉笔直书，拟目得纪十八、书十二、表十、世家四十、列传二百。不幸庄廷铣《明史》案发，被牵连死难，书稿亦毁。吴、潘二人与顾炎武关系密切，二人死难，炎武以“一代文章亡左马，千秋仁义在吴潘”相推许。潘耒是顾炎武的学生，曾入《明史》馆预修《明史》，上书言修史要义有八，“搜采宜博而考证宜精，职任宜分而义例宜一，秉笔宜直而持论宜平，岁月宜宽而卷帙宜简”，并主撰《食货志》及其他纪传。朱鹤龄著《愚庵小集》十五卷，对清廷赋敛之重、禁网之密以及战祸灾乱、民生多艰均有所反映。受何焯影响的一批人喜治古代史，且多为对古代史籍的考订，何焯本人校《两汉书》《三国志》，考证至为精核。陈景云亦有《三国志校误》，以本校、他校之法指摘陈寿原书之误，颇为精核，又有《通鉴胡注举正》《纲目辨误》《两汉订误》等。沈彤则撰有《春秋左传小疏》《尚书小疏》等。苏州惠氏一派，以治经著称，但能兼通经

[1] 江藩：《汉学师承记》记之七《凌廷堪》。

史，治学特点是考证。他们尊古佞汉，治学求古而不求是，有很大的局限性。惠氏一系与何焯一系虽治学上略有差异，但又交互影响，很难截然区分。

江苏除苏州史学外，扬州史学也颇值得称道。从学术渊源上讲，扬州史学与皖南史学和苏州史学有密切的关联。特别是徽州的戴学，对扬州学人影响极大，扬州史学的主要代表人物，如王念孙、王引之、汪中、焦循、阮元、李惇、任大椿、程晋芳、刘台拱、刘宝楠、贾田祖、江德量、秦恩复、钟怀、顾凤毛、罗士琳、刘文淇、刘毓崧、宋绵初等，不少人都师从戴震或推崇戴震，如王念孙、王引之、汪中、任大椿、焦循、阮元等。这就使得扬州史学有了更多戴学的影子。

扬州史学有自己的特点。其一，以考据见长，且具有总结的意识。扬州史学因受了戴学和惠学的影响，多数人仍遵循着从古文字入手，重视音韵训诂，以求经书原意的原则来治学，但出现总结的趋向。如王念孙、王引之父子以渊博的学识，娴熟地运用归纳与演绎的方法，在训诂、校勘方面取得惊人成就，他们所创立的通例，对于乾嘉汉学的治学方法，实带有总结性质。另如任大椿、焦循、阮元在典章制度的研究上，也发展了戴、惠之学。阮元主持编纂《经籍纂诂》、《十三经注疏》（附校勘记)、《皇清经解》，在一定程度上总汇了乾嘉汉学的成果，也具有总结的性质。其二，突破传注，治学求通，开拓了历史研究的领域。扬州史学家在学术上能“求同存异”，不守门户之见，竭力主张治学要“通”，刘师培在《南北学派不同论》中评价阮元曰：“阮氏之学，主于表微，偶得一义，初若创获，然持之有故，言之成理，贯纂群言，昭若发蒙，异于饾饤猥琐之学。”[1] 说明他力图通过点滴考证以求融会贯通。他们还把史学研究的范围扩展到诸子学、自然科学等领域。汪中研究荀子、墨子和贾谊，撰写《荀卿子年表》《墨子后序》。王念孙撰《读书杂志》，对《管子》《墨子》《荀子》《淮南子》等子类著作进行校勘。阮元等人还编写了一部科学家的传记——《畴人传》，将史学研究的触角伸展到自然科学领域。其三，反对汉学的墨守，具有发展变化的思想和求实批判的精神。扬州学人，虽在治学上不同程度地吸收继承了汉学的基本治学方法

[1] 刘师培：《南北学派不同论·南北考证学不同论》，见《刘申叔遗书》（下）。

和原则，但他们又都程度不同地感受到汉学拘守、狭隘、烦琐的弊端，并对汉学展开批评，通过自己的治学实践加以扭转。焦循反对形而上学的所谓“定论”，他认为，“天下之言，未有能定者也”[1]，“井田封建，圣人所制也，而后世遂不可行，则圣人之言且不定也。故有定于一时，而不能定于万世者；有定于此地，而不能定于彼地者；有定于一人，而不能定于人人者。此圣人所以重通变之学也”[2]。这种发展变化的思想，在汪中、阮元那里也有不同程度的反映。正是因为这种发展变化的思想，扬州学者在学术研究中主张创新务实，联系实际，经世致用。正如汪中所说：“尝推六经之旨，以合于世用。及为考古之学，惟实事求是，不尚墨守。”[3]

嘉定史学的特点与以上各区域史学又有所不同。嘉定史学的代表人物是钱大昕、钱大昭兄弟和王鸣盛、王鸣韶兄弟。其主要成员有钱塘、钱坫、钱东垣、钱绎、钱侗、吴凌云、陈诗庭、朱右曾、金曰追、李庚芸、瞿中溶等。嘉定史学与苏州惠栋关系密切，有人直接把钱大昕、王鸣盛目为惠氏门人。从地缘上讲，嘉定也属苏州。但是，嘉定史学自有其特点，绝不是苏州史学所能涵盖得了的。笔者在本书中曾辟专章论述钱大昕、王鸣盛的史学成就，故在此只点出嘉定史学的特征，不再详论。其一，嘉定史家以治经的方法治史，在考据方面以手法多样、结论精当著称。其二，嘉定史家具有“通”的特点，钱大昕著《廿二史考异》、王鸣盛著《十七史商榷》，均以一人之力治通史，显示出深厚的治史功力。

常州史学也颇有特色。这一区域的学者，如庄存与、庄述祖、刘逢禄、宋翔凤等，以今文公羊学说为武器，其治学路径与汉学迥异。他们在史学上的贡献主要体现在历史观上面。常州学者提出据乱世、升平世、太平世的三世进化观，认为历史是变易发展的。他们还逐步将公羊学说和历史实际相结合，为此后之改革、变法提供理论依据。[4] 常州史学对后世影响很大，魏源、龚自珍、康有为等均受其影响，倡导变法图强，

---

[1] 焦循：《雕菰楼集》卷十《说定上》，见《焦循诗文集》，广陵书社 2009 年。
[2] 焦循：《雕菰楼集》卷十《说定下》。
[3] 汪中：《述学别录·与巡抚毕侍郎书》。
[4] 参见杨向奎《清代的今文经学》，《清史论丛》第一辑，中华书局 1979 年 8 月。

并在新的历史条件下将常州史学思想进一步发扬光大。

除以上论列的区域性史学之外，北方的直隶（今河北）也形成了自己的治史风格，大兴（今北京大兴）的颜元、李塨、王源、刘献廷、徐松、翁方纲、朱筠，大名（今河北大名）的崔述，通州的雷学淇，献县（今河北献县）的纪昀，容城（今河北容城）的孙奇逢，等等，都是其中的佼佼者。他们最大的特点，就是热心治历史地理，徐松、刘献廷、朱筠均有很大成就。另外，山西的祁韵士、张穆，也以治西北史地而著称，代表了山西史学的风格。在山东，则有马骕、王尔膂、李文藻、桂馥、郝懿行等人，其特点是兼通经史，重视考证与汇辑资料。他们在上古史研究上也卓有成效。郝懿行有《山海经笺疏》《竹书纪年校正》，辨析精详，马骕则著有《绎史》一书，记上古史事，取材广博，考证精审，尤其是在体例上，采用"综合体"，颇有新意，"在先秦史方面是一部重要的名著"[1]。

清代史学虽然形成了不同的区域特点，但区域之间绝不是相互隔绝的。相反，各区域之间相互影响的痕迹很浓。各地学者或递相师承，或互为师友，相互唱和，又遵循着共同的治学法则。总而言之，清代地域性史学这一问题还需深入研究，才能揭示其中的演变规律。

[1] 白寿彝：《中国通史纲要》，上海人民出版社 1980 年版，第 337 页。

第十三章 《四库全书总目》的史学批评

清代乾嘉时期，学术文化的发展进入到一个总结阶段。从私人撰述来看，众多学者致力于对旧学的整理和评判，做出了极大成绩，梁启超在《中国近三百年学术史》中专辟四章来论述这一问题，所言详而有征。就官方的文化活动而言，对历代文献、典章制度进行汇集、编订，成为一大特点。其中，当数《四库全书》对数千年文化典籍的整理最为系统和全面。

《四库全书》的编纂始于乾隆三十八年（1773 年），到乾隆四十六年底，第一份《全书》写成，之后又续抄了六部，并校改了一些错字，至五十二年四月，七部《全书》写成，分贮南北七阁。

《四库全书》对清以前历代典籍进行了系统整理，对我国古典文献的保存和流传起了积极作用，同时，由于这是一部钦定之书，在乾隆统一思想的文化政策指导下，对那些不利于专制统治的图书进行了禁毁、抽毁和删改，在保存文献的同时又毁坏了一部分文献。[1]

在《四库全书》编纂的同时，《四库全书总目》也开始编写。《全书》编修官们每编一书，辄写提要。《全书》修成时，《四库全书总目》初稿

[1] 关于《四库全书》纂修详情，可参见黄爱平《四库全书纂修研究》，中国人民大学出版社 1988 年版。

也完成了。后又经纪昀长时期的修改、补充、润色，大约于乾隆五十八年（1793 年）才由武英殿刊版印行。

《四库全书总目》共 200 卷，分经史子集四部，四部之下复分 44 小类，小类之下又分子目。同类之书悉以时代先后为序，而以帝王著作冠其首，形成了结构谨严的等级分类体系。从目录学的角度讲，《四库全书总目》可以说是古典目录学的集大成之作。清人周中孚曾这样评价它："窃谓自汉以后，簿录之书，无论官撰私著，凡卷第之繁富，门类之允当，考证之精审，议论之公平，莫有过于是编矣。"[1] 近人余嘉锡亦全面肯定了它的学术价值：

> 今《四库提要》叙作者之爵里，评典籍之源流，别白是非，旁通曲证，使瑕瑜不掩，淄渑以别，持比向、歆，殆无多让。至于剖析条流，斟酌今古，辨章学术，高挹群言，尤非王尧臣、晁公武等所能望其项背。故曰自《别录》以来，才有此书，非过论也。故衣被天下，沾溉靡穷。嘉、道以后，通儒辈出，莫不资其津逮，奉作指南，功既巨矣，用亦弘矣。[2]

《四库全书总目》作为中国解题目录的代表，它与刘向、刘歆父子以及宋代官私目录的提要相比，有两个显著特点，其一，《四库全书总目》注重议论，指陈得失，比较优劣，有不少独到的分析和中肯的批驳，突破了单纯罗列图书的一般程式。其二，以考据见长，集聚了当时考据学的重要成果，纠正文字，辨别真伪，颇见功力。

第一节 《四库全书总目》的史学观

《四库全书总目》以书目形式，"考本书之得失，权众说之异同，以

---

[1] 周中孚：《郑堂读书记》卷三十二"钦定四库全书总目"条，《清人书目题跋丛刊》本，中华书局 1993 年版。

[2] 余嘉锡：《四库提要辨证·序录》，中华书局 1980 年版。

及文字增删，篇帙分合，皆详为订辨”[1]，指陈得失，比较优劣，并通过这种评论表达了自己的史学观。

（一）“叙兴亡，明劝戒，核典章”

《四库全书总目》对史学的社会价值有清醒的认识，它认为，“所重乎正史者，在于叙兴亡、明劝戒、核典章”[2]。虽然此处所论是正史，实际上代表了所有的史书，“叙兴亡，明劝戒，核典章”实际上指出了史学的三大社会功能，即借鉴功能、伦理教育功能、文化积累与传播功能。

借鉴历史经验是传统史学的基本社会功能，对此，《四库全书总目》曾说：

> 伏考《尚书》有曰：“殷鉴不远，在夏后之世。”《诗·大雅》有曰：“仪监于殷。”亦越汉之高帝，使陆贾作《新语》，亦曰：“著秦之所以失，与我之所以得。”盖时代弥近，资考镜者弥切也。[3]

自《诗》《书》提出“殷鉴”思想以来，历代思想家都对这一问题进行过研究。《四库全书总目》所论，正是承接了前贤的观点。

史学上的借鉴，主要表现为对得失兴亡经验教训的吸取。对此，《四库全书总目》有清醒认识，“盖敷陈之得失，足昭法戒”，“一代得失之林，即千古政治之鉴”。[4]从此出发，《四库全书总目》对那些重视总结历史经验的史书给予了高度评价。杜佑著《通典》，“征诸人事，将施有政”，《四库全书总目》评曰：“凡历代沿革，悉为记载，详而不烦，简而有要。元元本本，皆为有用之实学，非徒资记问者可比。”[5]《贞观政要》记唐太宗君臣“良法善政，嘉言嬺行”，《四库全书总目》称其“洵足以资法鉴”。[6]司马光作《稽古录》，《四库全书总目》认为其“于历代兴衰治乱之故，反复开陈，靡不洞中得失。洵有国有家之炯鉴，有裨

[1]《四库全书总目》卷首《凡例》。

[2]《四库全书总目》卷六十六“廿一史识余”条。

[3]《四库全书总目》卷八十二“明宫史”条。

[4]《四库全书总目》卷五十五“钦定明臣奏议”条。

[5]《四库全书总目》卷八十一“通典”条。

[6]《四库全书总目》卷五十一“贞观政要”条。

于治道者甚深"[1]。诸如此类，均从"有裨于治道"的角度对它们加以肯定。

对于那些关系国计民生等实际问题的著作，诸如农学、水利等方面的著述，《四库全书总目》也给予高度赞扬，诸如《农桑辑要》《农政全书》《河防一览》《两河经略》《治河奏绩书》《两河清汇》《浙西水利书》《三吴水利录》，等等，都获得了诸如"经国要务""有裨于民事""有裨实用"的积极评价。另外，《四库全书总目》对那些根据实地考察或亲身阅历而写成的学术著作，也大力赞赏。如明人张国维的《吴中水利书》、清人陈仪的《直隶河渠志》，都是根据他们为官期间治河治水的实际经验写成的，《四库全书总目》认为它们"指陈详切，颇为有用"，"与儒者纸上空谈，固迥不侔矣"，[2] 应当另眼相看。

明劝戒、别善恶、判是非是传统史学道德伦理教育功能的重要表现。自《周易》提出"君子多识前言往行，以蓄其德"以来，人们就将史学的道德教育功能提高到与鉴戒同等的地步。中华文化重视道德伦理，史学除了有一般的"蓄德"功能外，还被上升到"正纲纪，弘道德"的高度来认识，即《四库全书总目》所说的"史系人心"[3]。《四库全书总目》认为，史学的道德垂训功能主要是通过史家的褒贬来完成的。史家之所褒，是后世尊崇效法的楷模；史家之所贬，则是对奸言逆行的惩罚，后世当引以为戒。那么，史家褒贬的标准是什么呢？那就是"圣人之道"，即封建正宗的道德伦理观念。《四库全书总目》说："盖千古之是非系于史氏之褒贬，史氏之是非则待于圣人之折衷。"[4] 即是言此。

《四库全书总目》主张以褒贬明劝戒，同时主张褒贬应以史实为基础，反对任意褒贬，只有"得其事迹之本末"，"知其人之始终"，才能"定其品之贤否"。[5] 也就是说，只有把事件的本末，历史人物的始终这些基本史实考察清楚，才能进行道德评价，也只有这样的道德评价，才

[1] 《四库全书总目》卷四十七"稽古录"条。
[2] 《四库全书总目》卷六十九"吴中水利书"条。
[3] 《四库全书总目》卷首《上书表》。
[4] 《四库全书总目》卷八十八"御制评鉴阐要"条。
[5] 《四库全书总目》卷首《凡例》。

能真正起到教育作用。清人刘绍攽撰《春秋笔削微旨》，附会褒贬，穿凿议论，《四库全书总目》给予严厉批评，指出“有事迹而后有是非，有是非而后有褒贬”[1]。《四库全书总目》强调在史实基础上别善恶，正是乾嘉时期重征实、轻议论的学风在史学思想上的具体反映。

（二）“撰述欲其简，考证则欲其详”

对于史书叙事以及史书的取材和考证，《四库全书总目》也有自己的看法，即“史之为道，撰述欲其简，考证则欲其详”[2]。

和刘知幾一样，《四库全书总目》也认为史书叙事要力求简洁明了，“文约而事丰”[3]，用最简练的文字表达最丰富的内容。陈寿作《三国志》，善于组织材料，讲究叙述技巧，《四库全书总目》赞其“简质有法，古称良史”[4]。相反，明人顾应祥作《人代纪要》，“以编年纪事，虽无事必书其年”，“其中无年可编者，亦往往随意科配”，《四库全书总目》批评其“繁简失伦，多未尽当”。[5]

《四库全书总目》主张史书叙事简洁，但又能辩证地看待这一问题，不一味求简。对那些详而有法的史书，同样给予了充分肯定。唐人李肇撰《翰林志》，《四库全书总目》称赞他“记载赅备，本末灿然，于一代词臣职掌，最为详晰。……今以言翰林典故者，莫古于是书”[6]。《唐会要》“于唐代沿革损益之制，极其详核”[7]，受到《四库全书总目》表彰。《四库全书总目》还比较了《旧五代史》与《新五代史》，认为两书各有得失，叙事简洁，旧不如新；记载详备，新不如旧。可见，《四库全书总目》并非一味求史书叙事之“简”，对于那些“有用之实学”或“有资于考证”的内容，《四库全书总目》还是主张详写的。但如果史书内容“无关实证”，详写就不足取了。李延寿作《南史》，虽有补于宋、齐、梁、陈四朝史实，但《四库全书总目》指出“宋、齐、梁、陈四朝九锡

[1]《四库全书总目》卷三十一“春秋笔削微旨”条。

[2]《四库全书总目》卷四十五《史部总叙》。

[3] 刘知幾：《史通》卷六《叙事》。

[4]《四库全书总目》卷四十五“三国志辨误”条。

[5]《四库全书总目》卷四十八“人代纪要”条。

[6]《四库全书总目》卷七十九“翰林志”条。

[7]《四库全书总目》卷八十一“唐会要”条。

之文，符命之说，告天之词，皆沿袭虚言，无关实证，而备书简牍，陈陈相因，是芟削未尽也”[1]。

由此可见，简洁而不漏落，详赡而不冗杂，才是《四库全书总目》在史书叙事上的真正主张。

《四库全书》成于考证学风高涨的乾隆时期，参与四库编修的又大多为汉学考据家，因此《四库全书总目》极其重视考证，并由此形成了重考证的撰史主张。在中国传统史学发展史上，还没有哪一部史学理论著作像《四库全书总目》这样重视考证在史书编纂中的作用。这大概是《四库全书总目》史学观中最具特点的地方，同时也反映了当时的学风。

《四库全书总目》重视考证，强调“考证则欲其详”，认为作史必须做到“虽有疑狱，合众证而质之”，“虽有虚词，参众说而核之”，这样才能“得其情”。[2] 故而凡是史学史上以考证见长或在考证上有成就的史著都得到《四库全书总目》肯定。宋人王益之作《西汉年纪》，除博采史料外，还对史料进行了精审的考证，《四库全书总目》称其“于一切年月舛误、纪载异同、名地错出之处，无不参稽互核，折衷一是，……其考证亦可谓精审矣”[3]。宋人吴仁杰撰《两汉刊误补遗》，《四库全书总目》称其“引据赅洽，考证详晰，元元本本，务使明白无疑而后已”[4]。

对于史学界随手拈来、漫无考证的著史作风，《四库全书总目》总是给予尖锐批评。欧阳修作《新五代史》，名噪海内，掩《旧五代史》而上，然其中也存在不少错误。《四库全书总目》评论说：“欧阳修《五代史》，义存褒贬，而考证则往往疏舛。……至徐无党注，不知参核事迹，寥寥数语，尤属简陋。”而吴缜细心考证其得失，写成《五代史记纂误》，《四库全书总目》对其极为欣赏，认为“缜一一抉其阙误，无不疏通剖析，切中症结。故宋代颇推重之”[5]。一褒一贬，体现出《四库全书总目》提倡考证史料、校核事迹的鲜明态度。

《四库全书总目》提倡考证，但不赞同烦琐考证。《四库全书总目》

---

[1] 《四库全书总目》卷四十六“南史”条。

[2] 《四库全书总目》卷四十五《史部总叙》。

[3] 《四库全书总目》卷四十七“西汉年纪”条。

[4] 《四库全书总目》卷四十五“两汉刊误补遗”条。

[5] 《四库全书总目》卷四十六“五代史记纂误”条。

明确反对经学家“一字音训动辨数百言”的烦琐学风[1]，在史学观念中，亦复如是。清人杨陆荣撰《五代史志疑》，对《新五代史》“争文句之繁简，论进退之当否，毛举细故”，受到《四库全书总目》批评。[2]宋人倪思作《班马异同》，《四库全书总目》一方面肯定该书在史书体例上的创新，另一方面又指出该书考证颇流于琐碎，“至于‘秦军’作‘秦卒’，‘人言’作‘人谓’，‘三两人’作‘两三人’之类，尤无关文义，皆非有意窜改，（倪）思一一赘列，似未免稍伤繁琐”[3]。在《四库全书总目》看来，考证是为了厘清史实，而烦琐考证只注目于细节，失去了史学的原旨。

总之，《四库全书总目》基于清代鼎盛时期的政治文化背景，在史学观上重功用、重考证，既有对传统史学思想的继承，又体现了当时的学风趋向。

（三）“离经叛道，颠倒是非者，掊击必严，怀诈挟私，荧惑视听者，屏斥必力”

《四库全书总目》是官修书目，蕴含着浓重的封建正统思想，故而它的史学观存有先天的局限，不能站在学术的立场上公正对待所有典籍，而是执正宗思想之偏见，排斥异端。对此，《总目·凡例》说得明白：“今所采录，惟离经叛道，颠倒是非者，掊击必严，怀诈挟私，荧惑视听者，屏斥必力。”

《四库全书总目》从封建正统思想出发，对那些它认为“离经叛道，颠倒是非”，“怀诈挟私，荧惑视听”的具有“异端”思想的典籍毫不留情地予以抨击。东汉王充著《论衡》，高扬“疾虚妄”的旗帜，内中《问孔》《刺孟》，直斥孔孟之讹，对此，《四库全书总目》深加指责：“其言多激，《刺孟》《问孔》二篇，至于奋其笔端，以与圣贤相轧，可谓悖矣。”[4]唐人刘知幾著《史通》，《四库全书总目》虽也承认刘氏“于史学最深”，称他是“载笔之法家，著书之监史”，但对《史通》中最具战

[1]《四库全书总目》卷一《经部总叙》。

[2]《四库全书总目》卷四十六“五代史志疑”条。

[3]《四库全书总目》卷四十五“班马异同”条。

[4]《四库全书总目》卷一二〇“论衡”条。

斗精神的《疑古》《惑经》等篇，则说其为“世所共诟”，对刘氏批评儒家经典《尚书》《春秋》等例，则指其“亦殊谬妄”，批评刘知幾“诋诃太甚”。[1] 晚明思想家李贽，对儒家礼法多有抨击，被称为“儒教叛徒”。他曾公然宣称“不以孔子之是非为是非”，这显然与《四库全书总目》所持正统思想不符，故而他的著作受到《四库全书总目》严厉指责，“贽书皆狂悖乖谬，非圣无法”，“排击孔子，别立褒贬，凡千古相传之善恶，无不颠倒易位，尤为罪不容诛。其书可毁，其名亦不足以污简牍”，[2] “贽所著述，大抵皆非圣无法”[3]，“无一长之可取”[4]。排斥异端，维护正统的思想随处可见。

利用《四库全书》的编纂，翦除各种与封建正统学说相悖的“异端”思想，是清统治者推行文化专制主义的重要手段。中国历代文化典籍，都要用符合统治者需要的正统标准去衡量，如有不符则要借机删除或者贬斥，而这又势必使其史学观中较有价值的见解大打折扣。

第二节 《四库全书总目》史学批评的特点

《四库全书总目》在考得失、评异同中体现出作者的批评眼光。在史部典籍的提要中，《四库全书总目》通过区分类聚、考察源流、比较异同等途径，评品史籍，显示其史学批评的方法和特点。

（一）区分类聚以示史法

《四库全书总日》继承刘知幾“区分类聚”的史学批评方法，以分类体现批评原则。它把史部分正史、编年、纪事本末、别史、杂史、诏令奏议、传记、史钞、载记、时令、地理、职官、政书、目录、史评十五类，将所有的史书全部纳入这十五类中进行评论。每类中又根据具体情况再分类，如传记类著作又分圣贤、名人、总录、杂录、别录五类。《四

[1] 《四库全书总目》卷八十八“史通”条。

[2] 《四库全书总目》卷五十“藏书”条。

[3] 《四库全书总目》卷七“九正易因”条。

[4] 《四库全书总目》卷五十“续藏书”条。

库全书总目》这样做，绝非仅仅是把历代典籍按类划分，便于编录而已，别有深意存焉。

一是尊正史、重编年的思想。《四库全书总目》尤其重视正史，在《史部总叙》中说："首曰正史，大纲也。次曰编年、曰别史、曰杂史、曰诏令奏议、曰传记、曰史钞、曰载记，皆参考纪传者也。曰时令、曰地理、曰职官、曰政书、曰目录，皆参考诸志者也。曰史评，参考论赞者也。"[1] 明确指出正史是"大纲"，其他类别在地位上不及正史，编年至载记参考了正史中的纪传，时令至目录参考了正史中的志，史评参考了正史中的论赞，皆受正史启发而分类。《四库全书总目》还进一步指出，"正史体尊，义与经配"[2]，将正史提高到与经并列的地步。《四库全书总目》在推尊正史的同时，也对编年特别重视。刘知幾在《史通·二体》中将纪传、编年作为中国传统史书最为重要的两种体裁进行论述，《四库全书总目》深加赞赏，以为"编年、纪传均正史也"，只不过是纪传体历代相续，记载不断，而编年体时断时续，没有贯穿历代而已。[3]

二是寓经世思想于分类之中。如史部"地理类"之下划分为若干小类，"其编类，首宫殿疏，尊宸居也；次总志，大一统也；次都会郡县，辨方域也；次河防，次边防，崇实用也；次山川，次古迹，次杂记，次游记，备考核也；次外纪，广见闻也"[4]。这种分类明显地体现出两种思想，一是拱卫王室、天下一统的思想，二是分辨方域、经世致用的思想。再如"职官类"下分官制和官箴两类，其目的一是"稽考掌故"，以备文献，二是"激劝官方"，以肃清吏风，体现的同样是经世的思想。[5]

三是分类以明通变，在分类的基础上分析著述流变。《四库全书总目》在"四部之首各冠以总序，撮述其源流正变，以挈纲领。四十三类之首亦各冠以小序，详述其分并改隶，以析条目。如其义有未尽，例有未该，则或于子目之末，或于本条之下，附注案语，以明通变之由"[6]。

---

[1] 《四库全书总目》卷四十五《史部总叙》。

[2] 《四库全书总目》卷四十五《正史类小序》。

[3] 《四库全书总目》卷四十七《编年类小序》。

[4] 《四库全书总目》卷六十八《地理类小序》。

[5] 《四库全书总目》卷七十九《职官类小序》。

[6] 《四库全书总目》卷首《凡例》。

如“史钞类”，从孔子删《诗》《书》讲起，其后有卫飒的《史要》、张温的《三史略》、葛洪的《汉书钞》、张缅的《晋书钞》、阮孝绪的《正史削繁》等，史钞不断发展。到宋代，有“离析而编纂”者，有“简汰而刊削”者，有“采摭文句而存”者，有“割裂词藻而次”者，名目繁多。到明末，编纂史钞之风更盛，“趋简易，利剽窃，史学荒矣”。[1] 经《四库全书总目》这样探源考流地分析，“史钞”的源流、得失就清楚了。

（二）历史考察以见褒贬

《四库全书总目》运用历史考察的方法评论历代典籍，主要有两种情况，一是宏观把握学术流变，进而确定史家史著在其中的位置；二是辨章学术，梳理学术发展的脉络，进而确定各流派、各思潮在本学科演进历程中的位置。

我们先看第一种情况。《四库全书总目》经常通过宏观把握史书体裁的流变来确定史家史著的地位。比如，《四库全书总目》指出，中国古代史书编纂形式，除最古老的记言、记事外，对后世有重大影响的最早是编年体史书，及至司马迁创立纪传体，遂有编年、纪传共同发展的趋向。所谓“自汉以来，不过纪传、编年两法，乘除互用”，编年、纪传各有弊端，“纪传之法，或一事而复见数篇，宾主莫辨。编年之法，或一事而隔越数卷，首尾难稽”。到了宋代，袁枢又因《通鉴》旧文，排比史事，详其始终，创立纪事本末体，该体裁“区别门目，以类排纂，每事各详起讫，自为标题，每篇各编年月，自为首尾”，其优点是“经纬明晰，节目详具，前后始末，一览了然。遂使纪传、编年贯通为一，实前古之所未见也”。[2] 此后，仿效之作层出不穷。通过这种纵向的动态考察，确立了袁枢在历史编纂学上的开风气的地位。

由于《四库全书总目》运用了历史考察的方法评论史籍，故而凡在史书体例上有创新的史著，都得到了佳评。司马光作《资治通鉴考异》，《四库全书总目》认为“其例最善。而修史之家，未有自撰一书，明所以去取之故者，有之，实自光始”[3]。马骕撰《绎史》，在体例上进行了很

[1] 《四库全书总目》卷六十五《史钞类小序》。

[2] 《四库全书总目》卷四十九“通鉴纪事本末”条。

[3] 《四库全书总目》卷四十七“资治通鉴考异”条。

多革新，他以纪事本末体为主，同时又吸收了各种编纂体例的优点，创造了一种“新综合体”。对此，《四库全书总目》大加赞赏，认为“史例六家，古无此式。与袁枢所撰均可谓卓然特创，自为一家之体者矣”[1]。

我们再看第二种情况。中国古代学术批评，有“辨章学术，考镜源流”的传统。《四库全书总目》中的不少地方，也显示出这样的批评思路。尤其是在评述古代学术分合以及古代学者的治学风格和学术风貌时，用得更多。如“闽中理学渊源考”条云：“宋儒讲学，盛于二程，其门人游、杨、吕、谢，号为高足。而杨时一派，由罗从彦、李侗而及朱子，辗转授受，多在闽中。”[2] 几句话就点明了从二程到朱子间递相传承的学脉联系，从而确立了各人在理学发展中的地位。又如元代吴澄撰《春秋纂言》，其中吉、凶、军、宾、嘉五例与宋代张大亨《春秋五礼例宗》相似，遂被人疑为蹈袭张氏，《四库全书总目》分源别派，从门户出入中辨明吴澄未袭大亨，“盖澄之学派，兼出于金溪、新安之间，而大亨之学派，则出于苏氏。澄殆以门户不同，未观其书，故与之暗合而不知也。然其缕析条分，则较大亨为密矣”[3]。《四库全书总目》通过辨析学术源流，不仅为吴澄辩诬，而且指出其书优长之处，可谓评论至当。

《四库全书总目》在进行史学批评时，固然很重视分源别派的学脉辨识，但又不把这一方法模式化，它能注意到学术传承中的“承”与“变”，这就使得自身的评论更加公允合理。如在“明儒言行录”条中指出：“（沈）佳之学出于汤斌，然斌参酌于朱陆之间，佳则一宗朱子。故是编大旨，以薛瑄为明儒之宗，于陈献章则颇致不满。虽收王守仁于正集，而守仁弟子则删汰甚严，王畿、王艮咸不预焉。”[4] 《四库全书总目》通过对汤斌、沈佳师生不同的学术趋向的辨析，指出沈佳《明儒言行录》的著述要旨，同中辨异，清晰明朗。

从史学发展史的角度看，任何史家、史著都不可能独自具备完整的意义，他（它）只有在与其他事物的联系中才能体现自己的价值。因此，

---

[1] 《四库全书总目》卷四十九“绎史”条。

[2] 《四库全书总目》卷五十八“闽中理学渊源考”条。

[3] 《四库全书总目》卷二十八“春秋纂言”条。

[4] 《四库全书总目》卷五十八“明儒言行录”条。

在对他（它）们进行评价时，也不能孤立起来加以认识。《四库全书总目》穷原竟委的历史考察方法，就是在发展演变中把握全体中的个体，进而确定个体在全体中的位置，从而揭示批评对象更为深刻的本质。

（三）比较异同以论得失

对于比较批评的功能和意义，《四库全书总目》有比较清醒的认识，所谓“比而观之，可以知其才力之强弱，与意旨之异同”[1]，“互相参考，可以观古今人运意之异同，与遣词之巧拙”[2]，也就是说，运用比较的方法，可以看出作者的才气的大小、文章笔法的拙巧及作者著述旨趣的异同。

《四库全书总目》运用比较方法评论历代学术，主要有两种形式，一是比较作品的价值，二是比较学说的异同。

比较作品的价值，是《四库全书总目》最常见的内容。如《四库全书总目》在评论王偁的《东都事略》时说：“然宋人私史，卓然可传者，唯偁与李焘、李心传之书而已，固宜为考宋史者所宝贵矣。”[3] 将《东都事略》与李焘、李心传之著作相提并论，以见其价值。又如在“建炎以来系年要录”条中说：“大抵李焘学司马光而或不及光，心传学李焘而无不及焘。”[4] 通过比较突出了李心传著作的史学地位。再如宋人章如愚著《山堂考索》，《四库全书总目》将其置于同时代的著作中，通过比较揭示其价值，指出该书“在宋人著述之中，较《通考》虽体例稍杂，而优于释经；较《玉海》虽博赡不及，而详于时政；较《黄氏日钞》则条目独明；较吕氏《制度详说》则源流为备”。这样的横向比较，言简意赅地点出了《山堂考索》及与之有关著作的优长短缺，“如武库之兵，利钝互陈”[5]。

《四库全书总目》利用比较方法评论作品价值最为成功的例子就是对欧阳修的《新五代史》和薛居正的《旧五代史》的比较。《四库全书总目》认为，在记事上，《旧五代史》是“奉诏撰述，本在宋初。其时秉笔

[1]《四库全书总目》卷一八七“坡门酬唱集”条。
[2]《四库全书总目》卷一九五“优古堂诗话”条。
[3]《四库全书总目》卷五十“东都事略”条。
[4]《四库全书总目》卷四十七“建炎以来系年要录”条。
[5]《四库全书总目》卷一三五“山堂考索”条。

之臣，尚多逮事五代，见闻较近，纪传皆首尾完具，可以征信”，而《新五代史》“大致褒贬祖《春秋》，故义例谨严。……而事实则不甚经意”，“薛史如左氏之纪事，本末赅具，而断制多疏。欧史如公、穀之发例，褒贬分明，而传闻多谬”。在体裁上，《新五代史》“止述司天、职方二考，而诸志俱阙。凡礼乐、职官之制度，选举、刑法之沿革，上承唐典，下开宋制者，一概无征”，“不及薛史诸志为有裨于文献”。在风格上，《新五代史》“其词极工”“文章高简”，《旧五代史》“文体平弱，不免叙次烦冗之病”。但无论两书多么不同，其价值不能互替，“盖二书繁简，各有体裁，学识兼资，难于偏废”[1]。《四库全书总目》对《新五代史》《旧五代史》的这种详密周全的比较，将两书的特点清楚明白地揭示出来，而且又不抑此扬彼，反映了一种良好的学风。

比较学说异同，以见不同学术流派的宗旨，是《四库全书总目》史学批评的又一方面。比如，《春秋》学中，左氏古文派与公羊、穀梁今文派水火不容，长期攻讦，《四库全书总目》运用比较方法进行评析，辨析学说异同，归纳学派特征，指出“《春秋》三传，互有短长”，《左传》“据事而言”，《公》《穀》“凭心而断”。[2] 将左氏征实而肤浅，公羊、穀梁穿凿而难通的学术特征归纳出来，并进一步将两派风格歧异的原因揭示了出来，使批评更深入了一步。

中国传统学术发展到清代，所谓汉学、宋学之争颇为激烈，主汉学者重考证，主宋学者重义理。《四库全书总目》运用比较的方法，揭示其异同，评析其优长短缺，指出“夫汉学具有根柢，讲学者以浅陋轻之，不足服汉儒也。宋学具有精微，读书者以空疏薄之，亦不足服宋儒也”[3]，“汉代诸儒，去古未远，其所训释，大抵有所根据，不同于以意揣求；宋儒义理虽精，而博考详稽，终不逮注疏家专门之学”[4]，“考证之学，宋儒不及汉儒。义理之学，汉儒亦不及宋儒”[5]。将汉学“具有根柢”的实证笃实的学风和宋儒“具有精微”的长于思辨的风格用比较

[1] 《四库全书总目》卷四十六“旧五代史”“新五代史”条。

[2] 《四库全书总目》卷二十九《春秋类案语》。

[3] 《四库全书总目》卷一《经部总叙》。

[4] 《四库全书总目》卷二十二“读礼志疑”条。

[5] 《四库全书总目》卷三十五“四书章句集注”条。

的方法揭示出来，指出两种学说各有短长，互有得失，见解允当。

（四）论世知人以见批评用心

史学批评是主体作用于客体的过程，在批评过程中，批评主体的价值观念、思想意识，势必要影响到评论的结果。为使主体不至于过分曲解客体，中国古代的史学家、思想家早就提出知人论世的学术批评原则，即考察史家及史著产生的时代背景和客观环境，在这种背景和环境中讨论史家和史著的价值，以最大限度地接近历史真实。《四库全书总目》在进行史学批评时，多次宣明要“寓论世知人之义”[1]，“俾读者论世知人”[2]，“每书先列作者之爵里以论世知人”[3]，并广泛使用了这一方法。

《四库全书总目》论世知人的批评方法，十分着意于从时代环境的制约与社会风尚的趋会等共时性方面对古代典籍的风貌或缺陷做出合理说明，体现了一种“了解之同情”的历史精神。这主要表现在三个方面。

其一，考察影响史著优劣的政治文化因素。史书质量的高低，史家固然首当其责，但政治文化的因素也极为重要。如《辽史》之所以“重复琐碎”，是因为有辽一代，“书禁甚严”，“凡国人著述，惟听刊行于境内。有传于邻境者，罪至死”。这样的文化政策，就使得辽代典籍无法“流播于天下”，战乱一起，便“旧章散失，澌灭无遗”，“可备修史之资者寥寥无几”，“无米之炊，足穷巧妇”，后世修史者“不得已而缕割分隶，以求卷帙之盈”，“其间左支右诎，痕迹灼然”，重复琐碎也就在所难免，“不足怪也”。[4] 这就从当时的政治文化背景揭示了造成史著出现偏失的深刻原因。

其二，考察影响史著优劣的社会文化因素。如《四库全书总目》指出，《南齐书》多“附会纬书”，“推阐禅埋”，之所以如此，是因为“齐高好用图谶，梁武崇尚释氏”，萧子显“牵于时尚，未能厘正”。[5] 社会文化风尚影响到史著的思想内容。又如宋人杜大珪撰《名臣碑传琬琰集》，一些被后世视为奸邪的人物，如丁谓、王钦若、吕惠卿、章惇、曾

---

[1] 《四库全书总目》卷一九〇“甬上耆旧诗”条。

[2] 《四库全书总目》卷五十八“东林列传”条。

[3] 《四库全书总目》卷首《凡例》。

[4] 《四库全书总目》卷四十六“辽史”条。

[5] 《四库全书总目》卷四十五“南齐书”条。

布亦被收录，“并得预于名臣”。对此，《四库全书总目》虽认为“去取殊为未当”，但又指出“盖时代既近，恩怨犹存，其所甄别，自不及后世之公。此亦事理之恒，贤者有所不免，固不能独为大珪责矣”。[1] 这样的评析让人看到了史学批评中某些带有规律性的东西。

其三，“原情准势”，体察史家著史之苦心，以见史著之真实面目。如魏收修撰《魏书》，有“秽史”之称，历代史家均攻讦《魏书》不已。《四库全书总目》从论世知人的角度出发，分析了抨击魏收的种种言论，揭示其中的不实之词。推翻了《魏书》为“秽史”的说法，提出了有价值的见解。同时，《四库全书总目》虽力辨《魏书》非“秽史”，但并不护其短缺，指出它“叙事详赡，而条例未密”，“（魏）收恃才轻薄”也不足取。《四库全书总目》是以关注著史者苦心来做出这些评价的，“平心而论，人非南董，岂信其一字无私，但互考诸书，证其所著，亦未甚远于是非”[2]。

《四库全书总目》不仅从知人论世的角度对具体史家、史著进行评析，还从这一角度考察了一些具有深远影响的史学观点和史学思潮，向人们揭示了很多发人深思的问题。如陈寿作《三国志》，奉魏为正统，而习凿齿的《汉晋春秋》一反陈寿之说，以蜀为正统，于是开始了中国史学史上的魏、蜀正统之争，持续不休。到了宋代，争论更加激烈。北宋以魏为正统者多，南宋以蜀为正统者多。对于这个问题，《四库全书总目》以“论其世”的态度，揭示了其中的奥妙：

> 然以理而论，寿之谬万万无辞。以势而论，则凿齿帝汉顺而易，寿欲帝汉逆而难。盖凿齿时晋已南渡，其事有类乎蜀，为偏安者争正统，此孚于当代之论者也。寿则身为晋武之臣，而晋武承魏之统，伪魏是伪晋矣，其能行于当代哉！此犹宋太祖篡立近于魏，而北汉、南唐迹近于蜀，故北宋诸儒皆有所避而不伪魏。高宗以后，偏安江左近于蜀，而中原魏地全入于金，故南宋诸儒乃纷纷起而帝蜀。此

[1]《四库全书总目》卷五十七“名臣碑传琬琰集”条。
[2]《四库全书总目》卷四十五“魏书”条。

皆当论其世，未可以一格绳也。[1]

《四库全书总目》通过对魏、蜀正统之争这一史学思潮的背景考察，清楚地向人们揭示，任何一种史学观念、史学思潮的出现或变化，总有时代政治的需求在背后起作用，陈寿以魏为正统，是因为他所生活的西晋是承魏而来，伪魏即是伪晋，这是统治者所不允许的。而习凿齿生活的东晋，恰如三国时的蜀汉，正蜀汉即是正东晋，这是统治者所支持的。北宋的正魏和南宋的正蜀，也大致如此。《四库全书总目》尽管赞成以蜀汉为正统，但对于魏、蜀正统之争能“以势而论”，没有断然做出结论，而是提出了“当论其世，未可以一格绳也”的观点，这样的评析，可谓公允平实。

（五）具体评析，折衷至当

《四库全书总目》评论史书，有时通过分析、归纳以后，对整部史书的优劣做出一个结论，有时又注意通过对史书各部分不同价值的分析，来评价史书的价值所在。

从整体上评价史书，可以给人一种总体的、明确的印象，使人获得对整部著作的大致把握。比如，《北狩见闻录》一书，《四库全书总目》通过分析后评价其“实可资史家之考证也”[2]，万斯同的《历代史表》，《四库全书总目》给予的总体评价是“于史学殊为有助”[3]，等等。这种总体性的评价，实际上是在确立一部史书在史学史上的地位。

从中国史学发展史来看，任何一部史书，都不可能写得处处精彩，不可能方方面面都无懈可击。那么，指出这些史书的优长之处和短缺之点，对于人们正确把握该书的价值，尤显必要。对此，《四库全书总目》有自觉的意识。如《四库全书总目》评《通志》，指出《二十略》是“全帙之菁华”[4]；评《文献通考》，指出“其所载宋制最详，多《宋史》各志所未备，案语也多能贯穿古今，折衷至当。虽稍逊《通典》之简严，

[1]《四库全书总目》卷四十五“三国志”条。
[2]《四库全书总目》卷五十一“北狩见闻录”条。
[3]《四库全书总目》卷五十“历代史表”条。
[4]《四库全书总目》卷八十一“通志”条。

而详赡实有过之”[1]；评《隋书》，指出“其十志最为后人所推”[2]，等等，都是从局部入手评论史书的。

《四库全书总目》从局部入手评论史籍，是有所侧重的。综合而言，它特别看重史书的功用、体例、取材和考证等方面。

《四库全书总目》重视史书的社会功用，认为史著“敷陈之得失，足昭法戒”，“一代得失之林，即千古政治之鉴也”。[3] 因此它在评论史书时，只要该书在借鉴历史经验方面有可取之处，就要特别加以肯定。明代杨士奇等奉敕编修《历代名臣奏议》，名目太繁，区分失当，“踳驳失伦”，在体例上存在很多问题。但由于该书能够反映“历代典制沿革之由，政治得失之故”，因而《四库全书总目》认为它“可与《通鉴》、‘三通’互相考证”。[4] 明季宦官吕毖所撰《明宫史》，在《四库全书总目》看来，内容“冗碎猥鄙，不足据为典要”，之所以将它收入《四库全书》，全在于它记载了为害严重的宦官的活动，向人们表明宠任宦官乃明代“致亡”之一端，“足为炯鉴”，引起后人警醒。[5]

《四库全书总目》继承传统史学重视史书体例的传统，在评论史书时，特别注意体例的完备。元人修《宋史》，矛盾抵牾，书法不一，《四库全书总目》一一将其列举，指出“纪传之互异”，“志传之互异”，“传文前后之互异”等，认为其“舛谬不能殚数”。[6] 唐人李吉甫作《元和郡县志》，体例严密，被《四库全书总目》评为“舆记图经……惟此书为最古，其体例亦为最善”[7]。

《四库全书总目》极其重视史书的取材，在提要中对史书取材做了许多评论分析。司马光撰《资治通鉴》，广泛占有资料，《四库全书总目》在史部提要的叙中率先指出这一点，认为该书“一事用三四出处纂成，用杂史诸书凡二百二十二家”，正是因为有了这浩博的材料，司马光等人

---

[1] 《四库全书总目》卷八十一“文献通考”条。
[2] 《四库全书总目》卷四十五“隋书”条。
[3] 《四库全书总目》卷五十五“钦定明臣奏议”条。
[4] 《四库全书总目》卷五十五“历代名臣奏议”条。
[5] 《四库全书总目》卷八十二“明宫史”条。
[6] 《四库全书总目》卷四十六“宋史”条。
[7] 《四库全书总目》卷六十八“元和郡县志”条。

才能“先为长编，后为考异”，成此史学“绝作”。[1] 李心传撰《建炎以来系年要录》，取材广泛，《四库全书总目》给予高度评价，指出“其书以国史、日历为主，而参之以稗官野史、家乘志状、案牍奏议、百官题名，无不胪采异同，以待后来论定。故文虽繁而不病其冗，论虽歧而不病其杂。在宋人诸野史中，最足以资考证”[2]。由于《四库全书总目》重视博采史料，故而对那些取材稍嫌冗杂的史书，也不过多苛求，而是给予合理评价，“博洽之功，颇足以抵冗杂之过”[3]。同样，对那种取材不备的史书，《四库全书总目》都给予了批评。《四库全书总目》还指明了史书取材的范围，认为史书与小说不同，所取材料应“事系庙堂，语关军国”，那种“语神怪，供恢啁”的材料必须摒弃。[4]

由于《四库全书》成于乾隆时期，参与编修的又大多为汉学考据家，因此，《四库全书总目》特别注重考证。综观《四库全书总目》，几乎每一条评论之中，都灌注了作者辛勤考订的心血。正是因为有了这些精审的考订，才为评论提供了确凿的证据，提高了史学批评的学术价值。《四库全书总目》提出“考证则欲其详”，认为作史必须做到“虽有疑狱，合众证而质之”，“虽有虚词，参众说而核之”，这样才能“得其情”。[5] 故而凡是史学上以考证见长或在考证上有成就的史著都得到《四库全书总目》肯定，反之则给予尖锐批评。这又是《四库全书总目》史学批评的一种倾向。

（六）援据纷纶以说史意

余嘉锡先生指出，《四库全书总目》学术批评的一大特色是“援据纷纶”。确实，在《四库全书总目》的批评系统中，博引前人之论加以归纳，成为一个重要的方法。《四库全书总目》总是自觉地将诸家议论系统化，纳入到自己的史评体系中，以佐证自身的论断。如许嵩所撰《建康实录》，《四库全书总目》认为“引据广博，多出正史之外，唐以来考六

[1] 《四库全书总目》卷四十五《史部总叙》。
[2] 《四库全书总目》卷四十七“建炎以来系年要录”条。
[3] 《四库全书总目》卷一二三“玉艺堂谈荟”条。
[4] 《四库全书总目》卷五十一《杂史类小序》。
[5] 《四库全书总目》卷四十五《史部总叙》。

朝遗事者，多援以为征”[1]。为说明自己的评价正确，便引征张彦远《历代名画记》、郑文宝《南唐近事》、刘羲仲《通鉴问疑》中对该书的引用为佐证，使人们真切感到《建康实录》确有极高的史料价值。

对于前贤的评论，《四库全书总目》并非只引来以佐己说，有时它还要对这些评论加以驳难，推翻旧说以立新说，这也可看作是《四库全书总目》博引、归纳前人之论的另外一面。如宋人宋敏求撰《长安志》一书，司马光认为其书“精博宏赡”，程大昌认为“其引类相从，最为明晰”。《四库全书总目》在征引了这些评论后，提出了不同看法，指出其书“不免时有驳复”[2]。可见，《四库全书总目》不仅看重前人的评价成果，更能大胆提出自己的观点。

总之，《四库全书总目》所运用的史学批评方法是多样的，它从不同的角度来审视历代典籍，提出了许多独到的见解，对于人们正确认识古代典籍的价值有很大帮助。但是，我们也不能不看到，《四库全书总目》带有浓厚的封建正统思想，对那些不符合封建伦理道德、不符合名教的著作以及对清统治者有抵触情绪的作品，《四库全书总目》就完全从政治的角度加以攻击。可以说，浓重的政治色彩障蔽了《四库全书总目》学术批评的眼光，使《四库全书总目》充当了清代文化专制统治的工具。另外，《四库全书总目》在进行史学批评时，尽管运用了多种方法，但它的批评仍然是保守的，它并没有像章学诚那样，自觉地通过评论向人们指出一条传统史学的发展路径。

[1]《四库全书总目》卷五十“建康实录”条。
[2]《四库全书总目》卷七十“长安志”条。

第三编

自乾隆中后期，清王朝便出现衰败迹象，种种弊端开始暴露出来，及至嘉道之际，清王朝已完全从盛世的顶峰跌落下来，进入“衰世”和“乱世”。当时，吏治极其败坏，贪污贿赂公行，各级官吏贪残欺民，整个封建统治犹如一台老掉牙的机器，“关窍不灵，运动皆滞”[1]。与此同时，土地兼并恶性发展，王室、贵族、官僚的穷奢极欲全部转到对民众的残酷榨取上，老百姓失去田产房室，大批流民转迁沟壑，社会矛盾日益严重，农民起义不断爆发。当时，白莲教、天理教起义此起彼伏，天理教群众甚至打入皇宫，给统治者以极大震动。

就在清王朝内部岌岌可危之时，西方资本主义国家，正处于自由资本主义的飞速发展时期，对外殖民掠夺极其猖狂。他们一直觊觎地大物博、市场广阔的中国。嘉道时期清王朝的腐败自然就给西方列强的掠夺以可乘之机。肮脏的鸦片贸易，不仅侵蚀了中国人的身体，而且造成白银大量外流，财源枯竭。帝国主义的大炮开始轰击古老中国的大门。内外交困之下，强盛一时的清帝国逐渐从大一统的封建国家沦落为半殖民地半封建国家。总之，嘉道之际，清王朝内外交困，一种旷古未见的历史变局正在形成。

伴随这一大变动，学术思潮也发生了极大变化。首先，在经学研究领域，汉宋对垒与汉宋调和两种倾向仍然存在，但汉宋调和的倾向占上风，汉宋合流已成趋势。道光六年（1826年），方东树所著《汉学商兑》成书，该书以“辟汉扬宋”为宗旨，站在宋学家的

[1] 张穆：《月斋文集》卷二《海疆善后宜重守令论》，清咸丰八年寿阳祁隽藻刻本。

立场上，对汉学进行了一次总结性清算。但由于方氏观点偏激，带有门户之见，故而受到不少学者批评，他试图挑起的汉宋之争也未在学界产生重大影响。相反，嘉道之际的多数经学家主张调和汉宋，他们意识到，汉学考据固然有其求实的长处，但过分注重名物训诂而缺乏哲理思辨，尤其是在嘉道之际社会危机日深的情况下，其治学的触角很难触及社会深层问题，故而局限性也很明显。汉学支离破碎之弊和面对世事巨变而缺乏应变能力等方面，日益暴露出来。宋明理学固然有空疏无当的缺陷，但一概把宋明理学斥为空虚无用，忽视其讲义理，讲学术研究的主体意识的长处，也是不对的。因此，当时很多学者都强调变通，摒弃门户，主张以汉补宋，以宋补汉，既考证文句典章，又推究经籍大意。这实际上是在提倡一种既重实证，又重义理的新学风，以适应社会变动对学术的要求。

其次，今文经学开始成为经学研究的潮流。乾隆年间汉学大盛之时，与大多数学者唯东汉许、郑之学是尚的主潮不同，庄存与提倡今文经学，他认为汉学的正统在今文经而不在古文经，具体而言就是西汉公羊学说。但由于当时古文经学势力强大，庄氏之学影响很小。及至嘉道之际，汉学烦琐破碎、泥古墨守的弊端暴露出来，无法担当补偏救弊、挽救社会的使命，而理学虽讲义理，但长期处于被批判的地位，一蹶不振，也完成不了这一使命。于是讲微言大义、具经世色彩的今文经学崛起，刘逢禄续接庄存与，对今文经学义旨做了进一步申述，继续阐发公羊学大一统、通三统、张三世等核心问题。由于他主要生活在积弊深重的嘉庆时期，因此，他特别重视阐释以三世说为中心的变易观点，大力彰扬公羊学微言大义以经世的意义，为王朝发展寻找理论依据。接着，龚自珍、魏源等人对公羊学说进行改造和发挥，他们高扬公羊学的历史变易观，猛烈批判当时为封建衰世，关注现实，倡导改革，为社会政治改良提出新的价值取向。经龚自珍、魏源的提倡，公羊变易历史哲学异军突起，成为当时人们认识历史、讥切现实、变法图强的有力思想武器。

公羊历史哲学主张变革，有朴素的进化观点，为当时的进步人士提供了远比古文经学更易让人接受的世界观、历史观和方法论。嘉道时期，时代剧变，民族的命运要求打破现状，革除积弊，认识这种亘古未有的变局，需要一种变易的哲学和进化的历史观，而公羊学说恰恰能够适应这种需要，因此，它才被目光敏锐的龚自珍、魏源等人改造成了呼唤变法、抨击专制的理论依据。这种历史观的变化，直接影响了学术研究的转变。

第三，考据学风遭到批评，经世思潮再度高涨。嘉道之际，学者对乾嘉时期考订辨伪的文献整理工作进行了反思。他们认为，在"人畜悲痛，鬼神思变置"的嘉道之际[1]，考据显然不合时宜，不会直接为社会变革提供依据。他们对乾嘉末流只注重考据而较少关心现实的学风进行了批判，倡导关心现实的"经世致用"学风。如沈尧，就曾批判汉学考据"考证于不必考之地"，置天下治乱安危于不顾的行为，讥讽他们"东钞西撮，自谓淹雅，而竟无一章一句之贯通"。[2] 当时的一大批知识分子以经世自任，不仅倡导经世，而且付诸实践，注重研究现实问题，如漕运、盐业、河工、货币、农事等等。他们前后相应，互相唱和，使经世思潮成为思想界主流。诚如梁启超所说，这些人"因环境之变迁与夫心理之感召，不期而思想之进路，同趋于一方向，于是相与呼应汹涌如潮然"[3]。

其实，有清一代，经世思想一直未曾中断，只是由于环境不同，经世思想也有不同表现而已。嘉道之际，由于清帝国的衰落，外国资本主义的入侵，经世思想中更加深入地渗透了忧患意识、变法观念、批判精神和救亡御侮的因素。

在这样的学术背景下，史学研究的内容及史学思想也在发生变化。当时，有识之士提倡公羊变易观，以谋变法；研究当代史，以谋振兴；研究边疆史，以谋筹边；研究域外史，以谋御侮。各种历史研究，无不以有裨现实为指归。史学研究中长于思考的一面显露

[1] 龚自珍：《平均篇》，见《龚自珍全集》第一辑。

[2] 沈尧：《落帆楼文集》卷八《与孙愈愚》，《丛书集成续编》本。

[3] 梁启超：《中国近三百年学术史》二《清代学术变迁与政治的影响（上）》。

出来。

第一，当代史研究受到重视。嘉道之际，随着社会矛盾的日益暴露，有识之士开始将目光由古代移至当代，他们一扫士大夫耗毕生精力于诗赋八股、古史研究的脱离社会实际的积习，开始研究与国计民生息息相关的钱、谷、兵、刑诸实政。他们除对清代遭运、盐业、河工、货币、农事等方面弊端提出尖锐批评，并提出改革建议外，在历史研究方面，则勇于面对社会现实，研究本朝掌故，著述当代史籍。

当时的当代史研究，可分为两部分内容，一是关于清代政治、经济、军事等各方面的记载；一是关于鸦片战争史的记载。第一类著作中最具代表性的就是魏源的《圣武记》。魏源治史，重视与现实政治相结合，他认为，“国家欲兴数百年之利弊，在综核名实始；欲综名实，在士大夫舍楷书帖括而讨朝章、讨国故始，舍胥吏例案而图讦谟、图远猷始”。显然，魏源将史学看作是研究拨乱之道、匡时之策的重要学问。他在清朝衰微时期，著《圣武记》一书，记述清朝前期的“武功”，推求致治之理，思患于预防，以期重振清王朝声威，激发人们反侵略的爱国斗志。该书不仅追述往事，而且感愤时事，考察盛衰之道。特别是最后四篇，讥切时政，论及练兵筹饷，图强御侮诸问题甚多，成为清代研究本朝史和战争史的代表作。西方史家视魏源为“当时社会所面临的变化的一面镜子”[1]。另外，魏源、贺长龄于道光六年（1826 年）编成《皇朝经世文编》一书，该书远绍陈子龙的《皇明经世文编》，近承陆耀的《切问斋文钞》，以经世致用为宗旨，收录清初至道光三年间各家议论、条陈、章奏 2000 余篇，分为学术、治体、吏政、户政、礼政、兵政、刑政、工政八类，类下再分若干子目。《文编》集清初至道光以前经世致用文章之大成，注重实用、功效，注重研究当代制度及其历

[1] ［美］费正清、刘广京编：《剑桥中国晚清史》（上卷），中国社会科学院历史研究所编译室译，中国社会科学出版社 1985 年版，第 141 页。

史沿革。《文编》在后世产生了极大影响，从晚清到民国，仿其体例的续编之作多达十七八部。这一令人瞩目的“经世文编现象”也表明，嘉道之际，注重当代史研究、倡导经世致用的学风对学术发展有着强有力的推动作用。

鸦片战争史是当代史的一部分，满怀忧国之情的史学家，在当时的历史背景之下，及时而又忠实地记述了帝国列强侵略中国以及中国人民反抗侵略的史实。这方面的代表作有魏源的《道光洋艘征抚记》、梁廷枏的《夷氛闻记》、夏燮的《中西纪事》。除此之外，尚有记载鸦片战争时英军入侵广州的《英夷入粤纪略》《广东军务记》，记载浙江乍浦战役的《壬寅乍浦殉难录》，记载上海、镇江一带战争的《夷患备尝记》等。这些著作真实记载鸦片战争史实，探讨鸦片战争起因，寻求抵御外侮之策。

可以说，王朝的沉重危机推动了道咸时期当代史学的发展，而这一时期的当代史学又反过来激励了中国人民的反抗精神。

第二，边疆史地研究成为显学。嘉道之际，西方列强从东南沿海向我国发动侵略，而沙俄、英国又觊觎我国北部边疆及西部、西北部、西南部领土。随着海防、边患的日趋严重，一些爱国学者更注重于边疆史地的研究，研究的对象逐步扩大，关注内容也由古代转向近当代，由注重一般地理沿革转向注重边疆现状，由一般的注重经世致用转向注重为防御外来侵略筹划方策。

在边疆史地的研究上，龚自珍、魏源、张穆、何秋涛、姚莹等人贡献突出。龚自珍著《蒙古图志》30卷，后又作《西域置行省议》，为防御沙俄侵略，巩固西北边防，提出了移民固边、新疆设省等多项建议。魏源于西北史地，重在对元史的研究，写成《元史新编》一书。张穆著《蒙古游牧记》一书，“缀古通今，稽史籍，明边防”，耗尽毕生心血，使之成为研究蒙古史的最切实可用之书。何秋涛著《朔方备乘》，记述自汉唐至清道光时期蒙古、新疆和东北地区的历史、地理及中俄关系，探讨中外交涉，宣扬民族团结，总结御侮之道，以期有补于世。姚莹著《康輶纪行》一书，着重考察西藏、四川等地区的山川、风土、物产、民情及历史沿革，揭露帝国主义的侵略野心，“喋血饮恨为此书，冀雪中国之耻”，为筹边御侮提供历史依据。

嘉道之际，边疆史地研究之兴盛，成就之卓著，都是前代所不及的。其研究范围不断扩大，对近代史学产生重大影响。

第三，域外史地研究的崛起。在边疆史地研究成为显学之时，嘉道之际的史学界又兴起了研究域外史地的热潮，一股“开眼看世界”的新风勃然而起。

中国是一个历史悠久、文化灿烂的国家，长期处于世界文化的前列，久而久之，便由此形成了一种“天朝上国”的妄自尊大的心理，人们总是以“广异闻”的心态来对待来自外域的各种消息。明朝末年，封建官绅看到西方耶稣会士利玛窦绘制的《舆地全图》，图上中国的位置并不在世界的正中心，引起大哗，认为利玛窦以“邪说惑众，肆谈无忌”。刊行于乾隆四年（1739 年）的《明史·外国传》也反映了当时中国人对外部世界的认识水平。尽管葡萄牙、西班牙、荷兰等国早在明朝时即已相继东来，并与中国有战争、贸易等不同形式的交往，但《明史·外国传》把它们笼统地称为“佛朗机”，并说“佛朗机，近满剌加（马六甲）”，连它们基本的地理位置都不了解。乾隆年间撰修的《大清一统志》《清朝文献通考》《皇朝通典》等书，都沿袭了《明史》的错误。更有甚者，当时的人们还将英国与荷兰混为一谈，将美国人与英国人“牵混一气”，把加里曼丹岛与菲律宾群岛当作南北美洲，等等。朝野上下的世界知识贫乏而且紊乱。

在复杂险恶的国际环境下，朝野上下对外国史地的无知，严重影响了中国人在对外事务中的判断，致使措置屡屡失败。对此，有识之士极为愤慨。魏源说：“以通事二百年之国，竟莫知其方向，莫悉其离合，尚可谓留心边事者乎？”[1] 姚莹也指出：“海外事势

[1] 魏源：《海国图志》卷二《筹海篇三·议战》，清光绪二十一年上海书局石印本。

夷情，平日置之不讲，故一旦海舶猝来，惊若鬼神，畏如雷霆，夫是以偾败至此耳。”[1] 不了解夷情当然就无法制夷，在这种思想支配下，一批士大夫“谈瀛海故实”，将历史研究的目光转向域外。他们打破长期以来中国人抱残守缺、闭目塞听的积习，怀着挽救民族危亡的忧患意识，高扬经世致用旗帜，对内“补偏救弊”，“更法改图”，对外则调整鄙弃外人的心态，“寻求异域之书，究其情事”，以谋御外。中国人走向近代世界的历程即由此发端。

当时，研究外国史地的代表人物有林则徐、魏源、徐继畬、梁廷枏、姚莹等。作为清政府的封疆大吏，林则徐在域外史地研究方面的主要贡献是组织翻译了大量西方书籍，如《四洲志》《澳门新闻纸》《华事夷言》等。林则徐探求域外情事是为了从中寻找“制夷之策”，以图振兴。魏源著《海国图志》一书，广泛采用中外人士关于外国记载的材料，尤其注意征引外国人的直接记载，“以西洋人谈西洋”，“以夷人谈夷地”，避免了中国典籍依据传闻杂录论述域外情事的不实之弊，遂使该书成为 19 世纪中叶中国以至东亚内容最丰富的世界史地知识全书。魏源在书中以大量篇幅向人们揭示英国在世界各地的扩张态势，以唤起朝野上下的高度警觉，提出“师夷之长技以制夷”的策略。该书一出，就以崭新的观念、广阔的视野、紧扣时代脉搏的现实感和浓烈的爱国主义情感引起广泛关注，反复再版。洋务派和改良派更是从《海国图志》中充分汲取营养，作为改革和变法的依据。该书还流传至日本，成为日本向西方学习的教科书，对明治维新产生了重大影响。

与《海国图志》并名的域外史地之作，有徐继畬的《瀛环志略》和梁廷枏的《海国四说》。他们与魏源一样，对中国所面临的被侵吞的危机深怀忧虑。徐继畬、梁廷枏除在书中向人们介绍外国史地外，还向国人介绍了欧美近代的民主政治，标志着中国人对西方社会的认识又上了一个新台阶。

---

[1] 姚莹：《东溟文后集》卷八《复光律原书》，见《东溟文集》。

可以说，嘉道时期域外史地学的兴起，是学者们“内感于时变，外切于边防”的经世思想高扬的结果。[1] 与这种史学研究新趋向相适应，嘉道之际的史学思想也有明显的时代特征，这主要体现在以史经世的历史见解、历史必变的历史观念和中西观照的历史眼光三个方面。

嘉道之际，清廷内外交困，危机深重，一批以治国平天下为己任的士子惊觉而起，引述清初学者治史“经国济民”之要旨，以“良史之忧忧天下”之心，“诵史鉴，考掌政，慷慨论天下事”，经世致用的史学思想又带着鲜明的时代特征涌动而起。龚自珍、魏源、林则徐、陶澍、包世臣、姚莹、徐继畬、贺长龄、张际亮、张穆、何秋涛，等等，反复阐释治史以经世的思想。这时的以史经世的思想有它的特点，一则这种经世思想是内感于王朝政治危机，外感于帝国主义入侵而起，救亡图强的近代民族意识渗透其中。爱国主义与民族主义色彩使这一时期的以史经世思想有别于传统的考盛衰、察得失、辨是非。二则，嘉道之际几乎所有的历史研究都与现实相结合，经世目的相当明确，但人们又都较好地处理了史实与经世的关系，没有进行简单类比，这在边疆史地研究中表现特别明显。汉学的求实精神与宋学的长于说理在历史研究中被很好地统一起来。

嘉道之际是历史剧变的时代，变革的时代必然产生变革的思想。嘉道之际史学思想中的变革历史观，既得益于公羊学说的历史变易观，又是从时政之弊中而来。这种历史必变的思想，是历史研究与批判现实纠葛在一起的产物，其归宿则在改革现实积弊。龚自珍曾讲，“自珍少读历代史书及国朝掌故，自古及今，法无不改，势无不积，事例无不变迁，风气无不移易”。[2] 魏源也说：“天下无数百年不弊之法，无穷极不变之法，无不除弊而能兴利之法，无

[1] 王韬：《弢园文录外编》卷九《瀛环志略跋》，中华书局1959年版。
[2] 龚自珍：《上大学士书》，见《龚自珍全集》第五辑。

不易简而能变通之法。”[1] 嘉道之际的历史必变思想，与变革现实是统一的。引古筹今在此有了完满结合。

自司马迁始，中国史家之治“中华”以外史，在思想上均有一种文化上的优越感，聚讼千年的“华夷之辨”，颇能反映这一问题。嘉道之际，这一史学思想却发生了变化。震惊于帝国主义的强大力量，“天朝上国”的幻觉破灭了，人们开始逐渐把中国当作世界的一分子，由研究边疆史地进而研究外国史地，中西比较成为可能。中国历史必须纳入世界历史的发展中来认识，成为这一时期萌生的新的历史眼光。无论人们对中西历史的认识分歧有多大，一个不容置疑的事实是：自嘉道以后，中国史家在研究中国历史时，再也无法摆脱外国历史这一重要的参照。

[1]《筹嵯篇》，见《魏源集》下册，中华书局1976年版。

第十四章　阮元的学术成就和史学思想

阮元，字伯元，号芸台，又号研经老人、雷塘庵主等，江苏扬州人，占籍仪征。生于乾隆二十九年（1764 年），卒于道光二十九年（1849 年）。

阮元一生，事功与学术皆极显赫。乾隆五十四年（1789 年），阮元中进士，由此进入仕途，历任詹事，内阁学士，户、礼、兵、工诸部侍郎，督山东学政及浙江学政，浙江巡抚，江西巡抚，河南巡抚，漕运总督，湖广总督，两广总督等，晚年拜体仁阁大学士，可谓少年早达，历居要职。阮元为政有一个鲜明特点，即兴学重教，整理典籍，刊刻图书，奖掖人才，提倡学术研究。如在浙江立诂经精舍，在广东立学海堂，选拔俊彦之士于其中，学风大振，成为嘉道年间学术文化史上值得称颂的事迹。可以说，在中国历史上，如此重视文化事业和学术研究的封疆大吏是不多见的。正因如此，史称其“身历乾嘉文物鼎盛之时，主持风会数十年，海内学者奉为山斗焉”[1]。

阮元生活于清朝由盛转衰之时，作为历任乾、嘉、道三朝封疆大吏，这样的社会变动不能不在他的身上有所反映。他从维护清王朝统治秩序

[1]《清史稿》卷三六四《阮元传》。

出发，每任一地，一方面整顿吏治，赈济灾民，以图振作，另一方面则对农民起义进行镇压。对于英国殖民者的鸦片贸易，阮元坚决抵制，在两广总督任上，他察海防，建炮台，禁鸦片，斥夷商，给殖民者以沉重打击。然而，如果将阮元与和他同时代的龚自珍相比较的话，我们就会看到，面对危机四伏的清王朝，龚自珍思想敏锐，对王朝的衰败深感忧虑，并致力于边疆史地研究，以公羊学说为理论武器，批判现实，指陈时弊，大胆提出“改革”的设想。他所倡导并尽力实践的经世致用的学风，具有思想解放的意义，开一代风气。而阮元却大不相同。在学术研究上，他仍然继续沿着汉学家的路子走下去，他的学术眼光仍然是古代的，不具有近代意识，他是乾嘉汉学的最后重镇，“是扮演了总结十八世纪汉学思潮的角色的”[1]。但在史学思想方面，阮元仍有值得我们总结之处。

第一节　阮元的学术主张和治学风格

阮元是扬州学派的重要人物。扬州诸儒，与阮元同时或前后的著名学者有王念孙、王引之、任大椿、刘台拱、江藩、焦循、汪中等。他们或为戴震弟子，如王念孙、王引之、任大椿，或服膺戴震，如江藩、焦循等。他们继承戴学的治学精神和方法，在不同的方面有所发展。阮元与他们交相师友，关系密切，“皆耳目所及，或奉手有所受”[2]，其学术思想自然也受到戴学影响，这从阮元的学术主张和治学风格上可以看得出来。但阮元毕竟与戴震是两代人，且所处的学术环境也有了变化，故而阮元在学术观点上又表现出与戴震之学的差异。

由字以通辞，由辞以明道，也即由训诂字义以明义理，是戴震治学的一个重要方法，也是戴氏后学的一贯主张。在他们看来，圣贤之道自然地存在于经书之中，而这种圣贤之道，也即义理的揭示与阐发，必须通过训诂，训诂明义理自明。阮元承戴学此意，指出“圣贤之道存于经，经非诂不明。……舍经而文，其文无质；舍诂求经，其经不实。为文者

[1] 侯外庐：《中国思想通史》第五卷，第577页。
[2] 阮元：《研经室一集》卷十一《任子田侍御弁服释例序》，见《研经室集》。

尚不可以昧经诂，况圣贤之道乎”[1]。在阮元看来，道和义理均在经中，要真正了解圣贤之道，必须读经，而要读懂经书，则必须由训诂入手。训诂是掌握圣人之道、经书义理之真义的必由之路。《研经室集》中诸多说经之文，诸如《论语论仁论》《孟子论仁论》《性命古训》《大学格物说》等，都是通过训诂恢复经书原旨的名篇。需要特别说明的是，阮元虽主张由训诂求义理，但他注意到汉学埋头故纸，流于猥琐的流弊，坚决反对“但求名物，不论圣道”的纯粹训诂之学[2]，意在超越局部的研究而做融会贯通的工作。他十分推许钱大昕、汪中、焦循等人，认为他们是“通儒”。钱大昕以个人之力考证二十二部正史，有上下贯通的眼光。汪中拟写《述学》一百卷，内容包罗繁富，意在会通。焦循则力破考据、汉学、宋学之名目，认为“古学未兴，道在存其学，古学大兴，道在求其通”[3]，并批评了汉学家考证琐细的弊病。这些都从侧面反映了乾嘉考据之学发展的内在要求。阮元意识到这些，试图通过自己的主张，号召人们去做这种融会贯通的工作。

“实事求是”是阮元的治学宗旨。清代乾嘉诸儒，对“实事求是”的治学精神有一个摸索的过程。惠栋等人高标汉帜，倡导汉学，由虚入实，但他们过分尊信和固守汉儒经说，“凡汉皆好，凡古必真”，在倡导汉学的同时又阻碍了汉学的进一步发展。戴震等人继起之后，矫正了惠学泥古佞汉的墨守之弊，治学主张求实求是，“实事求是，不偏主一家”[4]，把清代汉学推向高峰。阮元承戴学之绪，更是将“实事求是”列为治学最高追求，自始至终贯彻在自己的经史研究之中。他说：“余之说经，推明古训，实事求是而已，非敢立异也。”[5]尽管他认为治学要重注疏，坚持从注疏开始领会经典原意，且较为相信汉儒注疏，指出“惟汉人之诂多得其实者，去古近也。许、郑集汉诂之成者也”，自述自己治学经历了“自宋人始，由宋而求唐，求晋、魏，求汉，乃愈得其实”的过

[1] 阮元：《研经室二集》卷七《西湖诂经精舍记》。

[2] 阮元：《研经室一集》卷二《拟国史儒林传序》。

[3] 焦循：《雕菰楼集》卷十三《与刘端临教谕书》。

[4] 钱大昕：《潜研堂文集》卷三十九《戴先生震传》。

[5] 阮元：《研经室集自序》。

程。[1] 但他从不盲从，认为前人注疏同样有不尽完善甚至是错误的地方，学者应本着“实事求是”的原则，“推求寻览”。他说：

> 窃谓士人读书当从经学始，经学当从注疏始。空疏之士、高明之徒读注疏不终卷而思卧者，是不能潜心研索，终身不知有圣贤诸儒经传之学矣。至于注疏诸义，亦有是有非，我朝经学最盛，诸儒论之甚详，是又在好学深思、实事求是之士由注疏而推求寻览之也。[2]

对于那些敢于纠正先儒注疏错误的学者，阮元大力表彰。焦循作《群经宫室图》，“往往异于先儒之旧，学侣或致疑焉”，程瑶田“说《考工》戈、戟、钟、磬等篇，率皆与《郑注》相违”。但他们的研究，“证之于古器之仅存者，无有不合”，显然是在“实事求是”原则下取得的可靠成果。由此，阮元说：“儒者之于经，但求其是而已矣。是之所在，从注可，违注亦可，不必定如孔、贾义疏之例也。”他认为，株守传注与不从传注，弊害相同，“株守传注，曲为附会，其弊与不从传注凭臆空谈者等。夫不从传注凭臆空谈之弊，近人类能言之，而株守传注曲为附会之弊，非心知其意者未必能言之也”。[3] 对于空谈之弊，清人认识较清，对于泥古之病，识者却较少。阮元有见及此，显示了极高的学术识力。

阮元强调在学术研究中追求“是”，他没有像别的汉学家那样株守汉儒经注而不敢他徙，他追求的是学问上的真知。但同时我们也应看到，阮元所追求的“是”与“实”紧密相连，所谓“凡事求是必以实”[4]。阮元所谓的“实”，含义丰富。一方面，以文字训诂、考证辨伪探求经书义理、恢复经典原貌的做法即是“实”的方法。我们知道，寻求“是”，也即揭示真理的途径应该是多样的，训诂考据固然可以达知“是”，对性理天道等的探讨，未必就不能达知“是”。但阮元显然更重视前者。阮元虽然很少直接批判理学谈天谈性的言论，但他通过对经书字义的考释，

---

[1] 阮元：《研经室二集》卷七《西湖诂经精舍记》。

[2] 阮元：《研经室三集》卷二《江西校刻宋本十三经注疏书后》，见《研经室集》。

[3] 阮元：《研经室一集》卷十一《焦里堂循群经宫室图序》。

[4] 阮元：《研经室四集》卷二《宋砚铭》，见《研经室集》。

证实了理学的空疏与虚妄，向人们说明，理学非“实”，故不可致“是”。从这一点来看，他的“实事求是”仍然不出乾嘉汉学家们的普遍认识范围。另一方面，阮元的“实”又具有“实学”“实行”“实践”“务实”等带有时代特点的新的含义。他提倡实学，主张实行，曾以“行事”释孔子“吾道一以贯之”之“贯”字，指出“孔子之道，皆于行事见之，非徒以文学为教也”，“一贯之道”即“壹是皆以行事为教也”。[1] 这种解释不一定代表孔子及其弟子原意，但却说明了阮元的思想实质。在解释“学而时习之”一语时，阮元认为“习”字也有实行的含义，“‘学而时习之’者，学兼诵之、行之。凡礼乐文艺之繁，伦常之纪，道德之要，载在先王之书者，皆当讲习之，贯习之”。对于“学而时习之”之“习”字，本来就有不同理解，荀子理解为诵习，后人又有解为实行者，阮元则认为二者兼而有之，但重点仍放在了“实行”上，他说：“圣人之道，未有不于行事见，而但于言语见者也。”[2] 在阮元看来，圣人之学归于实，而不涉于虚，“其事皆归实践，非高言顿悟所可掩袭而得者也。……所谓一贯者，贯者行也，事也，言壹是皆身体力行见诸实行、实事也”[3]。由实学出发，阮元提倡实践，致力实行，反对玄虚之“心学”，他说：“天下国家以立政行事为主，《大学》从身心说到意知，已极心思之用矣，恐学者终求之于心学，而不验之行事也，故终显之曰‘致知在格物’。物者，事也。格者，至也。事者家国天下之事，即止于五伦之至善、明德、新民皆事也。格有至义，即有止意，履而至，止于其地，圣贤实践之道也。……圣贤之道，无非实践。”[4] 阮元将格物与实践相统一，其对格物的理解，显然是受了清初顾炎武、颜元的影响。顾炎武以“知止”释“格物致知”，认为“致知者，知止也。知止者何？为人君止于仁，为人臣止于敬，为人子止于孝，为人父止于慈，与国人交止于信，是之谓‘止’。知止然后谓之‘知’”，并强调格物当关心“当务之为急”。[5] 颜元是重实践的思想家，他的格物说也是与实践相连的，他以

[1] 阮元：《研经室一集》卷二《论语一贯说》。

[2] 阮元：《研经室一集》卷二《论语解》。

[3] 阮元：《研经室一集》卷十一《石刻孝经论语记》。

[4] 阮元：《研经室一集》卷二《大学格物说》。

[5] 顾炎武：《日知录》卷六《致知》。

格物之物为“正德、利用、厚生”，将格物导向实践。阮元继承和发扬了这一优良传统，在通过训诂考据以求达到事物之真实的同时，由求真转向务实。以前汉学家之求真，多数只求古代事物之真实，与现实无关，而阮元此时却转向实践和实行，开始关注“家国天下之事”。虽然他仍然走着汉学的路子，但由此透露出来的乾嘉汉学的蜕变，却是真切的，故而《清儒学案》评价阮元“论学宗旨在实事求是，自经史、小学、历算、舆地、金石、辞章，巨细无所不包，尤以发明大义为主。……推阐古圣贤训世之意，务在切于日用，使人人可以身体力行”[1]。

折中汉宋之学是阮元学术思想的另一重要方面。乾嘉时期，考据学主盟学界，汉学已成时会，学者多肆力服郑，综核名实，讲求义理的宋学逐渐衰落。汉学在向鼎盛发展的同时，其弊端也逐渐暴露出来。一些学者严立汉宋门户，认为二者“一主于故训，一主于理义”，他们在治学中“取汉人传注之一名一物而辗转考证之”，[2]“误以擘绩补苴，谓足尽天地之能事”[3]，陷进考据的泥淖中而不能自拔，无法真正求得圣贤之道。因而一些有识见的学者都极力纠正这种学术偏向，阮元便是其中的一位。在他看来，折中汉宋，二者兼采是补弊救偏的良方，他在《拟国史儒林传序》中说：

> 是故两汉名教得儒经之功，宋明讲学得师道之益，皆于周孔之道得其分合，未可偏讥而互诮也。我朝列圣，道德纯备，包涵前古，崇宋学之性道，而以汉儒经义实之。……我朝诸儒，好古敏求，各造其域，不立门户，不相党伐，束身践行，暗然自修。[4]

其子阮福在此文案语中说：“家大人撰《儒林正传》《附传》，共百数十人，持汉学、宋学之平”，将阮元折中汉宋的目的明确点出。基于这种看法，阮元在《拟儒林传稿凡例》中主张将“理学各家与经学并重，一并

[1] 徐世昌等编纂：《清儒学案》卷一二一《仪征学案上》。
[2] 凌廷堪：《校礼堂文集》卷三十五《戴东原先生事略状》。
[3] 章学诚：《文史通义》内篇二《博约中》。
[4] 阮元：《研经室一集》卷二《拟国史儒林传序》。

同列，不必分歧，致有轩轾”[1]。他在广东创立学海堂，也力主士子“或习经传，寻疏义于宋齐，或解文字，考故训于《仓》《雅》，或析道理，守晦庵之正传，或讨史志，求深宁之家法”[2]，注重兼收并蓄，不主一家。阮元看到汉学发展的弊端，提出汉宋兼采的主张，试图为学术发展纠偏，是有益的。但是，他的折中汉宋，仍然是站在汉学家的立场上。就阮元来讲，他思想中尊汉抑宋的倾向是比较明显的。在他看来，汉儒的学问近古，还没有杂糅两晋以后的附会，因而最为可信。他反复强调“两汉经学所以当尊行者，为其去圣贤最近，而二氏之说尚未起也”[3]，“汉人之诂，去圣贤为尤近。……远者见闻终不若近者之实也”[4]。他甚至在诂经精舍“祀许慎、郑康成”[5]，把他们当作旗帜。前面我们分析过阮元“实事求是”的治学宗旨，其实，他的这一宗旨也是以汉学思维方式为基础的，其前提仍然是汉学优于宋学，宋学空疏、虚浮，无法达知“是”，汉学实在、严谨，可以达知“是”。在折中汉宋的问题上，阮元同样如此，他在实践中所坚持的，仍然是以训诂明义理的路线。只不过阮元是一位有识见的学者，他已敏锐地看到了汉学的流弊，并试图以“实事求是”来扭转盲信汉儒的倾向，以折中汉宋来消弭无谓的门户之争，以利学术的进一步发展。只是他并不能超越自己，无法走出汉学考据的圈子。他只能以汉学家的眼光来提出问题，并力图使自己在考据的丛林中不致迷路，通过训诂的方式阐发自己对历史和文化的见解。阮元不同于那种“不论圣道”的考据家。

第二节　阮元的训诂考证和历史观念

阮元治学，以训诂考证为达理明道、揭示经典原意的主要手段。他

[1] 阮元：《研经室续集》卷二《拟儒林传稿凡例》，见《研经室集》。
[2] 阮元：《研经室续集》卷四《学海堂集序》。
[3] 阮元：《研经室一集》卷十一《国朝汉学师承记序》。
[4] 阮元：《研经室二集》卷七《西湖诂经精舍记》。
[5] 《清史稿》卷三六四《阮元传》。

通过文字训诂阐释经书含义，不仅在一定程度上阐发了自己的思想主张，而且在运用训诂考证等方法时，时时贯串着一种联系、变化、会通的意识，不是进行一词一义、一事一物的孤立的研究和考证，而是能用联系、发展的历史观念来观察和研究事物。

阮元的训诂，具有会通贯串的意识，他能通过探讨一个具体字、词的演变，将与其有关的所有的字、词的含义贯串起来。如他在《释且》篇中，通过对商周文献的分析，确认“且”即古“祖”字。古无“祖”字，“祖”即“且”，小篆中始出现加左偏旁“礻”之“祖”字。《说文》:“祖，始庙也。”《尔雅·释诂》:“祖，始也。”“祖”有始之义，“且”也就有始之义。阮元又从“且”的古义出发，根据音同义通的训诂原则，将“且”字意义的演变以及“且”“祖”“徂”“粗”“鹽”“苦”“诂”“姑”“咀”等字的训释会通贯串起来，发现了这些单字背后的联系。[1]这种眼光，就是联系会通的眼光，与俗陋考据学者孤立静止地看问题极为不同。

语言文字的变迁与人们的生活过程及认识过程紧密相连，这是阮元在进行文字训诂时的又一看法。他在《释矢》《释门》中，从“义生于音”出发，向人们揭示了这一道理。“矢”是先民使用的主要器具，先民在劳动过程中，屡次看到弓矢“自此直施而去之彼”，故发“矢”音。这首先是劳动过程的感觉，接着转化表象的概念，有“平引延陈”之义，后来又转化为较为抽象的判断，即止、平、解之义。[2]“门”首先也是人类生活的感觉，即“有间可进”者为门。其次转化表象，即离合之义，最后转为判断，即道德观念的黾勉不已之义。这种转换当然不是一蹴而就的，其间有着极其复杂的变迁，阮元看到并注意到这些变迁，并用历史的眼光加以审视、描述，的确“有历史的意义暗示其间”[3]。

在考察一个字词的含义的演变时，阮元也有极强的历史的观念。如在《释佞》篇中，他指出，虞夏时无“佞”字，至商周之间，始有“仁”“佞”二字，“佞从仁，更在仁之后”。由于“佞”字从仁得声，因而其义

---

[1] 参见阮元《研经室一集》卷一《释且》。

[2] 参见阮元《研经室一集》卷一《释矢》。

[3] 侯外庐：《中国思想通史》第五卷，第586页。

与仁相近，“周之初尚有用仁字以寄佞义者”，“仁”“佞”二字含义很相近，均为褒义。但随着时代的发展，“仁”“佞”二字的含义逐渐有了区别，“仁”指仁德，“佞”则指有口才，有才智。阮元举《论语》《左传》《国语》等书所用“佞”字为例证。《论语·雍也》“仁而不佞”，佞为有口才。[1]《左传》成公十三年（前578年）“寡人不佞”，成公十六年“诸臣不佞”，昭公二十年（前522年）“臣不佞”，《国语·鲁语》“寡君不佞”，《晋语》“吾不佞”，“佞”皆训才智。“古人每谦言不佞者，皆谦不高材不仁巧也。”其后，“佞”字逐渐发生含义的变化，“全弃高材仁巧之美义而尽用口谄口给之恶义”，由褒转为贬，专指善于用花言巧语谄媚人而言了。从“佞”之含义的发展变化，阮元又推及一般，说：“解文字者，当以虞夏、商、周初、周末分别观之。”[2]在这里，阮元已不仅仅是能看到词义会随着历史的发展而不断演变，从而运用历史发展的观点来研究、解释词义了，他在自己的研究中，贯彻了一种历史发展的阶段性和连续性的观念。他看到，要想准确抓住每一个词的含义，必须就不同的历史阶段分别论述，不能混淆了词义变化的历史背景和历史阶段。这纯粹就是一种历史主义的态度。

对于古代制度的考证，阮元也贯穿着历史变化的观念，有上下一贯的通识，如关于“明堂”“辟雍”等问题，自汉以来的学者各执一词，聚讼纷纭。阮元融会经传，参验古今，对此进行了精确考证。在他看来，上古之世，“政教朴略，宫室未兴”，明堂结构极其简陋，“上圆下方，重盖以茅，外环以水，足以御寒暑，待风雨”，而且几乎所有的活动都在明堂内举行，包括祀上帝、祭先祖、朝诸侯、养老尊贤、教国子、乡射、献俘馘、治天文、告朔，等等。随着历史的发展，宫室乃备。尤其是到了夏、商、周三代，“文治益隆”，各种功能的建筑出现，有祭昊天上帝的圜丘，有祭祖考的宗庙，有朝诸侯的朝廷，有养老、尊贤、教国子、献俘馘的辟雍、学校。“其地既分，其礼益备”，人们为师法古礼，于是在近郊东南别建明堂，以存古制，祀五帝、布时令、朝四方诸侯等一些

[1] 据杨伯峻《论语译注·论语词典》，“佞”字在《论语》中共出现8次，皆为褒义，作“有口才，能说善道”讲。见《论语译注》（中华书局1980年版）第240页。

[2] 阮元：《研经室续集》卷一《释佞》。

非常典礼也在此举行。在此，阮元将明堂的发展分为上古、中古等发展阶段，解决了自汉以来儒者昧于古今之分，执一端以蔽众说的流弊，使人们认识到，上古礼制简朴，各种活动都在明堂内举行，古书上所称辟雍、太学、太庙、灵台、明堂等，实是“异名同地”。历史不断发展，礼制逐渐繁富，才出现了各种各样的说法。[1] 阮元对明堂、辟雍的考证，见解通达，能窥见古代礼制之大体，而不纠缠于名称的异同。对此，皮锡瑞给予了极高评价，认为“今得阮氏之通识，可以破前儒之幽冥矣”[2]。总之，阮元能以联系的、发展的眼光来观察研究事物，他从事文字训诂，着眼于源流和发展演变，着眼于字群音义上的相互联系。研究礼制典章，不纠缠于事物名称的孤立考证，而是着眼于古代礼制的大体，不脱离历史发展的背景和阶段性。这些，都凸显出他联系、变化、会通的历史观念。

第三节　阮元的文献学成就和史学思想

道光三年（1823 年），阮元 60 岁，龚自珍撰文对其学术成就进行了比较全面的总结，盛赞阮元的训诂之学、校勘之学、目录之学、典章制度之学、史学、金石之学、术数之学、文章之学、性道之学、掌故之学等，称其“凡若此者，固已汇汉宋之全，拓天人之韬，泯华实之辨，总才学之归”。[3] 龚自珍的评价是切合实际的。阮元在各个领域都取得了很大成就，尤其是在文献学和史学方面，成就卓著。

阮元一生致力于文献的整理、编纂、刊刻，表现出强烈的总结意识。他主持编刻的《十三经注疏》，号为善本，沾惠士林，成为读书治经者不可无之书。他汇刻的《皇清经解》，网罗有清一代汉学研究成果，“为言汉学者之总汇”[4]，成为阮元总结 18 世纪汉学的一个重要标志。他汇纂

[1] 阮元：《研经室一集》卷三《明堂论》。

[2] 皮锡瑞：《经学通论·三礼·论明堂辟雍封禅当从阮元之言为定论》，中华书局 1954 年版。

[3] 龚自珍：《阮尚书年谱第一序》，见《龚自珍全集》第三辑。

[4] 徐世昌等编纂：《清儒学案》卷一二一《仪征学案上》。

经书传注文字训诂为《经籍纂诂》，“展一韵而众字毕备，检一字而诸训皆存，寻一训而原书可识，所谓握六艺之钤键，廓九流之潭奥者矣”[1]，“此书出而穷经之彦焯然有所遵循，乡壁虚造之辈，不得滕其说以炫世，学术正而士习端，其必由是矣”[2]。

此外，阮元还刊定《文选楼丛书》，编辑《诂经精舍文集》和《学海堂集》。他还刻印了海内饱学之士的考据成果，如朱珪《知足斋集》，钱大昕《三统术衍》《地球图说》，张惠言《虞氏易》《仪礼图》，汪中《述学》，钱塘《述古录》，刘台拱《刘氏遗书》，凌廷堪《礼经释例》，焦循《雕菰楼集》，孔广森《仪郑堂集》等，不下数十家，皆为当时学术精粹之作。此举对于荟萃和保存历史文献，有积极作用。

阮元曾赞助王柳村辑《江苏诗征》，录清初以来江苏诗人遗诗 5430 家。主持辑录《两浙輶轩录》及《淮海英录集》，分别搜集清初以来两浙十一郡诗人遗诗 300 余家和清代扬州府及南通州之诗。在阮元看来，“事之散者难聚，聚者易传”[3]，故而搜集佚文，以期后世文献有征。

阮元还极其重视搜求古书。他在浙江任上，曾广购《四库全书》未收古书进呈内府，“每进一书，必依《四库提要》之式，奏进《提要》一篇。凡所考论，皆从采访之处先查此书原委，继而又属鲍廷博、何元锡诸君子参互审订”[4]，并亲自改定纂写，而后奏之。十余年间，共进书 170 余种，成绩极大。

阮元还重视对金石资料的搜集，辑成《山左金石志》《两浙金石志》《积古斋钟鼎彝器款识》三部金石著作。此外，阮元在目录学方面也很有成就。

阮元一生，除勤于文献工作之外，其史部之作，也多有创见。他编纂的《畴人传》一书，是我国第一部科学家传记；《国史儒林传稿》，是清史最早的《儒林传》底稿；任两广总督、云贵总督期间主持编纂的《广东通志》《云南通志稿》，属于清代各省通志中的佼佼之作。《研经室

[1] 王引之：《经籍纂诂序》，见《经籍纂诂》卷首，《续修四库全书》本。

[2] 钱大昕：《经籍纂诂序》，见《经籍纂诂》卷首。

[3] 阮元：《研经室二集》卷八《淮海英灵集序》。

[4] 阮元：《研经室外集》卷一《四库未收书提要》卷首阮福题记，见《研经室集》。

集》中的大量人物志状、传记，为各种历史典籍撰写序跋、提要，都反映出他的历史见识。尤其需要我们注意的是，阮元在史学思想方面，也有自己的独立见解，有不同于别人的特色。

其一，阮元认为治史要从民生实用着眼。阮元对顾炎武的经世之学倍加赞扬，认为顾炎武《肇域志》"所规画者甚大"，"世之习科条而无学术、守章句而无经世之具者，皆未足与于此也"。[1] 受这种经世思想影响，阮元在治史中不尚空谈，重视民生实用等内容。他在《云南通志稿·凡例》中提出"志乘贵乎繁简得宜"的观点。但何者当繁，何者当简？阮元把切合民生实用当作一个重要标准。他认为"津梁水利，民事之不可缓者也，今为裒集详记"，"建置所以为民，而民以食为天，……户口欲其详，旧志明以前不载，今自《史》《汉》以下详为考补"，"盐法、矿厂为滇南大政，尤宜详载"。《广东通志》在《建置略》内详载学校、梁津，在《山川略》中详载水利，在《舆地略》内详载户口、物产，在《经政略》中详载田赋、盐法、榷税，又特设《海防略》，详载重要水道、关口及历代海防情况。所有这些，都反映出阮元着眼于民生实用的史学思想。

其二，重证据，重考证，重史料价值，是阮元史学思想的又一特点。阮元是汉学家出身，承受的是汉学的治学观念，其史学思想也不可避免地受汉学影响，重证据，重考证，重史料价值，就是其重要表现。阮元撰《国史儒林传稿》，规定"凡各儒传语，皆采之载籍，接续成文，双注各句之下，以记来历，不敢杜撰一字"[2]。这种作者不置一词，句句有据的"集句成篇"的作史方法，正是求实求真精神的体现，也是汉学家治学的本色。阮元对《明史》将儒林、道学合为一传的做法非常赞成，在《国史儒林传稿》中将理学与经学并重，不再强分高下，这是适应学术发展的要求而做出的正确选择。但他在各传所叙内容中，多侧重于学者的考证成绩，如《顾炎武传》论炎武之学，"大抵立于敛华就实"，"穷原究委，考证得失"，"于古韵推寻经传，探讨本原"，"考证精审"；《王夫之传》着重其"论学以汉儒为门户"，"言必征实，义必切理"，"名物

[1] 阮元：《研经室三集》卷四《顾亭林先生肇域志跋》。
[2] 阮元：《研经室续集》卷二《拟儒林传稿凡例》。

训诂，确有依据”；《王懋竑传》强调其治朱子学“实事求是”，“考订精详”，“考证允当”，等等。他在评价史书时，也重视考证成绩，如评《为政善报》“用意忠厚，考证精详，殊不多见”[1]，评《诸葛武侯传》“考评极确”[2]，评《长春子游记》“足资考证”[3]，等等。阮元受考证之风影响很大，他本人即运用考据之法治学，故而他的史学思想中也就有了重考据的一面。

在看待历史著作时，阮元更重视史书的史料价值而不太重视其思想价值。他广罗天下逸书，撰写提要以奏进，其关注重点就在于该书是否具有史料价值。《九国志》一书，记事较详，可以“裨《五代史》之漏略”[4]；《汉官仪》记西京职官制度甚备，“可以资读《汉书》者之参考”[5]；《徐文清公家传》“可补《宋史》之缺”[6]；《皇元征缅录》“足补正史所未备”[7]，等等。阮元不仅肯定文献资料的史料价值，对于金石碑刻，也着重指出其“所可以资经、史、篆、隶证据者甚多”[8]，认为金石碑碣，一可以保存文献，二可以考证古制，纠正史实。阮元这种重史料价值而轻思想价值的史学思想，正是汉学治学观念在治史领域的表现。

其三，重视自然科学，肯定自然科学在儒学研究中的地位，是阮元史学思想的又一特点。中国古代史学，重视借鉴与垂训，内容自然就偏重对政治经验的总结，人物传记当然也就以帝王将相为主。阮元则有所不同，他选择自古迄清 243 位中国科学家和 37 位西洋科学家，编成《畴人传》46 卷。这是中国史学史上第一次专门为科学家立传，反映了阮元的卓识远见。

明代西方传教士进入中国后，西方的天文历算之学随之传入中国。

---

[1] 阮元：《研经室外集》卷五《为政善报十卷提要》。
[2] 阮元：《研经室外集》卷五《诸葛武侯传一卷提要》。
[3] 阮元：《研经室外集》卷五《长春子游记二卷提要》。
[4] 阮元：《研经室外集》卷一《九国志十二卷提要》。
[5] 阮元：《研经室外集》卷一《汉官仪三卷提要》。
[6] 阮元：《研经室外集》卷一《徐文清公家传一卷提要》。
[7] 阮元：《研经室外集》卷三《皇元征缅录一卷提要》。
[8] 阮元：《研经室三集》卷三《山左金石志序》。

但由于中国传统儒学以修身治国为核心内容，因此大多数士人对自然科学持鄙弃态度。对此，阮元指出天文算学“乃儒流实事求是之学，非方技苟且干禄之具”[1]，“数术穷天地，制作侔造化，儒者之学，斯为大矣”[2]。他认为“数为六艺之一，而广其用则天地之纲纪，群伦之统系也。天与星辰之高远，非数无以效其灵；地域之广轮，非数无以步其极；世事之纠纷繁颐，非数无以提其要。通天地人之道曰儒，孰谓儒者而可以不知数乎？”[3]将天算之学的地位提到如此高的程度来认识，阮氏以前还未有过。阮元还批判了不重视自然科学的世风，说：“世风递降，末学支离，九九之术，俗儒鄙之不讲，而履观台领司天者，皆株守旧闻，罔知法意。演撰算造之家，徒换易子母，弗凭圭表为合，验天失之弥远。步算之道，由是日衰，台官之选，因而愈轻。六艺道湮，良可嗟叹！甚或高言内学，妄占星气，执图纬之小言，测渊微之悬象。……又或称意空谈，流为虚诞。”[4]俗儒要么故步自封，抱残守缺，要么误入占星图谶之歧途，从来没有正视过天文算学的重要性，致使自然科学走向衰落。

《畴人传》中还有许多值得注意的思想观念。阮元自觉将科学知识与迷信分开，“是编著录，专取步算一家，其以妖星、晕珥、云气、虹霓、占验吉凶及太一、壬遁、卦气、风角之流，涉于内学者，一概不收”[5]。古代科学知识与阴阳迷信常常纠缠在一起，许多重要的科学成就因此埋没，阮元将二者进行区分，并排斥迷信，是卓越的见解。他重视实测，“是编于仪器制度摭录特详，欲使学者知算造根本当凭实测，实测所资首重仪表，不务乎此而附合于律于易，皆无当也”[6]。又说：“西人熟于几何，故所制仪象极为精审。盖仪象精审则测量真确，测量真确则推步密合。西法之有验于天，实仪象有以先之也。”[7]在俗儒视制器为雕虫小技的时代，阮元认识到并强调仪器的重要性，可说是对传统思想的突破，

[1] 阮元：《畴人传·序》，见《畴人传》，《文选楼丛书》本。
[2] 阮元：《畴人传·序》。
[3] 阮元：《研经室三集》卷五《里堂学算记序》。
[4] 阮元：《畴人传·序》。
[5] 阮元：《畴人传·凡例》。
[6] 阮元：《畴人传·凡例》。
[7] 阮元：《畴人传》卷四十五《南怀仁》。

体现了实事求是的学术精神。在中西文化的关系问题上，阮元也提出了自己的看法。一方面，他表现出可贵的兼容并蓄的思想，主张“融会中西，归于一是”[1]，期望中国学者了解掌握西学的知识技艺，以求“出于西人之上”[2]。另一方面，他又有“夷夏之别”“天朝上国”的偏见，仍从传统立场看待西学，对西方科技发展史了解甚少，认为西法源于中国，中国的古法比西学高明，等等。

阮元强调历算学的客观性和进步性，期望学者把它当作儒学一艺来看待，是他提倡“实行”“实践”之思想在史学领域的体现。当然，我们也要看到，《畴人传》仍折射出阮元汉学家的本色，如体例受正史影响，注重资料的保存，言必有据等。

[1] 阮元：《畴人传·凡例》。
[2] 阮元：《畴人传》卷四十五《汤若望》。

第十五章　清代中前期边疆史地学的史学思想

和前代相比，清代学术在两个方面显示出自己的特点，一是考据学盛行，二是边疆史地学得到长足发展。清初，边疆史地研究的著作开始零星出现；乾隆及嘉庆前期，形成了一定的规模；及至嘉庆后期和道光、咸丰年间，边疆史地研究异军突起，活跃非凡。学者们在这一领域辛勤开拓，“一时风会所趋，士大夫人人乐谈，如乾嘉间之竞言训诂音韵焉”，使其成为当时的“显学”，[1] 在清中后期学术领域占了极重要地位。

从清代边疆史地研究的范围看，乾嘉时期主要集中在西北、东北以及西藏地区，到嘉道年间又发展到东南海疆和域外史地。从研究的内容看，可以说无所不包：有对边疆地区高山、河流、沙漠、草原、都会、城址、边界的考订与研究；有对边疆地区各少数民族的历史沿革、风土民情、宗教信仰、丰富物产的记载与分析；有对历代学者关于边疆史地著作的注释与勘误；有对处在内患外侮情况下的清王朝如何经营边疆地区的探讨与建议，等等。清代学者们（特别是清中叶以后的学者）从不同侧面、不同角度对边疆地区进行了广泛而深入的研究，完全突破了清以前边疆研究的狭小圈子，取得了前所未有的成绩。自清入关到清帝逊

[1] 梁启超：《中国近三百年学术史》十五《清代学者整理旧学之总成绩（三）》。

位不到三百年的时间，研究边疆史地的著作，据不完全统计，达三百余种，作者达二百余人，而且百分之八十的研究著作是在道咸年间产生的，可谓著作如林，人才济济，在清代史学史上大放异彩。[1]

第一节 康乾时期边疆史地研究的兴起

随着清王朝内外形势的变化，清代边疆史地学呈现出阶段性的发展。康乾至嘉庆前期，是清代边疆史地学由萌芽到形成一定规模的时期。

清初，关于边疆史地研究的著作很少，研究的主要内容有两部分，一是对辽、金、元史进行考证。辽、金、元均为我国北方少数民族建立的政权，其基本史事保存在官修辽、金、元三史之中。在历代官修正史中，三史芜秽纰缪处甚多，不能令人满意。清初学者有见于此，遂致力于三史的研究，对三史中的舆地疆域，考订尤为详密。如厉鹗的《辽史拾遗》、孙承泽的《元朝典故编年考》、邵远平的《元史类编》等，于史实多有辨证，为后人进一步深入研究提供了帮助。二是守边大臣、出使官员或谪戍人员的见闻随录，如梁份《西陲今略》、方式济《龙沙纪略》、吴振臣《宁古塔纪事》、图理琛《异域录》、方拱乾《绝域纪略》、杨宾《柳边纪略》、马思哈《塞北纪程》、殷化行《西北纪略》等。这些著作，一则填补了边疆地区"地荒民朴，文献无征"，"自古舆记所不载"的空白，二则充满了经世的思想，是有为而作，非空言著述。但由于这些著述所记限于闻见，且卷帙简略，算不上深入的研究，加上数量较少，作者又非名儒硕彦，故而影响不大，未引起学界重视。

乾隆至嘉庆前期，边疆史地学屹然崛起，形成了规模。这与康、雍、乾三朝对边疆的大力经营密切相关。三朝统治者顽强地维护着民族的统一和领土的完整，他们与沙俄签订《中俄尼布楚条约》，扼制沙俄东侵，先后平定蒙古准噶尔部少数上层贵族的分裂活动，平息西藏、青海大农奴主的叛乱和"回部"布那敦、霍集占集团的分裂行为，挫败了廓尔喀对西藏的入侵，建立了一个西抵中亚巴尔喀什湖北岸，西北包括唐努乌

[1] 详见王记录：《清代西北边疆史地研究述论》，《兰州学刊》1989年第6期。

梁海地区，北达漠北，东含库页岛，南有南海的西沙和南沙群岛的，疆域空前辽阔的统一帝国。辽阔的疆域开阔了学者的眼界，统治者如何有效地经营边疆、稳固边疆的问题愈显重要，从而产生了进一步深入研究边疆史地的需要。诚如梁启超所说：

> 边疆地理学之兴，盖缘满洲崛起东北，入主中原，康乾用兵西陲，辟地万里。幅员式廓，既感周知之必需；交通频繁，复觉研求之有藉。故东自关外三省，北自内外蒙古，西自青海、新疆、卫藏，渐为学者兴味所集。[1]

当时的边疆史地学在三个方面表现突出：一是对旧史所记西北边疆史事进行考订、研究，特别是对《元史》的研究，成绩斐然。二是谪戍官吏士大夫的记闻之作增多，涉及内容渐广。三是专门的深入研究出现，且影响巨大。

乾隆时期，《蒙古源流》《元朝秘史》等蒙元史料受到人们重视，元史研究进一步发展，以钱大昕成就最大。他考订了明代官修《元史》的错讹，揭示了《元朝秘史》《圣武亲征录》《元统元年进士题名录》《元典章》《长春真人西游记》以及元代金石碑刻的史料价值和学术价值，并编纂《元史艺文志》和《元史氏族表》，沾溉元史学界。钱大昕在乾嘉考据大盛、学风细密的氛围中究治元史，开辟了新的研究领域，引导人们关注边疆民族的历史，融元史研究于边疆史地研究之中，在当时及后世影响很大。稍后于他的边疆史地学家如徐松、龚自珍、魏源、何秋涛诸人，都将元史研究当作边疆史地研究的重要组成部分。

乾隆至嘉庆前期，派驻边疆或谪戍边疆的士大夫关于边疆地区的见闻之作明显增多，其关注点也由清初的注重东北转为注重西北和西藏。

乾隆二年（1737 年），萧腾麟以副戎移驻西藏槎木多，作《西藏见闻录》，“治军暇，为详纪其土地、物产、风俗之殊异，为二十门以括之”[2]，这是清代较早记载西藏风物的著作。乾隆三十三年，侍读学士

---

[1] 梁启超：《中国近三百年学术史》十五《清代学者整理旧学之总成绩（三）》。

[2] 卢文弨：《抱经堂文集》卷九《书西藏见闻录后》，《丛书集成初编》本。

纪昀因事获罪革职，被遣戍乌鲁木齐，在戍所前后两年的时间，撰著《乌鲁木齐杂诗》并《杂记》一卷，详细记载了新疆地区的历史遗存、农耕经济、屯垦开边、贾商往来、文化传播、风情物产等情况。其后，陆续有因事获罪的官吏士大夫被遣戍至西北边徼，亦多有“琐谈”“闻见录”等著述。如翰林院编修洪亮吉于嘉庆四年（1799 年）被遣戍伊犁，其《伊犁日记》《天山客话》二书，简要记述了塞外奇绝瑰丽的自然风光，独具特色的风俗民情，以及清政府对边徼的管理状况。洪亮吉还特别着意于对伊犁的风土地志的研究，以图实现“只怜我亦老史臣，振笔欲增西域记”的愿望[1]。

这一时期，专事边疆史地研究的鸿篇巨制开始问世，将这门学科向前推进了一大步。最早开此风气者，当推乾隆时期的祁韵士，继之者有徐松、松筠等。祁韵士在国史馆任纂修官时，奉敕主创《蒙古回部王公表传》，他“通核立传体例”，按各部落条分缕析，人立一传，广搜博稽大库所藏红本、理藩院所存世谱等有关蒙古王公资料，反复检核订正，“如是者八年，而书始成”。[2] 该书系统地整理研究了西北边疆民族源流世系及其事迹功绩，使得历来纷纭散乱、文献难征的西北边疆民族状况，有了初步的条理和系统。祁韵士另撰《藩部要略》十八卷，李兆洛为该书作序说：“如读邃皇之书，睹鸿蒙开辟之规模焉。乌可不令承学之士闻所未闻，见所未见，了然于天人之故哉！”[3] 嘉庆九年（1804 年），祁韵士被遣戍伊犁，得以亲履西北，察其风物山川、疆域道里，著《西陲要略》《西域释地》及《万里行程记》，并协助松筠纂《伊犁总统事略》。这一系列著作的诞生标志着系统研究边疆史地的开始。

徐松是清代边疆史地研究中具有承上启下作用的人物，他与祁韵士同开一代风气，到嘉道时期，他成为边疆史地研究的中心人物，身边聚集了一大批学者，剧谈西北史地，倡导新的学术风气。嘉庆十七年(1812 年)，徐松获罪遣戍伊犁，抵新疆后，他便续修、扩展祁韵士创纂

[1] 洪亮吉：《更生斋诗》卷一《自乌兰乌素至安济海雪皆盈丈十余日不见寸土因纵笔作》，见《洪亮吉集》。

[2] 《清史列传》卷七十二《祁韵士》。

[3] 李兆洛：《皇朝藩部要略序》，见祁韵士《皇朝藩部要略》，清道光十九年筠渌山房刻本。

的《伊犁总统事略》，书成后上奏朝廷，钦定武英殿刊行，赐名《新疆识略》。全书十二卷，首列舆图，依次为官制兵额、屯务、营务、库储、财赋、厂务、边卫、外裔，"凡河山之襟带，城郭之控制，兵食财赋之储备，田野畜牧之繁滋，条分件系，颠末详胪，成宪旧章，粗已赅具"[1]，成为有关新疆政务最完备的权威性著作，被龚自珍誉为"当代奇作"。徐松还撰有《西域水道记》《〈汉书·西域传〉补注》等，并有《新疆赋》二卷，留心新疆事务者争相诵读。

除有关蒙古、新疆的史地著作不断涌现外，有关西藏的史地著作也开始出现，著名的有松筠的《卫藏通志》和《西招图略》。[2] 松筠为清廷封疆大吏，特别重视研究边疆形胜，任伊犁将军时就先后延请祁韵士、徐松纂修《伊犁总统事略》。乾隆五十九年（1794 年）至嘉庆四年（1799 年），松筠出任驻藏大臣，为全面了解西藏各方面状况，便于管辖治理，他着手编纂了上述两部著作。《卫藏通志》分考证、疆域、山川、程站、喇嘛、寺庙、番目、兵制、镇抚、钱法、贸易、条例、纪略、抚恤、部落、经典等 16 门，详细记述了西藏各方面情形，而尤重治理。书中专立番目、兵制、镇抚等门，将藏地各项政务、职掌、定员等，顺序开列，颇有助于驻藏大臣的管辖治理。《西招图略》是松筠在藏数年治边经验的总结，分为安边、抚藩、抑强、除苛、厉俗、慎行、绥远、怀来、审隘、量敌、练兵、申律、制师、驭众、持志、守正等 28 篇，简明扼要地阐述了治边之要、抚驭之道，对封疆大吏及清廷治边，提供了借鉴。

这一时期，不仅学者个人关注边疆史地研究，清代统治者对此也极为关注。乾隆皇帝平定西域，即于二十一年（1756 年）下诏纂辑《皇舆西域图志》，二十七年创成初稿。该书首载清代帝王咏边之作，次图考，次列表，次晷度，次疆域，次山，次水，次官制，次兵防，次屯政，次贡赋、钱法、学校，次封爵，次风俗、音乐、服物、土产，次藩属，次杂录，从地理形胜到风情物产、从疆域道里到兵防屯政、从设官分职到

[1] 昱宁：《钦定新疆识略序》，见徐松《钦定新疆识略》，清光绪二十年上海积山书局石印本。

[2] 今人吴丰培考证《卫藏通志》为松筠所作，前人或疑为和琳辑著，误。见《卫藏通志》卷末，西藏人民出版社 1982 年版。

贡赋钱法，将边疆地区各方面情况都记载下来，体现了一种一统无外的观念。

总之，随着清政府对边疆治理的进一步加强，记载、研究边徼官制、地理、风土、物产、水利、疆域、宗教、民情等各方面的著述相继涌现，这一时期边疆史地学研究形成了一定的规模，并为嘉道以降边疆史地研究奠定了基础。

概括地讲，这一时期的边疆史地学体现了以下史学思想：

其一，具有强烈的“大一统”的观念。康乾时期，空前的一统局面为边疆史地学的产生创造了良好条件，诚如袁枚所言：“此舆地之学，所以必详于大一统之朝也。”[1] 而此时的边疆史地学著作，也都充满了强烈而又豪迈的大一统气概。所谓“我国家发祥东土，北抚喀尔喀内外诸札萨克，南县台湾、寺卫藏，西开伊犁、定回疆，幅员之广，千载一时，不可无书以纪盛美”[2]。祁韵士撰有多种边疆史地著作，均是有感于“国家版图式廓，西北尤广袤，为古所未有”的一统政局而发。[3]《皇舆西域图志》的编纂目的之一就是“昭盛朝拓宇之功”[4]。就连这一时期以罪戍边的官吏士大夫的边疆纪闻作品，也不见哀伤忧怨之词，而多有豪迈雍容之概，对清廷一统政局表示自豪。如纪昀在戍所看到边徼的繁荣，作《乌鲁木齐杂诗》，并有序云：“夫乌鲁木齐，初西番一小部耳。神武耆定以来，休养生聚仅十余年，而民物之蕃衍丰膴至于如此，此实一统之极盛。昔柳宗元有言：‘思报国恩，惟有文章。’余虽罪废之余，尝叨预承明之著作，歌咏休明，乃其旧职。今亲履边塞，纂缀见闻，将欲俾寰海外内咸知圣天子威德郅隆，开辟绝徼，龙沙葱雪，古来声教不及者，今已为耕凿弦诵之乡，歌舞游冶之地，用以昭示无极，实所至愿。”[5] 徐松作《新疆赋》，人称其无“忧危之旨，劳苦之词”，而是

[1] 袁枚：《小仓山房文集》卷十一《萧十洲西征录序》。

[2] 龙万育：《西域水道记叙》，见徐松《西域水道记（外二种）》，中华书局 2005 年版。

[3] 祁韵士：《〈濛池行稿〉自序》，《濛池行稿》，见《祁韵士集》，三晋出版社 2014 年版。

[4] 《四库全书总目》卷六十八“钦定皇舆西域图志”条。

[5] 纪晓岚：《乌鲁木齐杂诗序》，见《纪晓岚文集》第一册，河北教育出版社 1995 年版。

“宣皇风而扬盛轨”，有过人的志趣。[1]

其二，为治理边疆提供借鉴，具有较强的实用观念。经过康、雍、乾三朝的大力经营，边疆的动荡得以扼制，但同时，如何有效地管理边疆，不再使其出现分裂情况，就成了清统治者经常思考的问题，也是边疆史地学最为关注的问题。适应清政府对边徼管辖治理的需要，这一时期的边疆史地学著作表现出了很强的实用观念。祁韵士认为，“记载地理之书，体裁近史，贵乎简要，倘不足以信今而证古，是无益之书，可以不作”[2]，“古迹、物产，无裨政务者，概置不录”[3]。这些著作，有的详于政事管理及沿革，以使抚边官员“再来者得以易于稽考，一览即可明晰此地一切，应办事宜”；有的详于道里路程，认为“今戍臣贾商络绎不绝，各处途程，理应备载，以便行旅”；[4] 有的详于水系，如徐松的《西域水道记》，对认识和建设西北水利及屯田有较大实用价值；有的则总结治边经验，以为来者参考，如松筠的《西招图略》，等等。可以说，在清代边疆史地研究中，最鲜明的史学思想就是经世致用。

其三，这些研究之作在编纂上已具有相当的系统性。我国边疆，幅员辽阔，尤其是西北地区，旷途绝险，在历代人们的心目中，一直是一片神秘的土地。在这一地区生活的人们，文化相对落后，不能对他们所生存的空间和文化现象进行有效记载。我国历代正史，虽有对他们的记载，如《史记》中的《匈奴列传》《大宛列传》，《汉书》中的《匈奴传》《西域传》等，但失之简略，间有讹舛。除此之外，对边疆史地的研究很少，一直到唐代，专门的著作也只有求法西土的高僧们所写的几部书。宋之后对边疆的研究逐渐多了起来，但仍多因袭旧史，俯拾遗闻。清初的一些“闻见”之作，也多粗疏不成系统，所谓“龙沙葱雪，道里迢遥，非前代兵力所能至。即或偶涉其地，而终弗能有。故记载者依稀影响，无由核其实也”[5]。而这一时期的边疆史地之作，对以往零散阙佚的边

[1] 彭邦畴：《新疆赋跋》，见徐松《新疆赋》，《西域水道记（外二种）》。
[2] 祁韵士：《西陲要略自序》，见《西陲要略》，清道光十七年刻本。
[3] 徐松：《钦定新疆识略・凡例》。
[4] 萧腾麟：《西藏见闻录・凡例》，清乾隆二十四年赐砚堂刻本。
[5] 《四库全书总目》卷六十八“钦定皇舆西域图志”条。

疆史地资料进行了初步的爬梳整理，对现实的边徼状况做了艰苦的实地考察和多方面的系统研究，博采兼搜，掇拾遗残，采摭缀辑，汇为一编，形成了独具特征的边疆史地学的编纂形式，使边疆史地著述更为系统。

第二节　嘉道年间边疆史地学的兴盛及史学思想的特征

如果说康乾及嘉庆前期边疆史地研究刚刚形成一定规模的话，那么到嘉庆后期和道光年间，边疆史地研究便大放异彩，成为当时最引人注目的研究领域。

嘉道年间边疆史地研究兴盛的直接导火线是边疆外患问题。早在清代前期，英、俄等国的侵略魔爪就伸向了我国北疆，多次勾结少数民族上层贵族发动叛乱，分裂祖国。对此，清政府曾进行过长期斗争，捍卫了祖国领土的完整，实现了对北疆的有效管理。但是，西方列强一直没有放弃占领这一地区的野心。随着清王朝国势日颓，到鸦片战争前后，一直觊觎我国边疆的西方资本主义国家，便开始把各自的势力打入中国，不仅北方边疆，东南海疆也受到严重威胁。对此，有识之士痛心疾首，同时又对清政府在对外交涉上不谙边务，不明界域，屡屡失败的行为表示极大不满，于是有更多的人转而研究边疆史地，以图于国事有补，所谓“道咸而后，下逮同光，边隅多事，海禁复开，学者渐留心于西北徼外舆地及异国风土民情”[1]。

当时，从事边疆史地研究的名家众多，沈尧、俞正燮、张穆、姚莹、龚自珍等都是其中的佼佼者。这些人时常相互切磋学问，剧谈边疆史地，在学术界掀起了一股研究边疆史地的热潮，“一时风会所趋，士大夫人人乐谈，如乾嘉间之竞言训诂音韵焉，而名著亦往往间出”[2]。他们写出了许多极有学术价值和社会价值的边疆史地学著作，如沈尧的《新疆私议》、俞正燮的《俄罗斯事辑》、张穆的《蒙古游牧记》、姚莹的《康辎纪

[1] 支伟成：《清代朴学大师列传·地理学家列传第十七·叙目》，岳麓书社1986年版。
[2] 梁启超：《中国近三百年学术史》十五《清代学者整理旧学之总成绩（三）》。

行》、龚自珍的《西域置行省议》，等等。这些著作，由原来的注重考古转而注重研今，由注重内地转而注重边陲和域外。诚如梁启超所言：“盖道光中叶以后，地理学之趋向一变，其重心盖由古而趋今，由内而趋外。”[1] 传统史学中的经世致用观念，在这一时期的边疆史地研究中得以充分体现，沛然有不可遏之势，一直影响到中国近代的边疆史地学。

这一时期边疆史地研究的思想特征有：

其一，深深的忧患意识和强烈的经世思想。嘉道年间，内忧外患，时局骤变，康乾时期那种一统无外的政局此时已变成内有农民起义、外有列强侵略的风雨飘摇的政局。当时，许多思想敏锐的知识分子，已触及时代的脉搏，感受到了封建统治基础的动摇。面临时艰，他们产生了深深的忧患意识，并在自己的研究中体现出来。龚自珍以“良史之忧忧天下”，主张变法，从事边疆史地研究。张穆对“当今天下多故”的局面深表忧虑，认为“农桑盐铁，河工海防，民风士习，何一事不当讲求?”[2] 对于列强的侵略，更有切肤之痛，“虎狼在户，反复莫必”[3]。姚莹则指出，“夫处崇高之位而怀闾阎之忧者，大人之德也。窃典昧之奥而昧济世之用者，迂生之陋也”[4]。他作《康輶纪行》，就是要“雪耻”，“喋血饮恨而为此书，冀雪中国之耻”。[5] 总之，这些边疆史地著作，无论是考古还是论今，都是因忧时而发。可以说，如果康乾时期的边疆史地研究具有弘扬清王朝大一统局面的气象，那么嘉道以降的边疆史地研究则以忧虑时局为主要特征。忧时便要经世，这一时期的边疆史地研究的经世思想之强烈，是前所未有的。沈尧作《新疆私议》，坚持固守新疆，列举汉以来历朝经营西域的事实，说明新疆安定对国防和领土统一意义重大，提出了加强边政建设，开发水利，实行屯田等巩固边防的主张。龚自珍作《西域置行省议》，提出在新疆设立行省，以便建立一套系统的行政管理机构，实行对这一地区的有效管理。姚莹作《康輶纪行》，

---

[1] 梁启超：《中国近三百年学术史》十五《清代学者整理旧学之总成绩（三）》。

[2] 张穆：《月斋文集》卷三《与陈颂南先生书》。

[3] 张穆：《月斋文集》卷二《海疆善后宜重守令论》。

[4] 姚莹：《东溟文集》卷三《再复赵分巡书》。

[5] 姚莹：《东溟文后集》卷八《复光律原书》。

一则要为统治者巩固边防提供借鉴，“以求抚驭之宜”[1]，二则深入研究外国史地，“知彼虚实，然后徐筹制夷之策”[2]。张穆作《蒙古游牧记》，目的之一就是要“缀古通今，稽史籍，明边防”[3]，以求能经世致用。因而他在书中对边疆山川阨塞险夷、驻军重镇、自然经济条件等特别留意。学者们总结了历代统治者经营边疆的经验，研究了边疆地区的现状，提出了大量稳固边疆局势，有效抵制侵略的建议。条条件件，均因忧虑而迸发，以致用为归宿。

其二，对民族关系极为关切，宣扬民族团结的思想，反对各民族间相互争斗。我国边疆地区，尤其是西北边疆地区，民族关系复杂，而清朝又是一个以少数民族立国的王朝，在中国这么一个幅员辽阔的多民族国家中，能否正确处理好各民族之间的关系，是关系到这个王朝能否“长治久安”的根本问题。而当时西方列强也利用民族关系分裂我国。对此，边疆史地学者有清醒的认识，他们把地理研究与民族研究结合在一起，提出了自己对处理民族关系的看法。

首先，他们主张“因俗而治”，反对民族压榨。沈尧认为，要保持边疆的长治久安，除了加强兵备，屯田积谷外，还须慎重处理民族关系。他指责清廷驻疆官员不知体恤维吾尔族民情，与当地维吾尔族上层分子相勾结，“恣为贪酷，侵夺其财货，虏辱其妇女，以积其愁苦冤怨之气”，引起维吾尔族人民不满，而使张格尔那样的少数“桀黠凶悍之人，乘机鼓扇”，分裂叛乱。[4] 龚自珍也曾恳切要求清廷驻疆官员“不以驼羊视回男，不以禽雀待回女”，“令回人安益安，信益信而已矣”，主张以农耕为主的汉族人民和以畜牧为业的少数民族彼此尊重，“耕者毋出屯以垦，牧者毋越圈而刈”，做到和睦相处。[5] 姚莹在记载了藏族人民的风俗民情、宗教源流后指出，“五方之民，言语不通，嗜欲不同，修其教不易其俗，齐其政不易其宜”[6]，提出要尊重民族习俗、信仰，不可强求一律，

---

[1] 姚莹：《康辅纪行自叙》，清同治六年安福县署刻本。

[2] 姚莹：《东溟文后集》卷八《复光律原书》。

[3] 张穆：《蒙古游牧记·序》，清刻本。

[4] 沈尧：《落帆楼文集》卷一《新疆私议》。

[5] 龚自珍：《上镇守吐鲁番领队大臣宝公书》，见《龚自珍全集》第五辑。

[6] 姚莹：《康辅纪行》卷三《宗喀巴与释迦本教不同》。

要“因俗而治”[1]，不宜强力压制，“国家抚驭外藩，封止其王，若其部属如何制度，皆听自为之，各因旧俗，不为区处而变易之也”[2]，只有这样，才能起到稳定人心，巩固边防的作用。

他们还着力宣扬汉族和少数民族关系史上的友好交流事件，蕴含着强烈的民族团结思想。姚莹在自己的书中不止一次地提到唐与吐蕃和亲友好之事，并对土尔扈特蒙古重返祖国的爱国行动，做了记述。[3] 道咸以后，何秋涛更在《朔方备乘》中辟《土尔扈特归附始末》，详细记述了土尔扈特蒙古由饱受沙俄欺凌，进而经过艰苦卓绝的斗争回归祖国的经过。他们通过对土尔扈特部抗击沙俄的英勇斗争的记述，热情歌颂了我国各族人民决不屈服于外力威胁的光荣传统，展示了祖国各族人民维护民族团结的决心和斗志。

其三，“睁眼看世界”的“世界意识”逐渐形成。这一时期，边疆史地研究范围扩大，由注重边疆扩大到注重对外国史地的研究，史学思想中的“世界意识”逐渐形成。这也是时局变化所致。当时，“鄂（俄）罗斯兼并西北，英吉利蚕食东南”[4]，中国四境都处在危机之中。随着列强侵略的日甚一日，人们已迫切感到不知夷情必然导致国家败亡。姚莹曾痛切地说：“谓固我屏藩，不劳师于异域可也，若坐井观天，视四裔如魑魅，暗昧无知，怀柔乏术，坐致其侵陵，曾不知所忧虑，可乎？甚矣，拘迂之见，误天下国家也！”[5] 他认为鸦片战争之所以失败，“正由中国书生狃于不勤远略，海外事势夷情，平日置之不讲，故一旦海舶猝来，惊若鬼神，畏如雷霆，夫是以偾败至此耳”[6]。因此，要想长治久安，仅仅研究边疆史地还不够，还必须研究海外史地，将西方列强的基本情况，“作为图说，著之于书，正告天下，欲吾中国童叟皆习见习闻，知彼虚实，然后徐筹制夷之策”[7]。在《康辅纪行》中，他辟有专条，对英

---

[1] 姚莹：《康辅纪行》卷三《明祖崇佛安边》。
[2] 姚莹：《康辅纪行》卷七《讨罪外藩当权轻重》。
[3] 姚莹：《识小录》卷四《土尔扈特》，清同治六年安福县署刻本。
[4] 魏源：《海国图志》卷七十一《南洋西洋各国教门表》。
[5] 姚莹：《康辅纪行》卷十二《外夷留心中国文字》。
[6] 姚莹：《东溟文后集》卷八《复光律原书》。
[7] 姚莹：《东溟文后集》卷八《复光律原书》。

俄等国的幅员、物产、宗教、军事、议会制度、地理形势及其在海外侵占的殖民地进行了考察研究，提醒人们英国早有“长驱入藏”的野心，统治者应严加防备。从学术角度看，近代中国人“开眼看世界”的“世界意识”，就是从研究边疆史地进而研究外国史地开始的。

总之，嘉道时期，边疆史地学之成为显学，乃时代使然。从事这一研究的都是对国家民族前途深表忧虑的有识之士，他们的研究，给嘉道学术界带来了勃勃生机，影响深远。稍后，魏源著《海国图志》，何秋涛著《朔方备乘》，徐继畬著《瀛环志略》，梁廷枏著《海国四说》，眼光更加开阔，忧世之情愈益强烈。他们除关注边疆安危、民族团结以外，更注重研究外国史地。何秋涛自称著《朔方备乘》，“备用之处有八：一曰宣圣德以服远人，二曰述武功以著韬略，三曰明曲直以示威信，四曰志险要以昭边禁，五曰列中国镇戍以固封圉，六曰详遐荒地理以备出奇，七曰征前事以具法戒，八曰集夷务以烛情伪”[1]。魏源的《海国图志》，更是中国人编纂的第一部世界史地志，并灌注了“师夷之长技以制夷”的思想。

第三节　清代边疆史地学者的治学方法

清代边疆史地学者有着独特的治学方法，概括起来讲，有如下两个方面。

其一，古籍记载与实地考察相结合。边疆地区，地域辽阔，“穷边绝徼，舟车不通”，“部落地殊，译语难晓”，“书缺有间，文献无征”。[2]因此，治西北边疆史地的学者们认识到要想使自己的研究取得真正效果，一方面需要翻阅大量古籍资料，严密考证，除其伪而存其真；另一方面则需要进行实地考察，“外蕃异域之事，学者罕习，心窃疑之。虽历代外夷史皆有志，而今昔不同，要当随时咨访”[3]，把古籍记载与实地考察

[1] 何秋涛：《朔方备乘·凡例》，清光绪年间石印本。

[2] 龙万育：《西域水道记叙》。

[3] 姚莹：《康辅纪行自叙》。

结合起来，才能得出可靠的结论。他们发扬了清初顾炎武游历全国，咨访各地的精神，在力所能及的情况下，只要一有机会，便进行实地考察。如梁份在康熙年间，“参幕西陲”，对西北地区做了六年实地考察，“得悉其山川部落险要洲牧，暨其强弱多寡离合之情，皆洞若观火”，[1] 成《西陲今略》十卷。祁韵士坐事戍伊犁，抓住一切机会，进行调查研究，将调查所得与书本所载相互印证，写出了一系列“颇堪自信”的史地书籍，所谓“亲履其地，多所周历，得自目睹。而昔年备员史职，又尝伏读《御制文集》《诗集》及《平定准噶尔回部方略》二书，故于新疆旧事知之最详，颇堪自信”[2]。徐松在遣戍伊犁的几年时间里，广为考察新疆南北路之舆地，“自出关以来，于南北两路壮游殆遍。每有所适，携开方小册，置指南针，记其山川曲折，下马录之。至邮舍则进仆夫、驿卒、台弁、通事，一一与之讲求。积之既久，绘为全图，乃遍稽旧史、方略及案牍之关地理者笔之”[3]。彭邦畴在其《西域水道记》题词中赞徐松“才不为世用，乃著经世书。……先生富实学，焉肯流虚无。投荒落万里，足迹周寰区”，概括了徐氏的治学思想与特点。洪亮吉被戍伊犁，研究伊犁地志，除阅读有关史籍外，也着重于实地考察，向当地居民请教，撰写《天山客话》，被徐松誉为“见闻核洽”，“博闻强识”。[4] 姚莹在研究边疆史地时，也注意调查研究，将史书记载与实地考察结合起来，《康輶纪行》一书，就是他在出使西藏时“就藏人访西事”写成的[5]。另有一些边疆史地学者，虽因种种原因未能亲履边疆，所著皆取之于文献记载，但他们对实地考察一直持赞成态度，并极力提倡。

古籍记载与实地考察相结合，纠正了史书中的错误，排除了一些荒诞不经的记载，“积殊方之驹隙，决亘古之狐疑”[6]，使边疆史地研究建立在了坚实可靠的基础之上，为后代继续研究边疆史地打下了良好基础。

其二，严密考证与经世致用相结合。清代边疆史地学者，绝大多数

[1] 刘献廷：《广阳杂记》卷二。

[2] 祁韵士：《西陲要略自序》。

[3]《清史列传》卷七十三《徐松传》。

[4] 徐松：《天山客话序》，见洪亮吉《天山客话》，授经堂家藏本。

[5] 姚莹：《康輶纪行自叙》。

[6] 邓廷桢：《西域水道记序》，见徐松《西域水道记》。

承受的是汉学考据传统，如沈尧、徐松、俞正燮、张穆、何秋涛等人均是如此。但是，感于时艰，他们对“乾隆中叶以后，士人习气，考证于不必考之地，上下务为相蒙，学术衰而人才坏”的学风极为不满[1]，鄙弃那种埋头故纸、烦琐考证、严重脱离现实的治学方法。在剧烈变动的社会面前，他们清楚地认识到，如果继续沿着汉学烦琐考证的老路走下去，只能自取灭亡。因此，他们一方面鉴于社会危机而批判汉学“考证于不必考之地”，另一方面则倡言明末清初高扬的“经世致用”思想。但他们在批判考据倡言经世时，并未放弃考据中严密求实的精神，而是不再专主汉学一家，把实事求是的严谨考证与经世致用的思想观点结合起来，形成了独特的治学方法。如祁韵士撰写《西陲要略》，提出“考据”与“信今而证古”的原则[2]，其《西域释地》一书，就新疆的疆域、山川、河流及地名进行考证，明显带有考证的风格。再如俞正燮，以考据名家，上承江永、戴震，但他不拘泥于旧籍字句考订，而颇留意时事，尤重边防研究，考订严密确实。沈尧初习《说文》，一度沉浸于名物训诂，后倡经世致用，在研究边疆史地之学时，自觉将严密考证的作风带入经世研究之中，纠谬勘误，实有开凿鸿蒙之功。张穆治学专以笃实为主，其《蒙古游牧记》一书，广征他书，间加考证，功力雄厚，祁雋藻称“其著述卓然不朽者厥有二端，陈古义之书则贵乎实事求是，论今事之书则贵乎经世致用，二者不可得兼，而张子石州《蒙古游牧记》独能兼之”，“读史者得实事求是之资，临政者收经世致用之益，岂非不朽盛业哉!”[3] 是书一直被誉为汉学经验主义者的缜密品质与经世致用论者的实用精神的完美结合。何秋涛治学，也长于考据，但以经世为归宿，他“专精汉学，而从诸公游处，未尝以门户标异，其于经史百家之词、事物之理，考证钩析，务穷其源委，较其异同，而要归诸实用”[4]。《朔方备乘》一书，有关考证的篇幅占了很大比重，除考订边疆史地方面的具体问题外，他还对前人的边疆史地著作进行了考订。何秋涛是把乾嘉

[1] 沈尧：《落帆楼文集》卷九《与许海樵》。
[2] 祁韵士：《西陲要略自序》。
[3] 祁雋藻：《蒙古游牧记序》，见张穆《蒙古游牧记》。
[4] 缪荃孙纂录：《续碑传集》卷二十《刑部员外郎何君墓表》，明文书局 1985 年版。

以来的考据学方法用之于边疆史地研究的杰出代表。

需要说明的是，从事边疆史地研究的学者，大多承受的是汉学传统，但还有一些人走的是今文经学的路子，如龚自珍、魏源等，他们倡今文、言改革，从事边疆史地研究，与汉学系统的边疆史地学者交好，共同提倡经世致用，一起表达了对民族命运的关切。这些，一方面说明学风的变化，“异途而同归，凡所致力，俱足以资经世者也”[1]。另一方面也说明，考据学本身并非脱离现实的学问，关键要看学者如何运用，考证于必考之地，将考证与经世相结合，考据学自然会大放异彩。

清代边疆史地学者的严密考证与经世致用相结合的治学特点，是从乾嘉考据学风中逐渐分化出来的，它既保留了乾嘉考据那种认真、求实的治学精神，又把它与社会现实密切结合起来，不再埋头故纸，而是面对现实，故而取得了很大成绩。

王国维在总结清代学术时说：

> 我朝三百年间，学术三变：国初一变也，乾嘉一变也，道咸以降一变也。顺康之世，天造草昧，学者多胜国遗老，离丧乱之后，志在经世，故多为致用之学，求之经史，得其本原，一扫明代苟且破碎之习，而实学以兴。雍乾以后，纪纲既张，天下大定，士大夫得肆意稽古，不复视为经世之具，而经、史、小学专门之业兴焉。道咸以降，涂辙稍变，言经者及今文，考史者兼辽、金、元，治地理者逮四裔，务为前人所不为，虽承乾嘉专门之学，然亦逆睹世变，有国初诸老经世之志。故国初之学大，乾嘉之学精，道咸以降之学新。[2]

边疆史地学者把自己的研究转向国计民生、民族兴亡，同时又进行了扎扎实实的研究，把他们经世致用的思想贯穿于坚实的考证之中，正是学风转“新”的标志之一。

---

[1] 顾颉刚：《禹贡学会研究边疆计划书》，《史学史研究》1981 年第 1 期。

[2] 王国维：《观堂集林》卷二十三《沈乙庵先生七十寿序》。

第十六章　龚自珍的史学思想

龚自珍，字璱人，号定庵，一名易简，更名巩祚，浙江仁和（今杭州）人。生于乾隆五十七年（1792年），卒于道光二十一年（1841年）。

龚自珍生活的时代，正是清王朝日益衰颓的时代。清王朝内部根基已动，外部黑云压城。严重的社会危机深深地刺激着当时的有识之士。龚自珍生当其时，更敏锐地认识到大清帝国已危如累卵，宣告封建统治已经到了“衰世”，预言历史将要发生巨变，猛烈批判了腐败透顶的封建政治，指出“自古及今，法无不改，势无不积，事例无不变迁，风气无不移易”，以此警告统治者，只有变革国家民族才有生路。龚自珍的思想在近代产生了重大影响，诚如梁启超所言，“数新思想之萌蘖，其因缘固不得不远溯龚、魏”，“吾见并世诸贤，其能为现今思想界放光明者，彼最初率崇拜定庵，当其始读《定庵集》，其脑识未有不受其刺激者也”。[1]

第一节　历史变易观

龚自珍出身于一个累世京官的知识分子家庭，从龚自珍成长的历程

[1] 梁启超：《论中国学术思想变迁之大势》，见《饮冰室合集》第一册。

来看，少年时代，他主要受汉学教育。他的外祖父段玉裁，是皖派汉学的代表人物，深于文字音韵之学。其父龚丽正，于考证之学也深有造诣。由于这样的家庭环境，龚自珍自小即受到严格的文字学和考证学训练。据吴昌绶《定庵先生年谱》所载，龚自珍 12 岁时，段玉裁即授其以《说文》。14 岁时，即考古今官制，后成《汉官损益》《百王易从论》。16 岁时，读《四库全书提要》，为目录之学。17 岁时，游太学，见石鼓文，深好之，开始研究金石学。可见，少年时代的龚自珍，主要是在文字考证之学的氛围中成长的。可是，龚自珍对封建专制统治的黑暗现实和深重危机，有着异乎寻常的敏感，他没有像先辈那样埋首考据，相反，由于不断加剧的时代危机的推动，他更加关注现实社会。他为学“贯串百家，究心经世之务”[1]，自觉冲破文字考证之学的束缚，转而从当时兴起的《春秋》公羊学说中寻找理论武器，为挽救危机、变革社会寻找出路。

在考证学风盛行之时，江苏武进人庄存与讲“微言大义”，提倡“通三统”“张三世”，开创了清代公羊学说。之后，刘逢禄张大公羊学旗帜，并在嘉庆年间产生了重大影响。龚自珍生当鸦片战争前的危机时代，在贯串百家学说之时，很快就对公羊学说中的变易观点产生了认同，并加以改造，提出了极具特点的历史变易观。

25 岁以前，龚自珍写出了著名的《明良论》和《乙丙之际著议》，其中吸收了公羊学说中的变易的观点，提出了自己的三世历史观。28 岁时，他在北京从公羊学大师刘逢禄系统学习《春秋》公羊学，对公羊学说的精义有了更为深入的了解，并对公羊学说进行改造，摆脱了以往经注的束缚，将《周易》的变通思想与公羊三世说结合起来，并注入了新鲜的富有时代气息的内容。

龚自珍认为，历史是经常变化的，“承敝易变”是历史发展的必然规律。他运用《周易》中革故鼎新的道理来说明这一问题：“我祖所以兴，岂非革前代之敝耶？前代所以兴，又非革前代之敝耶？……《易》曰：‘穷则变，变则通，通则久。’”[2] 又说：“自珍少读历代史书及国朝掌

[1] 吴昌绶：《定庵先生年谱》：“嘉庆二十一年”，见《龚自珍全集》第十一辑。
[2] 龚自珍：《乙丙之际著议第七》，见《龚自珍全集》第一辑。

故，自古及今，法无不改，势无不积，事例无不变迁，风气无不移易。”[1] 他还指出，历史的变化有两种情况，一是渐变，社会风气的变化多是如此，“风气之变之必以渐也”[2]。二是按照三世递进的方式变。龚自珍吸收公羊学说“张三世”的思想，以据乱世、升平世、太平世三个阶段来概括人类历史和其他事物的发展。在他看来，三世说可以用来考察大的历史过程，也可以用于一个历史时期，或社会发展的某一方面，“通古今可以为三世，《春秋》首尾，亦为三世”[3]。具体到某一方面，比如祭祀，就有据乱之祭、治升平之祭、太平之祭。[4] 细绎龚自珍的三世说，有其矛盾之处。一方面，它包含有文明进化的因素。比如他讲：“三世，非徒《春秋》法也。《洪范》八政配三世，八政又各有三世。愿问八政配三世？曰：食货者，据乱而作。祀也，司徒、司寇、司空也，治升平之事。宾师，乃文致太平之事。”[5] 又说：“若夫征之《诗》，后稷春揄肇祀，据乱者也；公刘筵几而立宗，升平也；《周颂》有《般》、有《我将》，《般》主封禅，《我将》言宗祀，太平也。”[6] 这里面蕴含的进化思想非常明确，人类由最初的基本经济活动食货开始，演变、发展出祭祀、生产、刑法、军事等（《尚书·洪范》八政中的司徒、司寇、司空即职掌这三个方面），接着又出现文化与意识形态（宾师即代表此），人类就是这样一步步由野蛮进入文明。另一方面，龚自珍又认为“三世”是循环的，他说：“万物之数括于三：初异中，中异终，终不异初。……万物一而立，再而反，三而如初。”[7] 不仅人类社会是循环的，道也是循环变化的，“三王之道若循环，……孔子没，儒者之宗孔氏，治六经术，其术亦如循环”[8]。龚自珍已朦胧地看到人类社会由简单到复杂，由纯朴到繁华的变化发展，但他生活的嘉庆、道光时期，中国思想界与

[1] 龚自珍：《上大学士书》。
[2] 龚自珍：《与人笺》，见《龚自珍全集》第五辑。
[3] 龚自珍：《五经大义终始答问八》，见《龚自珍全集》第一辑。
[4] 龚自珍：《五经大义终始论》，见《龚自珍全集》第一辑。
[5] 龚自珍：《五经大义终始答问一》，见《龚自珍全集》第一辑。
[6] 龚自珍：《五经大义终始答问二》，见《龚自珍全集》第一辑。
[7] 龚自珍：《壬癸之际胎观第五》，见《龚自珍全集》第一辑。
[8] 龚自珍：《江子屏所著书序》，见《龚自珍全集》第三辑。

西方尚处于隔绝状态，还不能从西方吸纳新的思想，而传统的思想学说，无论是公羊三世说还是《周易》的变通观，都还不能科学解说人类社会的发展演化，故而龚自珍又不能不落入循环论的窠臼。

除上述论述人类文明起源的“三世”说之外，感于封建衰世的到来，龚自珍又提出由“治世”到“乱世”再到“衰世”的说法。在他看来，治世，道、学、治合一，周以前皆如此。乱世，“源一而流百”，诸子百家争鸣，“在朝者自昧其祖宗之遗法，而在庠序者犹得据所肄习以为言，抱残守阙，纂一家之言，犹足以保一邦、善一国”，道、学、治相分，春秋以后如此。再往后则是衰世，“道德不一，风教不同，王治不下究，民隐不上达，国有养士之赀，士无报国之日”，道、学、治相对立。[1] 在他看来，他所处的时代，就是“衰世”，需要赶快变法，否则便没有出路。

对于历史变化的原因，龚自珍也有论述。

其一，龚自珍已经看到，经济关系对于历史变化起着重要作用，他在《农宗》《平均篇》等文中都表达了这一看法。他认为，贫穷的齐与不齐，关系到“千万载治乱兴亡之数”。开始的时候，贫富之差不大，但是，“小不相齐，渐至大不相齐；大不相齐，即至丧天下”，导致国家丧乱。[2] 为此，他提出了很多富民保民的办法，希望统治者能够采纳，以保王朝长治久安。

其二，人心也是引起历史变化的根本因素。历史之所以被划分为治世、乱世、衰世三等，主要根据便在于人才优劣不等，“书契以降，世有三等，三等之世，皆观其才；才之差，治世为一等，乱世为一等，衰世别为一等”[3]。而区别人才的根本则是人心，“人心者，世俗之本也；世俗者，王运之本也。人心亡，则世俗坏；世俗坏，则王运中易。王者欲自为计，盍为人心世俗计矣”[4]。另外，龚自珍还提出，世界和历史不是圣人和上帝所造，而是“众人自造”。随着社会的发展和人们需求的增

[1] 龚自珍：《乙丙之际著议第六》，见《龚自珍全集》第一辑。
[2] 龚自珍：《平均篇》。
[3] 龚自珍：《乙丙之际著议第九》，见《龚自珍全集》第一辑。
[4] 龚自珍：《平均篇》。

加，社会制度逐渐完善。他认为，“天地，人所造，众人自造，非圣人所造”[1]。其他如文字言语、伦理纲纪，也不是圣人所造，而是“人自所造”，明确地否定了英雄即“圣人”创造历史的观点。龚自珍还认为，人类社会各种制度是由下而上产生的，“先有下后有上”，“先有小后有大”。他在《农宗》篇中猜测到远古农业的产生，先经过采集野生谷物的阶段，以后才演化到人工栽培谷物阶段，而一切等级、制度、政权、礼乐、刑法等都是因社会生活的变化而逐步产生的。同时他还批判俗儒颠倒历史关系，将历史发展归结为圣王创造的臆说。[2] 在《壬癸之际胎观第二》中，龚自珍提出“既有世已，然后有世法”的观点，并指出先有社会生活，然后才有科学文化、宗法伦理、善恶观念等。这些，都是他历史变易观中极其可贵的见解。

龚自珍反复阐发自己的历史变易思想，其根本立足点在于变革现实，他深切地感到当时的社会专制横行、官场腐败、民众困苦，好像一个生满疥疮的病体，不改革只能走向腐烂灭亡。而他改革的理论依据便是变易的社会历史观。龚自珍通过对历史的考察，指出历史上没有不灭的朝代，所谓“无八百年不夷之天下”，而灭亡的原因，就在于不能因时而变法。他说：

> 夏之既夷，豫假夫商所以兴，夏不假六百年矣乎？商之既夷，豫假夫周所以兴，商不假八百年矣乎？无八百年不夷之天下，天下有万亿年不夷之道。然而十年而夷，五十年而夷，则以拘一祖之法，惮千夫之议，听其自陊，以俟踵兴者之改图尔。[3]

龚自珍此处所讲虽是据夏、商、周三代实例得出的结论，而实际上却适用于全部历史。在他看来，清王朝已有将“夷”之势，如拘泥于祖宗成法不改革，势必如夏、商、周一样成为明日黄花。因此，他大声疾呼，“一祖

[1] 龚自珍：《壬癸之际胎观第一》，见《龚自珍全集》第一辑。
[2] 龚自珍：《农宗》，见《龚自珍全集》第一辑。
[3] 龚自珍：《乙丙之际著议第七》。

之法无不敝，千夫之议无不靡，与其赠来者以劲改革，孰若自改革”。[1]

可见，龚自珍历史变易的归宿在于变革社会，故而所论有着浓烈的时代气息。他的批判封建专制的尖锐锋芒，多是通过历史变易观放射出时代光辉的。龚自珍将社会变革提高到历史发展规律的高度来认识，对维新派产生了重大影响。梁启超说：“晚清思想之解放，自珍确与有功焉。光绪间所谓新学家者，大率人人皆经过崇拜龚氏之一时期。初读《定庵文集》，若受电然。”[2] 龚氏的社会变易观启发康有为用类似的学说来证明变法维新的历史必然性。龚自珍以批判方式总结过去，又揭开了近代思想的序幕。

第二节　“尊史”与“良史忧世”

龚自珍的史学思想呈现出深刻的内涵和丰富的面貌。

首先，龚自珍特别强调史学的重要性。在他看来，历史记载是关乎一个王朝、国家生死存亡的大事，他作《尊史》篇论述这一问题：

> 周之世官大者史。史之外无有语言焉，史之外无有文字焉，史之外无人伦品目焉。史存而周存，史亡而周亡。……灭人之国，必先去其史；隳人之枋，败人之纲纪，必先去其史；绝人之材，湮塞人之教，必先去其史；夷人之祖宗，必先去其史。[3]

在龚自珍看来，“史”囊括了一个国家、民族所有的文化内容，诸如语言文字、人伦道德，等等，凝结着一个国家、民族所有的奋斗经历、成功经验、失败教训，记载着所有的英雄人物、人民大众，是民族之魂所系。“史”存在，一个国家或民族的精神就存在；否则，就是彻底的亡国灭种。故而要想灭亡一个国家或民族，首先要毁其史。从中国历史上来看，

[1] 龚自珍：《乙丙之际著议第七》。

[2] 梁启超：《清代学术概论》二十二。

[3] 龚自珍：《古史钩沉论二》。

秦始皇统一中国，烧各国史书，惟留《秦记》。清人入关，大量毁灭明代史料，大兴文字狱以钳制汉族士人之口。这种“霸天下”的行为由来已久。龚自珍强调史之重要，确系有感而发。

史学之所以重要，还在于从中可以探求历代治乱兴衰等社会发展变化之“道”，可以由“史”入“道”。龚自珍强调，“出乎史，入乎道，欲知大道，必先为史”[1]，要探究治乱兴衰之“道”，必须首先研究社会历史。他说：“智者受三千年史氏之书，则能以良史之忧忧天下，……探世变也，圣之至也。”[2] 史学的作用就是“忧天下”，“探世变”。又说：“史之材，识其大掌故，主其记载，……以教训其王公大人。”[3] 史学要探究历史的发展变化，以历史事实来教训当下统治者。龚自珍本人就曾根据现实的巨大变动，深入探求历代治乱兴衰之道，提出变易的历史观，为社会变革寻找“大道”。从探究历史盛衰之道、经世致用的角度出发，龚自珍给予司马迁高度评价。他认为，司马迁褒汉德，记群臣，存历代创制之过程，系历代文献之指归，探历代兴衰之根本，厥功甚巨，[4] 而《史记》一书，“真卿云之在九霄矣”[5]。

其次，六经皆出史官论。龚自珍说：

> 夫六经者，周史之宗子也。《易》也者，卜筮之史也；《书》也者，记言之史也；《春秋》也者，记动之史也；《风》也者，史所采于民，而编之竹帛，付之司乐者也；《雅》《颂》也者，史所采于士大夫也；《礼》也者，一代之律令，史职藏之故府，而时以诏王者也；小学也者，外史达之四方，瞽史谕之客之所为也。……故曰：五经者，周史之大宗也。……诸子也者，周史之小宗也。故夫道家者流，言称辛甲、老聃；墨家者流，言称尹佚。辛甲、尹佚官皆史，聃实为柱下史。若道家，若农家，若杂家，若阴阳家，若兵，若术数，若方技，其言皆称神农、黄帝。神农、黄帝之书，又周史所职

[1] 龚自珍：《尊史》，见《龚自珍全集》第一辑。
[2] 龚自珍：《乙丙之际著议第九》。
[3] 龚自珍：《古史钩沉论四》，见《龚自珍全集》第一辑。
[4] 龚自珍：《尊史三》，见《龚自珍全集》第一辑。
[5] 龚自珍：《大誓答问第二十三》，见《龚自珍全集》第一辑。

藏，所谓三皇、五帝之书者是也。……故曰：诸子也者，周史之支孽小宗也。[1]

以往提到龚自珍的经史关系论，均认为其承章学诚“六经皆史”说，实际上龚、章之说，虽有相通之处，但侧重显有不同。章学诚认为六经“皆先王之政典”，着重指出六经的性质是史书。而龚自珍则强调六经的创制出于史官，是一种“学术文化皆出于史官论”。龚自珍提出这一理论，一是批判学者治学“号为治经则道尊，号为学史则道诎”的“重经轻史”的学术局面，二是提倡经世致用之学，鼓励史家走向社会，走出考据的小圈子，关注民族的存亡。龚自珍“六经源出史官论”，不仅指明了史学在国家社会生活与学术文化发展中的特殊地位、作用和价值，还号召人们将经史结合起来研究，并将这种研究与社会要务相联系，所谓“研诸经，讨诸史，揆诸时务”[2]，经世倾向极为明显。

第三，龚自珍还提出，史家治史要“善入”“善出”。他认为，史学之所以受到尊重，不仅在于其负责记载史事、掌握褒贬，还在于其能“善入”“善出”，能窥见历史真相，从而总结规律，用于现实。所谓“善入”，就是史家对于“天下山川形势，人心风气，土所宜，姓所贵，皆知之；国之祖宗之令，下逮吏胥之所守，皆知之。其于言礼、言兵、言政、言狱、言掌故、言文体、言人贤否，如其言家事，可谓入矣”[3]。也就是说，史家对他所研究的对象，包括山川形势、土地状况以及人心风气、世家大姓、国家政令、吏胥职守、礼兵政刑、掌故文献、历史人物，等等，都必须深入进去，熟练掌握，要达到如数家珍的程度。只有这样，才能使笔下所记为“实录”。否则，“史之言，必有余呓”，即其中必有类似说梦话的不实的成分。

所谓“善出”，龚自珍说：

何者善出？天下山川形势，人心风气，土所宜，姓所贵，国之

[1] 龚自珍：《古史钩沉论二》。
[2] 龚自珍：《对策》，见《龚自珍全集》第一辑。
[3] 龚自珍：《尊史》。

祖宗之令，下逮吏胥之所守，皆有联事焉，皆非所专官。其于言礼、言兵、言政、百狱、言掌故、言文体、言人贤否，如优人在堂下，号咷舞歌，哀乐万千，堂上观者，肃然踞坐，眄睐而指点焉，可谓出矣。[1]

也就是说，史家对于历史上所有的事物，从地理环境、土地状况、人心风气到国家政令、各种制度、掌故文献、历史人物，等等，都应探寻其联系，统观全局，且又把握大道。如果史家做不到这一点，其作品“必无高情至论”，无法充分表达历史人物的“哀乐万千”。从“善出”论可以看出，龚自珍重视历史评论，这与考据学者所倡言的“学问之道，求于虚不如求于实”是不同的。龚自珍服膺公羊学，喜欢以微言大义的经术通政事，故而在史学研究上也重视评论。他的“善出”论的中心是史学要为社会现实服务，他对脱离现实的学问深致不满，对无关宏旨的考证更是大加指责。他曾点名批评乾嘉史学代表人物钱大昕，说他“考证琐碎，绝无关系，而文笔亦拙，无动人处”[2]。他认为，史学要“善出”，史家必须“通古”“通今”，熟悉历史和当今事务。“人臣欲以其言裨于时，必先以其学考诸古。不研乎经，不知经术之为本源也；不讨乎史，不知史事之为鉴也；不通乎当世之务，不知经、史施于今日之孰缓、孰亟、孰可行、孰不可行也”。[3] 了解当今，关注现实，以史学为现实服务，是龚自珍史学“善出”的核心。

龚自珍的“善入”“善出”论是不可分割的两个方面，“善出”必须以“善入”为前提，而“善入”的目的是为了“善出”，为了变革社会。而且，“善入”体现的是史家的“史才”和“史学”，“善出”则主要体现史家的“史识”。

第四，龚自珍提出史学变化发展观，并批判了历史编纂中的灾祥说。如上节所述，龚自珍有历史变化的观点，由此，他认为史学也在变化，“史家不能逃古今之大势。……今字多于古字，今事赜于古事，是故今史

---

[1] 龚自珍：《尊史》。

[2] 龚自珍：《语录》，见《龚自珍全集》第八辑。

[3] 龚自珍：《对策》。

繁于古史”[1]。而且，史学的这种变化是随着社会形势的变化而发生的一种自然而然的变化，“文苑有传，始于东京，可以观古今之变，亦天地自然所开，非人力也。道学有传，始于《宋史》，其为自然之势同”[2]。龚自珍以变化的观点看待史学的发展，颇识其要。

龚自珍反对古代史书编纂中的灾祥之说和天人感应理论。他指出，孔子在《春秋》中并未讲天人感应，“孔氏上承《尧典》，下因鲁史，修《春秋》，大书日食三十又六事，储万世之历，不言凶灾。日食为凶灾，孰言之？《小雅》之诗人言之，七十子后学者言之，汉之群臣博士言之”[3]。他严厉批评刘向、班固作《五行传》宣扬灾异，认为“刘向有大功，有大罪，功在《七略》，罪在《五行传》”，指斥刘向用灾异附会人事的拙劣做法，主张恢复《易》《书》《春秋》之本来面目，剥去它们上面的附会。[4] 他主张“摧烧汉朝天人之谬说”，“班氏《五行志》不作可也”。[5]

在中国史学发展史上，很多有识之士如刘知幾、郑樵等，都对灾祥学说和天人感应说进行猛烈的批判，龚自珍吸收前人思想成果，更彻底地摒除灾祥迷信，确乎超越了前人。

第三节 “天地东西南北之学”

注重边疆史地研究和历史地理研究，是龚自珍经世史学思想的具体体现。他自己称这种研究为“天地东西南北之学”。

龚自珍治“天地东西南北之学”，有两个原因。从学术渊源上讲，龚自珍上接顾炎武和顾祖禹舆地之学的传统，研究边疆史地，以期服务于社会。从社会现实来讲，清王朝领域空前广大，而且又以少数民族立国，

[1] 龚自珍：《与徽州府志局纂修诸子书》，见《龚自珍全集》第五辑。
[2] 龚自珍：《语录》。
[3] 龚自珍：《乙丙之际塾议第十七》，见《龚自珍全集》第一辑。
[4] 龚自珍：《非五行传》，见《龚自珍全集》第一辑。
[5] 龚自珍：《与陈博士笺》，见《龚自珍全集》第五辑。

如何处理好清王朝中央政府和少数民族地区的关系，从而有效地对边疆地区进行管理，直接关系国家的稳固。而且，龚自珍生活的时代，边疆危机日益加深，东南沿海地区，英、美等国的鸦片船只和兵船经常在我重要通商口岸进行挑衅，试图以武力打开中国大门。西北地区，沙俄、英国长期觊觎我国新疆、西藏，他们策动噶尔丹、张格尔叛乱，在西北边疆扩张势力，屠杀居民，抢劫财物，掠夺土地。内忧外患，激起了龚自珍对边疆危机的关注。

龚自珍长于边疆史地之学，人称他“于西北两塞外部落、世系、风俗、山川形势、源流分合，尤役心力。洞明边事，雅称绝诣”[1]。道光元年（1821 年），他参与重修《一统志》，上书总裁，论西北塞外诸部落沿革，订旧志之疏漏，共十八条。在此之前，他还协助程同文修《会典》，负责校理“理藩院”一门及青海、西藏各图，并在程同文的帮助下，自撰《蒙古图志》，由二十八图、十八表、十二志组成，此书虽未最后修成，且遭大火烧毁，但从保存下来的《拟进上蒙古图志表文》及部分篇章的序来看，仍可窥见龚自珍在西北边疆史地研究上的造诣和卓见。除此之外，龚自珍还在《西域置行省议》《御试安边绥远疏》等文章中，阐述了自己对治理边疆的看法。

其一，国家一统的观念。龚自珍是晚清公羊学健将，公羊学说中的“大一统”观念在他的边疆史地研究中明显地表现出来，并被赋予了时代内涵。龚氏对清王朝具有广阔辽远的国土、一统众多的百姓倍感自豪，称“四海之国无算数，莫大于我大清。大清国，尧以来所谓中国也”，并对乾隆皇帝“承祖宗之兵力，兼用东南北之众，开拓西边”的历史功绩给予极高评价。[2] 同时，他对于文献记载中边疆状况的疏漏深表遗憾。他在《拟进上蒙古图志表文》中就明确说明撰写《蒙古图志》是为了弥补这一缺陷：

> 我朝之有天下，声教号令，由回部以达于葱岭，岭外属国之爱乌罕、那木干以迄于西海；由蒙古喀尔喀四部，以达于北方属国之

[1] 吴昌绶：《定庵先生年谱》：“道光元年”。

[2] 龚自珍：《西域置行省议》，见《龚自珍全集》第一辑。

> 鄂罗斯，以迄于北海。回部为西海内卫，喀尔喀为北海内卫。今葱岭以内，古城郭之国，既有成书，而蒙古独灵丹呼图图灭为牧厂，其余五十一旗，及喀尔喀四大部，纵横万余里，臣妾二百年，其间所施设，英文钜武，与其高山异川，细大之事，未有志，遂敢伸管削简，觶理其迹，闓辂其文，作为《蒙古图志》。[1]

他在参与重修《一统志》时，上书总裁的十八条修史建议，所论悉为西北塞外诸部落之沿革，建议补足旧《一统志》对边疆民族地区历史文化、地理沿革记载的疏漏，体现的同样是一统无外的大一统观念。

其二，稳定边疆的建议。龚自珍研究边疆史地，目的是为了稳定边疆，抵御外侮。故而他提出了很多切实可行的建议。

新疆设立行省。清代，新疆地区一直是我国统一的多民族国家的重要组成部分。但是，由于地域辽远，清廷对新疆的管理一直采用委派将军、参赞大臣“镇守”的办法，缺乏一套系统的行政管理机构，故而行政松散，缺乏号召力，这对有效开发、管理新疆，巩固国家统一极其不利。针对这种情况，龚自珍第一个明确提出新疆设置行省，在天山南北两路亦即准部和回部所在区域，仿各省之例，设总督、巡抚、布政使、按察使等官员，其下置知府、知州、知县。龚自珍还运用他渊博的舆地知识，对西域府州县的划分提出了具体意见，以便加强中央对边疆的有效管理。

移民边疆。为了开发边疆，巩固边防，龚自珍主张移民实边，重点迁徙无业游民。他认为，随着人口增加，中国内地“生齿日益繁，气象日益隘”，特别是乾隆末年以来，“官吏士民，狼艰狈蹷，不士、不农、不工、不商之人，十将五六”。[2] 相反，西北则人烟稀少，“地纵数千里”，因此，政府应“大募京师游食非土著之民，及直隶、山东、河南之民，陕西、甘肃之民，令西徙”。南方各省情况不一，在移民时应分别对待，如江浙之民，“筋力柔弱，道路险远，易以生怨，毋庸议”，“四川地广人稀，不宜再徙”，江西、福建种鸦片者多，“大为害中国”，应大量西

---

[1] 龚自珍：《拟进上蒙古图志表文》，见《龚自珍全集》第五辑。
[2] 龚自珍《西域置行省议》。

迁。对于西迁之民，政府应有配套措施，扶持他们在边疆的生产，“当行者，官给每户盘费若干”，“到西，分插南北两路后，官给蒙古帐房一间，牛犁具，籽种备”。[1] 龚自珍移民入疆的主张，可以说是一项既解决内地严重的流民问题，又可发展边疆生产、巩固边防的重要措施。

以边安边。龚自珍对长期以来各朝政府对西北边疆实行的“羁縻之、控制之”的安边政策很是不满，认为重兵驻边，一旦失去内地供给，便只有弃地而还，非长久之计。他提出“以边安边”的方略，即在天山南路开垦农田，保证供应，在天山北路训练精兵，达到“足食足兵”的效果，“常则不仰饷于内地十七省，变则不仰兵于东三省”，从而稳操胜券。[2] 他还提出撤除有名无实的屯田，将“客丁变为编户，戍边变为土著”[3]，并且要保护游牧部族的特点，“立行省后，不可使与民户旗户无区别”[4]，对于那些对本族居民有重大影响的头人应采取优待政策，等等。龚自珍还指出，清代西北边疆形势与汉唐有极大差别，因此，清代的边疆政策不能照搬汉唐。由此，龚自珍提出了一种很有见地的观点：“经史之言，譬方书也，施诸后世之孰缓、孰亟，譬用药也。……至夫展布有次第，取舍有异同，则不必泥乎经史。”[5] 这种从实际出发制定现实政策的思想，正是龚自珍经世史学的精髓所在。

其三，民族团结的思想。龚自珍希望在民族间建立“安”和“信”的关系，他通过总结新疆地区复杂的政治历史事件的教训，论证民族间和睦相处的重要性。清朝驻乌什领队大臣素诚“占回之妇女无算，笞杀其男亦无算，夺男女之金银衣服亦无算”，结果造成乌什事件。对此，龚自珍予以严厉谴责，认为这是平时“扰回”引起的“激变”。对于康、雍、乾三朝长期的平定准噶尔部的战争，龚自珍既强调这些军事行动发挥了维护祖国统一的重要作用，但同时又指出长期战争给西北各少数民族带来的沉重灾难，“千里一赤，睢盱之鬼，浴血之魂，万亿成群”。他要求驻疆的大臣将领记取教训，“敬谨率属”，“不以驼羊视回男，不以禽

[1] 龚自珍：《西域置行省议》。
[2] 龚自珍：《御试安边绥远疏》，见《龚自珍全集》第一辑。
[3] 龚自珍：《西域置行省议》。
[4] 龚自珍：《北路安插议》，见《龚自珍全集》第一辑。
[5] 龚自珍：《对策》。

雀待回女”，“令回人安益安，信益信而已矣”。他主张从事农耕的汉族人民和从事畜牧的少数民族要彼此尊重，和睦相处，“耕者毋出屯以垦，牧者毋越圈而刈，上毋虐下，下毋藐上”，这样就能“防乱于极微，积福于无形”。对于少数民族间的冲突，他也极力寻求和平解决的方法，反对动用武力。[1] 当然，龚自珍的民族团结思想与我们今天所讲的民族团结还是有本质不同的。

其四，抵抗侵略的用心。龚自珍的“东西南北之学”并不仅限于西北，他对东南沿海的形势也极为留意，在《书番禺许君》一文中，他曾专议两广的文化地理特征，称“粤之东，维帝南服，而天下之雄也。其山怪，其土阻，其水大壑，其物产英诡，其人沈雄多大略。其大政三：曰榷盐，曰舟师，曰互市。三者恒有联，事相倚也”[2]，足见龚自珍对东南海疆也有一定的研究。他在论述东西南北边疆史时，贯穿着抵抗外国侵略的良苦用心。道光三年（1823 年），龚自珍作《阮尚书年谱第一序》，称赞阮元的学术成就，并大力表彰阮元大力整顿海防，抵制英国殖民者，严禁鸦片的行为，告诫阮元“粤东互市，有大西洋，近惟英夷，实乃巨诈，拒之则叩关，狎之则蠹国；备戒不虞，绸缪未雨，深忧秘计，世不尽闻”[3]。道光十五年，龚自珍在《送广西巡抚梁公序》中，要求广西巡抚梁章钜禁止鸦片泛滥，“必杜其习以丰其聚”[4]。他还多次指出，“维海之西，有英吉利，隆鼻高眶，环伺澳门，以窥禹服”[5]，说明海防危机的严重。鸦片战争前夕，林则徐去广东禁烟，龚自珍写有《送钦差大臣侯官林公序》，阐明了禁烟的意义，提出了十条建议，并特别提醒林则徐要“重兵自随”，“修整军器”，防备英国殖民主义者可能发动的侵略战争。[6] 龚自珍治边疆史地，处处以维护国家疆土的完整为出发点，对西方列强充满了戒心，这正是时代形成的特点。

---

[1] 龚自珍：《上镇守吐鲁番领队大臣宝公书》。

[2] 龚自珍：《书番禺许君》，见《龚自珍全集》第二辑。

[3] 龚自珍：《阮尚书年谱第一序》。

[4] 龚自珍：《送广西巡抚梁公序》，见《龚自珍全集》第二辑。

[5] 龚自珍：《赠太子太师兵部尚书两广总督谥敏肃涿州卢公神道碑铭》，见《龚自珍全集》第二辑。

[6] 龚自珍：《送钦差大臣侯官林公序》，见《龚自珍全集》第二辑。

其五，求实致用的方法。龚自珍少年时代受过汉学考据的训练，他在研究边疆史地时，表现出一种严谨求实的学风。如他为了澄清东北边界情况，经校勘考订，撰写《最录平定罗刹方略》，提出当时划分边界时有“碑二通：一在格尔必齐河，一在额尔古纳河。二河，皆黑龙江之上游也”[1]。他在《最录西藏志》一文中，称扬《西藏志》的史料价值，认为如果将《西藏志》与和宁的《西藏赋》，松筠的《西藏巡边记》《西藏图说》合在一起来看，则“百余年来，西事备矣”[2]。他参与重修《一统志》时，上书总裁，主张“所贵乎重修者，谓将纠旧误，补旧阙，亮非抄袭沿承而已”[3]。他本人即对旧志所载西北边疆的疏舛一一进行辨析，如考证巴彦虎部原来在尼布楚、雅克萨城之间放牧，后因沙俄侵扰，无法进行正常畜牧，才徙居呼伦贝尔草原借牧，从而证明尼布楚、雅克萨城本来就是中国的领土，等等。所有这些，对于后人研究北方边疆问题都有重要参考价值。

龚自珍的“天地东西南北之学”具有承上启下的作用。他上承乾嘉时期萌生的边疆史地之学，并注入了时代的精神，下启晚清史学中研究西北地理、蒙古史及域外史地的新风气，紧随其后，出现了张穆的《蒙古游牧记》，何秋涛的《朔方备乘》，魏源的《元史新编》《海国图志》，徐继畬的《瀛寰志略》，夏燮的《中西纪事》等书，他们讨论边疆和外国史地，为挽救民族危亡而筹划，学术风气大变。这种学术风气的变化当然与时代的剧变不可分割，但龚自珍顺应时代潮流，自觉开创学术新风气，其意义与影响不可低估。

第四节　龚自珍的文献学思想

经世致用，关注现实，敏锐地反映时代精神，反对脱离现实的烦琐考证，是龚自珍史学的主要特点。作为晚清公羊学说的健将，龚自珍在

[1] 龚自珍：《最录平定罗刹方略》，见《龚自珍全集》第三辑。
[2] 龚自珍：《最录西藏志》，见《龚自珍全集》，第三辑。
[3] 龚自珍：《上国史馆总裁提调总纂书》，见《龚自珍全集》第五辑。

提出自己的史学见解时，对文献考据也提出了看法。一方面，他从学术发展的角度论述了考证之学出现的必然性和合理性。他认为，宋明理学盛行，把言心言性当作最高的学术追求，流于空谈，于事无补。清代学者以考据之学力矫此弊，强调从名物训诂入手研究经书义理，对历算、天文、地理、制度、器物、文字训诂，等等，长期做窄而深的研究，都有专门的心得，整齐排比之功不可没。[1] 另一方面，他对考据末流陷于琐碎主义，埋头故纸而不关心社会极为不满，给予了严厉批判，认为“辨古籍真伪，为术浅且近者”[2]。龚自珍反对脱离现实的琐屑考证，对考证之学的局限性有着清醒的认识，但他并不否定文献工作在史学研究中的作用，相反，他对史料搜集、目录、小学、校勘、训诂、考证学还相当重视，认为这是治学的必要手段和工具。

龚自珍认为，治史必须广泛搜集资料，“掌故不备，则无以储后史”[3]。又说：“文献无征，不可不辨明，恐贻误国史，所关非小耳。”[4] 龚自珍搜集历史资料的视野相当广阔，经史文献资料之外，他还力倡从彝器、刻石、碑铭、古印、古镜、瓦文等实物中搜集资料。他甚至还注意到诗文中也含有史事。

龚自珍对商周彝器文字的史料价值有清醒的认识，他认为商周彝器所载，“凡古文，可以补今许慎书之阙；其韵，可以补《雅》《颂》之隙；其事，可以补《春秋》之隙；其礼，可以补逸《礼》；其官位氏族，可以补《世本》之隙；其言，可以补七十子大义之隙。三代以上，无文章之士，而有群史之官。群史之官之职，以文字刻之宗彝，大抵为有土之孝孙，使祝嘏告孝慈之言，文章亦莫大乎是，是又宜为文章家祖”[5]。商周彝器上的文字，可以补充史料记载之不足，治史者不可不注意。另外，他在《说宗彝》一文中，将三代彝器分为十九类，并特别强调了它们的史料价值：“凡有征于先史之籍，有此十九说者，皆不可以不识也，不可以不类识也。……自夏后氏以降，莫不尊器者，莫不关器者；其吉凶常

[1] 龚自珍：《陈硕甫所著书序》，见《龚自珍全集》第三辑。

[2] 龚自珍：《资政大夫礼部侍郎武进庄公神道碑铭》，见《龚自珍全集》第二辑。

[3] 龚自珍：《国朝春曹题名记序》，见《龚自珍全集》第三辑。

[4] 龚自珍：《语录》。

[5] 龚自珍：《商周彝器文录序》，见《龚自珍全集》第四辑。

变、兴灭存亡之际，未有不关器者。”[1]

古代刻石也蕴含着很多有价值的史料，龚自珍说：

> 古者刻石之事有九：帝王有巡狩则纪，因颂功德，一也。有畋猎游幸则纪，因颂功德，二也。有大讨伐则纪，主于言劳，三也。有大宪令则纪，主于言禁，四也。有大约剂大诅则纪，主于言信，五也。所战、所守、所输粮、所了敌则纪，主于言要害，六也。决大川、浚大泽、筑大防则纪，主于形方，七也。大治城郭宫室则纪，主于考工，八也。遭经籍溃丧、学术歧出则刻石，主于考文，九也。九者国之大政也，史之大支也。[2]

可以说，封建王朝政治、经济、文化等方方面面的状况，都可在刻石上反映出来。出于这样的认识，龚自珍曾依据刻石收录自晋至隋的石刻文，并因部分石刻无故实而深表遗憾，认为“不如祠墓之碑之近于史也”[3]。显然，他已经注意到刻石与史的相资为用了。

墓碑和古印也有很高的史料价值，墓碑所刻文字，“必著族位，著族位矣，必述功德。夫以文字著族位，述功德，此亦史之别子也”[4]。古印为专门之学，但“亦考制度之一隅”[5]。

古镜和瓦当分别为古代生活日用品和建筑用品，其中有不少刻有铭文，也是治史者收集资料时不可忽视的。他指出，古镜所载文字，有四言的，“在《易繇》与《诗》之间”，有三言至七言的，“在谣谚之间”，“体裁尤芳异，文章家喜之，录之以贶夫言诗者也。其用韵，则不可以周之谐声求之矣；其文字，大小篆与隶书相杂为体”，可为治史之一助。[6]西汉的瓦文，“乃兼大小篆。……可以识炎运之西隆，窥刘祚之东替也

[1] 龚自珍：《说宗彝》，见《龚自珍全集》第四辑。
[2] 龚自珍：《说刻石》，见《龚自珍全集》第四辑。
[3] 龚自珍：《自晋迄隋石刻文录序》，见《龚自珍全集》第四辑。
[4] 龚自珍：《说碑》，见《龚自珍全集》第四辑。
[5] 龚自珍：《说印》，见《龚自珍全集》第四辑。
[6] 龚自珍：《镜录序》，见《龚自珍全集》第四辑。

矣”[1]，即可考见汉代历史之变迁。

龚自珍还注意到诗文中的史事记载，他在《乙丙之际塾议第十七》中指出，“诗人之指，有瞽献曲之意，本群史之支流”[2]。他在论《白石山馆诗》“晚来风更好，无奈泊船时”句时指出，“结语中有史事”[3]。龚自珍将镜、瓦、诗文作为研究历史的资料，扩大了史料的范围。

龚自珍不仅主张治史要广泛收集史料，而且主张编纂史书时史事记载“宜繁不宜简”，将尽可能多的史料传给后人。他公开反对“尚简”的史法，赞同徐乾学主修《一统志》时“备载详录”的主张。他在参与修撰《徽州府志》时，就主张“宜繁不宜简”，认为“良史毋吝为博，多以贻之，以餍足之”。[4]

龚自珍对目录学也有过深入的研究，他曾对目录之学的源流做过精辟论述，并注意把目录学作为搜集史料的工具。他说：

> 目录之学，始于刘向。嗣是而降，约分三支：一曰朝廷官簿，荀勖《中经簿》、宋《崇文总目》《馆阁书目》类是也。一曰私家著录，晁公武《郡斋读书志》、陈振孙《书录解题》类是也。一曰史家著录，则《班史·艺文志》《隋书·经籍志》以下是也。三者体例不同，实相资为用，故不能偏废。三者之中，体例又二：史家著录，惟载卷数；其他一则载卷数，一则条书旨。其最详者，则又胪注某抄本、某椠本，旁及行款印记题跋。兹事虽细，抑专家之业至于是而始可谓备，则亦未易言矣。[5]

龚自珍详熟各类目录，故而可以“相资为用”，缘此以搜集合用的文献资料。

对于文献资料的整理考订，龚自珍提倡“以经还经，以记还记，以

---

[1] 龚自珍：《瓦录序》，见《龚自珍全集》第四辑。

[2] 龚自珍：《乙丙之际塾议第十七》。

[3] 龚自珍：《语录》。

[4] 龚自珍：《与徽州府志局纂修诸子书》。

[5] 龚自珍：《慈云楼藏书志序》，见《龚自珍全集》第三辑。

传还传，以群书还群书，以子还子”[1]，也就是通过考订各还其本来面目，以便从中得到史实真相。怎样才能求得史实之真呢？龚自珍认为小学是入手处。龚氏自小跟段玉裁学习《说文》，受过严格的文字音韵学教育，对此有很深的造诣。后来他虽然转向公羊学说，并以经世致用为己任，对脱离社会现实的考证之学进行了严厉批判。但从治史以获得真确认识的角度而言，他并不鄙弃考据，特别是用小学的手段来考证史实。他曾撰写《抱小》一文，指出从小学入手治史，“求之也必劬，获之也必创，证之也必广，说之也必涩。不敢病迂也，不敢病琐也。求之不劬则粗，获之不创则剿，证之不广则不信，说之不涩则不忠，病其迂与琐也则不成”[2]。强调必须不嫌琐碎地下一番求、获、证、说的坚实工夫，才能获得准确可靠的历史资料。他认为，王引之“用小学说经，用小学校经”对于弄清经义、考核史实起了重要作用。龚自珍还继承了清初顾炎武“读九经自考文始，考文自知音始”[3]的治学方法，注重音韵训诂的作用，他认为语言有古今之异，有地域之异，了解古音才能读懂古语，否则只能误读。[4]他强调声韵是小学之“枢纽”[5]，小学是经籍之“户枢”[6]。他担忧随着年代日益久远，文献资料流传愈益淆乱，字义多歧，后世之人愈来愈见不到《诗》《书》《易》《春秋》等的本来面目。他曾立下壮志，“将欲更定姬周之末之文章”[7]，整理群经，以恢复其本来面目。但因世事多艰，未能如愿。

除以小学手段考史外，龚氏还注意以古器物来订补文献记载之讹错。前面已经说过，龚自珍对古器物的史料价值有深刻的认识，扩大了史料的范围。不仅如此，龚自珍还提倡实物与文献相互印证，以订正错讹。他与精于金石学的阮元过从甚密，在《秦泰山刻石残字跋尾》中，赞成

[1] 龚自珍：《六经正名答问五》，见《龚自珍全集》第一辑。
[2] 龚自珍：《抱小》，见《龚自珍全集》第一辑。
[3] 顾炎武：《亭林文集》卷四《答李子德书》。
[4] 龚自珍：《壬癸之际胎观第三》，见《龚自珍全集》第一辑。
[5] 龚自珍：《蒙古声类表序》，见《龚自珍全集》第三辑。
[6] 龚自珍：《六经正名》，见《龚自珍全集》第一辑。
[7] 龚自珍：《古史钩沉论三》，见《龚自珍全集》第一辑。

阮元所说“《史记》实有阙文，又有倒文，与石刻不符”[1]，在《两齐侯壶释文》中他也说：“齐侯中𢘅不见《年表》《世家》，古器物之人名，不必尽在经史。”[2] 古代印玺，“官名不见于史，是亦补古史也”[3]。这些言论，都是在肯定古器物对考订文献记载的重要作用。

龚自珍的挚友魏源在评论龚自珍时有这样一段话：“（定庵）于经通《公羊春秋》，于史长西北舆地。其书以六书小学为入门，以周秦诸子、吉金乐石为涯郭，以朝章国故、世情民隐为质干。”[4] 这段话概括了龚氏学术的主要方面。龚氏引公羊以讥切时政，批判封建专制的官场腐朽、学术蒙昧，同情民众疾苦，以历史变易观点为依据畅言社会变革，关注边疆危机，进行边疆史地学的研究，有着卓越的史学思想，对近代史学有极大影响。但同时，学术的发展又是有继承性的，龚自珍批判学术研究中脱离现实的埋头考证，但又不否认考证之学在获取史料之真上所起到的重要作用，他提倡广泛积累大量资料，以实事求是的态度，运用小学等各种方法，下一番艰苦的考索之功，以获求准确的史实。这些，显然是对乾嘉考证学风的继承。龚自珍善于吸取前人治史的方法，并试图在新在历史条件下把这种方法与经世致用的学术宗旨结合起来，从而开拓出嘉道之际的学术新风气。

[1] 龚自珍：《秦泰山刻石残字跋尾》，见《龚自珍全集》第四辑。

[2] 龚自珍：《两齐侯壶释文》，见《龚自珍全集》第四辑。

[3] 龚自珍：《说印》。

[4] 魏源：《定庵文录叙》，见《龚自珍全集附录》，《龚自珍全集》第十一辑。

余论　道咸以后史学思想的发展趋向

本书是多卷本《中国史学思想会通》之清代卷，以朝代史为依据，其上下限自应是从1644年清廷定鼎北京到1911年清帝逊位。但按目前中国历史的划分方法，1840年鸦片战争以后为近代史，此后的史学为近代史学，故而本书下限即叙述至鸦片战争前后。但清代史学思想的发展是一个整体演进的过程，断然割裂，甚为不妥，故将道光二十年（1840年）以后之史学思想的演化以“余论”简述如下，以见清代史学思想变迁之全过程。

道光二十年（1840年），鸦片战争爆发，英国随后强迫清政府签订了不平等的《南京条约》，亘古未有的历史变局形成。自此以后，中国的社会矛盾和社会性质都发生了根本性变化。和鸦片战争以前相比，中国社会发生的变化主要表现在两个方面：其一，中国遭受西方列强的侵略，逐步由一个独立的封建国家沦落为半殖民地半封建国家。其二，产生了新的政治和经济因素、新的阶级关系，传统封建社会结构开始解体。

鸦片战争是中国社会发展的转折点，也是中国传统学术文化演变的分水岭。以鸦片战争为起点，中国传统学术文化开始了从古代形态向近代形态的转变。新旧之论、中西之争交汇在一起，呈现相当复杂的局面。

在这种社会变革及西方文化的影响下，传统学术文化也在不断调整内部结构，以应付所面临的内外挑战和民族危机。大致来说，这种变化又有阶段性特点，从鸦片战争到中日甲午战争，是传统学术文化的自我调整时期；从中日甲午战争到清王朝灭亡，是中国传统学术文化走向衰落，近代新学术形成时期。在第一阶段，汉学走向衰落，但仍保持一定的规模，今文经学继续高涨，明末清初遗民思想复兴，经世之学走到前台，诸子学和程朱理学复兴，汉宋合流已成共识，西学对传统学术产生冲击，出现了“中学为体，西学为用”的新观念。在第二阶段，科举被废除，西方人文科学进一步影响中国学术，出现了诸如哲学、政治学、社会学、伦理学、经济学、逻辑学等近代新学科，学术领域有了新气象。总之，道光以后中国传统学术文化受到极大冲击，处于不断变动之中。这种变动极其复杂，新旧并存，中西混杂，但总的趋向是朝构建新文化的方向发展。

身处这一历史潮流中的历史学，也相应地做出了自己的抉择，出现了新气象、新风格。其一，随着民族危机的加深，传统经世史学观念在新形势下演变为以救亡图存为主旨的爱国主义史学思潮。传统史学思想中的借鉴观念、通变观念在这一过程中得到长足发展。其二，闭关锁国局面被打破，中国史学家的眼界空前开阔，形成研究外国史地的热潮，史学家开始把中国的历史兴衰和世界的变动联系起来，历史研究中具有“世界意识”，能以世界史的眼光认识历史的兴亡变化。其三，西方的各种学术思想和历史研究方法传入中国，并逐步与传统史学中的进化思想、治史考史方法相结合，形成了新的治史观点和治史方法。

在此，我们还必须指出三点：第一，道光以后史学与古代史学相比，有不同的特点，但与古代史学的关系并没有被割断。早在乾嘉时期，有见识的史学家就已对僵化的史学现状表示不满，要求史学创新，章学诚便是一例。之后，史学的变动一直与社会的变动连在一起。中国史学在道光以后，才有了向新史学变革的可能，逐步从旧史学中蜕变，开始睁眼看世界。第二，史学的变动受社会变动的影响，但史学并未变成政治、经济的附庸，尤其是道光以后的中国史学，它不是消积地、被动地反映着当时的政治和文化，而是积极地、主动地影响着当时的社会。人们以史学为武器，宣传变法、改革，积极地运用历史研究为救亡、启蒙服务，自觉推动人们反帝反封建的斗争，在危机深重的社会背景下，增强人们的民族自信心和必胜心。第三，道光以后，睁眼看世界，吸纳新思想，改造旧史学，成为史学主流；奖励名节，褒扬忠君思想的正统史学也被人重提，属于支流。这些是中国史学针对社会变动而做出的回应。

从鸦片战争到甲午战争以前，史学研究的特点主要表现在以下几个方面：

其一，外国史研究深入发展。嘉道之际，中国史家注目边疆史地研究，同时也开眼看世界，将历史研究的眼界放宽，龚自珍、魏源、张穆、何秋涛、徐继畬、梁廷枏等人是其中代表。到19世纪六七十年代，向西方学习形成热潮，大批西书被翻译到中国。《西国近事汇编》《印度国史》《俄罗斯国史》《德国史》《欧罗巴史》《万国史》《英俄印度交涉记》《泰西新史揽要》《列国变通兴盛记》等历史书籍的译出，大大开阔了中国学人的眼界。与此同时，中国学者对外国史地的研究也在深入。王韬的《法国志略》《普法战纪》，黄遵宪的《日本国志》是其代表。这一时期的外国史地著作有自己的特点：（一）侧重于对外国近代历史及现状的叙述，具有"通今致用"的特点；（二）基本上摆脱了以中国为世界中心的传统观念，逐渐确立起了新的世界整体观念；（三）在一定程度上触及资本主义社会生活层面，对西方近代政治体制和物质文明的介绍和评说较为详备。可以这样说，此时的外国史研究更多地表现了近代中国学习西方或日本的历史课题。

其二，南明史及当代史撰述引人注目。鸦片战争以后，清王朝对思想文化领域的控制逐步松弛，文网渐疏，深受清王朝压抑的南明史研究再次抬头。陈鹤的《明纪》，徐鼒的《小腆纪年》《小腆纪传》，夏燮的《明通鉴》是其代表。同时，当代史研究继续受人关注，夏燮的《粤氛纪事》、王闿运的《湘军志》、周世澄的《淮军平捻记》、陈庆年的《镇江剿平粤匪记》、李滨的《中兴别纪》、王定安的《湘军纪》等，反映了当时国内外重大事件。

以上两个特点非常明显，在史学思想上也各有特色。王韬、郑观应、黄遵宪等人将公羊三世说与历史进化论相结合，在中外历史的对比中表达了关于历史进程的新观点。王韬运用三世说的模式，结合宋元理学家关于历史理气说的观念，将中国的历史划分为三代之道、郡县之道、君民共主之道三个阶段，给龚自珍、魏源从经学中阐发的历史变易论补充了具体内容。郑观应则根据历史必变、历史进化的思想，将中国历史划分为封建之天下、郡县之天下、华夷联属之天下，指出秦以前为封建之世，秦以下至鸦片战争为郡县之天下，鸦片战争以后为华夷联属之天下。黄遵宪的进化思想中则包含有生存竞争的观点，他参照西方历史发展的某些特征来划分中国历史发展阶段，认为中国历史经历了封建之世、郡县之世、共和之世三个阶段，秦以前为封建之世，秦至清为郡县之世，共和之世在中国尚未到来，但在西方已成现实。可以看出，此时的中国学者在研究中外历史时，已超出正统史学的轨道，逐步摆脱经学的羁绊和名节大防的正统史观，通过中西历史的对比，对中西历史发展的具体过程有了更明确、更具体的认识，奠定了中国近代“新史学”的某些理论基础。

与此相背驰的是，在南明史与当代史的研究中，却贯彻着封建正统史学思想。他们面对社会危机，试图把君臣之义与名节观念当作史学的标准，在史著中效法《春秋》与《纲目》之义，树立君臣道义、忠节名分，既仇视西方殖民者，也仇视农民起义和民主政治，徐鼒、夏燮、王闿运等人均有这方面的言论。这既是咸同年间理学复兴对史学的影响，也反映了正统史学如不加以改造，在社会变革面前便缺乏应变力，只得回到传统史学固有的理论体系中寻找思想武器，其结果必然是无法注入新的时代内容。道光以后中国史学新旧混杂，预示正统史学思想的即将衰落。

综观鸦片战争至甲午战争时期的史学，可以看到外部社会危机对史学的强烈冲击以及史学对这种冲击的回应，也可以看到新的史学主流的形成。部分史家坚持原有的正统经学体系，主张用传统正统史学的观念来整肃人心，挽弊补偏。部分史家则从正统经学体系中发掘出富有时代气息的新思想、新观念，并使史学研究出现了前所未有的新因素。还有不少史家则将目光投向世界，并进行较为深入的研究，从中西历史的比照中观照中国社会的不足以及它的发展方向，并由此反省固有史学研究的不足，提出了许多富有创造性的观点。

需要说明的是，道咸史学开辟了新的研究领域，提出了一些对历史、现实的新认识，但却没有新的史学理论和新的史学研究方法，它仍然是传统史学在新条件下的延续。只有到“新史学”兴起时，人们才开始在传统史学的基础上，寻求新的史学理论和方法来研究中国历史，改造旧史学。

从甲午中日战争到清朝灭亡，是近代“新史学”理论体系建立时期。经过前一阶段的思想突破和理论积累，戊戌前后，史学思想出现了极大飞跃。首先，公羊今文学的“三世说”得到进一步发挥，并进一步与西方进化论相结合，进化史观得到广泛宣传，循环史观和复古史观受到批判。其次，以君主为中心的封建旧史学受到批判，提倡学习西方资产阶级史学，“民史”受到重视。再次，封建旧史学以中国为中心的传统观念进一步动摇。复次，传统史学方法的弊端被揭露出来，史学求新的要求越来越高。梁启超、严复、唐才常、谭嗣同、徐勤、徐仁铸等人在其中起了重要作用。1901 年，梁启超在《清议报》上发表《中国史叙论》，1902 年，又在《新民丛报》上发表《新史学》，响亮地提出了“史界革命”的口号，对封建旧史学进行猛烈批判，探索新史之道，提出了“新史学”的理论体系。

“新史学”之“新”，主要表现在以下几个方面：在历史观上，提倡进化论，反对历史循环论、历史倒退论；在研究内容上，提倡研究民史，反对研究君史，提倡研究社会文化史，反对研究单一的政治史；在研究目的上，提倡探求历史发展之公理公例，而不仅仅是资鉴和垂训；在研究方法上，主张广泛吸收社会学、地理学、人类学、心理学、语言学、伦理学等新学科的方法，以使认识结果更加精确；在史书编纂上，提倡新体裁，反对旧体裁，摒弃旧史学的史法、史例，等等。

总之，经过梁启超等人的提倡，“新史学”终于亮出了它有别于传统史学的旗帜，中国历史学进入一个新的发展阶段。

本卷主要参考书目

黄宗羲：《黄宗羲全集》，沈善洪主编，浙江古籍出版社 1985—1994 年版。

黄宗羲：《明儒学案》，中华书局 1985 年版。

王夫之：《船山全书》，岳麓书社 1988—1996 年版。

顾炎武：《顾亭林诗文集》，中华书局 1983 年版。

顾炎武：《日知录集释》，黄汝成集释，秦克诚点校，岳麓书社 1994 年版。

唐甄：《潜书》，中华书局 1963 年版。

万斯同：《石园文集》，《四明丛书》本。

汤斌：《汤子遗书》，《四库全书》本。

全祖望：《全祖望集汇校集注》，朱铸禹汇校集注，上海古籍出版社 2000 年版。

顾祖禹：《读史方舆纪要》，中华书局 2005 年版。

阎若璩：《尚书古文疏证》，上海古籍出版社 1987 年版。

张穆：《阎若璩年谱》，中华书局 1994 年版。

阎若璩：《潜丘札记》，《皇清经解》本。

朱彝尊：《曝书亭集》，《四部丛刊初编》本。

潘耒：《遂初堂文集》，清刻本。

邵廷采：《思复堂文集》，浙江古籍出版社 1987 年版。
黎靖德编：《朱子语类》，中华书局 1986 年版。
叶适：《水心集》，《四库全书》本。
洪亮吉：《洪亮吉集》，中华书局 2001 年版。
戴震：《戴震全书》，张岱年主编，黄山书社 1994—1995 年版。
刘献廷：《广阳杂记》，中华书局 1957 年版。
毛奇龄：《西河集》，《四库全书》本。
施闰章：《学余堂文集》，《四库全书》本。
汪由敦：《松泉文集》，《四库全书》本。
章学诚：《文史通义新编新注》，仓修良编注，浙江古籍出版社 2005 年版。
章学诚：《文史通义校注》，叶瑛校注，中华书局 1985 年版。
钱大昕：《嘉定钱大昕全集》，陈文和主编，江苏古籍出版社 1997 年版。
钱大昕：《潜研堂集》，上海古籍出版社 1989 年版。
赵翼：《廿二史札记》，中国书店 1987 年版。
赵翼：《瓯北集》，上海古籍出版社 1997 年版。
赵翼：《瓯北诗钞》，世界书局民国二十六年版。
赵翼：《皇朝武功纪盛》，《丛书集成》本。
王鸣盛：《十七史商榷》，上海书店出版社 2005 年版。
王鸣盛：《尚书后案》，清乾隆四十五年礼堂刊本。
王鸣盛：《蛾术编》，商务印书馆 1958 年版。
汪中：《述学》，《四部丛刊初编》本。
崔述：《崔东壁遗书》，上海古籍出版社 1983 年版。
《四库全书总目》，中华书局 1965 年版。
卢文弨：《抱经堂文集》，《丛书集成初编》本。
阮元：《研经室集》，中华书局 1993 年版。
阮元：《畴人传》，《文选楼丛书》本。
凌廷堪：《校礼堂文集》，中华书局 1998 年版。
江藩：《汉学师承记·宋学渊源记》，上海书店出版社 1983 年版。
龚自珍：《龚自珍全集》，上海人民出版社 1975 年版。

魏源：《魏源集》，中华书局1976年版。
魏源：《海国图志》，清光绪二十一年上海书局石印本。
魏源：《圣武记》，中华书局1984年版。
贺长龄、魏源等编：《清经世文编》，中华书局1992年版。
梁廷枏：《海国四说》，中华书局1993年版。
梁廷枏：《夷氛闻记》，中华书局1959年版。
夏燮：《中西纪事》，岳麓书社1988年版。
阮元主编：《经籍纂诂》，中华书局1982年版。
方苞：《望溪先生文集》，《四部备要》本。
洪亮吉：《洪北江诗文集》，《四部丛刊》本。
焦循：《焦循诗文集》，广陵书社2009年版。
张鉴：《阮元年谱》，中华书局1995年版。
《清实录》，中华书局1986年版。
《清史稿》，中华书局1976年版。
刘承干：《明史例案》，吴兴嘉业堂刊本。
鄂尔泰、张廷玉等编：《国朝宫史》，北京古籍出版社1987年版。
庆桂等编：《国朝宫史续编》，北京古籍出版社1994年版。
何秋涛：《朔方备乘》，清光绪年间石印本。
姚莹：《康辖纪行》，清同治六年安福县署刻本。
姚莹：《东溟文集》，《续修四库全书》本。
缪荃孙纂录：《续碑传集》，明文书局1985年版。
徐松：《西域水道记（外二种）》，中华书局2005年版。
徐松：《钦定新疆识略》，清光绪二十年上海积山书局石印本。
《钦定皇舆西域图志》，清光绪年间杭州刻本。
祁韵士：《西陲要略》，清道光十七年刻本。
张穆：《蒙古游牧记》，清刻本。
《西藏志》《卫藏通志》，西藏人民出版社1982年版。
《西招图略》《西藏图考》，西藏人民出版社1982年版。
俞正燮：《癸巳类稿》，商务印书馆1957年版。
沈尧：《落帆楼文集》，《丛书集成续编》本。
方东树：《汉学商兑》，清光绪八年四明花雨楼刻本。

王源：《居业堂文集》，《续修四库全书》本。
《御批历代通鉴辑览》，《四库全书》本。
《通鉴纲目三编》，《四库全书》本。
《胜朝殉节诸臣录》，《四库全书》本。
《清史稿艺文志及补编》，中华书局 1982 年版。
钱林：《文献征存录》，清咸丰八年刻本。
唐鉴撰辑：《清学案小识》，《国学基本丛书》本。
张穆：《㐆斋文集》，清咸丰八年寿阳祁寯藻刻本。
徐世昌等编纂：《清儒学案》，中华书局 2008 年版。
王锡祺辑：《小方壶斋舆地丛钞》，杭州古籍书店 1985 年版。
《清史列传》，中华书局 1987 年版。
支伟成：《清代朴学大师列传》，岳麓书社 1986 年版。
皮锡瑞：《经学历史》，中华书局 1959 年版。
蒋良骐：《东华录》，中华书局 1980 年版。
郭嵩焘：《郭嵩焘诗文集》，岳麓书社 1984 年版。
黄遵宪：《日本国志》，浙江书局重刊本。
王韬：《弢园文录外编》，中华书局 1959 年版。
李慈铭：《越缦堂读书记》，商务印书馆 1959 年版。
梁启超：《饮冰室合集》，中华书局 1989 年版。
钱穆：《中国近三百年学术史》，中华书局 1986 年版。
王国维：《观堂集林》，河北教育出版社 2001 年版。
刘师培：《刘申叔遗书》，江苏古籍出版社 1997 年版。
章太炎：《章太炎全集》，上海人民出版社 1982—1986 年版。
胡适：《胡适文存》，黄山书社 1996 年版。
谢国桢：《增订晚明史籍考》，上海古籍出版社 1981 年版。
戴逸主编：《简明清史》第一册，人民出版社 1980 年版。
戴逸主编：《简明清史》第二册，人民出版社 1984 年版。
萧一山：《清代通史》，中华书局 1986 年版。
白寿彝：《中国史学史》第一册，上海人民出版社 1986 年版。
侯外庐：《侯外庐史学论文选集》，人民出版社 1988 年版。
吴怀祺：《宋代史学思想史》，黄山书社 1992 年版。

白寿彝：《白寿彝史学论集》，北京师范大学出版社 1994 年版。

吴怀祺：《中国史学思想史》，安徽人民出版社 1996 年版。

侯外庐主编：《中国思想通史》，人民出版社 1956 年版。

陈祖武：《清初学术思辨录》，中国社会科学出版社 1992 年版。

黄爱平：《四库全书纂修研究》，中国人民大学出版社 1989 年版。

王俊义、黄爱平：《清代学术与文化》，辽宁教育出版社 1993 年版。

杜维运：《清代史学与史家》，中华书局 1988 年版。

陈其泰：《清代公羊学》，东方出版社 1997 年版。

杨向奎主编：《清儒学案新编》，齐鲁书社 1985 年版。

漆永祥：《乾嘉考据学研究》，中国社会科学出版社 1998 年版。

邵东方：《崔述与中国学术史研究》，人民出版社 1998 年版。

仓修良、叶建华：《章学诚评传》，南京大学出版社 1996 年版。

周积明：《文化视野下的四库全书总目》，广西人民出版社 1991 年版。

葛荣晋主编：《中国实学思想史》，首都师范大学出版社 1994 年版。

［美］艾尔曼：《从理学到朴学——中华帝国晚期思想与社会变化面面观》，赵刚译，江苏人民出版社 1995 年版。